W9-ABC-440

Sommaire

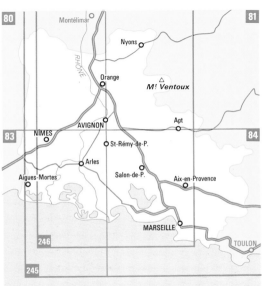

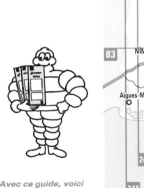

*Avec ce guide, voici les **cartes Michelin** qu'il vous faut :*

PRINCIPALES CURIOSITÉS

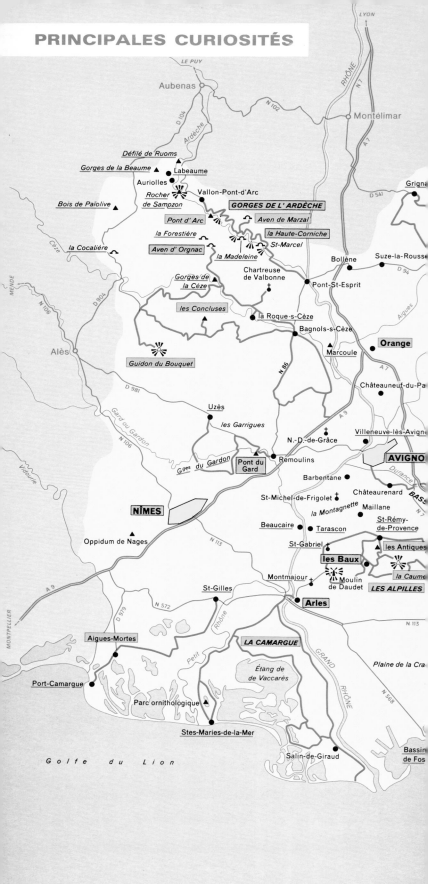

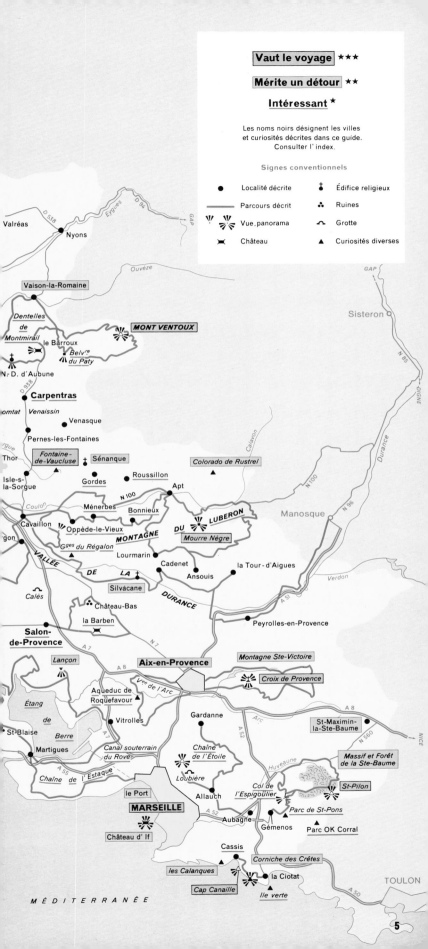

ITINÉRAIRES DE VISITE RÉGIONAUX

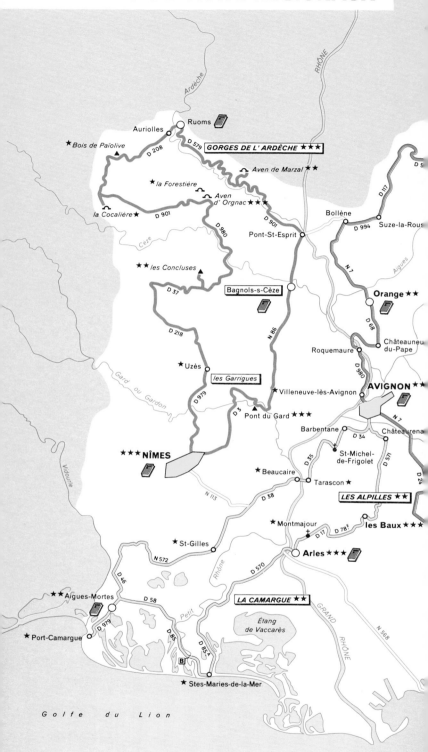

Ruoms

Auriolles

★ Bois de Païolive

D 208

D 579

GORGES DE L'ARDÈCHE ★★★

D 117

D S

★ la Forestière

Aven de Marzal ★★

Aven d'Orgnac ★★★

Bollène

D 994

Suze-la-Rous

la Cocalière ★

D 901

D 901

Pont-St-Esprit

D 980

Cèze

N 7

Aigues

★★ les Concluses

D 37

Bagnols-s-Cèze

Orange ★★

N 86

D 68

D 218

Roquemaure

Châteauneu du-Pape

★ Uzès

les Garrigues

D 980

D 979

★ Villeneuve-lès-Avignon

AVIGNON ★★

Gard ou Gardon

D 3

Pont du Gard ★★★

Barbentane

D 34

Châteaurena

St-Michel-de-Frigolet

D 35

D 571

D 24

★★★ NÎMES

Vidourle

★ Beaucaire

Tarascon ★

LES ALPILLES ★★

N 113

D 38

★ Montmajour

D 17

D 78ᴱ

les Baux ★★★

★ St-Gilles

N 572

Arles ★★★

D 570

★★ Aigues-Mortes

D 46

D 58

LA CAMARGUE ★★

GRAND

N 568

★ Port-Camargue

D 979

D 85

D 85¹

Étang de Vaccarès

RHÔNE

Petit

Rhône

B

★ Stes-Maries-de-la-Mer

Golfe   du   Lion

0 — 20 km

MER

6

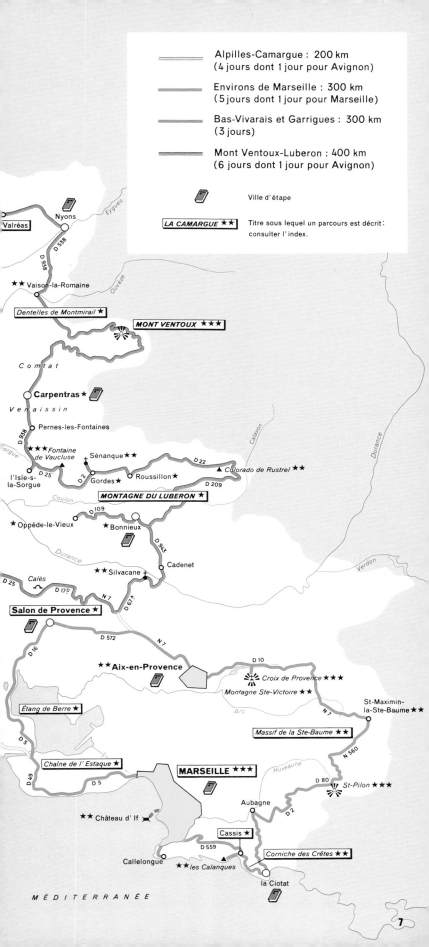

Alpilles-Camargue : 200 km
(4 jours dont 1 jour pour Avignon)

Environs de Marseille : 300 km
(5 jours dont 1 jour pour Marseille)

Bas-Vivarais et Garrigues : 300 km
(3 jours)

Mont Ventoux-Luberon : 400 km
(6 jours dont 1 jour pour Avignon)

Ville d'étape

LA CAMARGUE ★★   Titre sous lequel un parcours est décrit :
consulter l'index.

Valréas

Nyons

Eygues

D 538

D 938

★★ Vaison-la-Romaine

Ouvèze

Dentelles de Montmirail ★

MONT VENTOUX ★★★

C o m t a t

Carpentras ★

V e n a i s s i n

Calavon

D 938

Pernes-les-Fontaines

Sorgue

★★★ Fontaine
de Vaucluse

Sénanque ★★

D 22

▲ Colorado de Rustrel ★★

Durance

l'Isle-s-
la-Sorgue

D 25

D 2

Gordes ★

Roussillon ★

D 209

Coulon

MONTAGNE DU LUBERON ★

D 109

★ Oppède-le-Vieux

★ Bonnieux

D 943

Cadenet

Verdon

Durance

D 25

Calès

★★ Silvacane

D 170

N 7

D 67A

Salon de Provence ★

D 572

N 7

D 16

★★ Aix-en-Provence

D 10

Croix de Provence ★★★

Montagne Ste-Victoire ★★

St-Maximin-
la-Ste-Baume ★★

Étang de Berre ★

Arc

N 7

Massif de la Ste-Baume ★★

D 5

N 560

Chaîne de l'Estaque ★

MARSEILLE ★★★

Huveaune

D 49

D 5

St-Pilon ★★★

D 80

★★ Château d'If

Aubagne

D 2

Cassis ★

Callelongue

D 559

Corniche des Crêtes ★★

★★ les Calanques

la Ciotat

M É D I T E R R A N É E

7

LIEUX DE SÉJOUR

Sur la carte ci-dessous ont été sélectionnées quelques localités particulièrement adaptées à la villégiature en raison de leurs possibilités d'hébergement et de l'agrément de leur site. Pour plus de détails, vous consulterez :

Pour l'hébergement

Le **guide Michelin France** des hôtels et restaurants et le **guide Camping Caravaning France ;** chaque année, ils présentent un choix d'hôtels, de restaurants, de terrains, établi après visites et enquêtes sur place. Hôtels et terrains de camping sont classés suivant la nature et le confort de leurs aménagements. Ceux d'entre eux qui sortent de l'ordinaire par l'agrément de leur situation et de leur cadre, par leur tranquillité, leur accueil, sont mis en évidence. Dans le guide Michelin France, vous trouverez également l'adresse et le numéro de téléphone des bureaux de tourisme ou syndicats d'initiative.

Pour le site, les sports et les distractions

Les **cartes Michelin** à 1/200 000 *(assemblage p. 3)* permettent d'apprécier d'un simple coup d'œil le site de la localité. Elles donnent, outre les caractéristiques des routes, les emplacements des baignades en rivière ou en étang, des piscines, des golfs, des hippodromes, des terrains de vol à voile, des aérodromes...

LES SAISONS

Le climat. — Poètes et romanciers ont célébré la température clémente, la rareté des pluies et la luminosité exceptionnelle de la Provence.
Les conditions climatiques n'en sont pas moins irrégulières d'une année à l'autre (les exemples d'hivers glaciaux — le plus récent étant de 1985-86 — ne manquent pas), tandis que le rythme des saisons est parfois saccadé, surtout au printemps ; de même en hiver, peut-on observer de fortes amplitudes thermiques dans une même journée.

L'influence du relief et de la mer joue un rôle important. La Provence maritime jouit d'un climat plus agréable (moins pluvieux et plus chaud) que la Provence intérieure, où le facteur altitude modifie sensiblement la température. Mais le phénomène dominant reste l'extraordinaire ensoleillement (+ de 2 500 heures par an) de la région.

Été. — C'est la belle saison par excellence, celle qui donne son caractère si riant à la Provence. Pendant trois, voire quatre mois, chaleur et absence de précipitations font le bonheur des touristes venus chercher le soleil : il tombe moins de 70 mm d'eau et le thermomètre descend peu au-dessous de 30°. Cette chaleur sèche n'est ni déprimante, ni accablante ; sa grande stabilité s'explique par la présence d'une masse d'air chaud provenant du Sahara, protégée des dépressions humides occidentales par le Massif central.

Automne. — Le reflux des hautes pressions d'origine tropicale ouvre la porte aux dépressions atlantiques. De la mi-septembre à fin novembre, les pluies font leur apparition et ce sont parfois de véritables trombes d'eau qui s'abattent : il peut tomber plus de 100 mm d'eau en une heure (sur un total de 600 mm annuels).

Hiver. — La saison froide est relativement douce et sèche. Souvent ensoleillée, elle se fait surtout le fait des « coups de mistral » qui peuvent abaisser la température de 10° en quelques heures. La masse liquide de la Méditerranée atténue considérablement le froid et empêche les chutes de neige, sauf dans les hauteurs.

Printemps. — L'effacement des hautes pressions d'origine sibérienne à partir du mois de février, permet à nouveau aux pluies atlantiques d'arroser la région. Néanmoins ces dernières sont moins violentes qu'en automne et les belles journées ne sont pas rares. Le mistral, surtout en mars, provoque quelques surprenants refroidissements pour qui n'est pas habitué aux sautes d'humeur du printemps provençal.

Les vents. — Le vent est une composante essentielle du climat provençal. Le plus célèbre est le **mistral** (mistrau signifie « maître » en provençal). Descendant du Nord-Ouest, notamment des hauteurs enneigées du Massif central, il s'engouffre dans la vallée du Rhône. Ses rafales violentes débarrassent le ciel des nuages et purifient le sol : les paysans le surnomment « mange fange » car il assèche les mares de boue. Quand il se

déchaîne, une atmosphère de tempête règne : le Rhône se met à rouler des vagues, les étangs se couvrent d'écume et les déplacements deviennent difficiles. Alphonse Daudet a raconté le mistral en colère depuis son moulin de Fontvieille *(voir p. 145)* : « cette nuit, je n'ai pu dormir. Le mistral était en colère, et les éclats de sa grande voix m'ont tenu éveillé jusqu'au matin. Balançant lourdement ses ailes mutilées qui sifflaient à la bise comme les agrès d'un navire, tout le moulin craquait. Des tuiles s'envolaient de sa toiture en déroute. Au loin, les pins serrés dont la colline est couverte s'agitaient et bruissaient dans l'ombre. On se serait cru en pleine mer… » Le mistral s'efface aussi soudainement qu'il est arrivé : en quelques heures tout rentre dans l'ordre. Daudet avait dénombré une trentaine de vents différents. En fait, en dehors du mistral, deux autres vents comptent : le « marin », venu du Sud-Est, accompagne la pluie et les brouillards ; le « labech », venu du Sud-Ouest, accompagne les orages. Tous les autres vents ont un caractère local.

LOISIRS

Pour les adresses et autres précisions, voir le chapitre « Renseignements pratiques » en fin de guide.

Randonnées pédestres. — La découverte de la Provence à pied est un véritable enchantement pour l'œil tant la luminosité ambiante met en valeur la beauté des paysages, qu'ils soient restés sauvages ou qu'ils portent la marque de l'homme au fil des villages et de leurs terroirs. Laisser sa voiture, c'est retrouver le rythme de vie d'antan et se mettre à l'écoute d'une région dans ses profondeurs immuables.

De nombreux sentiers de Grande Randonnée sillonnent la région décrite dans ce guide. Le GR 4 traverse le Bas-Vivarais jusqu'au Ventoux, le GR 42 longe la vallée du Rhône, le GR 6 suit le cours du Gard jusqu'à Beaucaire puis s'enfonce dans les Alpilles et le Luberon. Le GR 9 suit la face Nord du Ventoux, traverse le plateau du Vaucluse, le Luberon puis la Ste-Victoire et la Ste-Baume. Les GR 63, 92, 97 et 98 sont des variantes.

A côté des GR existent une multitude de sentiers de petite randonnée correspondant à des parcours de quelques heures à 48 heures.

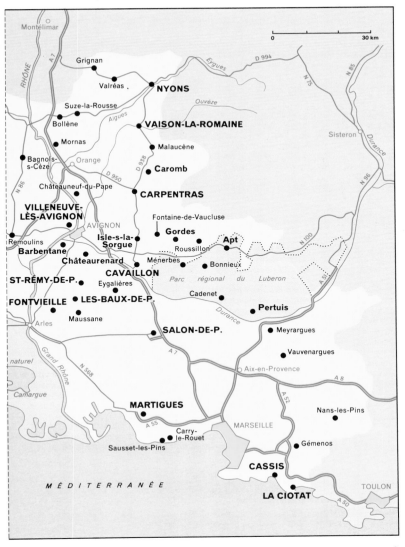

Randonnées équestres. — La découverte de la Provence à cheval est facilitée par tout un réseau de clubs hippiques et de ranchs qui organisent des promenades et des randonnées à travers la région. En Camargue — pays du cheval — de multiples formules équestres existent pour mieux visiter et apprécier le monde des étangs.

Promenades en bateaux. — Des lignes régulières desservent le château d'If. Les calanques se visitent au départ de Marseille et de Cassis. Par ailleurs, des excursions sont organisées sur le Rhône, le Petit Rhône et certains canaux de Camargue.

Sports nautiques. — La voile, la planche à voile, le ski nautique se pratiquent aussi bien sur le littoral que sur les retenues d'eaux artificielles et sur certains étangs. Le canoë-kayak permet d'aborder les sites les plus inaccessibles de l'Ardèche, de la Cèze, de la Sorgue (depuis sa source à Fontaine-de-Vaucluse), de la Durance et du Rhône. La plongée sous-marine est un sport passionnant, notamment dans les calanques marseillaises.

Pêche en mer. — La Méditerranée est moins poissonneuse que les autres mers bordant le littoral français. Toutefois, les poissons de roche y pullulent : la rascasse, gloire de la bouillabaisse, les rougets, les congres et les murènes, à côté d'une foule de poulpes, araignées de mer, divers mollusques et de quelques rares langoustes. Dans les zones sableuses, on trouve les raies, les soles et les limandes. Des bancs de sardines, d'anchois, de thons passent au large ainsi que des daurades, des loups et des mulets.

Pêche en eau douce. — Le réseau hydrographique de la Provence n'est pas très dense et est sujet à d'importantes variations. Nombre de ruisseaux ne se mettent à couler que lorsque la pluie tombe. Néanmoins, des rivières comme l'Ardèche, le Gard ou la Durance (sans parler du Rhône) ainsi que les canaux et les retenues d'eau (Cadarache, Brinon) attireront les pêcheurs de truites, de chevesnes, de carpes, de tanches, de brochets... Généralement le cours supérieur des rivières est classé en 1re catégorie tandis que les cours moyen et inférieur le sont en 2e.

Chasse. — La plupart des variétés de gibiers connues en France vivent en Provence où la chasse est un loisir très populaire.

Escalade. — L'escalade peut se pratiquer en toutes saisons sur les barres calcaires des massifs provençaux (Dentelles de Montmirail) ou sur les falaises des calanques marseillaises.

Spéléologie. — L'importance des réseaux karstiques de la région décrite dans ce guide *(voir p. 13)* offre de larges possibilités aux spéléologues confirmés comme aux amateurs avertis.

Archéologie. — La Provence est truffée de sites archéologiques, où sont accueillis, particulièrement l'été, les fouilleurs bénévoles.

LE JEU DE BOULES

C'est la distraction populaire par excellence. On y joue avec des boules métalliques. Les parties se font par équipe de trois (triplettes) ou de quatre (quadrettes), au milieu de spectateurs passionnés. Les « pointeurs » doivent lancer leurs boules le plus près possible d'une petite boule, cochonnet, envoyée au bout du terrain de jeu ; les « tireurs » doivent déloger les boules de l'autre équipe, en les frappant avec les leurs. Les plus adroits réussissent le coup en prenant exactement la place de l'adversaire : cela s'appelle « faire un carreau ». Sur les courtes distances, on joue à la « pétanque », c'est-à-dire les pieds joints, placés dans un cercle. Sur des distances de plus de 10 m, le jeu s'appelle la « longue » ; les pointeurs font deux pas, les tireurs prennent de l'élan et envoient leurs boules, après avoir fait trois pas sautés à partir du point de lancement.

Parmi tous ces joueurs en manches de chemise, les deux types provençaux forment un contraste savoureux. Tel, d'origine montagnarde, plutôt froid et réservé, marque d'un sourire ou d'une moue, sa joie ou son dépit ; tel autre, proche du Marius traditionnel, joue tout un petit drame qu'on a décrit joliment : « Voici la dernière boule ; elle roule devant le joueur et vous pouvez en suivre le mouvement sur sa physionomie : il la couve, il la protège du regard, il la conseille, il voudrait la voir obéissante à sa voix, il en hâte ou bien il en ralentit la marche, il l'encourage du geste et la pousse de l'épaule, il la tempère de la main ; suspendu sur la pointe du pied, le bras tendu, le visage animé par une foule d'émotions diverses, il imprime à son corps les ondulations les plus bizarres ; on dirait que son âme est passée dans sa boule ».

Les désaccords dans l'appréciation des distances qui séparent les boules du cochonnet se traduisent par des discussions bruyantes et passionnées qui suspendent la partie. Celle-ci ne reprendra qu'après que les mesures prises auront permis de trancher le débat.

Introduction
au voyage

La région décrite dans ce guide ne correspond pas exactement à la Provence historique et administrative. Ayant pour axe le Rhône, elle déborde largement à l'Ouest en annexant une partie du Vivarais au Nord et du Languedoc au Sud. A l'Est, le pays de Sault et le littoral à partir des Lecques sont respectivement décrits dans les guides verts « Alpes du Sud - Haute-Provence » et « Côte d'Azur ».
Sous une apparence d'unité géographique et humaine, elle juxtapose des pays à la physionomie variée : « c'est un tout complet, c'est un microcosme de contrastes et d'harmonies » écrit Marie Mauron.

(Photo Hervé Boulé)

Gordes.

Afin de donner à nos lecteurs l'information la plus récente possible, les Conditions de Visite des curiosités décrites dans ce guide ont été groupées en fin de volume.

Les curiosités soumises à des conditions de visite y sont énumérées soit sous le nom de la localité soit sous leur nom propre si elles sont isolées.

Dans la partie descriptive du guide, p. 43 à 200, le signe ⊙ placé en regard de la curiosité les signale au visiteur.

11

PHYSIONOMIE DU PAYS

LES PAYSAGES

La formation du sol. — Durant l'ère primaire (env. 600 à 220 millions d'années), l'emplacement de la Provence est occupé par une mer qui entoure un continent contemporain du Massif central, la Tyrrhénide, constituée par des roches cristallines, dont il subsiste des vestiges : le massif des Maures, la Corse, la Sardaigne et les Baléares.

Pendant l'ère secondaire (220 à 60 millions d'années), l'érosion entraîne le nivellement de la Tyrrhénide ; une mer recouvre pratiquement toute la région. Les variations du niveau de cette mer, les matériaux arrachés aux reliefs primaires provoquent la formation de dépôts sédimentaires, tantôt calcaires (calcaires « urgoniens » du nom de la région d'Orgon), tantôt marneux, qui se transforment en bancs rocheux réguliers et parallèles (strates) : une bande de terre allongée d'Est en Ouest se met en place, c'est l'« isthme durancien », cerné par la mer.

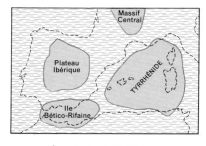

Ère primaire : la Tyrrhénide.

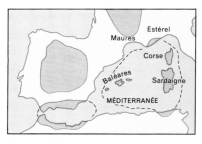

Ère quaternaire : la Méditerranée.

L'ère tertiaire (60 à 2 millions d'années) est marquée par d'importants bouleversements tectoniques (plissements pyrénéens puis alpins) soulevant la couverture sédimentaire. Les strates se ploient et forment sur place des ondulations ou plis de direction Est-Ouest : ce sont les chaînons provençaux au Nord de Marseille (Ste-Baume, Ste-Victoire, mont Ventoux, Baronnies, Alpilles, Luberon), de Toulon et de Draguignan. La mer remonte alors jusque dans l'actuelle vallée du Rhône, et tandis que les Alpilles s'élèvent, la Crau s'enfonce.

Au quaternaire (début il y a environ 2 millions d'années), l'évolution se poursuit : la Tyrrhénide disparaît et ne laissent subsister que quelques fragments (montagne de la Canaille, Maures, Esterel) ; une mer la recouvre, c'est la Méditerranée actuelle. Le relief prend l'allure que nous lui connaissons, la dépression rhodanienne émerge définitivement et devient une grande vallée fluviale. La Durance, dont le cours est modifié par l'affaissement de la Crau, ne se jette plus dans la mer mais dans le Rhône. Les grandes glaciations achèvent de modeler le paysage (calanques).

Les plaines. — Elles ont été créées au détriment de la mer, par les apports alluviaux qui ont constamment empiété sur son domaine. Elles s'étalent d'abord sur la rive gauche du Rhône, telle la vaste plaine du **Comtat Venaissin,** puis elles s'emparent de ses deux rives ; à l'Ouest, elles se prolongent par les riches plaines viticoles du Bas-Languedoc que dominent les garrigues de Nîmes ; à l'Est, s'étendent la **Petite Crau** fertile et verdoyante et la Grande Crau.

Les Romains, les moines du Moyen Age, puis les paysans provençaux ont su donner au sol une fertilité exceptionnelle en conduisant l'eau dans les endroits trop secs, en l'écartant par drainage des parties marécageuses. Deux régions principalement sont les domaines de l'irrigation, le Comtat Venaissin et la Petite Crau. Consacrées surtout aux cultures maraîchères, ces plaines sont découpées en petits champs réguliers abrités des violences du vent par des rangées serrées de cyprès et de roseaux qui forment de véritables palissades.

La **Grande Crau** *(p. 110)* est séparée de la Camargue par le Grand Rhône. Immense désert de cailloux et de galets entre lesquels pousse une maigre végétation (les « coussous »), elle servait traditionnellement de terrain de parcours à de grands troupeaux de moutons. L'extension de la zone industrielle de Fos, l'amendement du sol par l'épierrement et l'irrigation transforment son caractère pastoral, lui enlevant ainsi beaucoup de son charme. Oliviers, amandiers, vignes et prairies constituent la nouvelle richesse de ces zones arrosées.

La **Camargue** *(p. 96)* est un delta d'alluvions récentes, formé par le Rhône. Cette plaine, dont le sol conquis sur la mer est imprégné de sel, est une des régions les plus pittoresques de France : les « sansouires », vastes étendues plates et salées, lui donnent un aspect d'immensité sauvage.

Plateaux, collines et massifs. — Les plaines provençales sont encadrées ou pénétrées par des chaînons de montagnes plissées, orientées d'Est en Ouest, qui se dressent brutalement en barrant l'horizon. Le relief apparaît souvent confus en présentant une alternance anarchique de hauteurs calcaires et de bassins fertiles cloisonnés : pays d'Apt, pays d'Aigues au Sud du Luberon et pays d'Aix (irrigué par le canal de Provence), voués à des cultures très variées (céréales, vigne, fruits, maraîchage).

A l'Est du Rhône, du Nord au Sud, se succèdent différents paysages.

La frange occidentale des **Baronnies** forme un ensemble accidenté de collines et de coteaux d'une réelle beauté, où règnent en maîtres l'olivier et le lavandin.

Les crêtes rocheuses des **Dentelles de Montmirail** *(p. 111)* affichent un relief finement ciselé unique en Provence : forêts de chênes et de pins, vignobles à flanc de collines s'étalent sur leurs pentes.

Adossé aux Baronnies, le **mont Ventoux** *(p. 196),* imposant massif calcaire, domine d'un seul jet la plaine comtadine et culmine à 1 909 m.

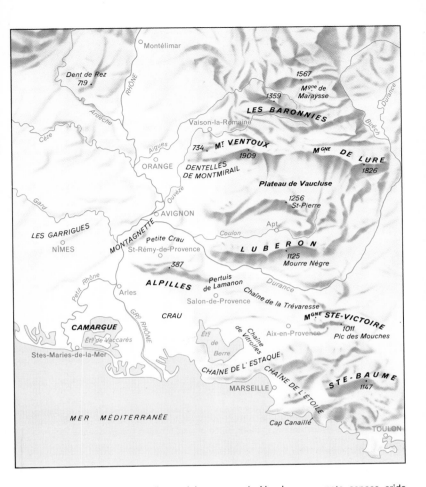

Le **plateau de Vaucluse** — on dit aussi les monts de Vaucluse — vaste espace aride consacré à l'élevage ovin et à la lavande, est le domaine du relief karstique ; ses terrains calcaires sont troués d'avens *(voir p. 19)* et entaillés par des gorges ; un mystérieux réseau hydrographique souterrain les parcourt et débouche à la Fontaine de Vaucluse *(p. 117)*.

La chaîne du **Luberon** *(p. 125)* s'étire sur une soixantaine de kilomètres. Elle se divise en deux à la combe de Lourmarin et culmine dans le Grand Luberon à 1 125 m d'altitude. Pays enchanteur par la beauté de ses sites tourmentés auxquels s'accrochent de vieux villages perchés, le Luberon offre un saisissant contraste entre son flanc Nord, forestier et sauvage, et son flanc Sud aux terroirs plus humanisés.

Au milieu des plaines rhodaniennes se dressent le petit groupe de collines dénommé la **Montagnette** *(p. 144)* et la chaîne des **Alpilles** *(p. 55)*, très pittoresque avec ses escarpements calcaires, ses versants décharnés, sa crête déchiquetée.

A l'Est d'Aix, la **montagne Ste-Victoire** *(p. 177)*, masse calcaire trouée de grottes et d'avens, se dresse au-dessus du bassin aixois alors qu'au Sud-Est, les chaînes de la Trévaresse et de Vitrolles le séparent de l'étang de Berre. Ce dernier est fermé au Sud par la chaîne de l'**Estaque** *(p. 116)*, détachée des hauteurs de St-Mitre par la dépression de Caronte.

Les chaînes de l'**Étoile** *(p. 117)* et de St-Cyr, le massif de Marseilleveyre *(p. 140)* enserrent Marseille tandis qu'à l'horizon se profile la longue barre rocheuse du massif de la **Ste-Baume** *(p. 173)* qui atteint 1 147 m d'altitude au Signal du même nom.

A l'Ouest du Rhône, se situent du Nord au Sud les contreforts des Cévennes qui s'abaissent en direction du fleuve et de la plaine viticole via les garrigues de Nîmes. Une série de causses désolés, cisaillés par des canyons et percés d'avens parfois gigantesques, se succèdent en gradins ; ils portent des terres ingrates, pierreuses et sèches, parcourues par des troupeaux de moutons. Les produits de la cueillette (plantes aromatiques des garrigues, olives, amandes…), le crottin de bergerie (le « migou ») constituaient autrefois une ressource d'appoint. Le paysage est formé d'une multitude d'enclos de pierre sèche au centre desquels s'élève un modeste bâtiment, le « mazet » ou la « capitelle » (équivalent des bories). Quelques îlots fertiles émergent : le bassin d'Uzès, la plaine du Vistre et la Vaunage (Sud-Ouest de Nîmes) qui sont consacrés aux cultures (vergers, vignes etc.).

Les cours d'eau. — Dans son cours provençal, le Rhône reçoit à l'Ouest des cours d'eau qui descendent des Cévennes : Ardèche, Gard, et, à l'Est, ceux qui lui viennent des Alpes : Aigues, Ouvèze, Durance. Tous ont le même régime torrentiel : ruisselets égarés dans un lit trop large aux périodes de sécheresse, avalanches d'eau lors des orages. Les Cévennes reçoivent des averses d'une violence inouïe : certaines ont atteint 700 mm d'eau en 24 heures (Paris ne reçoit en moyenne que 600 mm d'eau par an). Les rivières se gonflent alors brusquement. On a vu l'Ardèche monter de 21 m en une journée et son débit passer de 2,5 m^3 par seconde à 7 500 ! Assez fréquemment, les eaux montent de 10 m et plus. Souvent, le flot de l'Ardèche traverse le Rhône comme un projectile et va frapper, en face, les digues de la rive gauche. Il détermine à Avignon des crues subites de 5 m de hauteur. Ce sont les « coups de l'Ardèche ».

Pour les affluents de la rive gauche, qui descendent des Alpes, c'est la fonte des neiges qui multiplie fortement le volume d'eau débité. Dans le cas de la Durance, il croît dans la proportion de 1 à 180. Fort heureusement, ces crues se produisent au printemps alors que l'Ardèche et le Gard sont en basses eaux. Inversement, la Durance est presque à sec en automne et en hiver, alors que les pluies cévenoles gonflent les cours d'eau de la rive droite.

Le littoral. — De la côte languedocienne aux calanques de Marseille, le littoral change souvent d'aspect.

Jusqu'au golfe de Fos, le rivage est jalonné de vastes **étangs** séparés de la mer par d'étroites bandes sableuses : la masse des alluvions déposée par le Rhône et modelée par les courants côtiers a constitué des cordons littoraux qui ferment des lagunes. L'envahissement du sable a repoussé vers l'intérieur des terres d'anciens ports comme Aigues-Mortes.

Avec l'Estaque réapparaissent les reliefs calcaires qui découpent la côte. De Marseille à La Ciotat, le littoral est échancré par un grand nombre de baies dont les plus accidentées et les plus profondes prennent le nom de **calanques** : ce sont en fait les extrémités d'anciennes vallées fluviales submergées lors de la remontée du niveau marin pendant les grandes glaciations du quaternaire. Des falaises élevées, des roches aux tons bruns ou rougeâtres, plongent verticalement dans une mer profonde d'où émergent, à faible distance, quantité d'îles. Petits ports bien abrités, jolies criques sauvages, les calanques sont le royaume des pêcheurs sous-marins et des alpinistes.

La mer. — Mer d'un bleu profond à cause de la limpidité de son eau, son énorme masse influe directement sur le climat : elle tempère en été et réchauffe en hiver. La température de l'eau en surface varie de 20° à 25° en été pour chuter à 12° ou 13° seulement en hiver (en profondeur, de 200 à 4 000 m, la température est constante à 13°). Par suite de l'évaporation très active, les eaux de la Méditerranée sont nettement plus salées que celles de l'Océan.

La marée est très faible : 0,25 m en moyenne, mais les variations de niveau causées par les grands vents peuvent atteindre 1 m. Cette fixité relative a fait choisir la Méditerranée comme niveau de base pour toutes les cotes d'altitude françaises. Mer calme avec de petites vagues courtes et brusques, elle peut soudainement devenir violente : en l'espace de quelques heures, un mistral qui s'élève peut provoquer de redoutables tempêtes qui, chaque année surprennent les plaisanciers imprudents.

LES ACTIVITÉS HUMAINES

L'économie provençale est peut-être celle qui, en France, a subi les plus impressionnantes mutations depuis un demi-siècle : révolution agricole, industrialisation accélérée notamment sur le littoral, adaptation au tourisme de masse, urbanisation galopante.

Les facettes de l'agriculture

La vie rurale d'autrefois reposait sur une trilogie — blé, vigne, olivier — qui, accompagnée de l'élevage du mouton et des produits de la cueillette, assurait l'existence d'une foule de petits paysans très attachés à leur sol natal. Cette polyculture traditionnelle a quasiment disparu ; elle a été remplacée par une agriculture moderne, spéculative, tirant le meilleur parti des aptitudes naturelles de la Provence, qui est devenue le « jardin de la France ».

Primeurs. — Les sols alluviaux de la plaine du Rhône, la température moyenne élevée, les facilités d'irrigation ont favorisé, dans le Comtat Venaissin et la Petite Crau, le développement de cultures maraîchères et fruitières précoces, avec souvent plusieurs récoltes par an. Toute la région se présente sous l'aspect de petits terrains de culture réguliers, abrités du mistral par des haies parallèles de cyprès et de roseaux.

Les fraises, les tomates et les melons de Carpentras, les asperges, les pommes de terre nouvelles et les melons de Cavaillon, les choux de Rognonas, les asperges de Lauris, les cerises de Remoulins, les pêches, les poires, les abricots de la vallée du Rhône sont vendus sur les marchés de Paris, du Nord et de l'Est de la France et sur les marchés étrangers.

Les primeurs, cueillies le matin, sont soit vendues à un expéditeur privé soit remises à une coopérative agricole, qui, généralement, assurent les opérations de tri, calibrage, emballage et conditionnement (nombreuses coopératives à St-Rémy, Châteaurenard, Barbentane, Cabannes et St-Andiol à l'Ouest de Cavaillon, etc.).

Des gares expéditrices — les principales sont celles de Châteaurenard, Cavaillon, Carpentras, Barbentane, Avignon — partent les trains de primeurs à marche accélérée qui remontent la vallée du Rhône.

Céréales et vignes. — Le blé cultivé entre Arles et Tarascon est l'une des principales cultures céréalières de la Provence à laquelle vient s'ajouter le riz (voir p. 97), la culture du maïs et du colza. Les vieux moulins chers à Alphonse Daudet ont disparu et sont remplacés par des minoteries concentrées dans les agglomérations.

Le vignoble qui couvre environ 110 000 ha, connaît en plaine de forts rendements et produit un vin ordinaire ; sur les coteaux, au contraire, traité avec plus de soins, il produit un vin délicat connu sous le nom général de « Côtes du Rhône » dont le cru le plus célèbre est le Châteauneuf-du-Pape (voir p. 41 : Les vins). On estime à 15 000 ha la superficie du vignoble réservée aux raisins de table.

Lavande et lavandin. — Qui ne connaît le parfum de la lavande, si caractéristique de la Provence ? Elle s'adapte fort bien au climat et aux sols calcaires de la Provence et surtout de la Haute-Provence (voir le guide vert Michelin Alpes du Sud). Le lavandin, de rendement bien supérieur à la lavande vraie mais d'une essence de qualité inférieure, est venu peupler les bas versants et les vallées entre 400 et 700 m d'altitude. Actuellement, 8 400 ha environ sont consacrés à la lavande et 2 350 ha au lavandin. La récolte se fait de juillet à septembre suivant la région et se mécanise de plus en plus ; seuls les champs anciens, aux rangs très rapprochés, ou peu accessibles, sont encore cueillis à la main. Après un séchage de 2 ou 3 jours, la lavande cueillie ou « paille » est acheminée vers la distillerie équipée d'un alambic classique.

Les essences de lavande sont réservées à la parfumerie fine, aux cosmétiques ; les essences de lavandin parfument les lessives, les produits d'entretien. Les fleurs de lavande peuvent être également séchées et mises en sachets. On peut voir de magnifiques champs de lavande sur le plateau de Vaucluse, dans les départements de la Drôme, du Gard, au Nord de Nîmes.

Amandiers et oliviers. — Originaire d'Asie, l'amandier, importé en France en 1548, est cultivé sur tout le littoral méditerranéen et une récente sélection de variétés à floraison tardive lui apporte un certain renouveau. Aux alentours d'Aix et de Salon, il a donné naissance à la fabrication de calissons. Les oliviers se rencontrent dans la région de Salon, de Nyons et sur les versants Sud des montagnes. Dans les olivettes, parfois les arbres anciens ont été sectionnés au ras du sol et quatre surgeons poussant en couronne sont conservés donnant naissance à de jeunes arbres à la fière allure. Les olives noires de Nyons confites dans le sel de mer sont très recherchées.

(Photo J.-P. Nacivet/Explorer)

Lavande sur le plateau de Vaucluse.

Truffe. — Étrange production du règne végétal, les truffes sont récoltées l'hiver lorsqu'elles sont mûres et bien parfumées. Elles se développent sur les racines du chêne pubescent connu en Provence sous le nom de chêne blanc *(voir p. 17)*.
Ces petits arbres trapus sont plantés en ligne dans de vastes champs appelés truffières. On les rencontre principalement dans le Sud du Tricastin, le Comtat Venaissin, le plateau des Claparèdes dans le Luberon. Un ameublissement superficiel du sol, une taille précise favorisent le développement des truffes qui sont récoltées de novembre à avril. A Apt, Carpentras, Richerenches, Uzès, Valréas entre autres, se tiennent d'importants marchés qui traitent annuellement plusieurs tonnes de truffes.

Tilleul et plantes aromatiques. — Bien que très répandu en France, le tilleul est principalement cultivé en Provence, entre Buis-les-Baronnies et Carpentras. A la fin du 19e s., les tilleuls bordaient les routes, et de nos jours, ils sont plantés en vergers, greffés, taillés. Les fleurs sont cueillies en juin suivant la floraison, ensuite séchées à l'ombre dans un endroit sec et aéré, puis vendues en sachets ou en vrac, pour les infusions.
Les plantes aromatiques appelées aussi herbes de Provence, connaissent une grande vogue. Certaines variétés demandent une culture traditionnelle : le basilic et la marjolaine dans la région de St-Rémy-de-Provence, l'estragon dans le Vaucluse, alors que les autres variétés telles que le thym, le romarin, la sarriette, poussent encore à l'état sauvage et fournissent la plus grande partie de l'approvisionnement.

Élevage. — La Provence est vouée à l'élevage du mouton, ressource essentielle de toutes les économies rurales méditerranéennes. La laine n'étant plus assez rentable, les producteurs se sont tournés vers la viande de boucherie. Le mérinos d'Arles domine dans les Bouches-du-Rhône, mais l'espace qui lui est réservé se restreint chaque jour. Bon marcheur, il paît les maigres herbages (« coussous ») de la Crau du 15 octobre au 15 juin, après quoi il transhume vers les Alpes : le voyage, autrefois si pittoresque, se fait maintenant par camions. Dans les garrigues, les troupeaux de moutons se contentent eux aussi d'une maigre végétation qu'ils glanent en parcourant d'immenses territoires ; ils passent l'été sur le Larzac ou dans la montagne lozérienne. La Camargue est le pays des grandes propriétés, elle se consacre à l'élevage des taureaux noirs et des chevaux blancs, vivant en totale liberté et regroupés en troupeaux appelés « manades » *(voir p. 98)*.

La pêche

Autre activité traditionnelle pratiquée dans les ports du Languedoc (le Grau-du-Roi) et de la Provence (Port-St-Louis, Martigues, Carry-le-Rouet, Marseille, Cassis), elle tient une place marginale et souffre bien souvent de la pollution des eaux. Néanmoins, plusieurs milliers de tonnes de sardines, d'anchois, de maquereaux et d'anguilles sont pêchées chaque année. Le va-et-vient des marins-pêcheurs débarquant leurs cargaisons, faisant sécher leurs filets, reste toujours le spectacle le plus attrayant des ports. A Marseille, le port récent de Saumaty, au pied de l'Estaque, peut abriter jusqu'à 180 chalutiers (1 400 m de quais) et comporte tous les équipements nécessaires au conditionnement du poisson. Des petits pêcheurs approvisionnent encore les poissonniers du Vieux-Port dont les cris hauts en couleur retentissent dans une ambiance digne des romans de Pagnol.

L'industrialisation

La Provence, tirant parti de sa position géographique favorable aux échanges commerciaux, a connu un développement industriel spectaculaire depuis les années 1930. Autour de l'étang de Berre, un vaste complexe industriel s'est édifié — raffineries de pétrole, chimie, aéronautique, sidérurgie (aujourd'hui menacée) — dont le port de Fos, inauguré en 1968, est la pièce maîtresse. De Marseille à Aix, les zones industrielles se sont multipliées et offrent une panoplie complète d'activités depuis les savonneries jusqu'à l'électronique de pointe, en passant par la centrale thermique de Gardanne. L'aménagement hydro-électrique des basses vallées du Rhône et de la Durance a également entraîné de profonds bouleversements économiques. La production d'hydro-électricité, combinée à la production nucléaire (Marcoule), a permis de renforcer le potentiel énergétique français.

15

Mais la domestication des cours impétueux des deux fleuves a aussi eu pour conséquence la possibilité d'irriguer un immense territoire agricole jusque-là gêné par la sécheresse. Toutes ces transformations ont fait de la Provence une des grandes régions industrielles de France, juxtaposant deux types d'industries :
— traditionnelles : minerais (ocre, bauxite, lignite), construction navale, agro-alimentaire, savonnerie (région marseillaise), matériaux de construction, bâtiment, salins ;
— modernes : pétrole et dérivés, aéronautique, électronique, nucléaire (Centre d'Études Atomiques de Caradache), chimie. Parallèlement, subsistent de petites industries : cartonnages à Valréas et Tarascon, confiserie à Aix, Apt et Nyons, conserveries de fruits au sirop, fabriques de vêtements et de chaussures à Nîmes.

Ocre et bauxite. — La région d'Apt-Roussillon est une des principales régions d'extraction et de traitement de l'ocre en France. Les couches de minerai atteignent parfois 15 m d'épaisseur.
L'ocre brute est un mélange de sable argileux et d'oxyde de fer. Pour obtenir l'ocre marchande, on soumet le minerai à l'action d'un courant d'eau qui le long de son parcours, dépose dans des rigoles appropriées le stérile, plus lourd que l'ocre. La « fleur », constituée d'oxyde de fer et d'argile, surnage et, entraînée par l'eau, va se déposer dans les bassins de décantation où, après assèchement, elle constitue l'ocre lavée que l'on découpe en mottes. Après séchage à l'air libre, celle-ci est broyée, puis blutée et parfois cuite dans des fours pour en foncer la teinte et obtenir des ocres rouges dites ocres calcinées. Elle devient alors la poudre onctueuse et impalpable qui servira de base aux diverses peintures et badigeons en particulier. La qualité des ocres du Vaucluse fait de notre pays un des fournisseurs les plus importants. La production annuelle est d'environ 3 000 tonnes.
La production de la bauxite, dont le nom vient du village des Baux où elle a été découverte, a décliné en partie en Basse-Provence au profit du Var et de l'Hérault. Avec une production de 1 700 000 tonnes, la France couvre encore les 2/3 de ses besoins (l'épuisement des ressources, estimées à 14 000 000 de tonnes devrait intervenir à assez bref délai). La bauxite est la matière première essentielle de l'aluminium. Grâce à leur résistance élevée par rapport à leur poids et grâce à leur bonne conductivité thermique et électrique, ce métal et ses alliages ont pris une importance grandissante dans le secteur des transports, du bâtiment, de l'industrie électrique, de l'emballage, et des articles de ménage.

L'huile d'olive. — L'huile typiquement provençale a toujours été l'huile d'olive. Les olives sont traitées lorsqu'elles sont mûres c'est-à-dire lorsqu'elles ont atteint une couleur brun violacé. Pour la conserve, on les cueille quand elles sont encore vertes. La qualité de l'huile dépend de la pureté des fruits et du procédé de fabrication.
Au bout de deux ou trois jours de stockage, les olives sont broyées entières avec le noyau, soit par des meules, soit par des broyeurs à marteaux ou à rouleaux. La pâte ainsi obtenue est distribuée automatiquement sur des disques en nylon, qui sont empilés sur le plateau d'un chariot en alternance avec des disques chargés de pâte et d'autres métalliques. Cette opération s'appelle « monter une presse ». Le chariot ainsi chargé est placé sur le piston d'une presse hydraulique. Sous l'effet de la pression (100 kg/cm^2) s'écoule un mélange d'huile et d'eau, qui d'abord recueilli dans des bassins est pompé ensuite vers des centrifugeuses, lesquelles vont séparer les deux composants. L'huile qui sort des centrifugeuses est un produit vierge obtenu par « première pression » à froid, le résidu est le « grignon ».
Autrefois, la pâte d'olive était étalée à la main dans des scourtins, sortes de grands bérets ronds en fibre de coco qu'on empilait sous la presse. Pendant longtemps, on a actionné les presses à la main et le cheval faisait tourner la meule. Les « grignons » étaient rebroyés avec de l'eau tiède : on obtenait alors une huile de deuxième qualité, dite de « deuxième pression ». Avec l'arrivée de l'électricité et l'amélioration des techniques, la qualité et le rendement se sont accrus. Aujourd'hui, comme autrefois, les grignons sont traités avec des solvants chimiques dans de grandes usines en Italie pour en extraire l'huile qu'ils contiennent encore ; elle sert à faire des coupages et à fabriquer du savon ; le résidu est comestible. Avant cette extraction chimique, on peut aussi séparer les noyaux de la pulpe : le noyau est réduit en poudre et sert en boulangerie et en pâtisserie ; la pulpe sert à faire des tourteaux d'engrais et du compost.

Les salins. — Deux grands salins sont exploités en Camargue, l'un, au Sud d'Aigues-Morte, d'une superficie de 10 000 ha, l'autre, au Sud de Salin-de-Giraud, couvrant 11 000 ha (*voir p. 97*). Déjà mis en valeur par les moines au 13e s., ces salins ont vu leur production s'intensifier au milieu du 19e s., progresser et décroître. On évalue actuellement la production annuelle globale à 850 000 tonnes.

LA NATURE

Outre la beauté de ses paysages, soulignée par un ciel toujours lumineux (ou presque), la Provence possède un patrimoine naturel des plus originaux : aussi bien la faune que la flore offrent un tableau pittoresque d'une grande variété, qui enthousiasmera ceux qui prendront le temps de la découvrir.

La végétation. — Toute végétation dépend étroitement des conditions climatiques. En Provence, si l'épanouissement a lieu comme partout ailleurs, au printemps, une seconde poussée se produit en automne, qui se prolonge presque tout l'hiver ; la saison de repos est l'été, chaleur et la sécheresse ne ménagent que les plantes armées par la nature pour résister à la soif : longues et profondes racines allant chercher loin l'humidité, feuilles vernissées réduisant la transpiration, bulbes abritant des réserves d'eau, dégagement de parfums qui interposent entre le soleil et la plante une sorte de gaz protecteur. L'olivier et le chêne vert délimitent le périmètre méditerranéen proprement dit, marqueté de garrigues. En Haute-Provence, la garrigue s'efface pour céder la place à la forêt (chênes blancs, pins sylvestres, hêtres) et à la lande (genêts, lavandes, buis).
En Vivarais, la présence du châtaignier apporte par endroits une touche originale.

L'olivier. — Importé en Provence par les Grecs, il y a 2 500 ans, il pousse aussi bien sur les sols calcaires que sur les terrains siliciques. On l'a appelé l'arbre immortel, car les oliviers sauvages ou greffés sur des troncs sauvages repartent indéfiniment de leur souche. Ceux qui proviennent de boutures meurent relativement jeunes : 300 ans environ.

Ils atteignent sur le littoral des dimensions gigantesques : 20 m de hauteur, 4 m de tour à la base ; leur feuillage argenté forme un dôme de 20 m de circonférence. L'olivier, qui compte plus de soixante variétés, se voit jusqu'à 600 m d'altitude ; il marque la limite du climat méditerranéen. On le trouve dans le fond des vallées ou sur les pentes, souvent mêlé à l'amandier et au figuier. De 6 à 12 ans, les arbres commencent à produire et sont en plein rapport à 20 ou 25 ans. Il y a une récolte tous les deux ans *(voir p. 16 : l'huile d'olive)*. Sous le couvert léger et persistant de l'olivier, on cultive souvent des primeurs.

(D'après photo J. Guillard/Scope)
Olivier.

Les chênes. — Il en existe plusieurs variétés, selon la nature des sols et l'altitude.

Le **chêne vert** est un arbre à tronc court et trapu, à la cime arrondie et dense. Il résiste à la sécheresse et vit sur des sols calcaires pauvres à moins de 1 000 m d'altitude. Son feuillage persistant reste constamment d'un beau vert sombre. En taillis, il apparaît comme un élément essentiel de la garrigue, en association avec toutes sortes d'arbustes et de plantes aromatiques.

Le **chêne kermès** est un arbrisseau buissonneux dépassant rarement un mètre. Densément branchu, il possède une écorce grise et des feuilles brillantes coriaces, dentées et épineuses. Il tire son nom du kermès, insecte intermédiaire entre la cochenille et le puceron qui vit fixé à ses tiges. Il croît sur les sols peu rocheux et secs, mais préfère les sols riches et frais.

Le **chêne blanc** ou pubescent est un arbre à feuilles caduques (dont l'envers présente un aspect cotonneux « blanc ») qui a besoin de beaucoup plus d'eau que les précédents ; aussi le rencontre-t-on dans les fonds de vallées et sur les versants les plus arrosés des massifs. Il est parfois associé à l'érable, au sorbier et à l'alisier. Dans ses sous-bois poussent de nombreux arbrisseaux ainsi que des fleurs, notamment des orchidées.

Les pins. — Les trois principaux types de pins rencontrés en Provence se distinguent par leur silhouette.

Le **pin maritime** croît sur les sols calcaires. Il s'orne d'un feuillage sombre et bleuté et présente une écorce rouge violacé.

Le **pin parasol** est typiquement méditerranéen. Il doit son nom à sa forme facilement reconnaissable. On le rencontre très souvent isolé.

(D'après photo Cordier/Pitch)
Pin parasol.

Le **pin d'Alep** est une essence méditerranéenne qui se plaît sur les sols calcaires du littoral. Son feuillage est clair et léger, son tronc souvent tordu et son écorce grise.

Autres arbres provençaux. — Les **platanes** aux troncs lisses et les **micocouliers** ombragent les « cours » et les places des villages ainsi que les routes. Le bois de micocoulier très malléable était utilisé dans la fabrication des fourches.

La silhouette du noir **cyprès**, conifère à feuillage persistant, marque le paysage méditerranéen avec sa forme de fuseau pointé vers le ciel. Planté serré, le cyprès pyramidal forme d'épaisses haies coupe-vent. La variété à branches étalées est utilisée pour les peuplements forestiers. De la famille des rosacées, l'**amandier** commun, très répandu en Provence, se pare d'une belle floraison très précoce. L'ormeau, arbre noble, a quasiment disparu.

Les forêts. — Peu nombreuses en Provence, elles se développent surtout dans les massifs montagneux, mais ne dépassent pas l'altitude de 1 600 m. De belles chênaies vertes ou pubescentes subsistent dans le Grand Luberon, sur la Ste-Victoire et sur les plateaux de Vaucluse. Dans le Petit Luberon, s'étend une belle forêt de cèdres et le massif

(D'après photo Hayon/Pitch)
Amandier.

(D'après photo Gantes/Pitch)
Cyprès.

(Photo Hayon/Pitch)
Chardon en boule méditerranéen.

(Photo M. Marcou/Pix)
Ciste.

de la Ste-Baume abrite, sur le versant Nord, de merveilleuses futaies de hêtres. Sur les sommets des crêtes calcaires pousse une lande à genêts. Le vocable de forêts désigne le plus souvent, en dehors de ces zones, des taillis couvrant de vastes espaces au Nord de la Durance.

La garrigue. — Cette appellation désigne en Provence de vastes étendues de landes au sol pierreux et calcaire. La garrigue est généralement formée de petites collines plus ou moins élevées, à pentes douces où saillent de gros blocs rocheux séparés par de minuscules parcelles de terre. Parfois les pluies ont entraîné la terre dans le fond des vallées et il ne reste plus que de vastes tables rocheuses.

Une maigre végétation s'y accroche : chênes verts ou yeuses, chênes kermès ne dépassant guère 15 centimètres de hauteur, chardons, genêts épineux, cistes.

La lavande, le thym, le romarin y poussent également, parmi une herbe, rare, courte et sèche, que paissent quelques troupeaux de moutons.

De petites garrigues se rencontrent un peu partout en Provence, mais la garrigue s'étend plus spécialement au Nord de Nîmes où elle a été profondément entaillée par le Gardon.

En plus des plantes parfumées qui poussent spontanément dans la garrigue, d'autres variétés aromatiques telles que le basilic, la marjolaine, la sarriette, la sauge, la mélisse, la menthe, le laurier, l'absinthe croissent sous le ciel provençal et sont maintenant cultivées en plein champ, elles alimentent le marché des plantes aromatiques et officinales *(voir p. 15)*.

(Photo P. Briolle/Rapho)
Lavande à toupet.

Les atteintes à l'environnement. — L'engouement touristique pour la Méditerranée et la Provence, le développement industriel et urbain sont la cause d'incessantes agressions contre le milieu naturel.

Les incendies de forêt. — La forêt provençale est particulièrement exposée aux incendies (ceux de 1979, de 1985 et de 1986 ont été catastrophiques) dont la grande majorité sont dus à l'imprudence ou à la malveillance. Le feu a deux alliés naturels, la sécheresse et le vent. Pendant l'été, les plantes desséchées des sous-bois, les aiguilles de pins, les essences volatiles, très inflammables, dégagées par certaines feuilles, sont à la merci de la moindre imprudence ou même flambent spontanément. Les pins offrent à l'incendie, dès qu'il est déclaré, un aliment de choix ; si le vent est fort, c'est la catastrophe.

De véritables vagues de feu, longues parfois de 10 km, hautes de 30 m, se propagent à l'allure de 5 à 6 km à l'heure. Quand la vague est passée, il ne reste debout que les squelettes noircis des arbres et, couvrant le sol, une blanche couche de cendres. Bien souvent, le feu gagne jusqu'à ce qu'il rencontre la mer, à moins que le vent ne tombe subitement ou ne renverse sa direction.

Les incendies modifient peu à peu l'équilibre écologique : c'est ainsi que la chênaie ne cesse de reculer et que le sol est stérilisé pour longtemps. Les multiples moyens mis en œuvre pour combattre le feu ne suffisent pas à enrayer ce fléau, aussi la prévention (guet méthodique, nettoyage des sous-bois, mise en place de coupe-feu etc.) et la sensibilisation du public, notamment des touristes, devraient permettre d'obtenir des résultats significatifs.

Pollutions et nuisances. — L'urbanisation et l'industrialisation accélérées de la région provençale ont porté des coups sensibles à la beauté de plusieurs sites. Le complexe industriel de Fos-sur-Mer dévore la Crau ; le pourtour de l'étang de Berre, surtout dans sa partie orientale, est devenu la banlieue active (aéroport, raffineries de pétrole etc.) de la métropole marseillaise. Dès 1957, en raison d'un taux excessif de pollution des eaux, la pêche est interdite sur l'étang. Le déversement des eaux usagées des villes riveraines, la décharge d'ordures de St-Martin-de-Crau, le grand égout collecteur de Marseille débouchant dans la calanque de Cortiou etc. sont autant de nuisances graves. La fréquentation automobile (en constante hausse) enfin a nécessité des infrastructures routières toujours plus nombreuses, lacérant ainsi le paysage et ne laissant qu'une part de plus en plus réduite aux espaces sauvages.

GROTTES ET AVENS

Contrastant avec les profondes entailles des vallées vives, le plateau du Bas-Vivarais déroule ses vastes solitudes grises et pierreuses. Cette sécheresse du sol est due à la nature calcaire de la roche qui absorbe comme une éponge toutes les eaux de pluie. A cette aridité correspond une intense activité souterraine.

L'infiltration des eaux. — Chargées d'acide carbonique, les eaux de pluie dissolvent le carbonate de chaux contenu dans le calcaire. Alors se forment des dépressions généralement circulaires et de dimensions modestes appelées **cloups** ou **sotchs**. La dissolution des roches calcaires contenant particulièrement du sel ou du gypse produit une sorte de terre arable qui se prête aux cultures ; lorsque les cloups s'agrandissent, ils forment de plus vastes dépressions fermées appelées **dolines.**

Si les eaux de pluie s'infiltrent plus profondément par les innombrables fissures qui fendillent la carapace calcaire, le creusement et la dissolution de la roche amènent la formation de puits ou abîmes naturels appelés **avens** ou **igues**. Peu à peu, les avens s'agrandissent, se prolongent, se ramifient, communiquent entre eux et s'élargissent en grottes.

Les rivières souterraines. — Les eaux d'infiltration finissent par former des galeries souterraines et se réunissent en une rivière à circulation plus ou moins rapide. Elles élargissent alors leur lit et se précipitent souvent en cascades. Lorsqu'elles s'écoulent lentement, elles forment de petits lacs en amont des barrages naturels tels que les **gours** édifiés peu à peu par dépôt de carbonate de chaux. Il arrive qu'au-dessus des nappes souterraines se poursuive la dis-

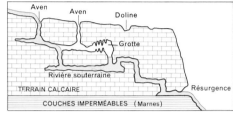

Circulation souterraine des eaux.

solution de la croûte calcaire : des blocs se détachent de la voûte, une coupole se forme, dont la partie supérieure se rapproche de la surface du sol. C'est le cas de la gigantesque Salle supérieure d'Orgnac, haute de 50 m et que quelques dizaines de mètres seulement séparent de la surface du causse. Lorsque la voûte de la coupole devient très mince, un éboulement découvre brusquement la cavité et ouvre un gouffre.

Formation des grottes. — Au cours de sa circulation souterraine, l'eau abandonne le calcaire dont elle s'est chargée en pénétrant dans le sol. Elle édifie ainsi un certain nombre de concrétions aux formes fantastiques défiant quelquefois les lois de l'équilibre. Dans certaines cavernes, le suintement des eaux donne lieu à des dépôts de calcite (carbonate de chaux) qui constituent des pendeloques, des pyramides, des draperies, dont les représentations les plus connues sont les stalactites, les stalagmites et les excentriques.

Les **stalactites** se forment à la voûte de la grotte. Chaque gouttelette d'eau qui suinte au plafond y dépose, avant de tomber, une partie de la calcite dont elle s'est chargée. Peu à peu, s'édifie ainsi la concrétion le long de laquelle d'autres gouttes d'eau viendront couler et déposer à leur tour leur calcite.

Les **stalagmites** sont des formations de même nature qui s'élèvent du sol vers le plafond. Les gouttes d'eau tombant toujours au même endroit déposent leur calcite qui forme peu à peu un cierge. Celui-ci s'élance à la rencontre d'une stalactite avec laquelle il finira par se réunir pour constituer un pilier reliant le sol au plafond.

La formation de ces concrétions est extrêmement lente ; elle est, actuellement, de l'ordre de 1 cm par siècle sous nos climats.

Les **excentriques** sont de très fines protubérances, dépassant rarement 20 cm de longueur. Elles se développent dans tous les sens sous forme de minces rayons ou de petits éventails translucides.

(Photo Delon/Pix)

Aven de Marzal.

Elles se sont formées par cristallisation et n'obéissent pas aux lois de la pesanteur. L'aven d'Orgnac, celui de Marzal et la grotte de la Madeleine en possèdent de remarquables.

A la fin du siècle dernier, l'exploration méthodique et scientifique du monde souterrain, à laquelle est attaché le nom d'**Édouard-Alfred Martel,** a permis la découverte et l'aménagement touristique d'un certain nombre de cavités. Depuis, les recherches n'ont pas cessé. En 1935, **Robert de Joly** explora l'aven d'Orgnac et en découvrit les richesses ; plus tard, la présence d'un « trou souffleur » dans l'aven devait conduire à la découverte, en 1965, d'un immense réseau de galeries supérieures. Notre connaissance du monde souterrain est encore très incomplète, de très nombreux gouffres échappant aux recherches.

QUELQUES FAITS HISTORIQUES

De la préhistoire à la domination romaine

Avant J.-C.

Vers 6000 — Néolithique cardial (du mot « cardium », coquillage utilisé dans la décoration des poteries) : les premiers potiers pratiquant quelques activités agricoles occupent les sites de Châteauneuf-les-Martigues et de Courthézon.

Vers 3500 — Chasséen : apparition de véritables éleveurs-agriculteurs vivant dans des villages.

1800 - 800 — Age du bronze. Peuplement ligure.

8e - 4e s. — Installation progressive des Celtes.

Vers 600 — Fondation de Massalia (Marseille) par les Phocéens *(p. 130)*.

4e s. — Apogée de Massalia ; voyages du navigateur massaliote Pythéas dans les mers du Nord.

218 — Hannibal traverse la Provence et franchit les Alpes.

125 - 122 — Conquête de la gaule méridionale par les Romains. Destruction d'Entremont et fondation d'Aix *(p. 46)*.

102 — Victoire de Marius sur les Teutons, près d'Aix *(p. 46)*.

58 - 51 — Conquête de la Gaule chevelue par César.

27 — Auguste organise la Narbonnaise : accélération de la romanisation.

Après J.-C.

2e s. — Apogée de Nîmes.

284 — La Narbonnaise est divisée en deux provinces : Narbonnaise sur la rive droite du Rhône, Viennoise sur la rive gauche.

4e s. — Apogée d'Arles. Mise en place des diocèses.

416 — Jean Cassien, venu d'Orient, fonde l'abbaye St-Victor de Marseille.

(Photo Pratt D. Pries/DIAF)

Vaison-la-Romaine. — Tête de Vénus (maison des Messii).

Formation du comté de Provence

471 — Prise d'Arles par les Wisigoths.

476 — Chute de l'Empire romain d'Occident.

536 — Cession de la Provence aux Francs.

843 — Traité de Verdun : la Provence, la Bourgogne et la Lorraine reviennent à Lothaire.

855 — Création d'un royaume de Provence au profit de Charles, 3e fils de Lothaire.

879 — Boson, beau-frère de Charles le Chauve, roi de Bourgogne et de Provence.

2e moitié du 9e s. et 10e s. — Incursions répétées des Sarrasins, des Normands et des Hongrois.

1032 — Rattachement de la Provence au Saint Empire Romain Germanique. Les comtes de Provence, cependant, jouissent d'une indépendance effective. Les villes s'émancipent et affirment leur autonomie.

1125 — Partage de la Provence entre les comtes de Barcelone et de Toulouse.

Vers 1135 — Première mention d'un consulat à Arles.

1229 — Par le traité de Paris, le Bas-Languedoc revient à la couronne de France ; création de la sénéchaussée royale de Beaucaire.

1246 — Charles Ier d'Anjou, frère de Saint Louis, épouse Béatrice de Provence, fille du comte de Barcelone, et devient comte de Provence.

1248 — Saint Louis s'embarque à Aigues-Mortes pour la 7e croisade.

1274 — Cession du Comtat à la papauté.

1316 - 1403 — Papes et anti-papes résident officiellement à Avignon.

1348 — Clément VI achète Avignon à la reine Jeanne 1re d'Anjou. Epidémie de peste noire.

1409 — Fondation de l'Université d'Aix.

1434 - 1480 — Règne du roi René, oncle de Louis XI.

1450 — Jacques Cœur installe ses comptoirs à Marseille.

1481 — Charles du Maine, neveu de René d'Anjou, laisse par testament la Provence à Louis XI.

1486	Les États de Provence, réunis à Aix, ratifient la réunion de la Provence à la France.
1501	Institution du Parlement d'Aix, cour souveraine de justice qui s'arroge des prérogatives politiques.
1524 - 1536	Invasion de la Provence par les Impériaux (soldats de l'Empire germanique).
1539	Édit de Villers-Cotterêts imposant l'usage du français pour les actes administratifs.
1545	Massacre des Vaudois hérétiques du Luberon *(p. 23)*.
1555	Nostradamus, né à St-Rémy, publie les Centuries astrologiques *(p. 178)*.
1558	L'ingénieur salonnais Adam de Craponne fait creuser le canal qui porte son nom *(p. 178)*.
1567	Massacre de la Michelade à Nîmes : 200 prêtres ou notables catholiques sont assassinés.
1622	Louis XIII visite Arles, Aix et Marseille.
1660	Louis XIV entre solennellement dans Marseille.
1685	Révocation de l'édit de Nantes.
1713	La principauté d'Orange, possession des Nassau, est acquise par la France au traité d'Utrecht.
1720	La grande peste, partie de Marseille, décime les populations provençales *(p. 132)*.
1771	Suppression du Parlement d'Aix.

De la Révolution à nos jours

1790	L'Assemblée constituante décide la création de trois départements dans le Sud-Est de la France : les Basses-Alpes (ch.-l. : Digne), les Bouches-du-Rhône (ch.-l. : Aix) et le Var (ch.-l. : Toulon).
1791	Avignon et le Comtat Venaissin sont réunis à la France.
1792	500 volontaires marseillais défilent dans Paris au chant de l'armée du Rhin qui, désormais, s'appellera la Marseillaise *(p. 132)*.
1815	Chute de Napoléon. Assassinat du Maréchal Brune à Avignon par des fanatiques royalistes (Terreur blanche).
1854	Fondation du Félibrige, école littéraire provençale *(p. 25)*.
1859	Frédéric Mistral publie le poème provençal « Mireille » *(p. 129)*.
1933	Création de la Compagnie Nationale du Rhône pour l'aménagement du fleuve.
1942	Invasion de la Provence par les troupes allemandes le 11 novembre.
1944	Débarquement des armées alliées le 15 août sur la Côte d'Azur. Du 23 au 28 août, les troupes du général de Montsabert, aidées par les forces de la Résistance, libèrent Marseille de l'occupation allemande.
1962	Mise en service des premières usines de l'aménagement hydro-électrique de la Durance.
1965	Début de la construction de l'ensemble portuaire de Fos *(p. 118)*.
1970	Marseille relié à Paris par l'autoroute A 6-A 7.
1977	Mise en service à Marseille de la première ligne du métropolitain *(p. 132)*.
1981	Marseille relié à Paris par le TGV.

UN RICHE PASSÉ

La Gaule méridionale avant la conquête romaine

Aux origines : un brassage de population. — Pendant l'âge du bronze (1800 à 800 av. J.-C.), la région est habitée par les Ligures, probablement les descendants des populations néolithiques autochtones. A partir du 7e s., se produisent des infiltrations celtiques tandis que s'installent les premiers Grecs. Massalia (Marseille) est fondée en 600 (ou 620) par des Phocéens en accord avec la tribu celtique des Ségobriges. L'arrivée en nombre des Celtes ne date cependant que des 5e et 4e s. ; un brassage de populations en résulte et donne ce peuplement celto-ligure à la base de la Provence antique. Ces divers peuples s'installent progressivement sur les sites fortifiés de hauteur, les oppidums. Nages près de Nîmes, St-Blaise dominant le golfe de Fos, Entremont près d'Aix furent d'importants établissements, de véritables villes.

La présence grecque. — Elle fut essentielle dans l'histoire de la civilisation méridionale. Les Rhodiens donnèrent sans doute leur nom au grand fleuve provençal (Rhodanos), mais les Phocéens, venus d'Asie Mineure (Ionie), sont les premiers à établir une colonie permanente : **Massalia** devient très rapidement une puissante cité commerciale qui fonde à son tour nombre de comptoirs provençaux (Glanum, Avignon, Cavaillon) et pratique des échanges avec les peuples du Nord (vin et céramique contre étain d'Armorique et de Bretagne, produits agricoles et bétail). Toutefois, la culture grecque ne se diffuse que lentement, pas avant le 2e s., époque pendant laquelle les relations entre les autochtones et la cité phocéenne se gâtent. La confédération salyenne (qui regroupait les peuplades provençales) réagit à « l'impérialisme massaliote ».

Rome et Massalia. — Durant la deuxième guerre punique (218-201), Massalia soutient Rome tandis que des Salyens aident Hannibal à traverser le pays (218).

En 154, Massalia inquiète des menaces gauloises, obtient la protection de Rome. Vers 130, le puissant empire arverne constitue un danger pour la sécurité du Midi de la Gaule, clé du trafic entre l'Italie et l'Espagne.

Aussi, dès 125, Rome intervient-elle à l'appel de Massalia : les légions soumettent facilement les Voconces puis les Salyens dont la capitale (Entremont) tombe. En 122, date de la fondation d'Aquae Sextiae (Aix), les Arvernes et les Allobroges, subissent une sanglante défaite. Le consul Domitius Ahenobarbus délimite les frontières d'une nouvelle province, la **Transalpine,** qui deviendra **Narbonnaise** du nom de la première colonie romaine (Narbonne) en 118. Massalia conserve son indépendance, un territoire lui est reconnu. La domination romaine — un temps mise en péril par le déferlement des Cimbres et des Teutons en 105 (désastre d'Orange), arrêtés par Marius près d'Aix en 102 — s'étend de manière irréversible sur le pays et ne va pas sans abus ni spoliations.

La colonisation romaine

La paix romaine. — La Gaule transalpine s'intègre vite au monde romain et soutient activement le proconsul César pendant la guerre des Gaules (58 à 51 av. J.-C.). Ayant pris parti contre ce dernier dans la lutte qui l'oppose ensuite à Pompée, Marseille, après un siège en règle (49 av. J.-C.), doit capituler, et perd son indépendance. Les villes dominantes sont désormais Narbonne, Nîmes, Arles et Fréjus.

La romanisation s'accélère sous Auguste : la Narbonnaise est réorganisée en 27 av. J.-C. L'époque d'Antonin le Pieux (2e s.), dont la famille maternelle était originaire de Nîmes, marque l'apogée de la civilisation gallo-romaine. L'agriculture reste la principale activité de la Provence et le commerce enrichit les villes, principalement Arles qui profite de la disgrâce de Marseille. L'aisance urbaine se traduit par un mode de vie entièrement tourné vers le confort, le luxe et les loisirs. Les nombreux vestiges encore debout nous en laissent entrevoir quelques aspects.

Prépondérance d'Arles. — Après les incertitudes du 3e s., les 4e et 5e s. apportent des transformations religieuses et politiques considérables. Le christianisme — qui semble ne pas être apparu avant la fin du 2e s., en dépit des légendes colportées au Moyen Age sur le débarquement de Lazare, Marthe et Madeleine en Camargue — triomphe des autres religions après la conversion de Constantin. Ce dernier fait d'Arles, sa ville favorite en Occident *(voir p. 64 et 65).* Marseille garde un commerce actif, Aix est une capitale administrative tandis que Nîmes décline et qu'une cité comme Glanum est abandonnée par ses habitants. Les campagnes souffrent quant à elles de l'appauvrissement général du monde rural gallo-romain ; les grands propriétaires fonciers font peser sur elles de lourdes contraintes. L'insécurité provoque des réoccupations de sites de hauteur, comme le montre l'exemple de St-Blaise *(p. 164).*

De la chute de l'Empire romain
à la papauté en Avignon

D'invasions en invasions. — Jusqu'en 471, date de la prise d'Arles par les Wisigoths, la Provence a été relativement épargnée par les invasions. A la domination burgonde et wisigothique, entre 476 et 508, succède la « restauration » ostrogothique qui dure une trentaine d'années : les Ostrogoths se considèrent en effet comme les mandataires de l'empereur d'Orient et ressuscitent les institutions romaines ; Arles retrouve ainsi son préfet du prétoire. La vie religieuse poursuit son essor ; plusieurs conciles se tiennent dans les villes de Provence, notamment celui de Vaison qui prescrit la création d'une école par paroisse afin de parfaire l'évangélisation des campagnes. L'évêque d'Arles, Césaire, jouit d'un immense prestige en Gaule. En 536, la Provence entre dans le royaume franc et subit le sort incertain des autres provinces, ballottées au gré des partages successoraux de la dynastie mérovingienne. La décadence s'accélère.

La première moitié du 8e s. n'est que confusion et tragédies : Arabes et Francs transforment la région en champ de bataille ; Charles Martel, entre 736 et 740, la soumet avec une brutalité inouïe. Les Sarrasins font peser une menace permanente. En 855, un royaume de Provence est érigé correspondant à peu près au bassin rhodanien. Il est affaibli par la menace sarrasine et normande et échoît bientôt aux rois de Bourgogne, dont les possessions s'étendent alors du Jura à la Méditerranée et sont placées sous la protection des empereurs germaniques qui en héritent en 1032. Cette date capitale fait de la Provence une terre d'empire, la partie à l'Ouest du Rhône relevant des comtes de Toulouse.

La Provence occitane. — Les 10e et 11e s. marquent une rupture dans l'évolution de la civilisation provençale, jusque-là tributaire de son passé antique. Une société nouvelle émerge de l'anarchie féodale. La vie rurale se concentre désormais dans les villages de hauteur (Luberon, Ste-Baume, monts du Vaucluse) inclus dans des seigneuries. Les villes tendent à reprendre leur expansion et vont commencer à s'administrer elles-mêmes. La langue d'oc prend son envol… La Provence vit en union assez étroite avec le Languedoc. « D'ailleurs les contemporains englobent sous le nom de Provençaux les habitants du Midi de la France qui forment une seule et vaste « nation », unie par une même langue et des coutumes semblables » (E. Baratier).

L'échec de l'Occitanie facilite l'intervention capétienne. La croisade contre les albigeois entraîne l'union tardive des partis catalan et toulousain — qui se disputaient jusqu'alors la Provence — face aux « envahisseurs » du Nord, mais la défaite de Muret (1213) ruine tout espoir d'une Occitanie unie. L'expédition de Louis VIII (siège d'Avignon en 1226) et le traité de Paris de 1229 aboutissent à la création de la sénéchaussée royale de Beaucaire ; la rive droite du Rhône est désormais terre royale. A l'Est, le comte catalan Raimond-Bérenger V maintient son autorité et dote la Provence d'une organisation administrative ; lui-même réside souvent à Aix.

Les villes sont devenues des puissances locales ; depuis le début du 12e s., elles élisent des consuls dont le pouvoir s'est accru au détriment des seigneurs traditionnels (évêques, comtes et vicomtes) ; au 13e s., elles sont en train de gagner leur indépendance.

La Provence angevine. — Le mariage de **Charles d'Anjou,** frère de Saint Louis, avec Béatrice de Provence, héritière de Raimond-Bérenger V, en 1246, lie le destin de la Provence, à celui de la famille d'Anjou. Charles a de grandes ambitions politiques ; il s'immisce dans les affaires italiennes et soumet le royaume de Naples en 1266, avant de se tourner vers l'Orient. En Provence, son gouvernement est apprécié : la sécurité est établie, une administration honnête gère les affaires publiques et la prospérité reprend. Sur le plan territorial, le Comtat est remis, en 1274, à la papauté par le roi de France ; il suivra une évolution à part.

Les successeurs de Charles Ier, Charles II et Robert, poursuivent une politique d'ordre et de paix durant la première moitié du 14e s. Aix est élevée au rang de capitale administrative avec un sénéchal et une Cour des maîtres rationaux (officiers chargés de la gestion des finances du comté).

La ville phare est désormais Avignon, où l'évêque Jacques Duèse, élu pape sous le nom de Jean XXII en 1316, décide de se fixer. Déjà Clément V résidait depuis 1309 dans le Comtat et bénéficiait de la « protection » du roi de France ; aussi l'acte de Jean XXII ne constitua pas une surprise et fut confirmé par son successeur Benoît XII qui entreprit la construction d'une nouvelle résidence pontificale. Le séjour des papes en Avignon *(voir p. 73)* dure près d'un siècle et se traduit par un essor et un rayonnement extraordinaires de la ville (rachetée en 1348 à la reine Jeanne) : place bancaire, gros marché, chantier permanent, centre artistique, elle dépasse de loin ses anciennes rivales.

Du rattachement à la France à nos jours

La fin de l'indépendance provençale. — Avec la seconde moitié du 14e s., la Provence entre dans une phase difficile. La famine et la peste (apparue en 1348), les ravages des grandes compagnies (les routiers) et l'instabilité politique due à la faiblesse de la reine Jeanne (petite fille du roi Robert, assassinée en 1382) affaiblissent gravement le pays. La population est décimée et les ruines se multiplient. Après une violente querelle de succession, Louis II d'Anjou (neveu du roi de France Charles V), aidé par sa mère, l'énergique Marie de Blois, et par le pape, rétablit la situation (1387). La pacification est ralentie provisoirement par les agissements d'un seigneur turbulent, le vicomte de Turenne, qui prend appui sur les forteresses des Baux et de Roquemartine pour piller et rançonner le pays (1389-1399). La tranquillité ne revient définitivement qu'au début du 15e s.

Fils cadet de Louis II d'Anjou (+ 1417), le roi **René**, hérite, à la mort de son frère en 1434, de la Provence. Mais il se préoccupe avant tout de reconquérir le royaume de Naples ; échouant dans toutes ses tentatives, il tourne enfin ses regards (1447) vers la Provence et se met à l'aimer. Son règne va laisser un souvenir heureux, car il coïncide avec une période de restauration politique et économique qui se fait sentir dans toute la France *(voir p. 47)*. Poète, amateur d'art éclairé, il attire quantité d'artistes à Aix, qui prend en quelque sorte le relais de l'Avignon des papes. Son neveu Charles du Maine lui succède brièvement et, en 1481, Louis XI prend possession du pays.

L'histoire de la Provence se confond désormais avec celle du royaume de France, même si les bateliers du Rhône continueront longtemps à distinguer entre terre d'empire et terre du royaume !

Vaudois et réformés. — Dès 1530, la Réforme se propage dans le Midi, grâce aux colporteurs de bibles et aux marchands, par la vallée du Rhône, le Vivarais et la vallée de la Durance. Le protestantisme est stimulé par le rayonnement de l'église vaudoise, implantée dans les communautés villageoises du Luberon. L'hérésie vaudoise remonte au 12e s. : **Pierre Valdo,** un marchand lyonnais, avait fondé en 1170 une secte prêchant la pauvreté et le retour à l'Évangile, refusant les sacrements et la hiérarchie ecclésiastique. Excommuniés en 1184, les Vaudois étaient, depuis ce temps, pourchassés comme hérétiques. En 1540, le Parlement d'Aix (institué en 1501) décide de frapper fort en ordonnant la destruction de la bourgade vaudoise de Mérindol. François Ier temporise et prescrit un sursis. Loin de s'apaiser, les esprits s'échauffent ; l'abbaye de Sénanque est saccagée par des hérétiques (1544) ; en riposte, le président du Parlement d'Aix, Meynier d'Oppède, obtient du roi l'autorisation d'appliquer l'« arrêt de Mérindol » et organise une expédition punitive. Du 15 au 20 avril 1545, une véritable folie sanguinaire s'abat sur les villages du Luberon dont certains sont incendiés et rasés : 3 000 personnes sont massacrées et 600 envoyées aux galères.

Le protestantisme continue néanmoins à se répandre, surtout à l'Ouest du Rhône, dans le Vivarais, dans les Cévennes, à Nîmes et Uzès ; à l'Est, Orange — principauté de la famille de Nassau depuis 1559 — devient un bastion réformé. En 1560, l'affrontement devient inévitable. Nombre d'églises et d'abbayes (St-Gilles, chartreuse de Valbonne) sont saccagées par les huguenots ; la violence engendre la violence : à la prise d'Orange (1563) par le parti catholique riposte celle de Mornas par le baron des Adrets *(voir p. 94)*, l'un des chefs protestants du moment avec Jacques de Crussol.

Dans le tumulte des représailles réciproques, Provence et Languedoc-Cévennes prennent un chemin opposé. La Provence penche pour le catholicisme, et la Ligue recrute de fervents partisans dans les villes comme Aix ou Marseille (qui voudrait bien s'ériger en république indépendante). Sur l'autre rive du Rhône, la situation est différente. Les populations, emmenées par les marchands et les artisans du textile qui animent le mouvement réformé, adhèrent assez généralement à la cause protestante dont Nîmes est le flambeau. L'âpreté des guerres de Religion dans le Midi aboutit à mettre face à face deux peuples à la mentalité opposée, qui s'affronteront encore au moment de l'insurrection des camisards (1702-1704) et n'oublieront jamais tout à fait cet épisode crucial de leur histoire.

Du 17e s. au 20e s. — La Provence panse ses plaies et se relève, particulièrement au 18e s., considéré comme un âge d'or pour l'agriculture et le commerce. Le 19e s. paraît, par contraste, moins favorable : si l'industrialisation progresse, le monde rural pâtit de l'effondrement des magnaneries puis de la crise phylloxérique. Face à ces mutations, Mistral défend l'identité provençale et les traditions. Lorsqu'il s'éteint en 1914, la Provence est pourtant très engagée dans la voie de la modernité, aujourd'hui triomphante avec son industrie lourde, son agriculture spéculative et ses ressources touristiques.

LE PROVENÇAL :
DIALECTE ET LITTÉRATURE

La Provence est une terre de vieille civilisation, gréco-latine puis occitane, qui n'a cessé d'inspirer les poètes et les écrivains, dont beaucoup s'exprimèrent en provençal (groupe de dialectes sud-occitans).

La langue des troubadours. — Du latin vulgaire, parlé à la fin de l'Empire romain, ont dérivé les langues « romanes » : italien, roumain, catalan, espagnol, portugais et, en France langue d'oïl au Nord et langue d'oc dans le Midi, ainsi nommées pour la façon dont se disait « oui » dans chacune d'elles. Cette distinction, qui se dessine dès l'époque mérovingienne, est assez avancée aux 10e et 11e s. pour que ces deux langues entrent séparément dans la littérature.

Le provençal — qui apparaît, mêlé à des textes latins, pour la première fois au 11e s. — doit sa fixation et son rayonnement au succès de la littérature courtoise au 12e s. En fait, l'art des troubadours, venu du Périgord, du Limousin et de la Gascogne, n'est pas une littérature purement provençale, mais une littérature de l'Occitanie tout entière, de Bordeaux jusqu'à Nice. Les poètes, tels Jaufré Rudel de Blaye, Bernard de Ventadour, Peire Vidal de Toulouse et, pour la Provence, Raimbaut d'Orange, la comtesse de Die, Raimbaut de Vaqueiras, Folquet de Marseille, ont créé une communauté linguistique indépendante des divisions politiques.

Sous le nom de provençal, l'occitan est apprécié des élites étrangères et dans la plupart des cours européennes. Le motif essentiel de l'inspiration des troubadours est l'amour non pas un amour passionnel, mais un amour courtois dont la patience et la discrétion finissent par fléchir la dame qui accepte l'hommage de son vassal. Dans une longue suite de vers, les poètes disent leurs inquiétudes et leurs espoirs. Cette forme de littérature décline au 13e s. : ses thèmes se sont épuisés et les riches demeures seigneuriales qui lui servaient de cadre ont perdu de leur importance. La pénétration des influences françaises dans le Midi, favorisée par les départs aux croisades, l'Inquisition et l'essor de la monarchie capétienne en sont les causes.

Le provençal conserve néanmoins son importance : Dante (1265-1321) faillit l'utiliser pour écrire sa Divine Comédie, et on le parlait à la cour des papes d'Avignon. A côté du latin, la langue d'oc est, au Moyen Age, la seule langue administrative écrite. Pourtant, à partir du 14e s., des différences régionales s'esquissent ; la langue d'oc commence à se fragmenter

La littérature provençale passe en Italie où elle se régénère grâce au génie de Dante, et revient en force dans la vallée du Rhône sous la forme du sonnet, avec **Pétrarque** (1304-1374). Exilé en Avignon, Pétrarque s'éprend, en 1327, de la belle Laure de Noves pour laquelle il éprouve une grande passion, sublimée à la mort de la jeune femme. C'est à elle qu'il consacre son « Canzonière » (p. 117), pathétique chant d'amour qui s'exprime à travers de merveilleux sonnets. Mais le poète, retiré à Fontaine-de-Vaucluse *(p. 117)*, a aussi décrit, dans ses lettres, la vie provençale ; il nous parle ainsi des bergers, des pêcheurs de la Sorgue, de son ascension au mont Ventoux (« une masse de terre rocheuse, abrupte et presque inaccessible »).

La langue provençale reçoit un coup quand, en 1539, l'édit de Villers-Cotterêts impose, dans la pratique administrative, l'usage généralisé du français, c'est-à-dire du dialecte d'Ile-de-France tel qu'on le parle à Paris. Malgré cela, la littérature provençale survit jusqu'au 19e s. dans le théâtre, la poésie, les contes, les chroniques, les ouvrages didactiques et les travaux d'érudition : dictionnaires et anthologies. Il faut citer à ce titre l'œuvre de Bellaud de la Bellaudière et de Nicolas Saboly.

(Photo Bibliothèque Nationale)
Folquet de Marseille (manuscrit du 13e s.).

Bellaud de la Bellaudière. — Né à Grasse en 1534, Bellaud de la Bellaudière eut une vie très mouvementée. Soldat, pourfendeur de huguenots, il goûte à la prison où il écrit ses « Œuvres et Rimes », soit quelques 160 sonnets. Sa poésie, inspirée de Marot, de Rabelais et de Pétrarque, est cependant très personnelle par son réalisme familier ; elle donne un nouvel essor au provençal. Contribuent aussi à ce renouveau Claude Bruey, Raynier de Briançon et François de Bègue.

Les Noëls. — Au 17e s., qui voit la naissance à Aix du moraliste Vauvenargues et le séjour à Grignan *(p. 121)* de Madame de Sévigné, Nicolas Saboly compose les Noëls provençaux, charmants morceaux de poésie populaire et rustique. Ces cantiques souriants et pieux font apparaître, aux côtés des anges, les touchantes figures de tout un petit monde empressé à courir la nuit vers l'Enfant qui vient de naître.

Comme langue vulgaire cependant, le provençal continue de se dégrader et se fragmente en divers patois. Au 17e s., on prêchait en provençal dans les campagnes et souvent en ville. Racine séjournant à Uzès en 1661 avait beaucoup de mal à se faire comprendre. Jusqu'à la Révolution, on ne parlait que le provençal dans la vie quotidienne ; seule une élite s'exprimait en français, encore était-elle bilingue.

Le Félibrige. — Depuis la fin du 18e s., le provençal, combattu par la centralisation étatique, renaît par la littérature. En 1795, l'abbé Favre fait date avec son « Siège de Caderousse », poème patois satirique qui amusa par sa truculence rabelaisienne. Dans les années 1840, c'est l'explosion.

Joseph **Roumanille** (1818-1891), répétiteur à Avignon et auteur d'un recueil intitulé « Li Margarideto » (1847) éveille chez le jeune Mistral une passion pour la Provence, sa culture, son histoire et sa langue d'oc. Dès 1851, ce dernier commence à écrire « Mirèio » et, en 1852, a lieu le premier congrès des futurs félibres à Arles. Mais le pas décisif est franchi le 21 mai 1854 au château de Font-Ségugne : sept jeunes poètes provençalisants (Roumanille, Mistral, Aubanel, Mathieu, Tavan, Giéra et Brunet) fondent le Félibrige (« félibre » étant un nom emprunté à une vieille cantilène signifiant « docteur »). L'association se donne pour but de restaurer la langue provençale et d'en codifier l'orthographe. Une publication périodique, l'« Armana Prouvençau » doit la faire connaître et populariser son action.

En 1859, à l'âge de 29 ans, **Mistral,** né à Maillane *(p. 129)* publie « Mireille », poème épique en douze chants, qui lui vaut un immense succès : Lamartine salue chaleureusement son œuvre et Charles Gounod l'adapte au théâtre lyrique en 1864. En 1867, dans son « Calendau » — de ce terme signifiant « Noël » dérive l'adjectif « calendal » appliqué de nos jours aux fêtes organisées pendant la nuit sainte —, il fait revivre le passé historique de son pays. La gloire ne le quitte plus : en 1875, il publie « les Iles d'Or », en 1884 « Nerte », en 1890 « la Reine Jeanne », en 1896 « le poème du Rhône ». En 1904, il reçoit le prix Nobel de littérature ; son dernier recueil, « les Olivades » paraît en 1912 : c'est un hymne à la figure éternelle de la Provence.

Mistral fut aussi un grand philologue qui rassembla patiemment les éléments épars de la langue d'oc et en restitua l'orthographe dans son monumental « Trésor du Félibrige », publié de 1878 à 1886, auquel on se réfère toujours. Il restera « l'homme qui a ressuscité la Provence » (Marcel Brion), le « phare, le génie de la race, de la terre et de la langue » (Marie Mauron) en dépit des accusations

(D'après photo Arch. Phot., Paris)

Mistral.

de passéisme et de conservatisme lancées contre lui par certains groupes occitanistes.

Le Félibrige regroupe des poètes et romanciers occitans aussi différents qu'Alphonse Daudet (qui avait des attaches vivaroises), Paul Arène, Félix Gras, Baptiste Bonnet, Joseph d'Arbaud, Charles Rieu, Dom Xavier de Fourvière, Jean-Henri Fabre, Folco de Baroncelli-Javon (le père de la « nation gardiane ») et Charles Maurras, le théoricien royaliste.

A la même époque, brillent les noms de Jean Aicard, académicien, auteur du célèbre « Maurin des Maures » (1908), et, dans un tout autre registre, d'Émile Zola (qui fit ses études secondaires à Aix), dont les « Rougon-Macquart » évoquent le cheminement d'une famille du Midi, et d'Edmond Rostand (né à Marseille) qui émut les foules avec son inoubliable « Aiglon ».

De nos jours. — Si la Provence est toujours présente dans leurs œuvres, les romanciers contemporains ont su dépasser le cadre régional pour figurer, parfois aux premiers rangs, parmi les écrivains français. Henri Bosco (« Le Mas Théotime ») pour le Luberon, André Chamson (« Roux le Bandit ») de Nîmes, Jean Giono (« Jean le Bleu ») de Manosque, Marcel Pagnol (« Marius ») d'Aubagne, René Barjavel, de Nyons, connurent tous la célébrité. Actuellement, René Char (né à l'Isle-sur-la-Sorgue) est considéré comme l'un des plus grands poètes français ; Marie Mauron (née à St-Rémy-de-Provence) nous fait partager son amour de la Provence à travers ses nombreux récits et ouvrages (« La Transhumance », « La Provence qu'on assassine »...).

Citons encore Yvan Audouard (« Le dernier des Camarguais »), installé à Arles. Par ailleurs, de nombreux autres écrivains, comme Lawrence Durrell, sont venus s'installer en Provence où ils ont trouvé une nouvelle inspiration.

Paradoxalement, on assiste à la régression du provençal comme langue parlée et à sa progression comme langue de culture, héritière des troubadours et des félibres. Certes, des patois locaux subsistent — le dialecte gavot de la Provence intérieure, le parler maritime (très vivace en Camargue), le dialecte niçois, le provençal alpin — mais ils sont le plus souvent ignorés de la jeunesse et des victimes du mode de vie urbain.

Quant au rôle centralisateur et unificateur de l'État, la tendance s'est renversée : la langue d'oc est désormais reconnue dans les programmes officiels de l'enseignement. Le provençal, langue harmonieuse, compte un riche vocabulaire qui permet une infinité de nuances. L'ambition de l'Institut d'Études Occitanes est de retrouver, au-delà des différents dialectes issus de la langue d'oc, l'unité d'un langage commun comparable à ce que fut l'occitan du Moyen Age, de l'Atlantique à la Méditerranée.

Pour trouver la description d'une ville ou d'une curiosité isolée, consultez les pages de l'index.

CONTES ET LÉGENDES

Les contes et les légendes sont l'enluminure de l'histoire et de la géographie de la Provence : dans leurs récits, s'illustrent les hommes, les coutumes, les institutions, les modes de vie, les croyances, les monuments, les sites. Peut-être faut-il reconnaître l'héritage gréco-latin dans la tradition provençale où le merveilleux accompagne la vie quotidienne dans ses plus humbles démarches. Ainsi croyaient les Anciens, qui voyaient partout les signes de la volonté des dieux, et des miracles dus à leur intervention.

Légendes antiques. — Pour les anciens Grecs, les rivages de la Méditerranée occidentale étaient un pays mystérieux, à la fois redoutable et merveilleux, où chaque soir avec le soleil couchant disparaissait le char d'Apollon. **Hercule,** le fils de Jupiter, avait fréquenté ces lieux : il avait épousé Galathée la Gauloise ; doué d'une force prodigieuse, il avait ouvert des passages dans les Alpes ; pour protéger sa traversée de la Provence, son père avait fait pleuvoir sur ses ennemis les cailloux de la Crau.
L'attrait de l'Occident méditerranéen poussa plus tard les Phocéens à fonder une colonie dans ce pays fabuleux. La légende de **Protis et Gyptis** illustre cet épisode *(voir p. 130).* Le Marseillais **Pythéas,** hardi navigateur et géographe aurait au 4ᵉ s. avant J.-C. franchi les colonnes d'Hercule (détroit de Gibraltar), parcouru le « fleuve Océan » jusqu'en Cornouaille et abordé aux rivages de l'Islande.

La légende dorée. — Le christianisme a apporté son lot d'histoires merveilleuses. Une tradition millénaire attribue l'évangélisation de la Provence, dès le 1ᵉʳ siècle, à Lazare Marie-Madeleine et Marthe, à leurs saints compagnons, les disciples mêmes du Christ venant de Judée sur une barque miraculée *(p. 176).* Avec saint Victor et le moine Cassien ils « forment en quelque sorte l'état mystique de la Provence ». Marthe, pour sa part exerça son apostolat à Tarascon qu'elle délivra d'un monstre, la Tarasque *(p. 184).*
Mais les saints locaux ne manquent pas. La sainteté d'**Elzéar de Sabran** *(voir p. 58)* fut pour le moins précoce qui lui faisait refuser chaque vendredi, par mortification, le lait de sa nourrice ! Quant à **saint Mitre,** martyr décapité, la légende raconte que « le saint ramassa sa tête ensanglantée, la baisa (!) et alla la déposer sur l'autel de l'église cathédrale ».
Saint Césaire lui, emprisonna dans son gant un peu de vent marin pour le porter au pays de Nyons, enfermé dans un cirque de montagnes impénétrables : dès lors une brise vivifiante ne cessa de souffler sur la région ; les habitants reprirent courage et se mirent à cultiver la terre ; de cette époque date la prospérité du pays de Nyons et son climat privilégié qui permet la culture des oliviers.

Dans la tradition des troubadours. — D'autres légendes de Provence ont trouvé leur inspiration dans les chansons de geste ou dans la littérature courtoise.
Ainsi **Pierre de Provence,** preux chevalier et talentueux troubadour, vivait à la cour de son père au château de Cavaillon. A la seule vue d'un portrait, il s'éprend de la princesse Maguelone, fille du roi de Naples, et se met en route. Reçu à la cour, il sort vainqueur de nombreux tournois où il porte les couleurs de Maguelone. Mais un jour Pierre est enlevé par un équipage barbaresque et emmené à Tunis où il reste prisonnier sept ans. Passé ce temps, il peut enfin faire voile pour la Provence, mais son navire s'échoue non loin d'Aigues-Mortes. Blessé, on l'amène mourant à l'hôpital de cette ville, dirigé par la princesse Maguelone elle-même, qui a cherché dans l'exercice de la charité un dérivatif à son amour malheureux. Les amants se rencontrent et se reconnaissent. Comme Pierre est en voie de guérison...
Le dénouement n'est pas toujours aussi heureux. Un jour **Guillem de Cabestaing,** fils d'antique lignage et troubadour renommé, vint chanter à la cour du seigneur de Castel-Roussillon vieux, laid et vulgaire, mais possédant une femme jeune et belle nommée Sérémonde. L'amour naquit très vite entre les deux jeunes gens. Ce qu'ayant appris, le seigneur tua le beau Guillem dans un guet-apens, lui arracha le cœur, le servit en nourriture à sa femme qui tint ces propos : « Seigneur, répondit Sérémonde, vous m'avez servi mets si délicat que, ne pouvant à l'avenir en savourer d'aussi délectable, je jure sur le Christ de refuser toute autre nourriture afin d'en conserver le goût que j'emporterai dans la mort ». Elle se jeta du haut d'une falaise de Roussillon ; en se répandant, son sang colora la terre : voilà l'origine de l'ocre !

Sorcellerie. — Rares étaient les villages qui ne connaissaient pas au moins un « masc » ou une « masco ». Ceux-ci avaient le pouvoir d'ensorceler gens et bêtes. Si un nourrisson cessait de téter, si les chevaux s'arrêtaient sans raison apparente, si les chiens de chasse perdaient leur flair, c'est bien qu'ils étaient « emmasqués ». Méthamis dans le Vaucluse passe, encore de nos jours, pour un sanctuaire de la sorcellerie provençale. Pour lutter contre les maléfices, on faisait appel à un « démascaire », souvent un berger, car les bergers dotés de pouvoirs surnaturels mais au demeurant ennemis jurés des sorciers dit-on, possèdent la connaissance des secrets de la nature. Le « démascaire » ne peut faire que du bien : il désenvoûte, il est aussi rebouteux et guérit par les plantes.
D'autres pratiques, permettaient d'éloigner les sortilèges : porter un vêtement à l'envers ou devant derrière, jeter du sel dans le feu, prononcer des formules de conjurations en se signant à un moment précis, etc. Pour protéger les maisons du « mauvais œil », on avait coutume de cimenter dans un mur un galet vitrifié ; sur la porte de la bergerie, on clouait un chardon magique. Certains lieux sont si imprégnés de mystère et de merveilleux. Ainsi le Garagaï à Vauvenargues, un gouffre sans fond où il se passe des choses étranges. Entre Arles et Montmajour existe le « trou des fées », peuplé d'êtres surnaturels.
Bon nombre d'histoires provençales relatent les exploits mémorables d'enfants ou d'adolescents doués d'une force ou d'une ingéniosité extraordinaires ; ils ont généralement recours à la toute puissance de Dieu, à l'intervention des saints mais aussi à la magie. C'est le cas du petit **Bénézet** à Avignon *(voir p. 79)* ou de **Jean de l'Ours,** qui, à l'aide d'une énorme canne de fer, qu'il s'était fabriquée lui-même, anéantit les horribles dragons qui gardaient une jeune princesse prisonnière dans un château enchanté.
L'histoire de **Guihen l'orphelin** est aussi celle d'un jeune adolescent. Grâce à une mystérieuse poule blanche qu'il caresse en prononçant une formule incantatoire, il a le pouvoir de se rendre invisible. Il délivre ainsi un roi et sa fille, tous deux prisonniers d'un méchant baron. En reconnaissance, le roi promet à Guihen la main de sa fille.

FÊTES ET COSTUMES

Les fêtes. — Les Provençaux ont toujours eu le goût de la fête. Jadis, les hommes, réunis en corps de bravadiers, se chargeaient de la préparation des réjouissances collectives. Les fêtes, profanes ou religieuses (survivance de solennités chrétiennes, parfois mâtinées d'un tenace paganisme), sont multiples : à côté des fêtes patronales classiques qui s'égrènent tout au long de l'année, il y a les grandes fêtes à caractère plus ou moins traditionnel, qui rassemblent des milliers de personnes dans une ambiance colorée typiquement provençale.
D'avril à septembre, Nîmes et Arles rivalisent dans l'organisation des célèbres férias tauromachiques qui attirent des foules passionnées, qu'il s'agisse de corridas avec picadors et mise à mort ou de simples courses à la cocarde (placée entre les cornes du taureau, celle-ci doit être enlevée par les razeteurs). En Camargue, les « ferrades » sont un grand moment : les taureaux, terrassés, reçoivent, au fer à chaud, la marque du propriétaire ; il y a aussi les courses de chevaux entre gardians.
La « fête vénitienne » de Martigues consiste en un défilé nocturne d'embarcations décorées.
Depuis quelques décennies, la Provence est devenu le pays des festivals : Avignon, Aix, Orange, Vaison, Carpentras, Salon, Arles, presque chaque ville accueille une manifestation artistique annuelle de grande qualité. Le folklore, quant à lui, n'est pas oublié : le festival de Séguret et les fêtes de Nyons lui sont consacrés.
Voir la liste des manifestations et leurs dates p. 203 et 204.

Costumes et farandoles. — La plupart des fêtes donnent l'occasion d'admirer les costumes traditionnels et d'entendre le son des fifres et des tambourins qui font le charme de la Provence.

Le costume provençal se résume pour l'essentiel au **costume arlésien** (le muséon Arlaten d'Arles en conserve la plus belle collection). Les femmes portent une jupe longue de couleur et un corsage noir appelé « eso » à manches longues et serrées ; sur la poitrine, un plastron de tulle au drapé complexe est recouvert par un grand fichu soit de dentelle blanche, soit assorti à la robe. La coiffe, qui présente des variantes, couvre un chignon haut : dite « à la cravate », elle consiste en un mouchoir de percale en pointe, noué en « oreilles de lapin » ; dite « à ruban », elle est maintenue par un large ruban de velours orné de dentelle dessinant sur le devant une facette (grâce à un carton) et flottant à l'arrière ; dite « à ganse », elle est en dentelle nouée en « ailes de papillon ». Un éventail complète avantageusement le costume des arlésiennes.
Le costume masculin est plus sobre. Les hommes sont vêtus d'une chemise blanche nouée au col par un fin cordon ou un ruban, recouverte parfois d'un gilet sombre auquel est suspendue une chaîne de montre, et d'un pantalon de toile retenu par une large ceinture de laine rouge ou noire. Ils mettent sur la tête un chapeau de feutre à larges bords légèrement relevés. Le costume paysan est remis en honneur : les femmes arborent de jolis

(Photo R. et S. Michaud/Rapho)
Arlésienne en costume.

châles coloriés et sont coiffées d'un chaperon blanc surmonté d'un ample chapeau de paille plat ; les hommes peuvent porter aussi un chapeau de paille ainsi qu'une veste de velours.
La **farandole** est une danse méditerranéenne remontant sinon à l'Antiquité du moins au Moyen Age, qui se pratiquait dans tout le pays d'Arles. Jeunes gens et jeunes filles se tiennent par la main ou par un mouchoir et effectuent des figures mouvantes sur un rythme vif en six temps. Les instruments à la mélodie si typiquement provençale, sont le **galoubet**, petite flûte à trois trous et le **tambourin**. Les musiciens, les tambourinaires, jouent alternativement de l'un et de l'autre. Le galoubet mesure une trentaine de centimètres et émet un son très aigu. Le tambourin (environ 75 cm de hauteur pour 35 cm de diamètre) est martelé par une massette maniée d'une seule main (la droite) laissant libre l'autre pour jouer du galoubet ; sur sa partie supérieure, en peau de veau mort-né, est tendue la chanterelle, petite ficelle de chanvre ou corde de violon, qui produit un crissement poétiquement nommé « chant de la cigale ».

Dictons de Provence

Au peiroù dei sèt doulour, aven toutei nouasto escudello
Au chaudron des sept douleurs, nous avons tous notre écuelle

Aigo de Sant-Jan lèvo vin e pan
Pluie de la St-Jean enlève le vin et le pain

Jamaï plueio doù printèms passo per marrit tèms
Jamais pluie de printemps n'a passé pour mauvais temps

L'ART

ABC D'ARCHITECTURE

A l'intention des lecteurs peu familiarisés avec la terminologie employée en architecture, nous donnons ci-après quelques indications générales sur l'architecture religieuse et militaire, suivies d'une liste alphabétique des termes d'art employés pour la description des monuments dans ce guide.

Architecture religieuse

illustration I ▶

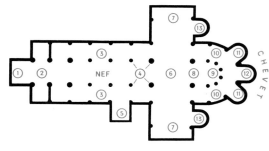

Plan-type d'une église : il est en forme de croix latine, les deux bras de la croix formant le transept.
① Porche – ② Narthex ③ Collatéraux ou bas-côtés (parfois doubles) – ④ Travée (division transversale de la nef comprise entre deux piliers) ⑤ Chapelle latérale (souvent postérieure à l'ensemble de l'édifice) – ⑥ Croisée du transept – ⑦ Croisillons ou bras du transept, saillants ou non, comportant souvent un portail latéral – ⑧ Chœur, presque toujours « orienté » c'est-à-dire tourné vers l'Est ; très vaste et réservé aux moines dans les églises abbatiales – ⑨ Rond-point du chœur ⑩ Déambulatoire : prolongement des bas-côtés autour du chœur permettant de défiler devant les reliques dans les églises de pèlerinage – ⑪ Chapelles rayonnantes ou absidioles – ⑫ Chapelle absidale ou axiale. Dans les églises non dédiées à la Vierge, cette chapelle, dans l'axe du monument, lui est souvent consacrée ⑬ Chapelle orientée.

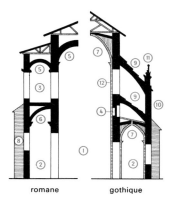

romane   gothique

◀ illustration II

Coupe d'une église : ① Nef – ② Bas-côté – ③ Tribune – ④ Triforium – ⑤ Voûte en berceau – ⑥ Voûte en demi-berceau – ⑦ Voûte d'ogive – ⑧ Contrefort étayant la base du mur – ⑨ Arc-boutant – ⑩ Culée d'arc-boutant – ⑪ Pinacle équilibrant la culée – ⑫ Fenêtre haute.

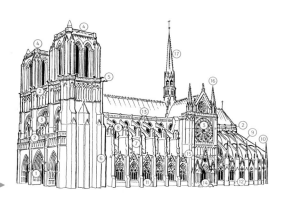

illustration III ▶

Cathédrale gothique : ① Portail – ② Galerie – ③ Grande rose – ④ Tour-clocher quelquefois terminée par une flèche – ⑤ Gargouille servant à l'écoulement des eaux de pluie – ⑥ Contrefort – ⑦ Culée d'arc-boutant ⑧ Volée d'arc-boutant – ⑨ Arc-boutant à double volée – ⑩ Pinacle – ⑪ Chapelle latérale – ⑫ Chapelle rayonnante – ⑬ Fenêtre haute – ⑭ Portail latéral – ⑮ Gâble – ⑯ Clocheton – ⑰ Flèche (ici, placée sur la croisée du transept).

◀ illustration IV

Voûte d'arêtes :
① Grande arcade
② Arête – ③ Doubleau.

illustration V ▶

Voûte en cul de four : elle termine les absides des nefs voûtées en berceau.

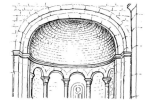

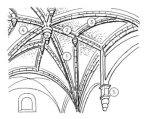

illustration VI

Voûte à clef pendante :
① Ogive – ② Lierne
③ Tierceron – ④ Clef pendante
⑤ Cul de lampe.

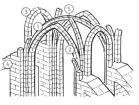

illustration VII

Voûte sur croisée d'ogives
① Arc diagonal – ② Doubleau
③ Formeret – ④ Arc-boutant
⑤ Clef de voûte.

▼ illustration VIII

Portail : ① Archivolte ; elle peut être en plein cintre, en arc brisé, en anse de panier, en accolade, quelquefois ornée d'un gâble – ② Voussures (en cordons, moulurées, sculptées ou ornées de statues) formant l'archivolte ③ Tympan – ④ Linteau – ⑤ Piédroit ou jambage – ⑥ Ébrasements, quelquefois ornés de statues – ⑦ Trumeau (auquel est généralement adossé une statue) – ⑧ Pentures.

illustration IX ▶

Arcs et piliers : ① Nervures ② Tailloir ou abaque – ③ Chapiteau – ④ Fût ou colonne – ⑤ Base – ⑥ Colonne engagée – ⑦ Dosseret – ⑧ Linteau – ⑨ Arc de décharge – ⑩ Frise.

Architecture militaire

illustration X

Enceinte fortifiée : ①Hourd (galerie en bois) – ② Mâchicoulis (créneaux en encorbellement) – ③ Bretèche ④ Donjon – ⑤ Chemin de ronde couvert – ⑥ Courtine – ⑦ Enceinte extérieure – ⑧ Poterne.

illustration XI

Tours et courtines : ① Hourd ② Créneau – ③ Merlon ④ Meurtrière ou archère ⑤ Courtine – ⑥ Pont dit « dormant » (fixe) par opposition au pont-levis (mobile).

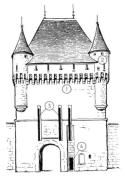

◀ illustration XII

Porte fortifiée : ① Mâchicoulis ② Échauguette (pour le guet) – ③ Logement des bras du pont-levis – ④ Poterne : petite porte dérobée, facile à défendre en cas de siège.

illustration XIII ▶

Fortifications classiques :
1 Entrée – 2 Pont-levis
3 Glacis – 4 Demi-lune
5 Fossé – 6 Bastion – 7 Tourelle de guet – 8 Ville – 9 Place d'Armes.

TERMES D'ART EMPLOYÉS DANS LE GUIDE

Pour les termes relatifs à l'art romain, voir p. 32 à 34.

Absidiole : illustration I.

Acrotère : ornement disposé à chacune des extrémités ainsi qu'au sommet du fronton d'un temple.

Anse de panier : arc aplati, très utilisé à la fin du Moyen Age et à la Renaissance.

Arcature lombarde : décoration en faible saillie, faite de petites arcades aveugles reliant des bandes verticales, caractéristiques de l'art roman de Lombardie.

Archivolte : illustration VIII.

Avant-corps : partie d'un bâtiment en saillie sur l'alignement de la façade.

Bas-côté : illustration I.

Bas-relief : sculpture en faible saillie sur un fond.

Berceau (voûte en) : illustration II.

Bossage : saillie " en bosse " dépassant le nu d'un mur et encadrée de ciselures profondes ou " refends ". Les bossages ont été très à la mode à la Renaissance.

Caisson : compartiment creux ménagé comme motif de décoration (plafond ou voûte).

Cariatide : support en forme de statue féminine (**atlante** pour les figures masculines).

Cathèdre : chaise gothique à haut dossier.

Chapelle absidale ou axiale : dans l'axe de l'église ; illustration I.

Chapiteau : illustration IX.

Chemin de ronde : illustration X.

Chevet : illustration I.

illustration XIV

Coupole sur trompes :
① Coupole octogonale —
② Trompe — ③ Arcade du
carré du transept.

Cippe : stèle funéraire ou votive répandue dans les nécropoles gallo-romaines.

Claveau : l'une des pierres formant un arc ou une voûte.

Clef de voûte : illustration VII.

Collatéral : illustration II.

Contrefort : illustration II.

Corbeau : pierre ou pièce de bois partiellement engagée dans le mur et portant sur sa partie saillante une poutre ou une corniche.

Coupole : illustrations XIV et XV.

Courtine : illustration XI.

Croisée d'ogives : illustration VII.

Crypte : église souterraine.

Cul-de-four : illustration V.

Cul-de-lampe : illustration VI.

Déambulatoire : illustration I.

Donjon : illustration X.

illustration XV

Coupole sur pendentifs :
① Coupole circulaire —
② Pendentif — ③ Arcade du
carré du transept.

Ébrasement : ouverture comprise entre le tableau d'une fenêtre ou d'une porte et le parement du mur intérieur d'une salle.

Écoinçon : ouvrage de maçonnerie établi à l'intersection de deux murs pour en combler l'angle.

Encorbellement : construction en porte à faux.

Enfeu : niche pratiquée dans le mur d'une église pour recevoir une tombe.

Exèdre : partie munie de sièges au fond des basiliques romaines ; par extension banc (couvert) semi-circulaire, niche arrondie.

Flamboyant : style décoratif de la fin de l'époque gothique (15e s.), ainsi nommé pour ses découpures en forme de flammèches aux remplages des baies.

Flèche : illustration III.

Fresque : peinture murale appliquée sur l'enduit frais.

Gâble : illustration III.

Gargouille : illustration III.

Géminé : groupé par deux (arcs géminés, colonnes géminées).

Génoise : frise composée de tuiles romaines superposées en quinconce et fixées dans le mortier.

Haut relief : sculpture au relief très saillant sans toutefois se détacher du fond (intermédiaire entre le bas-relief et la ronde-bosse.

Hypocauste : fourneau souterrain, dans l'Antiquité, destiné à chauffer les bains, les chambres.

Jubé : illustration XVI.

Linteau : illustrations VI et VII.

Mâchicoulis : illustration X.

Meneaux : croisillons de pierre divisant une baie.

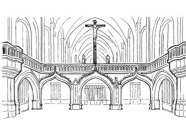

illustration XVI

Jubé : remplaçant la poutre de gloire dans les églises importantes, il servait à la lecture de l'épître et de l'évangile. La plupart ont disparu à partir du 17e s. : ils cachaient l'autel.

Modillon : petite console soutenant une corniche.

Ogive : arc diagonal soutenant une voûte ; illustrations VI et VII.

Orgues : illustration XVII.

Ove : ornement en forme d'œuf.

Péribole : pourtour d'un temple délimitant l'enceinte sacrée.

Péristyle : colonnes disposées autour ou en façade d'un édifice.

Pietà : mot italien désignant le groupe de la Vierge tenant sur ses genoux le Christ mort ; on dit aussi Vierge de Pitié.

Pilastre : pilier plat engagé dans un mur.

Pinacle : illustrations II et III.

Piscine : dans une église, cuve baptismale ou fontaine d'ablutions à l'usage du prêtre qui célèbre la messe.

Plein-cintre : en demi-cercle.

Porche : lieu couvert en avant de la porte d'entrée d'un édifice.

Portique : galerie devant une façade ou dans une cour intérieure.

Pot à feu : ornement caractéristique de l'art classique représentant un vase d'où paraissent sortir des flammes.

Poterne : illustrations X et XII.

Remplage : réseau léger de pierre découpée garnissant tout ou partie d'une baie, d'une rose ou de la partie haute d'une fenêtre.

Retable : illustration XX.

illustration XVII
Orgues : ① Grand buffet- ② Petitbuffet- ③ Cariatide - ④ Tribune.

illustration XVIII ►

Ornementation Renaissance :
① Coquille - ② Vase - ③ Rinceaux ④ Dragon - ⑤ Enfant nu - ⑥ Amour - ⑦ Corne d'abondance - ⑧ Satyre.

Rinceaux : illustration XVIII.

Rose : illustration III.

Rouleau : arc de maçonnerie faisant partie d'un ensemble d'arcs juxtaposés.

Stalles : illustration XIX.

Stuc : mélange de poussière de marbre et de plâtre, lié avec de la colle forte.

Tiers-point (arc en) : arc brisé dans lequel s'inscrit un triangle équilatéral.

Transept : illustration I.

Travée : illustration I.

Tribune : illustration II.

Triforium : galerie étroite courant au-dessus des bas-côtés de certaines églises ; illustration II.

Triptyque : ouvrage de peinture ou de sculpture composé de trois panneaux articulés pouvant se refermer.

Trompes (coupole sur) : illustration XIV.

Trumeau : illustration VIII.

Voussures : illustration VIII.

Voûtain : portion de voûte délimitée par des arêtes ou par des nervures occupant le plan d'arêtes ; petite voûte.

Voûte d'arêtes : illustration IV.

illustration XIX

Stalles : ① Dossier haut - ② Pare-close - ③ Jouée - ④ Miséricorde.

illustration XX

Autel avec retable : ① Retable - ② Prédelle - ③ Couronne - ④ Table d'autel - ⑤ Devant d'autel.
Certains retables baroques englobaient plusieurs autels ; la liturgie contemporaine tend à les faire disparaître.

Les campaniles provençaux. — Conçus pour résister au mistral dans les endroits particulièrement exposés, les campaniles provençaux couronnent souvent les clochers des églises ou les tours des édifices civils et militaires. Qu'ils arborent une forme toute simple (cloche, sphère) ou plus élaborée (bulbe, cylindre, pyramide), ces ouvrages en fer forgé témoignent tous d'une imagination féconde et parent le ciel provençal de leurs gracieuses silhouettes.

L'ART ANTIQUE

Avant la conquête romaine

Ligures et Celtes installés sur les oppidums de Nages *(p. 146)* et d'Entremont *(p. 53)* fondèrent de véritables villes organisées selon un plan régulier : à l'intérieur d'une enceinte, s'élevaient de nombreuses habitations uniformes, sortes de cases en pierre et brique crue. L'art sculpté celto-ligure célèbre avant tout le culte du guerrier mort, héros de la cité, sous forme de statues de guerriers assis en tailleur accompagnés de personnages en pied ou en relief. Un rite important consistait à incruster dans des linteaux de pierre les têtes coupées des ennemis vaincus, soit au vif, soit en représentation sculptée. Les sculptures de Roquepertuse traduisent parfaitement l'expressivité celtique.

L'apport du monde hellène a été capital pour la région ; il a influencé directement la civilisation autochtone en accélérant l'évolution de l'économie et de la société. Les techniques grecques de construction s'insinuèrent à St-Blaise *(p. 164)* et à Glanum *(p. 171)*. De nombreux tessons de céramiques, des coupes attiques à figures noires ont été trouvées en Arles. Quant aux stèles de la rue Négrel à Marseille, elles constituent le plus ancien témoignage (2e moitié du 6e s. avant J.-C.) de la sculpture grecque en France.

Les formes romaines

« Quand les Romains dominent le Midi, ils y trouvent des centres mûrs pour l'éclosion urbaine » (Gérard Coulon) *(1)*. Aussi la Provence se couvre-t-elle de villes qui adoptent le mode de vie romain. Toutes se dotent de remarquables édifices publics et privés dont certains sont encore bien conservés, leur conférant ainsi un charme particulier.

La ville. — Les grandes villes de Provence, sans se dégager complètement des influences hellénistiques, ont pris Rome pour modèle.

Plan. — Les créations ex-nihilo sont rares, car la plupart des villes succèdent à un établissement indigène hellénisé ou non. Très souvent cependant, l'impulsion de base est donnée par une colonie militaire de vétérans, comme à Nîmes et à Orange, bientôt rejoints par des populations civiles. La fondation a lieu selon des règles précises : après avoir déterminé le centre de la future cité, on trace deux axes majeurs, le cardo maximus (orienté Nord-Sud) et le decumanus maximus (orienté Est-Ouest) qui permettent de définir un quadrillage régulier dont les mailles sont des carrés d'une centaine de mètres de côté environ chacun. En fait, cette disposition géométrique n'apparaît parfaite qu'à Orange ou à Arles ; à Nîmes et à Vaison, les urbanistes durent tenir compte des contraintes de la topographie locale.

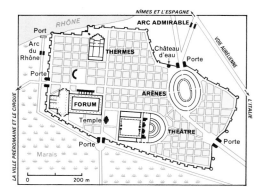

Plan de l'Arles romaine.

Lorsque des édifices antérieurs existaient, comme à Glanum, ils sont rasés pour faire place aux nouvelles constructions. Les villes sont ouvertes, hormis Nîmes, Arles et Orange, qui ont reçu le droit honorifique de s'entourer d'un rempart. Les enceintes défensives apparaissent à partir de la fin du 3e s. ; elles sont alors jalonnées de tours et de portes correspondant aux grands axes de circulation.

Rues. — Les principales rues sont bordées de trottoirs, hauts parfois de 50 cm, et longées de portiques destinés à protéger les promeneurs des rayons du soleil et des intempéries. La chaussée, revêtue de grandes dalles, est, par endroits, coupée de bornes plates aussi hautes que les trottoirs — entre lesquelles peuvent passer les chevaux et les roues des chars — afin de permettre aux piétons de traverser la rue de plain-pied. Des caniveaux bordent également la chaussée légèrement bombée.

Forum. — Grande place publique entourée de portiques, le forum est le cœur de la cité. Tout autour sont regroupés divers édifices officiels : un temple du culte impérial, une basilique civile (sorte de maison commune où se traitaient les affaires judiciaires et commerciales), la curie (bâtiment dans lequel siégeaient les magistrats municipaux) et, parfois, une prison. A Arles, le forum avait la particularité d'être bordé de crypto-portiques, vastes galeries souterraines dont la destination reste obscure.

L'art de construire. — L'art de la construction est poussé très loin chez les Romains. La rapidité surprenante avec laquelle s'élèvent leurs monuments est due moins au nombre d'hommes occupés sur les chantiers qu'à la spécialisation des ouvriers, aux méthodes rationnelles de travail et à l'utilisation de machines élévatoires : leviers, treuils et palans, qui mettent en place les matériaux lourds.

Les matériaux. — Les calcaires de Provence se prêtent merveilleusement au travail de la taille et peuvent facilement être débités en blocs bien appareillés. A l'origine, la cohésion était assurée par le poids des pierres de taille employées seules, puis par des tenons et des agrafes. Le mortier, utilisé dès le début de l'Empire, servait à colmater les fissures des joints ou à donner au monument une surface unie, comme à la Maison Carrée et aux arènes de Nîmes *(p. 147 et 148)*, mais aussi à lier les pierres entre elles permettant la réalisation de voûtes de grande portée.

---

(1) Pour plus de détails, lire : Gérard Coulon, « Les Gallo-Romains » (Paris, Armand Colin).

Les ordres. — Les ordres architecturaux romains dérivent des ordres grecs dont ils se distinguent par quelques détails. Le dorique romain, encore appelé toscan, le plus simple et le plus solide, se rencontre à l'étage inférieur des monuments ; d'aspect trop sévère, il a été peu employé. L'ionique, très élégant mais pas assez pompeux, a été dédaigné par les architectes romains. Par contre, le corinthien a été très utilisé pour la richesse de son ornementation.

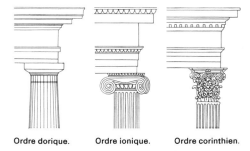

Ordre dorique.   Ordre ionique.   Ordre corinthien.

Le composite est une fusion du ionique et du corinthien.

Les couvertures. — Les monuments ont parfois des couvertures rectilignes soutenues par des colonnades élevées à l'intérieur des salles. Mais, le plus souvent, les architectes romains ont utilisé la voûte en plein cintre dans les couloirs et les galeries aux murs parallèles, la voûte d'arêtes dans les salles carrées, et la coupole pour les salles circulaires.

Les édifices de spectacles. — Les habitants des villes romaines sont friands de combats sanglants comme de représentations théâtrales plus pacifiques *(voir p. 148)*.

L'amphithéâtre. — L'amphithéâtre, couramment désigné par le terme **d'arènes,** comporte, à l'extérieur, deux étages d'arcades surmontés d'un étage réduit appelé « attique ». Au sommet de ce dernier sont encastrés les poteaux servant à l'amarrage du « velum », immense voile réglable qui protège du soleil. Les arcades sont rythmées par des piliers rectangulaires, ornés de demi-colonnes engagées au premier étage. A l'intérieur, clôturant l'arène, un mur protège les spectateurs des premiers gradins contre les bonds des bêtes féroces lâchées sur la piste. La « cavea » — espace occupé par les gradins — se divise en « maenia », groupes de gradins généralement au nombre de quatre, séparés chacun par un couloir de circulation. Au-dessus du mur, sur le « maenium » le plus bas, se trouvent les places réservées aux notables (sénateurs, magistrats, etc.) et à certaines corporations comme celle des bateliers d'Arles. Un autre « maenium » est destiné aux prêtres, aux chevaliers, aux citoyens romains. Les autres places reçoivent des spectateurs dont l'importance sociale décroît en même temps que s'élèvent les gradins. Tout en haut se tiennent les affranchis et les esclaves. Les arcades, les galeries circulaires qui forment promenoirs, les dizaines d'escaliers et de couloirs permettent d'arriver aux places rapidement, sans bousculades et sans que les spectateurs des différentes classes se rencontrent. A Nîmes, plus de 20 000 personnes pouvaient évacuer les arènes en quelques minutes.

Le théâtre. — Le théâtre romain affecte la forme d'un demi-cercle prolongé par une scène profonde. Il se divise en trois parties : la « cavea », adossée comme à Orange, à une hauteur naturelle, et couronnée par une colonnade ; l'« orchestra », espace en demi-cercle situé devant la scène, garni de sièges mobiles réservés aux dignitaires ; la scène, flanquée de salles latérales rectangulaires, surélevée par rapport à l'« orchestra ». Au fond de la scène se dresse un mur (qui atteint le niveau du sommet de la « cavea ») percé de trois portes par lesquelles les acteurs font leur entrée. Ce mur de scène est la partie la plus belle de l'édifice : sa décoration comporte plusieurs étages de colonnes, des niches contenant des statues (la grande niche centrale contient celle de l'empereur), des revêtements de marbre, des mosaïques. Derrière, s'alignent les loges des acteurs et les magasins d'accessoires. Au-delà encore, un portique, donnant

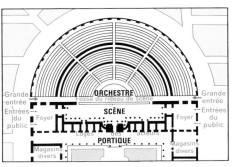

Théâtre romain d'Arles.

sur les jardins, reçoit les acteurs avant leur entrée en scène et les spectateurs venus s'y promener pendant les entractes. Comme pour les arènes, un « velum » peut être déployé les jours de plein soleil.

Décors et machineries sont très ingénieux. Certains décors sont fixes ; d'autres, superposés, se découvrent quand on fait glisser l'un d'eux latéralement. Le rideau n'a que 3 m de haut. Il descend dans une fosse au début de la représentation et remonte à la fin. Les sous-sols contiennent la machinerie et communiquent avec la scène par les trappes qui escamotent ou font surgir du sol les acteurs. D'autres appareils, installés dans les cintres, descendent du ciel ou montent aux nues les dieux ou les héros. Les machinistes savent produire fumées, éclairs, tonnerre, apparitions, apothéoses.

L'acoustique, qui nous étonne encore dans ces édifices à moitié détruits, est obtenue par tout un ensemble de moyens. Dans les masques des acteurs, la bouche forme porte-voix. Le grand toit incliné qui recouvre la scène rabat les sons, la courbe des gradins les reçoit harmonieusement, les colonnades rompent l'écho ; une gamme très étudiée de vases résonateurs, répartis sous les gradins, font office de haut-parleurs. Les portes de la scène sont creuses et agencées à l'intérieur comme des violons. Quand l'artiste veut faire chanter sa voix, il s'adosse à une de ces boîtes de résonance.

Le cirque. — Lieu où se disputaient les courses de chars et de chevaux, l'édifice avait une forme rectangulaire allongée dont l'une des extrémités dessinait un ovale. Le seul vestige subsistant du cirque d'Arles est l'obélisque qui se dresse devant l'église St-Trophime.

Les temples. — Édifiés sur un podium, ils comprennent deux parties : un vestibule et une « cella » (chambre sacrée). Le type le plus achevé du temple classique est la Maison Carrée de Nîmes *(p. 148)*. Dans les campagnes existaient de petits temples indigènes appelés « fana » (singulier : fanum).

Les arcs de triomphe. — Les arcs qu'on admire à Orange, aux Antiques, à Carpentras et à Cavaillon sont improprement appelés arcs de triomphe. Ils ont bien la forme des arcs érigés à Rome sur le passage des généraux victorieux, mais ce ne sont que des arcs municipaux, commémorant la fondation des cités et les exploits des vétérans légionnaires. Ils comportent soit une seule, soit trois ouvertures. Les colonnes, qui les décorent aux quatre angles et de chaque côté de la baie centrale, sont toutes engagées dans l'édifice ; plus tard, elles se détacheront des murailles. La plate-forme supérieure était ornée de statues, de chars attelés, de trophées, presque toujours en bronze doré.

Les thermes. — Les thermes publics étaient plus que de simples établissements de bains ; ils étaient surtout des lieux de passe-temps et de détente, expression d'un art de vivre raffiné. On s'y rendait pour se relaxer, retrouver des amis, pratiquer des exercices physiques, flâner, lire, écouter des conférences, ce qui explique les séjours fréquents et prolongés qu'on y faisait. Dans ces vastes bâtiments *(voir le plan des thermes de la Trouille à Arles, p. 70)*, tout est aménagé pour le bien-être du corps et de l'esprit, dans un cadre luxueux et confortable. Colonnes et chapiteaux rehaussés de couleurs vives, parements de mosaïques, revêtements de marbre, voûtes à riches caissons, fresques sur les murs, statues, étalent partout les fastes d'un luxe inouï.

Le système de chauffage. — Le fonctionnement des thermes prouve une grande maîtrise des problèmes d'adduction d'eau et de chauffage. L'eau arrive par un aqueduc, elle est accumulée dans des citernes puis distribuée par un circuit de canalisations en plomb et en mortier ; l'évacuation se fait par un réseau d'égouts. Le chauffage de l'eau et des pièces est assuré par un système de foyers et d'hypocaustes en sous-sol : l'air chaud obtenu par la combustion du bois ou du charbon de bois circule par un conduit de pilettes puis par des tubulures établies à l'intérieur des murs. Ainsi, les salles sont chauffées par le dessous et par les côtés. La salle la plus chaude, orientée au Midi ou au couchant, possède de grandes fenêtres garnies de verrières qui servent à la cure solaire. L'atmosphère des étuves atteignait sans doute 60º et des semelles de bois étaient nécessaires pour marcher sur le sol brûlant. L'eau était préparée à trois températures différentes : froide, tiède et chaude.

Le circuit. — Le baigneur suit un circuit type. Tout d'abord, après avoir laissé ses vêtements au vestiaire et s'être enduit le corps d'huile, il se dirige vers la palestre (sorte de gymnase) où il s'échauffe par des exercices physiques. Peu après, il gagne le « tepidarium » (salle tiède) : là, il se nettoie longuement en se râclant la peau avec de petites spatules métalliques incurvées appelées « strigiles ». Il stationne ensuite dans le « caldarium » (salle chaude), où il prend un bain de vapeur, puis se plonge dans un bain chaud collectif. Après avoir reçu des massages, il revient une nouvelle fois au « tepidarium » avant de rejoindre le « frigidarium » (salle froide) dont les bains glacés provoquent une réaction saine. Ragaillardi, il n'a plus qu'à se rhabiller et à aller se distraire dans les multiples annexes des thermes.
Les thermes privés des riches demeures urbaines et des « villae » n'étaient pas aussi amples mais possédaient un niveau de confort comparable.

La maison urbaine. — Les fouilles de Vaison, de Glanum ou du quartier de la Fontaine à Nîmes, ont exhumé des maisons romaines de divers types : petite maison bourgeoise, maison de rapport à étages, boutiques et enfin grande et luxueuse habitation patricienne. Extérieurement, la nudité de ses murs et la rareté de ses fenêtres donnaient à cette dernière un aspect sobre. Mais l'intérieur, décoré de mosaïques, de statues, de peintures et de marbres, témoignait de la

Maison romaine.

richesse de son propriétaire. Un large seuil donnait accès au vestibule et au corridor menant à l'atrium.

L'**atrium** (1) est une grande salle dont la partie centrale est à ciel ouvert (compluvium) ; un bassin appelé impluvium, creusé sous la partie découverte, reçoit les eaux de pluie. Des pièces s'ouvrent sur l'atrium : salle de réception, laraire (oratoire privé), « tablinum » (2) (cabinet de travail, bibliothèque) du chef de famille.

Le **péristyle** (3) est une cour entourée d'un portique (galerie dont le toit est supporté par des colonnes), située au centre de la partie purement familiale de la maison. On y accède de l'atrium par un couloir. Le péristyle est généralement transformé en jardin avec bassin, jet d'eau et statues. Tout autour se distribuent les locaux d'habitation : chambres, « œcus » (vaste salle de séjour), « triclinium » (4) (salle à manger) et grand salon (5). « Des axialités savantes gouvernent l'organisation des pièces et le jeu des perspectives. Des étages dédoublent certains corps de bâtiments. » (Christian Goudineau). Les annexes comprennent la cuisine avec fours et évier, les bains, les latrines (avec tout-à-l'égout)... D'autres bâtiments abritent les logements des esclaves, les greniers, le cellier, l'écurie...

L'habitat rural. — Il commence seulement à être étudié. Les bourgs devaient être nombreux et la romanisation s'est bien souvent effectuée à partir des centres indigènes préexistants. Le cadastre d'Orange tend à montrer que les Romains s'efforcèrent d'organiser les terroirs en les quadrillant en lots appelés centuries. La forme d'implantation la plus connue reste la villa : une quarantaine d'entre elles ont été repérées en Provence.

Les aqueducs. — Grandioses comme le Pont du Gard *(p. 160)* ou plus modestes comme les vestiges de Barbegal *(p. 55)*, les aqueducs tenaient une place essentielle dans la vie quotidienne, puisqu'ils acheminaient l'eau courante dans les villes.

L'ART ROMAN

« C'est la rencontre entre les conceptions architecturales médiévales et la perfection antique qui engendre toute la physionomie de l'architecture romane provençale » (Xavier Barral i Altet).

La brillante civilisation gallo-romaine mit longtemps à s'éteindre après la chute de l'Empire d'Occident *(voir p. 22)*. Les monuments antiques restaient debout, aussi les architectes du Moyen Age s'en inspirèrent-ils pour bâtir églises et monastères.

Les manifestations artistiques du haut Moyen Age (5e-10e s.), à part les baptistères d'Aix et de Venasque, sont à peu près inexistantes. Le premier art roman, qui se développa de la Catalogne à l'Italie du Nord aux 10e et 11e s., n'a pas non plus laissé de traces significatives.

Au 12e s., la Provence traverse une des plus brillantes périodes de son histoire, et connaît une éclatante renaissance architecturale. On assiste alors à une éclosion d'églises toutes remarquables par leur merveilleux appareil de pierre. Leur style se rattache à une école qui s'est épanouie dans les territoires situés entre le Rhône, la Drôme, les Alpes et la Méditerranée. Cette école, plus originale qu'innovante, a su combiner diverses influences : de l'antiquité romaine à travers l'emploi général des voûtes et surtout la décoration ; du Languedoc à travers la sculpture de certains portails ; de la Lombardie par la présence de « bandes lombardes » ou de lions ornant les soubassements de plusieurs portails ; de l'Auvergne par la présence de coupoles sur trompes élevées sur la nef, en avant de l'abside.

Nous donnons ici les caractéristiques essentielles de ce style dont les plus belles réussites sont les grands sanctuaires de la vallée du Rhône : ancienne cathédrale de la Major de Marseille, St-Trophime d'Arles, St-Gilles-du-Gard, cathédrale N.-D.-des-Doms d'Avignon, ancienne cathédrale d'Orange et église du Thor.

Églises et chapelles

Plan. — Les églises romanes de Provence sont directement issues des basiliques romaines et des églises carolingiennes. Le plus souvent, elles comportent une nef unique percée d'ouvertures étroites, sans transept (ou à peine saillant), et possèdent des niches disposées sous des arcs de décharge dans l'épaisseur des murs où viennent se loger des chapelles. Leur abside se termine en hémicycle, qui peut être flanquée d'absidioles lorsque l'édifice a des bas-côtés.

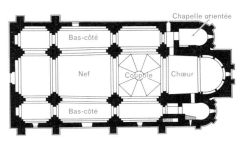

Plan de l'ancienne cathédrale Notre-Dame, à Vaison-la-Romaine.

A l'exception des grandes églises de pèlerinage, comme St-Gilles et St-Trophime, il n'existe pas de déambulatoire.

Quelques édifices mineurs (chapelle Ste-Croix de Montmajour, St-Sépulcre de Peyrolles) présentent un plan quadrilobé.

Extérieur

Clochers. — Le clocher, le plus souvent carré (parfois octogonal) et imposant, domine la coupole surmontant le carré du transept. Quelquefois, il se situe sur la travée précédant l'abside ou sur la façade. Il est décoré d'arcatures plaquées dites « bandes lombardes » ou de pilastres cannelés à l'antique, parfois des deux.

Flancs. — En dehors des corniches et des portails latéraux peu décorés, les flancs sont généralement nus. De puissants contreforts, entre lesquels viennent s'ouvrir les fenêtres de la nef, rompent cependant la monotonie.

Façades occidentales et portails. — La façade occidentale est généralement pauvre, percée d'un simple portail surmonté d'un oculus, car le portail principal se trouve souvent sur le flanc méridional à l'abri du mistral. Les portails sont sans doute l'élément architectural le plus influencé par l'antiquité ; il n'est pas rare qu'ils s'ornent d'un fronton dérivant directement de l'exemple des anciens temples : ainsi le porche de N.-D.-des-Doms et le portail de la chapelle St-Gabriel près de Tarascon.

Au cours du 12e s., les façades s'enrichissent précédées parfois d'un porche : on voit apparaître un large tympan sculpté sur un linteau rectiligne. Les portails de St-Gilles et de St-Trophime, magnifiquement sculptés, peuvent rivaliser en ampleur et en beauté avec les chefs-d'œuvre des cathédrales gothiques du Nord de la France.

Intérieur

Lorsqu'on entre dans une église romane de Provence, on est frappé par la simplicité et l'austérité du vaisseau intérieur. Seules, quelques moulures et quelques corniches constituent une décoration discrète que l'on ne distingue guère qu'au bout d'un moment, en raison de l'obscurité ambiante.

Chœur. — C'est la partie de l'église réservée au clergé. Il est généralement voûté en cul-de-four et relié au transept par une travée couverte d'une voûte en berceau plein cintre.

Nef et voûte. — L'élévation intérieure — modeste — est remarquable par la pureté de ses lignes. La nef est couverte d'une voûte en berceau brisé dont les poussées se rapprochent de la verticale et qui a donc moins tendance à renverser les murs que la voûte en plein cintre.

Cette voûte appareillée en berceau était déjà connue dans l'antiquité romaine ; elle a remplacé, à l'époque romane, le toit en charpente trop inflammable employé du 5e au 11e s., qui avait causé la destruction de nombreux édifices. Elle est étayée par des arcs brisés appelés doubleaux qui retombent soit sur d'épais pilastres engagés dans les murs latéraux, soit sur des piliers allongés dans le sens de la nef. Cette dernière est quelquefois bordée de deux bas-côtés voûtés en quart de cercle ou en berceau brisé qui l'épaulent ; ces collatéraux étant très élevés, les tribunes font naturellement défaut. La partie haute de la nef est souvent décorée d'une arcature en plein cintre comptant trois arcs par travée. Une étroite fenêtre s'ouvre dans l'arc central ; elle ne laisse pénétrer que peu de lumière dans l'édifice. Dans les églises à nef unique, les murs latéraux sont très épais pour compenser, par leur masse, le risque de déséquilibre dû à l'absence de bas-côtés.

Coupe en élévation
d'une église romane provençale.

Transept et coupole. — La construction du transept était un problème ardu pour les architectes de l'époque romane. Il fallait, en effet, entreprendre l'élévation d'une voûte d'arêtes de grandes dimensions devant supporter tout le poids du clocher central et formée par l'interpénétration des voûtes de la nef et des croisillons. Des coupoles sur trompes, imitées de l'école romane auvergnate, permettent de résoudre le problème.

Décoration. — La décoration intérieure est aussi sobre qu'à l'extérieur : chapiteaux ornés de feuilles généralement stylisées, frises à entrelacs et rinceaux, cannelures, torsades.
Le chapiteau à feuillage roman est une adaptation du chapiteau corinthien antique : il est formé d'une corbeille de feuillages aménagée selon les motifs chers aux sculpteurs romans (entrelacs, décor figuré). Les plus pittoresques sont historiés selon les thèmes religieux puisés dans l'Ancien et le Nouveau Testament. Les cloîtres recèlent les meilleures pages de sculpture. Celui de St-Trophime, avec ses magnifiques piliers d'angle ornés de statues de saints forme l'ensemble le plus remarquable. De beaux chapiteaux décorent également les cloîtres de Montmajour et de St-Paul-de-Mausole (animaux fantastiques), et l'abside de l'église de Stes-Maries-de-la-Mer. Quelques fragments méritent une mention ; ainsi le trône épiscopal de la cathédrale d'Avignon et l'autel de la cathédrale d'Apt.

Abbayes. — On rencontre en Provence plusieurs belles abbayes. L'abbaye bénédictine de Montmajour près d'Arles, fondée au 10e s., constitue un ensemble architectural de premier ordre illustrant l'évolution des formes romanes du 11e au 13e s. Elle comprend deux églises (une en surface, l'autre basse), deux chapelles, un cloître et ses annexes, caractéristiques du style provençal : simplicité du caractère monumental dont le volume des proportions s'inspire de l'antique, décoration sculptée rappelant celle de St-Trophime, perfection de l'appareillage.
L'art cistercien est représenté par trois abbayes sœurs : Sénanque *(p. 180)*, Silvacane *(p. 182)* et le Thoronet *(voir le guide vert Michelin Côte d'Azur)*. Sobriété, austérité et dépouillement sont l'expression de la volonté du fondateur de l'ordre de Cîteaux, saint Bernard. Celui-ci avait décidé de bannir toute ornementation susceptible de distraire ses moines de la prière. Les cisterciens imposaient un plan partout identique et dirigeaient eux-mêmes les travaux de construction.

L'ART GOTHIQUE

Architecture. — L'architecture gothique se caractérise par l'adoption de la voûte sur croisée d'ogives et l'emploi systématique de l'arc brisé. Cette révolution, partie du Nord de la France, permet à l'architecte de diriger les poussées de l'édifice sur les quatre piliers par des arcs, des formerets et des doubleaux. En l'absence d'arcs-boutants (caractéristiques du gothique du Nord), la butée des voûtes est assurée par des contreforts massifs entre lesquels se logent des chapelles. A l'intérieur, la nef unique est relativement sombre, presque aussi large que haute et terminée par une abside polygonale plus étroite. Son ampleur facilitait le rassemblement des foules, soumises aux prédications des dominicains. Les surfaces murales aveugles appellent une décoration peinte.
L'église St-Didier d'Avignon constitue le meilleur exemple du gothique méridional dans la région. Par contre, dans un édifice comme la basilique de St-Maximim-la-Ste-Baume, se mêlent des influences méridionales et septentrionales ; l'église du couvent des Célestins à Avignon est de style nordique.
Les constructions religieuses ne monopolisent pas à elles seules les réalisations de l'art gothique. L'architecture civile et militaire tient aussi une place importante. Le Palais des Papes à Avignon *(voir p. 75)* est une des plus belles et des plus vastes demeures princières du 14e s., combinant les exigences de luxe et de confort à celles de la sécurité.

Évolution. — La période romane a duré beaucoup plus longtemps en Provence que dans le reste de la France. Malgré l'apparition relativement précoce, mais limitée à deux édifices (crypte de St-Gilles et porche de St-Victor à Marseille), de la croisée d'ogives dès avant 1150, l'art gothique a tardé à s'affirmer en Provence. Au début du 13e s., on se contente seulement d'utiliser les nouvelles voûtes pour couvrir des édifices de conception romane. Les seuls édifices construits entièrement dans le style gothique au 13e s. sont à Aix : la nef centrale de la cathédrale St-Sauveur et l'église St-Jean-de-Malte du prieuré des Hospitaliers. Le gothique s'impose finalement sous l'influence de deux facteurs historiques : la présence capétienne dans le Midi, à la suite de la croisade contre les albigeois et du mariage de Charles d'Anjou avec Béatrice de Provence *(voir p. 23)*, et l'implantation des ordres mendiants dans les villes.
Au milieu du 14e s. — nouvelle étape —, une école d'architecture appelée le « gothique des papes » se développe en Avignon. Les papes attirent à leur cour des artistes venant des diverses provinces de France, d'Allemagne, des Flandres et d'Italie. Au cours du

15e s., les cardinaux embellissent Villeneuve-lès-Avignon de palais, d'églises et de cloîtres. A la même époque, on ajoute des collatéraux et des chapelles à certaines églises ; à St-Trophime, on remplace l'abside romane par un déambulatoire et des chapelles rayonnantes. Principales églises gothiques : Palais des Papes (chapelle clémentine), St-Didier, St-Pierre, St-Agricol, couvent des Célestins à Avignon, St-Laurent à Salon, ancienne cathédrale St-Siffrein à Carpentras, basilique de St-Maximin, église de Roquemaure et surtout, chartreuse et église N.-D. de Villeneuve-lès-Avignon.

Décoration. — L'impression d'austérité que donnent les églises gothiques provençales est renforcée par la rareté de leur décoration.

Sculpture. — Au 14e s., la sculpture se réduit à peu de chose. En dehors des tombeaux (Jean XXII à N.-D.-des-Doms d'Avignon, Innocent VI à la chartreuse de Villeneuve-lès-Avignon, le cardinal de Lagrange au musée du Petit Palais d'Avignon), elle se borne à orner des culs-de-lampe, des clefs de voûtes et de minces chapiteaux ; d'un style archaïque, elle se rattache à la tradition romane. La raison de cette indigence tient à la place toujours grandissante qu'occupe la peinture murale dans la décoration intérieure des édifices.

Peinture. — La région d'Avignon fut pendant deux siècles (14e et 15e) le grand centre de la peinture en Provence. Déjà au 13e s., les fresques de la tour Ferrande n'étaient pas sans rappeler les miniatures de l'époque de Saint Louis. Au 14e s., les papes voulant décorer leur palais ont recours à de grands artistes italiens : Simone Martini, de Sienne et Matteo Giovanetti, de Viterbe.

La chartreuse de Villeneuve conserve elle aussi de belles œuvres de ce dernier. Après le départ des papes, l'influence italienne recule, mais la vie artistique connaît un renouveau au milieu du 15e s. L'époque du roi René (voir p. 47) s'avère très féconde. Les peintres de fresques se sont effacés devant les peintres des panneaux de l'école d'Avignon. Des artistes originaires du Nord, des Flandres et de Bourgogne réalisent de splendides chefs-d'œuvre comme le triptyque de l'Annonciation (1443-45, église de la Madeleine à Aix) et le Couronnement de la Vierge d'Enguerrand Quarton (1453-54, musée de Villeneuve-lès-Avignon). Le Languedocien Nicolas Froment peint le fameux triptyque du Buisson Ardent (cathédrale d'Aix) (1). Le musée du Petit Palais d'Avignon possède une remarquable collection de ces belles peintures des 14e et 15e s. (écoles d'Avignon et écoles italiennes) qui méritent d'être admirées.

(Photo Daspet)

L'Annonciation par Taddeo di Bartolo.

DE LA RENAISSANCE A NOS JOURS

La Renaissance. — Malgré les débuts brillants des artistes de la cour du roi René, il est un fait paradoxal dans l'évolution de l'art en Provence : la Renaissance italienne, qui emprunta la région rhodanienne comme chemin d'accès vers la France, n'y a point laissé de monuments marquants. L'architecture provençale, étant restée attachée au style gothique, n'a guère élevé, au 16e s., que quelques chapelles et châteaux.

L'époque classique. — 17e et 18e s. Au contraire, les monuments que le 17e et le 18e s. ont laissés en Provence sont nombreux. L'art se fait alors plus sévère et plus majestueux, il perd son caractère régional. Le style dit « jésuite » développe, dans des édifices religieux du Comtat, les thèmes familiers aux architectes et aux décorateurs italiens : retables, lambris et baldaquins d'une grande richesse cachent souvent les lignes architecturales. Avignon est le centre de cet art comme elle a été le foyer du gothique au 14e s. Mignard, Parrocel décorent les églises de leurs tableaux religieux ; le sculpteur Bernus, de Mazan, en exécute les boiseries. Dans le Gard, on assiste à un intense mouvement de reconstruction d'églises mutilées pendant les guerres de Religion (abbatiale St-Gilles par exemple).

Dans les villes, par suite de l'ascension de la noblesse de robe, les magistrats, comme les nobles d'épée, habitent d'imposants hôtels particuliers. Avignon et Nîmes en conservent quelques-uns ; mais les plus beaux se trouvent à Aix-en-Provence, la cité des aristocratiques façades où s'adossent les robustes cariatides ou atlantes dus à des artistes tels que Rambot, Toro et surtout **Puget.** Ce dernier, natif de Marseille, qui fut peintre et aussi architecte, reste sans conteste l'un des plus grands sculpteurs baroques du 17e s.

Il exerça d'abord son ciseau sur les ornements de navires, pour lesquels il inventa, plus tard, les poupes colossales sculptées. Au cours de l'un de ses voyages en Italie, il développa ses dons auprès de Pierre de Cortone, dont il fut l'élève. Vivant volontairement, loin de Versailles, il connut cependant les faveurs de Colbert qui le nomma directeur des décorations du port de Toulon. Jalousies et intrigues le jetèrent vite en disgrâce et c'est alors qu'il se consacra à l'ornementation de quelques villes de Provence. S'il sacrifia souvent l'élégance à la force, il sut rendre dans ses œuvres, de proportions parfois grandioses, la puissance, le mouvement et le sens du pathétique.

(1) Deux œuvres majeures de l'école provençale du 15e s. figurent au musée du Louvre : l'admirable Pietà de Villeneuve-lès-Avignon, d'Enguerrand Quarton, et le retable de Boulbon.

Aix-en-Provence. —
Portail de l'hôtel de Maurel de
Pontevès (17e s.).

Aix-en-Provence. —
Portail de l'hôtel de Panisse-Passis
(18e s.).

Le 18e s. voit se poursuivre le mouvement d'embellissement des villes amorcé au siècle précédent : à Nîmes, l'ingénieur J.-P. Mareschal dessine les splendides jardins de la Fontaine. Parmi les peintres, deux noms se distinguent celui de Carle Van Loo, qui fut sensible au charme de la Provence, et celui de Joseph Vernet, le peintre des ports et des marines.

Enfin, il faut faire une place aux superbes ensembles de meubles et de faïences, aux vaisselles précieuses des fabriques de Moustiers et de Marseille et aux ferronneries conservées au musée Calvet à Avignon.

19e s. — L'art des architectes et des ingénieurs s'est surtout exercé dans la région marseillaise, où Espérandieu a élevé la nouvelle cathédrale de la Major, la basilique de N.-D.-de-la-Garde, dans le style romano-byzantin, en vogue à la fin du 19e s., et le palais Longchamp.

L'aqueduc de Roquefavour est un superbe ouvrage d'art qui rappelle l'antique Pont du Gard. Le canal souterrain du Rove représente un travail gigantesque.

La peinture a connu, dans le même temps, une explosion de talents, tous fascinés par la lumineuse beauté des paysages provençaux. Constantin, Granet, Loubon, Guigou les ont peints à leur manière, devançant en cela Van Gogh et Cézanne.

Van Gogh. — Fils de pasteur calviniste hollandais, Vincent Van Gogh (1853-1890), admirateur de Millet et de Rubens, influencé par l'art des estampes japonaises, se sent proche de l'impressionnisme, il affirme cependant une forte personnalité. En février 1888, il décide de s'installer à Arles *(voir p. 65)* pour « voir une autre lumière ». Les deux années qu'il passe à découvrir la Provence (Arles, Stes-Maries, Les Baux, St-Rémy) correspondent à une intense période de création : il cherche à exprimer, par des couleurs vives et des formes exacerbées, ce qu'il appelle les « terribles passions humaines », en fait celles qui le tourmentent intérieurement et le font souffrir. Il peint intensément, avec génie, la lumière et les formes provençales : paysages (Vue d'Arles aux Iris, les Alyscamps, Nuit étoilée, la Plaine de Crau, les Barques sur la plage…) et portraits (Portrait de vieux paysan provençal, l'Arlésienne, Madame Ginoux…). Sa querelle avec Gauguin, venu le rejoindre en octobre 1888, le plonge dans le délire et la folie ; il est soigné à St-Paul-de-Mausole *(p. 172)* près de St-Rémy et continue à peindre (Champ de blé au faucheur, les Cyprès, Champ d'oliviers, Autoportrait…). De retour à Paris en mai 1890, il se suicide peu après. Précurseur des Fauves et de l'expressionnisme, Van Gogh a laissé une œuvre profonde dont la période provençale est peut-être la plus fascinante.

Cézanne. — Cézanne (1839-1906), à la différence de Van Gogh, est un provençal, fils d'un banquier d'Aix-en-Provence, qui délaissa ses études pour la peinture *(voir p. 53)*. Introduit dans les milieux impressionnistes parisiens par son ami Zola, il est au départ de sensibilité romantique, étudiant Delacroix dont il adopte la théorie des couleurs. Assimilant les techniques impressionnistes, il ne tarde pas à les dépasser et, dès 1879, il entame sa période dite constructive qui lui fait privilégier la composition par touches juxtaposées à partir d'un module géométrique de base : « traiter la nature par le cylindre, la sphère, le cône, le tout mis en perspective » écrit-il. Il peint des natures mortes et des portraits dans lesquels les volumes et la couleur déterminent l'organisation du tableau. Après 1890, il ne quitte pratiquement plus la Provence ; il se consacre à la montagne Ste-Victoire qu'il peint une soixantaine de fois sans jamais être pleinement satisfait de son œuvre. Ses recherches se poursuivent jusqu'à sa mort, ouvrant la voie à ce qui sera le cubisme.

20e s. — Le Midi attire désormais une foule d'artistes. Les Fauves, dont **Matisse** est le chef de file, trouvent l'inspiration dans ce cadre provençal lumineux. Leurs œuvres jouent sur les couleurs et les lignes sans souci de la perspective et du clair-obscur. Matisse, Dufy, Derain, Camoin (né à Marseille) séjournent tous en Provence. Vers 1906-1908, l'Estaque (dont Cézanne avait peint des Vues) devient le rendez-vous privilégié de ceux qu'on nommera les Cubistes. **Braque** et **Picasso** travaillent en étroite collaboration à Sorgues ; il en sortira des compositions picturales révolutionnaires qui confinent à l'abstraction. Après la Grande Guerre, une nouvelle génération se livre à des expériences nouvelles : expressionnisme, surréalisme… **André Masson**, le « peintre à la main ailée », père du « dessin automatique » (technique lui permettant de s'affranchir des conventions figuratives) s'est établi dans la région d'Aix depuis 1947 ; il a dessiné une série de « Paysages provençaux ». D'autres noms prestigieux sont également liés à la Provence comme Max Ernst, Nicolas de Staël et **Vasarely,** qui a ouvert, à Gordes, une fondation destinée à faire connaître ses recherches optiques et cinétiques.

A l'heure actuelle, l'École d'Art de Lumigny à Marseille attire et forme de nombreux talents.

MAISONS RURALES TRADITIONNELLES

Quelle que soit sa taille, la maison provençale présente plusieurs points communs :
— une toiture à faible pente, en tuiles romaines, décorée à la naissance du toit par le double ou triple bandeau d'une **génoise**, faite de rangées de tuiles prises dans le mortier,
— des murs en pierre, revêtus d'une épaisse couche de mortier grossièrement lissé aux couleurs chaudes (rose ou mauve) ; aveugles au Nord, ils sont percés sur les autres faces de petites fenêtres laissant passer suffisamment de lumière tout en faisant obstacle à la chaleur d'été,
— une orientation Nord-Sud avec une légère inclinaison vers l'Est pour se préserver du mistral. Une haie serrée de cyprès n'offrant pas de prise au vent, protège la demeure au Nord alors que de beaux platanes ou des micocouliers ombragent la façade méridionale, elle-même garnie d'une treille,
— des sols recouverts de carreaux de terre cuite (appelés « mallons ») de couleur rouge ou brune,
— des voûtes en pierre sèche ou en maçonnerie qui remplacent avantageusement les planchers.

Le **mas,** grosse bâtisse trapue de vaste plan rectangulaire, regroupe sous un même toit à deux pans la maison d'habitation et les dépendances. Ses murs sont en moellons des champs ou en galets de la Crau, la pierre de taille n'apparaissant qu'aux encadrements des ouvertures. Il se divise en deux parties séparées par un couloir : une réservée au maître, l'autre au fermier (appelé « bayle »), dualité qui se retrouve au rez-de-chaussée comme à l'étage. La « salle » (cuisine) est de plain-pied avec la cour, c'est la pièce principale bien qu'assez petite ; elle comporte plusieurs éléments fixes : la « pile » (évier), la cheminée et le potager (fourneau maçonné) ainsi qu'un mobilier varié : table et chaises, niches et placards, buffets, étagères, claies et différents meubles liés à la fabrication et à la conservation du pain comme la panetière (sorte de cage en bois parfois très ouvragée). A l'étage, se trouvent les chambres dont le sol est carrelé, et le grenier. Selon l'importance du mas et de la vocation agricole du pays, la nomenclature des bâtiments et des pièces n'est pas semblable. Au rez-de-chaussée, il peut y avoir une cave, voûtée et orientée au Nord, une écurie, une remise, une bergerie (parfois indépendante), un four à pain, une réserve, une citerne ; à l'étage, des greniers où sont installés la magnanerie (chambre des vers à soie), une grange (placée au-dessus de la bergerie), un pigeonnier.

Le **mas du Bas-Vivarais** se distingue du mas provençal par quelques nuances. Il est en pierre apparente et possède un étage de plus. Le rez-de-chaussée, couvert d'une solide voûte, sert d'étable pour le petit bétail et de cave pour le matériel viticole ; dans la resserre, sont conservés les produits de la récolte et la charcuterie. On accède au 1er étage, réservé à l'habitation, par un escalier de pierre débouchant sur une terrasse généralement couverte, le **couradou,** qui donne accès à la cuisine, dallée de pierres ou de carreaux de terre cuite.

La magnanerie avait souvent son entrée directe sur le couradou ; réservée à l'élevage du ver à soie, ce fut, jusque vers 1850, un élément essentiel de l'habitation et de la vie vivaroises.

De la cuisine, sur laquelle donnent les chambres, part un petit escalier en bois menant au grenier. Chez les propriétaires aisés, cet escalier est à vis, pris dans une tourelle qui le signale du dehors ; il mène aux chambres.

Au corps de logis, des bâtiments annexes s'ajoutent souvent : four à pain, grange et, dans la zone du châtaignier, le séchoir à châtaignes : **clède** (ou clédo).

L'**oustau,** demeure paysanne par excellence de toute la Provence, est de dimension plus modeste mais offre le même plan que le mas. Dans le haut Comtat, on l'appelle « grange » : elle s'est agrandie progressivement pour loger la famille — qui forme un clan — et les ouvriers ; elle constitue un type intermédiaire entre le mas de plaine et la maison de village, petite mais compensant le manque d'espace au sol par plusieurs étages.

La **bastide** est construite en pierre de taille et présente de belles façades régulières aux ouvertures symétriques. Le plus souvent de plan carré avec un toit à quatre pans, son architecture est beaucoup plus soignée que celle du mas et utilise des éléments décoratifs tels que balcons en fer forgé, escalier extérieur avec rampe, perron, sculptures etc.

La **« cabane de gardian »,** typiquement camarguaise est une petite habitation rectangulaire (souvent de 10 m sur 5 m) qui se termine par une abside arrondie. Les murs en pisé sont bas ; seule la façade avant, percée de la porte d'entrée, est bâtie en dur pour soutenir une longue poutre faîtière maintenue à l'arrière par une autre pièce de bois, inclinée à 45°, et barrée par un bâton de façon à former une croix. Couverte de roseaux des marais (les « sagnos »), la cabane se compose de deux petites pièces : la salle à manger et la chambre que sépare une cloison de roseaux.

(Photo P. Jourdan, P.N.R.C./Maisons Paysannes de France)
Cabane de gardian.

LES CRÈCHES DE PROVENCE

La crèche, en Provence, relève d'une tradition très ancienne mais toujours vive et qui a étendu son rayonnement bien au-delà des limites de la province. Mais ce n'est qu'à partir de la fin du 18e s. qu'elle s'est largement répandue et a pris un caractère typiquement provençal. On en fit de très belles ou de très originales, mais il n'en reste plus guère que chez les collectionneurs, en de rares églises, et dans les musées (musées du Vieil Aix, du Vieux Marseille, Arlaten à Arles, des Arts et Traditions Populaires à Paris).

Crèches d'église. — Les premiers siècles de l'Église et le Moyen Age semblent avoir ignoré les crèches. Tout au plus quelques bas-reliefs représentent-ils l'adoration des bergers ou des Rois mages, comme celui de la crypte de l'église de St-Maximin. Mais tout change avec le concile de Trente qui, au milieu du 16e s., pour favoriser le mouvement de la Contre-Réforme encourage toutes les manifestations de la piété populaire. Peu à peu, toutes les églises cherchent à installer une crèche pour les fêtes de Noël. Le mouvement, parti d'Italie, touche la Provence au 17e s. L'église de St-Maximin possède une belle crèche de cette époque : les personnages, en bois sculpté et doré, atteignent 50 centimètres de hauteur. Au 18e s., apparaissent des personnages de cire, couverts de bijoux, avec des yeux de verre et une perruque. Seuls la tête, les bras et les jambes sont sculptés ; ils s'articulent sur une armature métallique habillée de somptueux vêtements.
Sous la Restauration, les sujets sont en carton estampé ou moulé et peint, couverts également d'étoffes multicolores. D'autres matériaux sont parfois utilisés : le verre filé, le bois, le mastic mie-de-pain. Au 19e s., toutes les églises de Provence ont adopté la crèche sous forme de personnages habillés ; on la retrouve ainsi parfois de nos jours.

Crèches vivantes. — Il y a de nombreux exemples en Provence de messes de minuit accompagnées, pour évoquer la Nativité, de véritables spectacles. On en trouve des témoignages à Séguret, à Allauch, à l'Isle-sur-la-Sorgue, à Marseille. A Gémenos, des enfants costumés en santons vivants allaient à la crèche déposer l'Enfant Jésus sur la paille. On peut rapprocher de ces crèches vivantes la messe de minuit des Baux *(p. 88)*. L'usage y persiste de faire pénétrer dans l'église un groupe de bergers, précédé d'anges et de tambourinaires, suivi d'un petit char illuminé et décoré de verdure ; attelé à un mouton, le char porte un agneau sans tache qui sera offert à l'église ; les fifres et les tambours jouent des airs de circonstance, on chante de vieux noëls provençaux.

Crèches parlantes. — On appelait ainsi en Provence des crèches à personnages mécanisés, dont les mouvements, accompagnés de paroles et de chants offraient un vrai petit spectacle. Le goût du 18e s. pour les automates et les marionnettes ne pouvait manquer de se manifester dans les crèches, et l'on venait de loin voir fonctionner — moyennant finances — les crèches parlantes d'Aix, de Marseille. Les personnages en étaient nombreux. Le spectacle donnait lieu à une débauche d'imagination où l'exactitude historique et la couleur locale étaient parfois malmenées : on y voyait des rennes, des girafes, des hippopotames, et un carrosse d'où le pape descendait pour venir — aimable anachronisme — bénir la Sainte Famille. Sous le Premier Empire, on mit « sur scène » Napoléon, des soldats français, un bateau de guerre tirant des salves d'artillerie. Plus tard, près de la gare de Marseille, une crèche fut installée où l'on voyait les Rois mages descendre... d'un train à la locomotive fumante ! Certaines de ces « crèches parlantes » fonctionnèrent jusqu'à la fin du 19e s.

Crèches de santons. — Ce sont les crèches les plus typiquement provençales. C'est à la Révolution de 1789 que la Provence doit ses premiers santons. Les églises fermées, il n'y avait plus guère de crèches à contempler. Jean-Louis **Lagnel,** figuriste de Marseille (c'est-à-dire un artiste qui moulait des statues pour les églises), eut l'idée de fabriquer de petites figurines de crèche à bon marché pour les vendre aux familles.
Les santons (du provençal « santoùn » : petit saint ou de l'italien « santoni », abrégé de « santibelli » beaux saints) étaient nés — petits personnages en argile crue, séchée et peinte à la détrempe, aux formes naïves, aux frais coloris. A côté des personnages bibliques, tous les corps de métier, tous les types provençaux traditionnels sont représentés avec leurs attributs et voisinent sans complexe : la Sainte Famille, les bergers, leurs moutons et les Rois mages garnissent les étagères, avec le rémouleur, le tambourinaire, le forgeron, l'aveugle et son guide, la marchande de poissons, la nourrice, la laitière, le chasseur, le pêcheur et même le maire...

(Photo P. Briolle/Rapho)

Crèche provençale.

Le succès est immense et donne naissance à la foire aux santons de Marseille, manifestation traditionnelle qui se déroule sur la Canebière du dernier dimanche de novembre jusqu'à l'Épiphanie. Aubagne connaît aussi une grande notoriété. Ces exemples suscitent d'autres initiatives et de véritables dynasties de santonniers œuvrent en Provence, en ville et à la campagne, où cette activité meuble les veillées.

Depuis, en Provence, la coutume veut que chaque famille possède sa crèche de Noël ; les santons multicolores se rendent en foule à l'étable de Bethléem pour y adorer l'Enfant Jésus et lui faire don de leurs présents où la morue et les oignons côtoient la myrrhe et l'encens.

L'art santonnier connut son apogée sous la Restauration, au lendemain des guerres de l'Empire ; c'est pourquoi les santons sont souvent costumés selon la mode du premier tiers du 19e s. Aujourd'hui, les santons de Provence sont connus et achetés non seulement dans toute la France mais dans le monde entier.

LA TABLE PROVENÇALE

Ce qui caractérise la cuisine provençale, c'est l'ail et la friture d'huile. L'ail a trouvé ses poètes qui ont chanté cette « truffe de Provence », le « condiment divin », cet « ami de l'homme ». Quant à l'huile — huile d'olive de préférence —, elle remplace le beurre dans tous ses emplois septentrionaux. « Un poisson vit dans l'eau et meurt dans l'huile », dit un proverbe provençal.

La bouillabaisse. — A tout seigneur, tout honneur, saluons ici le plus célèbre des plats provençaux. La bouillabaisse classique doit comporter « les trois poissons » : rascasse, grondin, congre. On en ajoute généralement beaucoup d'autres : loup, turbot, sole, rouget, lotte et on y joint quelques crustacés : crabes, araignées de mer, moules etc. La langouste entre dans les bouillabaisses de luxe.

L'assaisonnement compte au moins autant que le poisson : sel, poivre, oignon, tomate, safran, ail, thym, laurier, sauge, fenouil, peau d'orange, parfois un verre de vin blanc ou de cognac aromatisent le bouillon qu'on verse finalement sur des tranches de pain grillées. Il ne faut pas omettre non plus la rouille, sauce à base de piments d'Espagne, qui colore le bouillon et le relève en même temps. Ce qui fait la qualité d'une bouillabaisse, c'est, avec la présence indispensable de la rascasse, la fraîcheur parfaite du poisson, une véritable huile d'olive et de l'excellent safran.

L'aïoli. — C'est une mayonnaise à l'huile d'olive, parfumée fortement d'ail pilé, mais d'ail provençal plus doux que celui récolté dans les autres régions. Comparant la mayonnaise septentrionale à l'aïoli, Mistral la traitait dédaigneusement de marmelade.

L'aïoli accompagne les hors-d'œuvre, les légumes et plus particulièrement la « bourride », soupe aux poissons (baudroie, loup, merlan, etc.) que certains préfèrent à la bouillabaisse.

Poissons et coquillages. — L'un des meilleurs poissons de la Méditerranée est le rouget que Brillat-Savarin appelait la « bécasse de mer », sans doute parce que les gourmets le mettent à cuire non écaillé et non vidé. Le loup (nom local du bar) grillé au fenouil ou aux sarments de vigne, est un plat délicieux.

A St-Rémy, on prépare le catigau, anguilles du Rhône grillées ou fumées, en fricassée. La brandade de morue est une crème onctueuse faite de morue pilée et préparée avec de l'huile d'olive, du lait, quelques gousses d'ail et des lamelles de truffes.

A Marseille, autour du Vieux Port, les amateurs dégustent les clovisses, les violets au goût d'iode très prononcé, les moules et les oursins. En Camargue, sont servis les tellines, délicieux coquillages des sables, accompagnés d'une sauce piquante.

Légumes et fruits. — Le Provençal a une prédilection pour l'oignon cru, pour les pommes d'amour (tomates). Mais il apprécie également les cardons, préparés à la crème, le fenouil, les poivrons, les courgettes, les aubergines, les pastèques, les melons qui sont de premier ordre. Le fruit le plus populaire est la figue verte ou figue de Marseille, petite, juteuse, très sucrée. Pêches, abricots, fraises, cerises, raisins sont de qualité.

Les olives, petites mais charnues, fines, exquises, contrastent avec les gros fruits à noyaux épais et à pulpe coriace qui viennent de l'étranger. Il y a l'olive cueillie verte puis confite dont Nîmes est le grand marché. Il y a aussi l'olive noire, cueillie à maturité et conservée en saumure ; Nyons et Carpentras sont les principaux centres de production.

Spécialités. — Parmi les nombreuses spécialités provençales, nous ne retiendrons que les plus connues : à Marseille, les pieds-paquets, sorte de tripes ; à Arles, les saucissons ; en Camargue, le bœuf « gardian » (daube accommodée avec des aromates) ; à Avignon, les melons confits ; à Aix, les calissons, petits fours à la pâte d'amande ; à Carpentras, les berlingots ; à Nîmes, la brandade de morue, les caladons, gâteaux secs aux amandes, et le croquant Villaret ; à Tarascon, les tartarinades, bonbons au chocolat ; à Apt, les fruits confits ; à Sault, le nougat ; à Nyons, les olives noires et le pain de Modane (pain fendu aux fruits confits).

Les vins. — Pratiquée depuis l'Antiquité, la culture de la vigne prend en Provence de plus en plus d'importance. Les **vins rosés** à robe chatoyante, produits de la vinification « en blanc » de raisin rouge, connaissent une faveur grandissante ; agréables et fruités, ils s'allient avec bonheur à tous les mets.

Les **vins blancs,** généralement secs mais au fin bouquet, accompagnent à merveille la dégustation des coquillages et poissons méditerranéens.

Enfin, les savoureux **vins rouges** sont d'une grande variété : généreux et corsés ou souples et délicats suivant leur provenance.

Sur la rive gauche du Rhône, le vin Châteauneuf-du-Pape est chaud, étoffé : il titre jusqu'à 15° ; c'est un des grands crus de France. Gigondas produit des vins rouges puissants et Rasteau est principalement connu pour ses vins doux naturels, rouges et dorés. Les vignobles de Cassis produisent un vin rouge généreux et corsé et un vin blanc sec. Beaumes-de-Venise est réputé pour son vin de muscat. Sur la rive droite du Rhône, au pied des garrigues, Tavel offre un vin rosé, limpide et traître, Lirac, un vin rouge ou rosé, fin et assez corsé. Près d'Aigues-Mortes, le Listel est un vin rosé des sables.

Légende

Curiosités

★★★ **Vaut le voyage**
★★ **Mérite un détour**
★ **Intéressant**

Itinéraire décrit, point de départ de la visite

sur la route	en ville

✈ ⁂	Château - Ruines	🏛 ⊧ 🏛 ⊧ Édifice religieux : catholique - protestant
⊥ ◎	Calvaire - Fontaine	⊡ Bâtiment (avec entrée principale)
☀ ♨	Panorama - Vue	●— Remparts - Tour
➚ ✻	Phare - Moulin	·—·— Porte de ville
⌣ ✿	Barrage - Usine	▪ Statue - Petit bâtiment
☆ ꭓ	Fort - Carrière	Jardin, parc, bois
▲	Curiosités diverses	**B** Lettre identifiant une curiosité

Autres symboles

▬▬▬	Autoroute (ou assimilée)	⊔	Bâtiment public
◀▶ ▶ ❶ ❷	Échangeur complet, partiel, numéro	⊞ ✉	Hôpital - Marché couvert
▬▬	Grand axe de circulation	▣ ⚔	Gendarmerie - Caserne
═══	Voie à chaussées séparées	✝✝✝	Cimetière
⊞⊞⊞ - - -	Voie en escalier - Sentier	✡	Synagogue
⊦⊦⊦ ≍	Voie piétonne - impraticable	🏇 ⛳	Hippodrome - Golf
→1429→<	Col - Altitude	⚲ ▦	Piscine de plein air, couverte
🚂 🚌	Gare - Gare routière	⛸ ⊤	Patinoire - Table d'orientation
	Transport maritime :	⚓	Port de plaisance
⛴	Voitures et passagers	⬚	Tour, pylône de télécommunications
⟶	Passagers seulement	◯ ⌂	Stade - Château d'eau
✈	Aéroport	Ⓑ △	Bac - Pont mobile
③	Numéro de sortie de ville, identique sur les plans et les cartes MICHELIN	✉	Bureau principal de poste restante
		ⓘ	Information touristique
		▣	Parc de stationnement

Dans les guides MICHELIN, sur les plans de villes et les cartes, le Nord est toujours en haut. Les voies commerçantes sont imprimées en couleur dans les listes de rues.

Les plans de villes indiquent essentiellement les rues principales et les accès aux curiosités, les schémas mettent en évidence les grandes routes et l'itinéraire de visite.

Abréviations

A	Chambre d'Agriculture	J	Palais de Justice	POL.	Police
C	Chambre de Commerce	M	Musée	T	Théâtre
H	Hôtel de ville	P	Préfecture, Sous-préfecture	U	Université

ⓥ Signe concernant les conditions de visite : voir nos explications en fin de volume.

Signes particuliers à ce guide

⌒ Grotte		◉ Station de métro

CURIOSITÉS

description
par ordre alphabétique

(Photo Jacques Sierpinski/Scope)

Séguret.

Carte Michelin n° 🅱🅱 pli 8 ou 🅰🅰🅱 pli 27 — Schéma p. 98 — Lieu de séjour.

Aigues-Mortes (les « eaux mortes ») dresse, dans un mélancolique paysage de marais, d'étangs et de salines, la silhouette des longues courtines et des grosses tours de son enceinte. Chateaubriand la comparait à « un vaisseau de haut bord échoué sur le sable où l'ont laissé Saint Louis, le temps et la mer ». On ne se lasse pas de l'admirer lors des longs couchers de soleil d'été.

UN PEU D'HISTOIRE

Une création de Saint Louis. — Au début du 13e s., le roi de France ne possède, en propre, aucun débouché sur la Méditerranée. Louis IX, projetant de conduire une croisade en Palestine et ne voulant pas s'embarquer dans un port « étranger » comme Marseille, cherche à acquérir un point de la côte pour y établir un port d'embarquement et une ville, qui assoierait du même coup l'influence capétienne dans la région.
En 1240, il obtient des moines de l'abbaye voisine de Psalmody, un territoire vierge de toute construction, fréquenté seulement par des pêcheurs, sur lequel il fait rapidement édifier la puissante tour de Constance. Afin d'attirer des habitants en ce lieu peu réjouissant, le roi octroie, en 1246, une charte de franchise très alléchante, prévoyant, entre autres, de multiples exemptions fiscales et des privilèges commerciaux.
A l'instar des bastides méridionales, la ville nouvelle est bâtie selon un plan régulier à l'intérieur d'un rectangle de 550 m sur 300 m, strié par cinq rues longitudinales, elles-mêmes coupées par cinq rues transversales. Des îlots d'habitations, orientés de façon à ne pas recevoir le vent de plein fouet, se forment autour de trois établissements religieux (N.-D.-des-Sablons, le couvent des Cordeliers et la maison des moines de Psalmody), mais la place principale n'est pas au centre.

Le départ à la croisade. — En 1248, une immense armada, affrétée à Venise et à Gênes, se rassemble à Aigues-Mortes qui, à cette époque, est reliée à la mer par un chenal, le Grau Louis. Au total environ 1 500 bateaux de toutes dimensions, transportant 35 000 hommes plus chevaux et matériel, appareillent au chant du Veni Creator, le 28 août, pour Chypre.
Sur la nef amirale, le saint roi dispose d'une grande chambre aux larges sabords, la reine également, avec, en plus, une chambre pour ses suivantes et une chapelle.
Sur chaque navire, il est prévu que tout passager doit apporter un long coffre qui sert à la fois de malle, de couchette et, en cas de décès, de cercueil, que l'on jette à la mer. En outre, chacun doit se munir d'un petit tonneau d'eau douce, de provisions diverses, d'un vase intime et d'une lanterne.
L'arrivée à Chypre a lieu 23 jours plus tard ; après quelques succès, la 7e croisade échoue à Mansourah en 1250 où le roi est fait prisonnier.
En 1270, Saint Louis, malade, part à nouveau d'Aigues-Mortes à bord d'une flotte marseillaise qui le conduit à Tunis. C'est là qu'il meurt de la peste contractée en soignant les croisés.

Les Bourguignons salés. — En 1418, pendant la Guerre de Cent Ans, les Bourguignons s'emparent d'Aigues-Mortes par surprise. Les Armagnacs viennent assiéger la ville et désespèrent de s'en rendre maîtres quand une poignée de partisans qu'ils comptent dans la place réussissent, par une nuit obscure, à massacrer la garnison

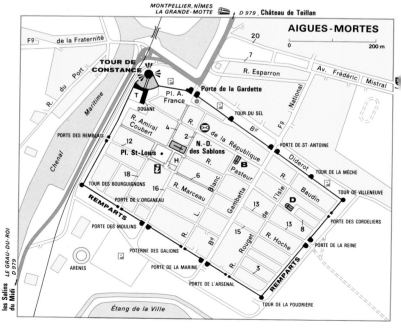

d'une des portes et à faire entrer les assiégeants. Les Bourguignons, surpris au lit, sont passés au fil de l'épée. Les morts sont si nombreux qu'en attendant l'inhumation, on les jette dans une tour appelée depuis tour des Bourguignons. Pour éviter la pourriture, on sale les cadavres.

De cette aventure viendrait l'expression « Bourguignon salé » qui a survécu à la chanson faite à cette occasion : « Bourguignon salé — l'épée au côté — la barbe au menton — saute Bourguignon ! ».

Déclin. — Aigues-Mortes reste prospère jusqu'au milieu du 14e s. Elle compte alors 15 000 habitants et verra même un temps Jacques Cœur y installer un comptoir. Mais la mer s'éloigne, les chenaux s'ensablent, malgré les dragages. La création d'un canal aboutissant au littoral ne peut empêcher le déclin.

La ville est mêlée aux guerres de Religion et devient place de sûreté protestante. Au 18e s., la création de Sète porte le dernier coup au port. L'activité de la ville n'est plus entretenue que par l'exploitation des vignobles qui occupent les trois quarts du territoire communal et par les salins *(voir p. 16 et 97).*

★★LES FORTIFICATIONS *visite : 1 h 1/2*

★★**Le coup d'œil.** — Pour voir sous son plus bel angle le site d'Aigues-Mortes, il est recommandé, avant de commencer la visite, d'avancer sur la route du Grau-du-Roi (D 979), jusqu'à 1 500 m environ de la ville (faire demi-tour aussitôt avant un petit pont).

Au retour, on a de très beaux aperçus sur le front Sud des remparts. Quelques constructions modernes se sont malencontreusement élevées en avant des murailles : elles surprennent, en ces lieux qui semblent figés depuis le Moyen Age.

Porte de la Gardette. — Elle défendait l'entrée de la ville sur l'unique route d'accès qui venait du Nord, au milieu des marais. A 3 km en avant, à cheval sur cette route, la tour Carbonnière *(p. 101)* formait un premier obstacle.

Passer la porte de la Gardette, tourner à droite, traverser la place Anatole-France et gagner le bureau d'accueil en bas de la tour.

★★**Tour de Constance.** — Puissant donjon circulaire de 22 m de diamètre et 40 m de hauteur (avec la tourelle), cette tour a des murs de 6 m d'épaisseur. Située au Nord-Ouest de la ville, dont elle était isolée à l'origine, elle fut construite entre 1240 et 1249. Le châtelet d'entrée et le pont qui la relie aux remparts datent du 16e s. Tout un système de défense en interdisait l'entrée ; on peut encore voir la herse et les assommoirs, sortes d'ouvertures par lesquelles les projectiles étaient lancés sur les assaillants.

La salle basse, voûtée de belles ogives, a conservé son four à pain. Un escalier à vis mène à l'oratoire de Saint Louis, petite pièce ménagée dans le mur, puis à la salle supérieure qui fut le lieu de détention de quelques prisonniers célèbres. Dans une vitrine, sont conservés divers documents les concernant.

Pendant cinq siècles furent successivement emprisonnés ici des Templiers, des grands seigneurs rebelles, des huguenots, des prisonniers politiques. En 1705, un chef camisard, **Abraham Mazel,** fut le héros d'une évasion restée fameuse. Pendant dix mois, il agrandit patiemment l'ouverture d'une meurtrière. Pendant qu'il travaillait, ses compagnons de geôle chantaient des psaumes pour couvrir le bruit de l'outil. Des couvertures roulées et mises bout à bout formèrent le cordage le long duquel Mazel réussit à se glisser dehors. Seize camisards prirent le même chemin. Au dix-septième, les couvertures cédèrent et quatorze prisonniers restèrent dans la tour. Une autre célébrité est **Marie Durand,** que les protestants sont fiers de compter parmi les témoins fidèles et les défenseurs de leur foi. Elle resta enfermée dans la tour durant trente-huit ans, soutenant et exhortant ses compagnes de captivité. C'est elle qui aurait gravé, sur la margelle du puits central, l'inscription émouvante « register » (= résister en dialecte vivarois). En 1768, le gouverneur du Languedoc, prince de Beauvau, en tournée d'inspection, se fit ouvrir son cachot. Ému par la détresse physique de Marie et son indomptable énergie morale, il la fit relâcher avec une dizaine de ses coreligionnaires.

Monter jusqu'au sommet de la tourelle de guet *(53 marches)* surmontée d'une cage en fer forgé qui, du 13e au 16e s., protégeait une lanterne servant de phare. Un immense **panorama**★★ s'offre alors sur la ville aux rues rectilignes et la plaine environnante d'où se détachent de droite à gauche, la barre des Cévennes, les pyramides de la Grande Motte, la montagne de Sète, les Salins du Midi et la Camargue.

★★**Remparts.** — L'enceinte d'Aigues-Mortes, a été construite après 1272 en pierres de Beaucaire et des Baux. D'une homogénéité remarquable, elle nous est parvenue intacte et représente le meilleur exemple d'architecture militaire du 13e s. Elle dessine un grand quadrilatère dont les murs, surmontés de chemins de ronde, sont flanqués de tours d'importance et de forme variables : les plus fortes sont aux angles ou défendent les portes principales ; elles sont couvertes en terrasses et comprennent deux salles voûtées.

A l'intérieur, une large voie a été ménagée entre l'enceinte et les maisons de la ville : elle permettait à la garnison de se déplacer rapidement. A l'extérieur, des douves, aujourd'hui comblées, la protégeaient. Les courtines, percées de deux niveaux d'archères comportaient des hourds, comme en témoignent les traces de fixation visibles à la base des créneaux.

Les remparts n'avaient que deux portes au Nord ; mais au Sud, pour desservir les quais d'embarquement de l'étang de la ville, existaient cinq portes ou poternes. On remarque au passage : la tour des Bourguignons *(voir ci-dessus),* la porte de l'Organeau où les nefs venaient s'amarrer à un organeau (anneau de fer), la porte des Moulins où l'on écrasait le grain destiné à la garnison, la poterne des Galions devant laquelle se rangeaient les galères, la porte de la Marine qui était la porte de cérémonie, la tour de la Poudrière, la tour de Villeneuve, la tour de la Mèche, où l'on entretenait une mèche constamment allumée pour l'usage des armes à feu, et la tour du Sel.

AUTRES CURIOSITÉS

Place St-Louis. — Sur cette jolie place ombragée, centre animé de la cité, se dresse la statue de Saint Louis, œuvre de Pradier, érigée en 1849.

Ⓥ **Église N.-D.-des-Sablons.** — C'est un édifice gothique qui fut très souvent remanié. Elle possède une nef charpentée et présente un décor très dépouillé : Christ du 14ᵉ s., table d'autel de l'ancienne abbaye de Psalmody, chapelle Saint-Louis.

Ⓥ **Chapelle des Pénitents Blancs (B).** — Rendue au culte une fois par an, le dimanche des Rameaux, cette chapelle baroque abrite de nombreux souvenirs de cette confrérie instituée à Aigues-Mortes en 1622 : vêtements liturgiques, attributs de pénitent.

Ⓥ **Chapelle des Pénitents Gris (D).** — Cette chapelle du 17ᵉ s. renferme un imposant retable de 1687 sculpté par Sabatier.

EXCURSIONS

Ⓥ **Les Salins du Midi.** — *3 km au Sud-Ouest d'Aigues-Mortes.* La visite permet de comprendre les étapes de la fabrication du sel (*voir p. 97*).

Ⓥ **Château de Teillan.** — *13 km par le D 979 au Nord-Est, le D 34 à gauche, puis le D 265 dans Marseillargues et aussitôt après le pont, un chemin non revêtu à droite.*
Établi à l'emplacement d'un castrum gallo-romain, cet ancien prieuré de l'abbaye de Psalmody fut vendu au 17ᵉ s. et agrandi. Une tour de guet (15ᵉ s.) surmonte le corps de logis ; de la terrasse, belle vue sur les Cévennes, la plaine languedocienne, Aigues-Mortes et la Camargue.
Au rez-de-chaussée, grande salle voûtée ; mobilier des 17ᵉ et 18ᵉ s. Les communs, reconstruits au 18ᵉ s., abritent un vaste pigeonnier de 1 500 nids qui a conservé son aménagement intérieur et en particulier l'échelle tournante.
Dans le parc aux belles essences, nombreux autels romains et bornes milliaires et une remarquable noria avec une fraîche salle voûtée.

En saison, le nombre de chambres vacantes dans les hôtels est souvent limité.
Nous vous conseillons de retenir par avance.

★★ AIX-EN-PROVENCE

124 550 h. (les Aixois)

Carte Michelin nᵒ 🆈 pli 3 ou 🆈🆈🆈 pli 31 ou 🆈🆈🆈 pli J — Schéma p. 178.

Cette ancienne capitale de la Provence a, en partie, gardé le caractère qui lui fut donné aux 17ᵉ et 18ᵉ s. L'élégance sobre des hôtels, la grâce discrète des places, la majesté des avenues, le charme des nombreuses fontaines y font grande impression.
Autour du Vieil Aix s'est élevée la ville neuve, thermale et industrielle. C'est le grand centre français et même européen des amandes préparées. Une partie de la production est utilisée dans les pâtisseries et confiseries aixoises dont le chef-d'œuvre est le calisson. En juillet août, le **festival international d'Art lyrique et de Musique,** l'un des plus renommés d'Europe, se déroule en plein air dans la cour de l'Archevêché et dans différents lieux du pays d'Aix.
Aix est la patrie du peintre Paul Cézanne.

UN PEU D'HISTOIRE (1)

Les origines d'Aix. — Au 3ᵉ s. avant J.-C., la Basse-Provence occidentale était occupée par la confédération celto-ligure des Salyens dont la capitale, l'oppidum d'Entremont (*p. 53*), couronnait un plateau situé au Nord d'Aix près de la route de Puyricard ; les fouilles, qui s'y développent, découvrent une civilisation urbaine avancée, dont témoignent la disposition des constructions et la statuaire exposée au musée Granet (*p. 52*).
Le naturaliste romain Strabon a rapporté un trait particulier des mœurs salyennes : « l'usage qui consiste à suspendre à l'encolure de leurs chevaux la tête de leurs ennemis quand ils reviennent du combat, et à la rapporter chez eux pour la clouer dans leurs entrées ». Ces rudes populations tentèrent de s'opposer à l'expansionnisme des négociants marseillais qui firent appel à l'armée romaine pour soumettre leurs turbulents voisins. En 124 avant J.-C., le consul Sextius prit et détruisit Entremont : les habitants furent réduits en esclavage (à l'exception de 900 d'entre eux) mais leur roi put s'enfuir. Pour protéger la région conquise, Sextius installa l'année suivante, près des sources thermales déjà connues, un camp retranché qu'on appela Aquae Sextiae (les eaux de Sextius), origine d'Aix.

Le premier Marius (2ᵉ s. avant J.-C.). — Vingt ans plus tard, les Teutons, en marche sur l'Italie, arrivent devant Aix où Marius les rejoint, à la tête de l'armée romaine. Venus des bords de la Baltique, les Barbares se déplacent avec leurs familles et leurs bestiaux. Des chars, couverts de rideaux de cuir, leur servent de maisons roulantes. De taille gigantesque, méprisant la mort, ce sont de rudes guerriers, doublés de féroces pillards.
C'est dans les environs d'Aix, dans la vallée de l'Arc, peut-être au pied de la hauteur qu'on appellera plus tard la montagne Ste-Victoire qu'est donné, d'après la tradition, le coup d'arrêt qui se transformera en une grande victoire latine (102 avant J.-C.).

---

(1) Pour plus de détails, lire : « Aix-en-Provence et le Pays d'Aix », par J.-P. Coste (Aix-en-Provence, Édisud).

Selon Plutarque, Marius, retranché, refuse d'abord le combat et laisse défiler les Teutons devant son front pendant six jours. Puis, divisant son armée en trois corps, il rejoint l'ennemi, prononce une attaque convergente dont les résultats sont foudroyants : 100 000 Germains tués, 100 000 prisonniers. La dernière résistance des Barbares utilise le rempart que forment les chariots assemblés. Les femmes y sont massées. Farouches, elles tuent les guerriers qui refluent. Sur le point d'être prises, elles étouffent leurs enfants avant de se donner la mort.

En mémoire du général romain, premier vainqueur des hordes germaniques, nombre de familles provençales prirent l'habitude d'appeler un de leurs enfants : Marius.

Colonie latine puis colonie romaine sous Auguste, Aix devient une cité prospère, parée de monuments et protégée par une enceinte. Au 4e s., elle est capitale de la Narbonnaise Seconde. Peu de traces de cette époque brillante ont subsisté (vestiges au musée Granet, p. 52).

Le bon roi René (1409-1480).

— A la fin du 12e s., les comtes de Provence tiennent à Aix une cour raffinée et lettrée. Le développement de la ville se poursuit au 13e s. tandis que, au contraire, le 14e s. entraîne un repli de sa superficie. En 1409, Louis II d'Anjou fonde l'Université, mais la période faste d'Aix se situe dans la seconde moitié du 15e s., sous le règne bénéfique du roi René (voir aussi p. 23). Peuplée de 4 à 5 000 habitants, siège d'un archevêché et des administrations comtales, la ville domine toute une campagne environnante, colonisée par de riches bastidants et mise en valeur par une main d'œuvre italienne. A l'abri de ses remparts vivent non seulement des bourgeois et des nobles, mais aussi de nombreux paysans, comme les nourriguiers, ces éleveurs de moutons chargés de rentabiliser les placements en cheptel de quelques puissants marchands. Duc d'Anjou, comte de Provence, roi théorique de Naples et de la Sicile, René sait le latin, le grec, l'hébreu, l'italien, le catalan, joue et compose de la musique, peint méticuleusement des enluminures, s'essaye à la poésie, connaît les mathématiques, l'astrologie et la géologie. Bref, c'est l'un des esprits les plus complets de son temps. Il laisse avant tout l'image d'un mécène éclairé qui s'entoure d'artistes, de peintres flamands en particulier : de son époque datent les fameux tryptiques de

(Photo Bibliothèque Nationale)

Le Roi René.

l'Annonciation (dû à Barthélemy d'Eyck) et du Buisson Ardent (peint par Nicolas Froment, languedocien, mais ayant étudié en Flandre et en Bourgogne). Ainsi à la fin du 15e s., une quarantaine d'artistes de valeur résident-ils à Aix et travaillent-ils sous contrat pour le Roi ou les notables : ils réalisent des œuvres de prestige mais participent également à la décoration des mystères et des fêtes, de la Fête-Dieu par exemple qui revêt ici un immense éclat.

Amateur d'art et de luxe, René ne néglige pas pour autant ses devoirs de souverain. Il légifère, stimule le commerce et encourage l'agriculture. Il introduit le raisin muscat en Provence et ne dédaigne pas, à l'occasion, de cultiver lui-même ses vignes. Il se soucie également de l'état sanitaire de la population en instituant des médecins et des chirurgiens publics, en promulguant un règlement sanitaire et en ordonnant le nettoyage des quartiers de la ville. Par contre, on lui reproche une fiscalité pesante ; de plus, sa monnaie n'a pas bonne réputation : les pièces qu'il frappe — les parpaillottes — sont d'assez mauvais aloi (plus tard les catholiques désigneront les protestants sous l'appellation péjorative de « parpaillots », c'est à dire faux-monnayeurs).

A 12 ans, René a épousé Isabelle de Lorraine qui lui apporta le riche duché de ce nom. Deux ans après la mort d'Isabelle, à 44 ans, il épouse Jeanne de Laval, qui a 21 ans. Ce second mariage, qui semble défier le sort, est aussi heureux que le premier. La reine Jeanne qu'il ne faut pas confondre avec la reine Jeanne 1er de Sicile, du 14e s. (voir p. 87) est restée aussi populaire que son vieux mari en Provence. Ayant perdu son fils et deux petits-fils, René voit avec tristesse Louis XI mettre la main sur l'Anjou. Désormais, au lieu de partager son temps entre Angers et la Provence, il ne quitte plus le pays du soleil et meurt à Aix, en 1480, à l'âge de 72 ans. Son neveu, Charles du Maine, dont il avait fait son héritier, s'éteignit un an plus tard.

Une capitale.

— Après la réunion de la Provence en 1486, un gouverneur représentant le roi s'installe à Aix. De même, la ville est-elle choisie comme siège du Parlement (cour souveraine de justice) institué en 1501. C'est là également que les États, le plus souvent, se réunissent pour voter l'impôt.

Par contraste avec le siècle précédent, le 16e s. apparaît ici comme une période noire marquée par d'innombrables guerres (ravages répétés des armées de Charles Quint entre 1524 et 1543), luttes religieuses et politiques (affaire de Mérindol, p. 23, engagement en faveur de la Ligue etc.). Mais, au 17e s., la ville prend un nouvel essor qui bouleverse sa physionomie. Peuplée d'environ 27 000 habitants, sa population mêle diverses catégories sociales dont une s'élève au-dessus des autres, celle des gens de robe. Le Parlement, farouche défenseur des libertés locales contre les tendances centralisatrices de la monarchie est une pépinière de magistrats et de juristes fortunés (la plupart des charges étant vénales). Tous ces robins ont une nombreuse domesticité, mènent grand train et se font construire de splendides hôtels particuliers dignes de leur rang. Parallèlement, le paysage urbain se transforme : des quartiers nouveaux surgissent (notamment le quartier Mazarin au Sud), les vieux remparts sont rasés et remplacés par un « cours à carosses », qui deviendra le cours Mirabeau. Louis XIV, lors de son séjour de 1660, put lui-même apprécier ces rénovations. Au 18e s., la ville continue à s'embellir avec ses larges avenues, ses places, ses fontaines, ses bâtisses neuves (le vieux palais comtal est démoli pour faire place au palais de justice). La conception des hôtels particuliers évolue vers plus de simplicité et de confort tandis que la décoration s'allège et ne craint pas la fantaisie.

Le Parlement vit ses derniers beaux jours. En son sein, les luttes d'influence, les rivalités de clan donnent lieu à d'incessantes querelles dont les potins et les épigrammes se font périodiquement l'écho. En 1763, il prend un arrêt proscrivant les jésuites de son ressort. C'est là son dernier grand acte car il est supprimé en 1771 (mais sera rétabli en 1775). L'événement ne suscite aucun regret populaire et comme l'exprime un dicton :

« Parlement, mistral et Durance
Sont les trois fléaux de Provence. »

Le mariage de Mirabeau (18e s.). — Aix a tenu une grande place dans la vie de Mirabeau. Il s'y marie en 1772 et y divorce en 1783. Il y est élu aux États Généraux en 1789.

Le volcanique Mirabeau, que sa famille appelle M. de la Bourrasque ou l'Ouragan, a 23 ans quand il épouse Mlle de Marignane. La jeune fille est une riche héritière et parmi ses prétendants figure la fleur de la noblesse provençale. Mirabeau, s'il est comte, est affreux : une tête monstrueuse de grosseur, le visage couturé par la petite vérole ; il n'a pas un sou vaillant et sa réputation scandaleuse est bien établie. Mais notre homme connaît l'attrait mystérieux qu'il exerce sur la sensibilité féminine. Il se met sur les rangs et emporte la place à la hussarde. Cynique, il étale sa bonne fortune et laisse son carrosse à la porte de l'hôtel de Marignane quand il y passe la nuit.

Après ce scandale, le mariage doit être célébré. Mais le beau-père manifeste son ressentiment en coupant les vivres au jeune ménage. Mirabeau ne s'embarrasse point de ces contingences et fait 200 000 livres de dettes chez les commerçants d'Aix. Leurs clameurs sont telles qu'une lettre de cachet l'envoie en résidence forcée au château d'If puis au fort de Joux. Il publie l'« Essai sur le despotisme ». A peine libéré, il séduit la jeune et belle Monnier, mariée, et s'enfuit avec elle en Hollande. Après un nouvel internement, à Vincennes, Mirabeau revient à Aix en 1783, pour répondre à la demande de séparation formulée par sa femme. L'« Ouragan » présente lui-même sa défense. Sa prodigieuse éloquence le fait triompher en première instance, mais il succombe en appel, bien que sa plaidoirie ait soulevé l'enthousiasme et que, sous la violence de ses apostrophes, l'avocat de la partie adverse se soit évanoui. Mais 1789 arrive, et les élections aux États Généraux. Le comte de Mirabeau, qui n'a rencontré que dédain et rebuffades parmi ses pairs, a décidé de représenter non la noblesse, mais le Tiers-État. Son élection est triomphale et le rôle historique du tribun commence ; mais, pour Aix, l'heure de la déchéance a sonné.

Déclin et renouveau. — Au 19e s., le développement de Marseille porte un coup sensible à Aix qui devient sous-préfecture, tout en conservant la cour d'Appel et l'Université. En 1914, la ville ne compte que 30 000 habitants.

Mais aujourd'hui la cité connaît un essor démographique et une extension considérables. Ses activités industrielles, thermales et touristiques, son rayonnement culturel (Université, Festival), assurent son renouveau et sa promotion.

★★LE VIEIL AIX *visite : 4 h*

Une suite de boulevards et de cours empruntant le tracé des anciens remparts enserre la vieille ville. Au Nord du cours Mirabeau, artère centrale, s'étend le Vieil Aix serré entre la cathédrale et la place d'Albertas.

Partir de la place du Général-de-Gaulle.

Au centre de cette place, s'élève une fontaine monumentale érigée en 1860.

★★**Cours Mirabeau** (BY). — Cette large avenue, ombragée de beaux platanes, est l'une des parures d'Aix. Elle compose un tunnel de verdure fort apprécié quand frappe le soleil de Provence. L'avenue, tracée au 17e s. sur l'emplacement des remparts médiévaux, ne possédait initialement aucune boutique ; là se concentre aujourd'hui l'animation aixoise. Un côté du cours est bordé de cafés et de magasins ; de nombreuses librairies témoignent de la vocation intellectuelle et universitaire d'Aix. L'autre côté est ennobli par les façades aristocratiques des vieux hôtels aux belles portes sculptées, aux balcons de fer forgé soutenus par des cariatides ou des atlantes de l'école de Puget.

Monter le cours sur le trottoir de droite.

Hôtel d'Isoard de Vauvenargues. — *Au n° 10.* Construit vers 1710. La marquise d'Entrecasteaux, Angélique de Castellane, y fut assassinée par son mari, le président du Parlement. Remarquer le balcon de fer forgé et le linteau droit à cannelures.

Hôtel de Forbin. — *Au n° 20.* Il fut élevé en 1656 et y furent reçus les ducs de Bourgogne et de Berry, petits-fils de Louis XIV, Pauline Borghèse, Fouché, disgracié, la future duchesse de Berry ainsi que le duc d'Angoulême. Balcon orné d'une belle ferronnerie.

Fontaine des 9 canons (BY B). — Elle se dresse au centre du cours, dans l'axe de la rue Joseph-Cabassol. Elle date de 1691.

Fontaine d'eau thermale (BY D). — A hauteur de la rue Clemenceau. Couverte de mousse, elle date de 1734. Son eau qui jaillit à 34° était déjà connue des Romains qui en appréciaient, il y a 2 000 ans, les vertus curatives.

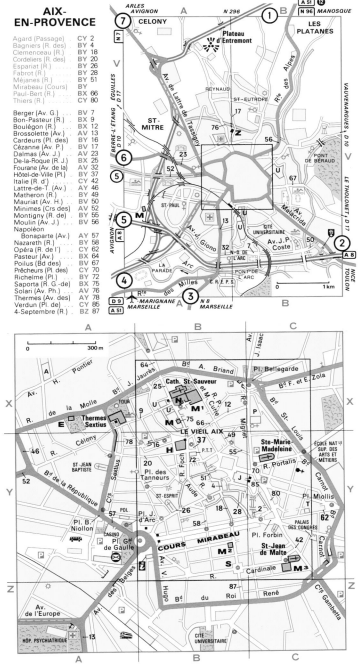

AIX-EN-PROVENCE

Hôtel de Maurel de Pontevès. — *Au nº 38. Illustration p. 38.* Pierre Maurel, époux de Diane de Pontevès, constitue un bel exemple d'ascension sociale : de simple commerçant qu'il était, il reçut à la fin de sa vie des lettres lui assurant la noblesse héréditaire. En 1660, son hôtel hébergea Anne-Marie de Montpensier, la Grande Mademoiselle. Cet hôtel abrite la faculté des sciences économiques de l'université d'Aix-Marseille.

Fontaine du Roi René (CY E). — Elle marque l'extrémité du cours. Elle est l'œuvre de David d'Angers (19ᵉ s.). Le roi tient à la main une grappe de raisin muscat.

Prendre le cours sur l'autre trottoir.

La rue Fabrot *(1ʳᵉ à droite),* piétonne et commerçante, mène à la place St-Honoré (à l'angle d'une maison : statue de St Vincent, du 19ᵉ s.).

Prendre à gauche la rue Espariat.

Hôtel Boyer d'Eguilles. — *Au nº 6.* Élevé en 1675 et dû probablement à Pierre Puget ; il abrite le muséum d'histoire naturelle.

Muséum d'histoire naturelle. — Il présente d'intéressantes collections de minéralogie, de paléontologie générale et provençale avec notamment une collection d'œufs de dinosaures du bassin fluvio-lacustre d'Aix-en-Provence. Outre ces collections, on peut admirer dans cet ancien hôtel Boyer d'Eguilles de belles portes du 17ᵉ s., des peintures et boiseries provenant de la chambre de Lucrèce de Forbin Solliès, la « Belle du Canet », des bustes de Gassendi, de Peiresc, de Tournefort, d'Adanson.

AIX-EN-PROVENCE

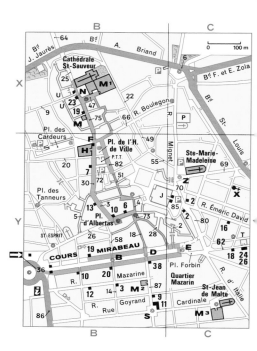

Hôtel d'Albertas. — *Au n° 10.* Construit en 1707, il présente des décorations de Toro, sculpteur toulonnais.

Place d'Albertas. — Cette petite place, ouverte en 1745, ornée d'une fontaine en 1912, est entourée de beaux hôtels. Chaque été, elle sert de cadre à des concerts.

Tourner à droite dans la rue Aude.

Hôtel Peyronetti. — *Au n° 13.* De style Renaissance italienne, il date de 1620.

Suivre la rue du Maréchal-Foch.

Hôtel d'Arbaud. — *Au n° 7.* Beaux atlantes de part et d'autre de la porte. En face, donnant sur la place Richelme, observer une statue d'angle.

Place de l'Hôtel-de-Ville (BY). — Sur la place, se tient un marché aux fleurs. L'ancienne halle aux grains, dont le fronton a de belles sculptures de Chastel (18e s.), abrite un bureau de poste et des services administratifs. Ce sculpteur a passé sa vie à Aix où il a laissé des œuvres nombreuses.

Hôtel de ville (BY H). — Œuvre de l'architecte parisien Pierre Pavillon, il a été édifié de 1655 à 1670. Son balcon d'origine est orné d'une belle ferronnerie ; de même la magnifique grille d'entrée est du 17e s. Dans la très belle **cour★** pavée de galets, des bâtiments sont cantonnés de pilastres qui présentent l'ordonnance des ordres classiques *(voir p. 33).* Niche à volutes sur la façade intérieure.
Dans l'hôtel de ville, au 1er étage, sont installées la bibliothèque Méjanes et la Fondation Saint-John Perse.

Fondation Saint-John Perse. — *Prendre l'escalier à gauche sous le porche.* Un ensemble de manuscrits, d'éditions et de photographies retrace la vie de ce diplomate et poète, prix Nobel de littérature en 1960. Certains aspects de son œuvre sont présentés au cours d'expositions.

Tour de l'Horloge (BY F). — *A côté de l'hôtel de ville.* C'est l'ancien beffroi de la ville (16e s.). A son sommet, une cloche dans sa cage de ferronnerie date également du 16e s. ; un personnage différent marque chaque saison.

Suivre la rue Gaston-de-Saporta.

Musée du Vieil Aix (BX M). — *Au n° 17.* Installé dans l'hôtel d'Estienne de St-Jean (17e s.), attribué à Laurent Vallon, il présente des souvenirs locaux. Collection de marionnettes évoquant les spectacles de « crèches parlantes » et de « Procession de la Fête-Dieu », faïences de Moustiers, santons... Remarquer, à l'intérieur, la belle rampe de ferronnerie et le plafond du boudoir peint par Daret.

Hôtel de Châteaurenard. — *Au n° 19.* Occupé par le Bureau d'Aide Sociale. Il venait juste d'être achevé quand Louis XIV y séjourna lors de sa visite en 1660. On y voit un très bel escalier aux perspectives en trompe-l'œil, peint par Daret.

Hôtel de Maynier d'Oppède. — *Au n° 23.* Il a été bâti en 1490, puis remanié au 18e s. lorsqu'il passa en d'autres mains. Remarquer en particulier le balcon de ferronnerie porté par une arcade en anse de panier et les pilastres à feuilles d'acanthe.

La rue Gaston-de-Saporta conduit à la place des Martyrs-de-la-Résistance : au fond, le musée des Tapisseries, à gauche, le cloître St-Sauveur.

★Musée des Tapisseries (BX M¹). — *Gagner l'escalier situé sous le porche à gauche.* Installé dans l'ancien archevêché, bâtiment construit au 17e s. et agrandi au siècle suivant, dont la vaste cour accueille chaque année le festival d'Art lyrique et de Musique, ce musée expose des collections retrouvées sur place au 19e s. Remarquer 17 magnifiques tapisseries exécutées à Beauvais, aux 17e et 18e s., dont six d'après

Bérain, et les neuf célèbres panneaux de la vie de Don Quichotte, d'après les peintures de Natoire conservées au château de Compiègne ; les quatre panneaux, Jeux Russiens, ont été exécutés d'après Leprince.

★ Cloître St-Sauveur (BX N). — Le cloître roman est ravissant. Il est couvert d'une toiture au lieu d'être voûté comme ceux d'Arles et de Montmajour : les arcades n'ayant plus besoin d'être épaulées par des contreforts, l'ensemble a plus de légèreté. Les colonnettes jumelées et les chapiteaux, à feuillages ou historiés, donnent beaucoup d'élégance à la construction. Pour la plupart, les sculptures des chapiteaux sont assez abîmées, mais un très beau pilier d'angle porte un Saint Pierre remarquablement sculpté.

Une porte ouvrant au Nord-Ouest du cloître donne accès à la cathédrale.

Cathédrale St-Sauveur (BX). — Dans cette église, voisinent tous les styles architecturaux du 5e au 17e s. La nef romane, dans laquelle on entre par le cloître, date du 12e s. ; dans la chapelle la plus à l'ouest, transformée en musée lapidaire, tombeau dit de saint Mitre, sarcophage en marbre blanc du 5e s. Les deux travées suivantes s'ouvrent sur le **baptistère★**, d'époque mérovingienne, bâti sur l'ancien forum romain devant une basilique dont proviennent sans doute six des huit colonnes romaines réemployées supportant une coupole Renaissance. Dans la partie Est, restes du cardo romain.

Dans la vaste nef centrale, gothique, sont exposés deux triptyques du 15e s. Seul le panneau central du premier — le triptyque de la Passion — est ancien. Le second, le **triptyque du Buisson Ardent★★** est un chef-d'œuvre longtemps attribué au roi René. En fait, c'est l'œuvre de Nicolas Froment, peintre de sa cour. Le roi René et la reine Jeanne sont représentés, à genoux, de chaque côté de la Vierge. Celle-ci, tenant l'Enfant-Jésus, siège dans un Buisson ardent qui donne son nom au tableau (c'est dans un buisson en feu que Dieu apparut à Moïse, selon la Bible). Dans le chœur (13e s.), stalles du 16e s. et belles tapisseries tissées en 1511 pour la cathédrale de Canterbury, illustrant la vie du Christ et de la Vierge. Derrière le maître-autel, dans la chapelle St-Mitre, peinture sur bois attribuée à l'atelier de Nicolas Froment (Martyre de saint Mitre). Le collatéral gauche a été refait au 17e s. Le grand portail est fermé par des **vantaux★** (masqués par de

(Photo Lauros/Giraudon)

Cathédrale St-Sauveur. — Triptyque
du Buisson Ardent
par Nicolas Froment (détail).

fausses portes) en noyer, chef-d'œuvre de Jean Guiramand de Toulon (1504), sculptés de 4 prophètes d'Israël et de 12 sibylles païennes.

La façade de la cathédrale comprend à droite un petit portail roman provençal, au milieu une partie gothique flamboyante (début 16e s.), à gauche un clocher gothique (14e-15e s.). Deux statues seulement sont anciennes : la belle Vierge à l'Enfant adossée au trumeau et saint Michel terrassant le dragon au-dessus de la grande verrière.

Revenir à la place de l'Hôtel-de-Ville. Par les rues Vauvenargues, Méjanes, des Bagniers et Clemenceau, regagner le cours Mirabeau.

Hôtel d'Arbaud-Jouques. — Au n° 19. Bâti en 1700, cet hôtel présente une façade finement décorée : frise sculptée soulignant le palier du 1er étage, médaillon en imposte sous le balcon, portes de chêne sculptées.

QUARTIER MAZARIN *visite : 1 h 1/2*

Ce quartier au tissu régulier est une création de l'archevêque Michel Mazarin, frère du célèbre cardinal, réalisée au Sud de la ville ancienne de 1646 à 1651.

Musée bibliographique et archéologique Paul-Arbaud (BY M²). — Au n° 2a, rue du 4-Septembre. Il est installé dans l'hôtel d'un collectionneur, construit à la fin du 18e s. sur l'emplacement d'un couvent de feuillants.
Livres relatifs à la Provence, belle collection de faïences de la région (Moustiers, Marseille, Allemagne-en-Provence). Quelques bonnes peintures et sculptures.

Hôtel de Marignane (BY). — Au 12, rue Mazarine. Fin du 17e s. Cet hôtel fut le théâtre de la conduite scandaleuse de Mirabeau (p. 48) afin d'épouser la jeune marquise de Marignane.

Hôtel de Caumont (BY). — Au n° 3, rue Joseph-Cabassol. Cette élégante demeure de 1720 présente une belle façade ornée de balcons et de frontons superposés. Elle abrite le conservatoire de musique et de danse Darius Milhaud.

Hôtel de Villeneuve d'Ansouis (BY). — Au n° 9, rue du 4-Septembre. Du début du 18e s. ; il est décoré de balcons et de mascarons sculptés. C'est la maison natale de Folco de Baroncelli, marquis de Javon (p. 177).

Hôtel de Boisgelin (BY). — *Au nº 11, rue du 4-Septembre.* Vaste demeure de 1650, élevée sur les plans de Pierre Pavillon et décorée par J.-C. Rambot.

★**Fontaine des Quatre Dauphins** (BY S). — Œuvre charmante de J.-C. Rambot (1667).

⊘**Église St-Jean-de-Malte** (CY). — Chapelle de l'ancien prieuré des Chevaliers de Malte. A la fin du 13ᵉ s., Aix reçoit son premier édifice gothique : St-Jean-de-Malte. Son clocher de 67 m de hauteur s'élève à gauche de la façade d'aspect sévère. La **nef**★ présente la simplicité élégante du gothique rayonnant avec ses grandes arcades, ses fenêtres hautes sans triforium et ses belles voûtes sexpartites. L'église abritait jadis les tombeaux des comtes de Provence, détruits en 1794 et partiellement reconstitués en 1828 dans le croisillon Nord.

★**Musée Granet** (Beaux-Arts et Archéologie) (CY M³). — Installé dans l'ancien prieuré ⊘des Chevaliers de Malte (17ᵉ s.), il contient une belle collection de peintures provenant de nombreux legs dont celui du peintre aixois Granet (1775-1849).

A côté des Primitifs avignonnais (volets du triptyque de la reine Sanche par Matteo Giovanetti), italiens et flamands, on peut admirer des œuvres caractéristiques des grandes écoles européennes du 16ᵉ au 19ᵉ s.

L'école française est représentée par une série de toiles de Clouet, Philippe de Champaigne, Le Nain, Rigaud, Largillière, Van Loo, Greuze, David, Ingres.... Nombreux tableaux de l'école provençale, notamment de Granet, Constantin, Loubon, Parrocel, Emperaire. Les écoles italiennes (Bassano), flamande (Rubens, le Maître de Flémalle) et hollandaise (école de Rembrandt, Frans Hals) retiennent l'attention. On remarque un beau portrait de Diane de Poitiers par Jean Capassin.

Une salle consacrée à Cézanne *(p. 38 et 53)* présente huit tableaux et trois aquarelles du maître d'Aix : Nature Morte (1865), Femme nue au miroir (1872), les Baigneuses (1895)...

Une salle d'art contemporain présente des œuvres d'Estève, Tal Coat, Masson (la Montagne Ste-Victoire émergeant de la brume, 1949, Jeune chimère, 1956), Lasne, Aubrun, Léger, Sorgue, Forat, Vasselin...

Les salles d'archéologie sont constituées par le produit des fouilles d'Entremont *(p. 53)* et d'Aquae Sextiae (archevêché, jardin Grassi et parking Pasteur). La statuaire d'Entremont témoigne d'un art indigène celto-ligure original, bien qu'influencé par les formes grecques et étrusques. Les statues représentent principalement des effigies de personnages accroupis, des bustes de guerriers (torse avec cotte à pectoral et agrafe) ; têtes masculines et féminines, reliefs. On suppose qu'un guerrier accroupi tenait sur ses genoux un groupe de têtes coupées (remarquer la main posée sur certaines d'entre elles) aux yeux globuleux ou crevés.

AUTRES CURIOSITÉS

Rue de l'Opéra (CY 62). — *Au nº 18,* hôtel de Lestang-Parade construit vers 1650 par Pavillon et Rambot et remanié en 1830 par le chevalier de Lestang-Parade ; *au nº 24,* hôtel de Bonnecorse (ou d'Arlatan-Lauris) datant du 18ᵉ s. ; *au nº 26,* hôtel de Grimaldi, édifié en 1680 d'après des dessins attribués à Puget.

Hôtel de Panisse-Passis (CY). — *Au nº 16, rue Éméric-David. Illustration p. 38.* Bâti en 1739, il présente des balcons sur consoles aux figures fantastiques et ornés de ferronnerie.

Ancienne chapelle des Jésuites (CY X). — Du 17ᵉ s. Imposante façade percée de cinq niches.

⊘**Église Ste-Marie-Madeleine** (CY). — Cet édifice du 17ᵉ s. a une façade moderne. Au fond du bas-côté droit, dans la 4ᵉ chapelle, **Vierge**★ en marbre, du 18ᵉ s., par Chastel. Dans les chapelles, tableaux des 17ᵉ et 18ᵉ s. Un très grand tableau, situé à gauche dans le transept, est attribué à Rubens.

Le volet central du **triptyque de l'Annonciation**★ (15ᵉ s.) est situé dans le bas-côté gauche, près de l'autel de N.-D.-de-Grâce (les deux autres volets ont été dispersés). Commandée vers 1443-45, par Pierre Corpici, cette œuvre est attribuée à Barthélemy d'Eyck (parent du célèbre Van Eyck), créateur d'effets de clair-obscur très subtils et novateurs.

Fontaine des Prêcheurs (CY Z). — Œuvre de Chastel, du 18ᵉ s.

Hôtel d'Agut (CY). — *Au nº 2, place des Prêcheurs.* Construit en 1676 par Pierre d'Agut, conseiller au Parlement, il est orné de deux figures de proue, de bossages, d'une statue d'angle et d'un cadran solaire.

Hôtel de Roquesante (CY). — *Au nº 2, rue Thiers.* Il date de la première moitié du 17ᵉ s. et présente une porte monumentale et des étages soulignés par des frises et des frontons. Il fut habité par Pierre de Raphélis de Roquesante ; conseiller au Parlement, il prit courageusement parti pour Fouquet (1664) ; à la suite du procès, il fut exilé.

Thermes Sextius (AX). — Établissement thermal bâti au 18ᵉ s. près des anciens thermes romains. Les eaux (34º) sont utilisées pour le traitement des troubles de la circulation.

Dans le parc thermal se dresse une tour, vestige de l'enceinte du 14ᵉ s.

⊘**Pavillon de Vendôme** (AX E). — *Au nº 34, rue Célony.* Maison de campagne construite pour le cardinal de Vendôme en 1667 sur les plans de A. Matisse et de P. Pavillon. La façade, surélevée au 18ᵉ s., présente les trois ordres : ionique, dorique et corinthien. Le balcon central, supporté par des atlantes, a conservé sa grille d'origine. A l'intérieur, sont présentés des meubles et objets d'art provençaux. Remarquer l'escalier intérieur orné d'une ferronnerie à décor 17ᵉ s. Une projection de diapositives reconstitue l'histoire de cette demeure et de ses hôtes.

★ Fondation Vasarely (AV M). — *4 km à l'Ouest.*

Sur une éminence, au lieu-dit Jas de Bouffan, s'élève la fondation Vasarely. Un bâtiment long de 87 m et composé de huit cellules, abrite au rez-de-chaussée des œuvres du maître : tapisseries, dessins muraux, de facture géométrique caractéristique de cet artiste français né en Hongrie en 1908. Ses recherches, dès 1930, sur les déviations linéaires concrétisées par des graphismes, puis celles sur la lumière et l'illusion du mouvement à partir de 1955 l'ont conduit à ce style fait de rigueur géométrique où le mouvement se crée par le déplacement du spectateur devant l'œuvre. Au 1er étage, des présentoirs animés permettent de découvrir l'ampleur de ses créations.

Atelier Paul Cézanne (AB Z). — *9, avenue Paul Cézanne.* Né à Aix en 1839, Paul Cézanne fait ses études au collège Bourbon, où il se lie d'amitié avec Émile Zola. Il y fait ses « humanités », puis selon la volonté de son père, s'inscrit à la faculté de droit tout en peignant et écrivant des vers dans la campagne du Jas de Bouffan. Toute l'évolution de l'œuvre s'effectue dans cette demeure entourée d'un parc, aux environs d'Aix, que son père, devenu banquier, acquit en 1859. Les fréquents séjours à Paris ne lui apportèrent guère la célébrité.

C'est à Aix qu'elle viendra le surprendre grâce à sa renommée parmi les peintres Monet, Manet, Sisley et surtout Pissaro. Dans sa jeunesse auprès d'eux, il avait éclairci sa palette, avant de l'enrichir au contact de la nature dans le pays d'Aix. Il veut, comme eux, traduire la vibration de la lumière, le frémissement des reflets et des nuances, la profondeur du ciel et l'adoucissement des teintes suivant l'éclairage. Mais Cézanne se libère vite de la technique impressionniste. Avec de larges touches lumineuses — il crée des rapports de couleur jamais usités avant lui —, il bâtit des figures au contour et au relief accentués, mais aux volumes simplifiés. Le fauvisme, le cubisme et les écoles modernes s'en inspirèrent largement *(voir p. 38).*

La nostalgie de son pays le ramène souvent à Aix. Il fréquente les bords de l'Arc, la Cour du Pistachier à Château Noir, le bastidon à cyprès unique qui domine le plateau de Bibemus et fait de cette campagne aixoise le thème principal de ses tableaux (la Montagne Ste-Victoire). Fuyant Paris en 1870, il s'installe à l'Estaque dans la maison de sa mère (la Mer à l'Estaque).

(Photo Nimatallah/Artephot)

La Maison d'Aix-en-Provence par P. Cézanne.

A la mort de celle-ci en 1897, il fait construire à 500 m de la cathédrale, en dehors des remparts, un pavillon d'architecture traditionnelle entouré d'un jardin dont les frondaisons colorées montent à l'assaut du 1er étage, consacré au travail.

L'atelier des « Lauves », où il créa les Grandes Baigneuses, notamment, a été conservé dans l'état où il se trouvait à sa mort en 1906 ; il renferme de nombreux souvenirs du peintre.

Plateau d'Entremont (ABV). — *2,5 km, puis 1/4 h à pied AR. Quitter Aix, au Nord, par le D 14 qui s'élève rapidement. A 2,5 km prendre à droite un chemin qui conduit au plateau d'Entremont.*

Les fouilles. — Au 2e s. avant J.-C., Entremont *(voir p. 46 : les origines d'Aix)* a l'allure d'une véritable ville forte (superficie : 3,5 ha), protégée par des escarpements naturels et, au Nord, par un rempart à fortes courtines renforcées de tours pleines saillantes, installées à intervalle régulier.

A l'intérieur de cette enceinte, un mur isolait un quartier surélevé (« ville haute ») au tissu régulier avec organisation de la voirie et système de canalisation des eaux. Les cases à murs de pierres sèches et de briques crues s'adossent au rempart ou sont regroupées en îlots suivant un plan préétabli. Entre deux tours, s'élevait un édifice en forme de portique ; il s'agit sans doute d'un sanctuaire où l'on affichait les crânes des ennemis.

La « ville basse » semble avoir été un quartier artisanal (restes de fours et de pressoirs à huile).

Les fouilles ont permis de retrouver un abondant matériel témoignant d'un assez haut niveau de développement de l'oppidum, ainsi que les traces de sa destruction (boulets de pierre, trésors monétaires enfouis) par les Romains. La statuaire d'Entremont — d'un intérêt capital pour l'histoire de l'art — comprend des sculptures en bas-relief et ronde-bosse représentant des scènes d'offrande, des guerriers chevauchant ou assis en « tailleur », des personnages en pied et des femmes au long voile ; elle est exposée au musée Granet dont la visite est complémentaire au site.

Table d'orientation. — Du rebord du plateau, on dispose d'une vue étendue sur le bassin d'Aix, la montagne Ste-Victoire, le massif de la Ste-Baume, la chaîne de l'Étoile.

EXCURSION

Vallée de l'Arc. — *Circuit de 43 km — environ 2 h. Quitter Aix-en-Provence par le D 9, Sud du plan.*
La route offre de belles vues sur la chaîne de l'Étoile dont se détachent le piton caractéristique du Pilon du Roi et plus à droite la Grande Étoile avec son relais de télévision.

ⓥ **Château de la Pioline.** — Située dans la zone commerciale des Milles, cette gentilhommière remonte dans ses parties les plus anciennes au 16e s. et eut même l'occasion d'accueillir Charles Quint en 1536. Agrandie et embellie aux 17e et 18e s., elle servait de résidence d'été aux parlementaires d'Aix. Un corps de logis flanqué de deux ailes s'ouvre sur une grande cour d'honneur ornée d'une pièce d'eau. A l'intérieur, un vestibule précède une suite de salons richement décorés et meublés, en particulier le salon Louis XVI avec ses dorures et ses colonnes. En face, une galerie des miroirs, vaste pièce, témoigne d'un passé fastueux. Derrière le bâtiment, joli parc avec terrasse.

Réservoir du Réaltor. — Cette jolie nappe d'eau de 58 ha est entourée d'une fraîche et abondante végétation. Ici s'effectue la décantation des eaux du Grand Torrent qui vient de l'Arc et du canal de Marseille *(p. 113)* amenant les eaux de la Durance.
Après le réservoir, prendre à droite le D 65D sur la rive Ouest qui longe les bâtiments d'une station radio et franchit le canal de Marseille.

Après la Mérindolle tourner à gauche.

★**Aqueduc de Roquefavour.** — Le canal de Marseille franchit la vallée de l'Arc, à 12 km à l'Ouest d'Aix-en-Provence, par le bel aqueduc de Roquefavour.
Construit de 1842 à 1847 par l'ingénieur de Montricher, l'aqueduc est une intéressante réalisation architecturale et technique. Il comprend trois étages et mesure 375 m de longueur et 83 m de hauteur (Pont du Gard : 275 m de longueur et 49 m de hauteur). Le 1er étage compte 12 arches, le second 15, et le 3e étage, formé de 53 arceaux, porte la canalisation qui conduit à Marseille les eaux de la Durance.

Suivre le D 65 en direction de Salon-de-Provence et, à 300 m, prendre à droite le D 64 en montée.

Une belle vue se dégage à droite sur l'aqueduc avant de pénétrer dans une zone boisée de pins et de chênes.

Sommet de l'aqueduc de Roquefavour. — *A 2,1 km prendre à droite un chemin non revêtu en direction du Petit Rigouès et appuyer à droite pour gagner la maison du garde située à l'étage supérieur de l'aqueduc.* On passe à proximité des vestiges du camp romain de Marius *(fouilles en cours).* Du rebord du plateau, belle vue sur le bassin d'Aix, la montagne Ste-Victoire, la chaîne de l'Étoile. Laisser la voiture au parc de stationnement et s'avancer jusqu'à la crête de l'ouvrage franchie par la canalisation à ciel ouvert.

Revenir au D 64 et tourner à droite.

Ventabren. — 2 717 h. Petit village aux ruelles pittoresques dominé par les vestiges du château de la Reine Jeanne. Du pied des ruines que l'on atteint par la rue du Cimetière, on jouit d'une très belle **vue★** sur l'étang de Berre, Martigues et la trouée de Caronte, la chaîne de Vitrolles.

Par le D 64A et le D 10, à droite, regagner Aix-en-Provence.

*Sachez tirer parti de votre **guide Michelin**. Consultez la légende p. 42.*

ALLAUCH
13 528 h. (les Allaudiens)

Carte Michelin no 𝟾𝟺 pli 13 ou 𝟸𝟺𝟻 plis 44, 45 ou 𝟸𝟺𝟼 pli L.

Grande banlieue de Marseille, Allauch (prononcer Allau) étage ses maisons sur les premiers contreforts de la chaîne de l'Étoile *(voir p. 117).*

Esplanade des Moulins. — Elle doit son nom aux cinq moulins à vent qui s'y dressent (un seul a été restauré). Elle offre une belle **vue★** sur le site de Marseille.

ⓥ **Musée du Vieil Allauch.** — *Près de l'église.* Il contient des objets et documents d'histoire locale.

Chapelle N.-D.-du-Château. — *1/2 h à pied AR.* C'est un vestige d'un château des 11e-12e s. dont subsistent quelques remparts. De la terrasse, belle vue également sur Marseille identique à celle de l'Esplanade des Moulins.

EXCURSION

Château-Gombert ; grottes Loubière. — *7 km au Nord-Ouest par le D 44F. Description p. 141.*

★★ Les ALPILLES

Cartes Michelin nos 83 pli 10 et 84 pli 1 ou 245 pli 29.

« D'aussi loin qu'il me souvienne, je vois devant mes yeux, au Midi, là-bas, — écrit Mistral dans ses mémoires —, une barre de montagnes dont les mamelons, les rampes, les falaises et les vallons bleuissaient du matin au vêpre, plus ou moins clairs ou foncés, en hautes ondes. C'est la chaîne des Alpilles, ceinturée d'oliviers comme un massif de roches grecques, un véritable belvédère de gloire et de légendes ».

La chaîne calcaire des Alpilles, prolongement géologique du Luberon, s'élève au cœur de la Provence entre Avignon et Arles. De très loin, ses crêtes déchiquetées, de 300 à 400 m d'altitude, donnent l'illusion de véritables montagnes. N'est-ce pas là d'ailleurs, que Daudet place l'entraînement alpestre de Tartarin.

La blancheur des sommets arides se découpant sur le ciel dans une atmosphère transparente fait songer à quelque paysage de Grèce. Au débouché des vallées sèches qui creusent la chaîne, oliviers et amandiers parsèment les pentes basses de leur feuillage léger. Parfois, une rangée de cyprès barre le paysage d'une ligne sombre. Dans la montagne, des chênes kermès, des pins tapissent les parties les moins rudes, celles que recouvre un peu de terre végétale ; mais souvent la roche est à vif, à peine mouchetée de quelques maigres broussailles, couverte de maquis ou de pâture à moutons.

(Photo F. Jalain/Explorer)

Les Alpilles.

★★ 1 LES ALPILLES DES BAUX

Circuit au départ de St-Rémy-de-Provence

40 km — environ 4 h — schéma p. 56

★ **St-Rémy-de-Provence.** — *Page 170.*

Quitter St-Rémy-de-Provence au Sud-Ouest par le Chemin de la Combette, puis à droite le Vieux Chemin d'Arles.

Tour du Cardinal. — Gracieuse maison de campagne du 16e s., ornée de fenêtres, de frises et d'un balcon Renaissance.

Tourner à gauche dans le D 27.

La route s'enfonce au milieu des cultures cloisonnées par des haies de cyprès et pénètre ensuite par une montée très sinueuse au cœur de la chaîne des Alpilles, d'un aspect chaotique. Vers la fin de la montée, la vue s'étend à gauche et en arrière sur la plaine du Comtat que limite le Ventoux.

Juste avant le haut de la côte, prendre à gauche une route revêtue tracée en corniche ; à 1 km, laisser la voiture.

Table d'orientation des Baux. — *Page 89.*

Revenir au D 27 que l'on prend à gauche.

La route serpente dans le Val d'Enfer.

★★★ **Les Baux-de-Provence.** — *Page 87.*

Suivre le D 27, traverser Paradou, patrie du poète Charloun Rieu (1846-1924) et emprunter le D 78E.

La route court au milieu des olivettes.

Aqueducs de Barbegal. — *1/4 h à pied AR.* Ruines imposantes, en particulier à gauche de la route, de deux aqueducs gallo-romains jumelés. L'un, bifurquant à l'Ouest, alimentait la ville d'Arles en eau d'Eygalières après un parcours d'une cinquantaine de kilomètres ; l'autre, après avoir traversé le rocher en tranchée, actionnait une vaste meunerie hydraulique construite sur le flanc Sud de la colline. Les ruines de cette meunerie du 4e s. constituent un exemple très rare de bâtiments industriels romains. Elles prouvent une extraordinaire ingéniosité : deux courants partant d'un réservoir triangulaire alimentaient de chute en chute, chacun huit moulins successifs avec leurs roues à aubes et leurs meules. La meunerie s'étend sur 1200 m^2 ; elle pouvait fournir 300 kg de farine à l'heure.

Poursuivre et prendre à droite le D 33.

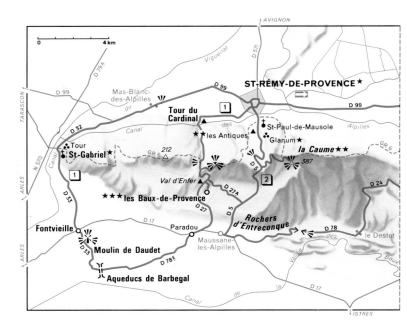

Moulin de Daudet. — *Page 145.*

Une belle allée de pins parasols mène à Fontvieille.

Fontvieille. — 3432 h. (les Fontvieillois). Lieu de séjour. Le bourg, auquel reste lié le souvenir d'Alphonse Daudet, a longtemps vécu de l'extraction de la pierre d'Arles, roche calcaire toujours en exploitation.

L'église (18e s.) voit, pendant la nuit de Noël, se dérouler la cérémonie du pastrage ou offrande des bergers.

Suivre le D 33.

Olivettes entrecoupées de haies de peupliers, pinèdes, champs de primeurs composent le décor.

★ **Chapelle St-Gabriel.** — Le site de la chapelle St-Gabriel est à l'origine une agglomération gallo-romaine (Ernaginum), environnée de marécages, qui était un port d'utriculaires *(voir p. 65)* à la jonction de plusieurs voies commerciales et militaires. Cette petite chapelle de la fin du 12e s. présente une belle façade sculptée. Sous un arc en plein cintre s'inscrit le portail encadré par des colonnes et un fronton inspirés directement de l'antique. Des scènes aux personnages un peu gauches ornent le fronton et le tympan : Annonciation, Visitation, Adam et Ève, Daniel dans la fosse aux lions. Les symboles des quatre évangélistes encadrent l'oculus richement décoré. L'intérieur frappe par sa simplicité ; mais la nef unique à trois travées, la voûte en berceau brisé et l'abside en cul-de-four confèrent à l'édifice une grande homogénéité. Dans la nef, à droite, remarquer un cippe funéraire de l'époque d'Auguste.

Un peu plus haut, vestiges d'une tour carrée du 13e s. ayant appartenu aux défenses du village disparu.

Par le D 32 et le D 99 regagner St-Rémy-de-Provence.

Après Mas-Blanc-des-Alpilles, belle vue à gauche sur le mont Ventoux.

★★ ② LES ALPILLES D'EYGALIÈRES

Circuit au départ de St-Rémy-de-Provence

73 km — environ 5 h — schéma ci-dessus et p. 57

★ **St-Rémy-de-Provence.** — *Page 170.*

Quitter St-Rémy-de-Provence par ③ du plan, D 5.

La route passe à proximité de l'ancien monastère de St-Paul-de-Mausole et des Antiques *(p. 172 et 170)*. Puis elle pénètre dans la chaîne des Alpilles dont on remarquera la parfaite régularité des strates.

Dans un virage panoramique s'offre une vue étendue sur la Montagnette et la vallée de la Durance.

A 4 km prendre, à gauche, une route en montée vers la Caume (la route peut être interdite pendant l'été).

★★ **Panorama de la Caume.** — Alt. 387 m. Un relais de télévision est installé au sommet. S'avancer — au-delà de l'enceinte — sur le rebord Sud du plateau, pour jouir d'un vaste panorama sur les Alpilles au premier plan, la plaine de la Crau et la Camargue, et sur le rebord Nord pour embrasser du regard la plaine rhodanienne, le Guidon du Bouquet à la silhouette caractéristique en forme de bec, le mont Ventoux et la vallée de la Durance.

Revenir au D 5 que l'on prend à gauche.

La route serpente dans une pinède, puis traverse de petites gorges.

Rochers d'Entreconque. — Situés à gauche de la route, ce sont d'anciennes carrières de bauxite *(voir p. 16)* à la couleur rougeâtre si particulière.

Les vergers apparaissent ; oliviers, abricotiers, amandiers, cerisiers abondent.

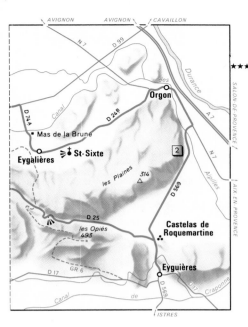

Prendre à droite le D 27ᴬ en direction des Baux.

★★★ Les Baux-de-Provence. — *Page 87.*

Faire demi-tour et par le D 5 gagner Maussane-les-Alpilles (lieu de séjour). A l'entrée de la localité, tourner à gauche et immédiatement encore à gauche dans le D 78.

La route longe le pied des Alpilles au milieu des olivettes, puis s'élève doucement jusqu'à un petit col d'où l'on jouit d'une belle vue sur les Opiès, petit mont surmonté d'une tour. Au Destet, tourner à gauche dans le D 24, en montée, offrant des vues sur la crête de la Caume. A 5 km, prendre à droite le D 25 qui contourne le massif des Plaines.

Castelas de Roquemartine. — C'est un ensemble perché de ruines d'époques diverses très pittoresques. A la fin du 14ᵉ s., la forteresse fut, avec les Baux, le repaire des bandes de Raymond de Turenne *(voir p. 87).*

Eyguières. — 4 171 h. *2 km au départ du Castelas de Roquemartine par le D 569.* Située aux confins de la plaine salonnaise, cette petite localité au charme provençal est ornée d'agréables fontaines.

Tourner à gauche dans le D 569, très pittoresque qui traverse des olivettes, puis la N 7 qui rejoint Orgon.

Orgon. — *Page 158.*

Le D 24ᴮ longe la face Nord du massif des Plaines.

ⓥ **Chapelle St-Sixte.** — Cette chapelle du 12ᵉ s. s'élève sur un tertre rocailleux à l'emplacement d'un temple païen dédié aux eaux *(voir Eygalières, ci-dessous).* Elle présente une belle abside en cul-de-four séparée de la nef par un arc reposant sur des consoles ornées de têtes de sanglier. Un petit ermitage du 16ᵉ s. jouxte la chapelle. Belle vue sur Eygalières et la chaîne des Alpilles.

Eygalières. — 1 427 h. (les Eygaliérois). Lieu de séjour. Cette petite localité s'étage au flanc d'une colline et étire ses rues tortueuses au pied d'un vieux donjon, vestige d'un ancien château. Déjà habité à l'époque néolithique, Eygalières est ensuite occupé par une légion romaine qui capte les eaux de ses sources pour alimenter Arles.

(Photo J. Bottin)

Chapelle St-Sixte, Eygalières.

Laisser la voiture sur la place, franchir la porte de l'Auro et suivre tout droit la rue en montée vers l'horloge ; église du 12ᵉ s., coiffée d'un clocher du 19ᵉ s. Du sommet du village, une belle vue se dégage sur la montagne de la Caume et la chaîne des Alpilles, la vallée de la Durance.

Prendre le D 74ᴬ qui, près du Mas de la Brune, élégante demeure du 16ᵉ s., franchit le canal des Alpilles dans une zone de cultures maraîchères.

Le D 99, à gauche, ramène à St-Rémy-de-Provence.

Afin de donner à nos lecteurs l'information la plus récente possible, les Conditions de Visite des curiosités décrites dans ce guide ont été groupées en fin de volume, p. 206 à 220.

Les curiosités soumises à des conditions de visite y sont énumérées soit sous le nom de la localité soit sous leur nom propre si elles sont isolées.

Dans la partie descriptive du guide, p. 43 à 200, le signe ⓥ placé en regard de la curiosité les signale au visiteur.

ANSOUIS

612 h. (les Ansouisiens)

Carte Michelin n° 84 pli 3 ou 245 pli 31 — Schéma p. 127.

Proche de la Durance et des premiers contreforts du Grand Luberon, Ansouis est bâti sur la pente Sud d'un éperon rocheux que couronne un château.

CURIOSITÉS

★ **Château.** — Mi-forteresse, mi-habitation de plaisance, le château du duc de Sabran a le charme des vieilles demeures habitées durant des siècles par une même famille dont chaque génération s'est plu à embellir son patrimoine. Vu du Nord, il apparaît comme une forteresse. Franchir les degrés, puis la rampe qui amènent à une esplanade plantée de marronniers ; on découvre une façade, d'époque Louis XIII, plus accueillante. L'escalier d'honneur, d'époque Henri IV, mène à la salle des Gardes, ornée d'armures du 17e au 19e s. Remarquer les tapisseries flamandes du 17e s. de la salle à manger (Enée et Didon), le lit à baldaquin et la belle crédence de la chambre dite de François Ier. On voit, en outre, la chambre de saint Elzéar et sainte Dauphine de Sabran (1280-1328), la salle de justice où sont assemblés des souvenirs de ces deux personnages, la cuisine provençale aux cuivres étincelants, la prison et la chapelle.

De la terrasse, belle vue sur la percée de la Durance et la chaîne de la Trévaresse. Ce qui surprend et charme tout à la fois, ce sont les jardins : jardins suspendus, décorés de buis et d'arbres au feuillage sombre que l'on découvre dans le moindre recoin, tel ce jardin dit « du paradis », créé à la Renaissance sur le cimetière de la forteresse.

Église. — Cet édifice roman est l'ancienne salle de justice du château.

Musée Extraordinaire. — Des caves voûtées du 15e s. abritent ce petit musée consacré au monde sous-marin. Tableaux et céramiques de G. Mazoyer. Une grotte marine a été recréée. Meubles provençaux. Au 1er étage, atelier de l'artiste.

APT

11 560 h. (les Aptestens)

Carte Michelin n° 81 pli 14 ou 245 pli 31 — Schémas p. 59 et 127 — Lieu de séjour.

Apt, petite ville active de la vallée du Calavon, grande productrice de fruits confits et de confitures, d'essence de lavande et de truffes, est le principal centre d'extraction de l'ocre (voir p. 16) en France. C'est aussi un point de départ très favorable à la visite de la montagne du Luberon (p. 125). Le samedi matin se tient un marché très coloré.
Colonie romaine du nom de « Colonia Julia Apta », Apt fut une cité antique prospère, siège d'un évêché dès le 3e s. Premier sanctuaire dédié à sainte Anne en France, sa cathédrale conserve les reliques de la sainte, ramenées d'Orient au 3e s. et miraculeusement retrouvées lors d'un séjour de Charlemagne à Pâques de l'an 776, selon la légende. Un traditionnel pèlerinage a lieu le dernier dimanche de juillet.

CURIOSITÉS

Ancienne cathédrale Ste-Anne (B). — L'édifice actuel fut élevé au 11e ou au 12e s. et a été très souvent remanié. Le bas-côté droit est roman, le bas-côté gauche gothique (14e s.), et la nef a été refaite au 17e s. La croisée du transept est surmontée d'une coupole sur trompes semblable à celle de N.-D.-des-Doms d'Avignon (p. 78). Au fond de l'abside, un vitrail du 14e s., don du pape Urbain V, représente sainte Anne avec, dans ses bras, la Vierge et l'Enfant.

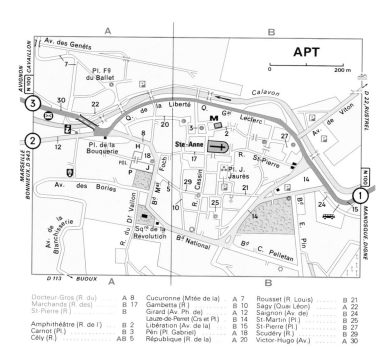

Chapelle Ste-Anne ou chapelle royale. — C'est la première chapelle du bas-côté gauche. Elle a été bâtie en 1660. La même année, Anne d'Autriche y vint en pèlerinage. On y remarque : au-dessus de l'autel en bois doré, le grand reliquaire-buste de sainte Anne ; à gauche, sous la coupole, un groupe en marbre de l'artiste italien Benzoni : sainte Anne et la Vierge ; en face, le tombeau des ducs de Sabran.

ⓥ **Trésor.** — Installé dans la sacristie de la chapelle Ste-Anne, il renferme des manuscrits liturgiques des 11e et 12e s., des châsses avec émaux de Limoges des 12e et 13e s., des coffrets en bois doré, travail florentin du 14e s., ainsi que le « suaire de sainte Anne », étendard arabe du 11e s. rapporté de la première croisade.

Dans la 2e chapelle du bas-côté gauche, au-dessus de l'autel supporté par un sarcophage du 4e s. : tableau de l'école byzantine, représentant saint Jean-Baptiste, sur fond d'or. Dans la chapelle du Corpus Domini, située à droite du chœur, est installé un bel autel du 12e s., ancien maître-autel de la cathédrale, au superbe décor antiquisant.

Crypte. — Elle est à deux étages : la crypte supérieure, romane, contient un autel supporté par un chapiteau roman et des sarcophages du 13e s., la crypte inférieure est pré-romane. Au fond des deux cryptes se trouvent deux pierres tumulaires.

ⓥ **Musée archéologique (B M).** — Un hôtel du 18e s. abrite cet intéressant musée. Au rez-de-chaussée : préhistoire (silex, outils en pierre), protohistoire (armes et outils, jarres, céramique), sculpture gallo-romaine (inscriptions funéraires, chapiteaux, fragments divers). Au 1er étage, civilisation gallo-romaine (mosaïques, céramique, verrerie, mobilier funéraire, bijoux, monnaies, etc.) ; matériel découvert sur l'oppidum du Chastellard-de-Lardiers, près de Banon, dans les Alpes-de-Hte-Provence (outils, objets votifs, notamment des lampes à huile du 2e s. avant J.-C.). Le 2e étage est consacré aux faïences du 17e au 19e s. d'Apt, Moustiers, Allemagne-en-Provence, Castellet, certaines provenant de l'ancien hôpital. Des œuvres de Léon Sagy, potier-céramiste aptesten (1863-1939) complètent cette collection. Nombreux ex-voto des 17e, 18e et 19e s.

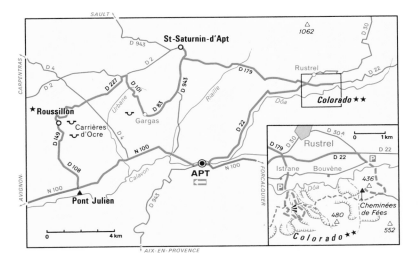

EXCURSION

★★**Circuit de l'ocre.** — *49 km — environ 3 h 1/2. Quitter Apt par ③ du plan, N 100.*

Pont Julien. — Jeté sur le Coulon (ou Calavon) en l'an 3 avant J.-C., ce pont se situe sur l'ancienne voie domitienne qui reliait l'Italie à l'Espagne. Il se compose de trois arches. Ses deux piles sont percées d'ouverture cintrées facilitant l'écoulement rapide des eaux en cas de crues.

Par le D 108 et le D 149 à droite, gagner Roussillon.

★**Roussillon.** — *Page 163.*

Le D 227 offre de belles vues à droite sur les falaises d'ocre et le Luberon, à gauche sur le plateau de Vaucluse.

Traverser le D 4, prendre à droite le D 2, puis à droite le D 101.

Dans un champ à droite de la route, ont été creusés une vingtaine de bassins de décantation pour le traitement de l'ocre extrait dans les carrières voisines *(détails p. 16).*

A l'entrée de Gargas, prendre à gauche le D 83, puis à gauche encore le D 943.

St-Saturnin-d'Apt. — 1 741 h. Adossé aux premiers contreforts du plateau de Vaucluse, le bourg est dominé par les ruines du château et la chapelle romane. On y accède par une ruelle à gauche de l'église. Belle vue sur le pays d'Apt et la montagne du Luberon. En haut du village, la porte Ayguier du 15e s. présente encore une partie de son système de défense.

Prendre le D 943 au Sud et le D 179 à gauche en direction de Rustrel.

La route traverse une riche plaine où les cerisiers dominent.

★★**Colorado de Rustrel.** — *3 h à pied AR. Passages abrupts.* Deux promenades permettent de découvrir quelques sites de ce gigantesque colorado formé par une succession de carrières d'ocre.

— le canyon *(2 h AR)* : au carrefour routier, D 179, 22 et 30, prendre en face la route d'Istrane revêtue au départ et laisser la voiture avant la Dôa. La franchir à gué, passer entre des bassins de décantation, obliquer immédiatement à gauche et longer un ruisseau pour arriver au fond d'un cirque. Par de petites escalades, s'élever sur la droite jusqu'à l'arête et suivre le sentier bien tracé qui conduit à des belvédères naturels. Ils offrent de belles vues sur un second cirque d'exploitation ; remarquer à mi-falaise les galeries qui servaient autrefois à l'extraction souterraine. *Faire demi-tour et redescendre en appuyant toujours sur la gauche.*

— les belvédères *(1 h AR)* : au carrefour routier, D 179, 22 et 30, tourner à gauche dans le D 22 et à 2,5 km prendre à droite une route en descente, laisser la voiture au petit parc de stationnement aménagé sur les bords de la Dôa. Franchir la rivière et suivre le fléchage jaune. Après la rampe du départ, le sentier s'incurve vers la droite, traverse un bois de pins avant d'arriver aux belvédères naturels. Ils dominent l'ensemble des anciennes carrières d'extraction où se dressent des pans de falaises, coiffés, les Cheminées de fées, ou découpées en dents de scie.

Revenir par le même chemin. Par le D 22 regagner Apt.

★★★ ARDÈCHE (Gorges de l')

Carte Michelin n° 🔟🔟 plis 9 et 10 ou 🔢🔢🔢 plis 1, 2, 14, 15 ou 🔢🔢🔢 pli 23.

Les gorges de l'Ardèche que domine une route hardiment tracée, prennent rang parmi les plus imposantes curiosités naturelles du Midi de la France ; une partie a été constituée en réserve naturelle.

Un régime irrégulier. — L'Ardèche prend sa source dans le massif de Mazan, à 1 467 m d'altitude. Elle se jette dans le Rhône, à 1 km en amont de Pont-St-Esprit, après une course de 119 km. La pente, très forte, est particulièrement accusée dans la haute vallée *(voir le guide Vert Michelin Vallée du Rhône),* mais c'est dans le bas pays que se présentent les exemples d'érosion les plus étonnants. Ici, la rivière a dû se frayer un passage dans les assises calcaires du plateau, déjà attaqué intérieurement par les eaux souterraines. Les affluents de l'Ardèche dévalant de la montagne accentuent son régime irrégulier, de type méditerranéen : maximum d'automne, faible débit hivernal, crues de printemps et basses eaux en été. En période de crue, on assiste à de redoutables convergences d'eau à Vallon-Pont-d'Arc. Le débit de l'Ardèche peut varier dans la proportion inouïe de 1 à 3 000 passant de 2,5 m³/s à plus de 7 000 lors des plus fortes crues d'automne, les fameux « coups de l'Ardèche ». Un véritable mur d'eau avance alors dans la vallée à une vitesse de 15, parfois de 20 km à l'heure. La force de ces afflux subits est telle que la rivière repousse vers l'Est le flot pourtant puissant du Rhône et entasse dans le lit du fleuve un cône de déjections. En 1877, les eaux furieuses de l'Ardèche ont traversé le Rhône et crevé la digue de Lauzon sur la rive opposée. La décrue n'est pas moins soudaine.

DE VALLON-PONT-D'ARC A PONT-ST-ESPRIT

58 km — compter la journée - schéma ci-contre et p. 61

A la sortie du bassin de Vallon, l'Ardèche franchit le plateau calcaire du Bas-Vivarais. De part et d'autre des gorges, s'étendent, à gauche le plateau des Gras, à droite le plateau d'Orgnac (p. 62), recouverts d'un taillis de chênes verts et truffés de grottes. Le D 290, **route panoramique,** domine en corniche l'entaille du plateau côté rive gauche.

Vallon-Pont-d'Arc. — *Page 193.*

Quitter Vallon en direction du Pont-d'Arc.

La route passe au pied des ruines du Vieux Vallon, puis, après avoir franchi l'Ibie, rejoint l'Ardèche. A gauche, s'ouvre la **grotte des Tunnels** où coulait autrefois un torrent souterrain.

★★**Pont-d'Arc.** — *Illustration p. 63.* Laisser la voiture aux parcs de stationnement situés de part et d'autre du belvédère. La rivière passe sous l'arche naturelle (34 m de hauteur, 59 m de largeur, au niveau de l'eau). Autrefois, l'Ardèche contournait par un méandre — c'est le chemin qu'on vient de suivre en voiture — ce promontoire. A une époque géologique reculée, l'arche devait être un simple goulet par où s'écoulait un cours d'eau souterrain. Le travail d'affouillement de l'Ardèche et l'érosion l'ont isolé, puis la rivière, à la faveur d'une forte crue, a abandonné son ancien méandre pour se glisser à travers l'orifice, qu'elle a peu à peu agrandi *(on peut accéder au pied du Pont-d'Arc par un sentier s'amorçant à 150 m du belvédère, côté Vallon).*

A partir du Pont-d'Arc, le paysage devient grandiose. La rivière dessine une succession de méandres harmonieux, entrecoupés de rapides, au fond d'une gorge déserte, longue de 30 km. La hauteur des falaises — certaines atteignent 300 m —, la richesse de leur coloration, leur profil contrasté laissent une impression inoubliable. Après Chames, la route dessine ensuite un long crochet à gauche, au fond du vallon de Tiourre qui forme un imposant **cirque**★ rocheux et gagne, en corniche, le rebord du plateau.

★★**Belvédère du Serre de Tourre.** — Établi presque à la verticale de l'Ardèche qui coule à 200 m en contrebas, il offre une superbe **vue** sur le méandre du **Pas du Mousse** ; sur l'échine rocheuse, vestiges du château d'Ebbo (16e s.).

En face, se dressent les falaises de Saleyron au sommet en forme de calotte arrondie. A l'horizon, sur la droite, se détache la haute croupe du mont Lozère, tandis qu'à gauche s'étend le plateau d'Orgnac. La route touristique, largement tracée, épouse le relief tourmenté des falaises de la rive gauche se déroulant dans le taillis de chênes verts du bois Bouchas puis du bois Malbosc.

★★**Belvédères de Gaud.** — **Vue** sur la partie amont du méandre de Gaud et les tourelles de son petit château (19e s.).

★**Belvédères d'Autridge.** — Emprunter la boucle panoramique formant déviation, puis gagner les deux belvédères. Vues sur l'aiguille de Morsanne qui s'avance au-dessus de l'Ardèche, comme la proue d'un navire.

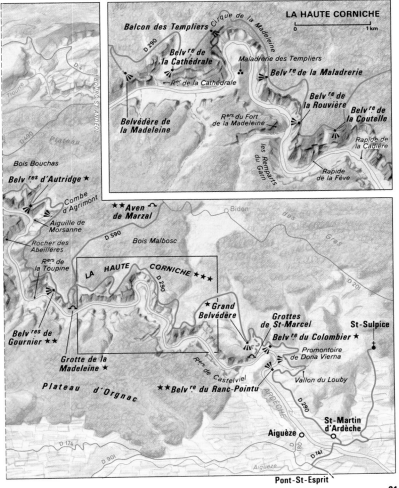

ARDÈCHE (Gorges de l')★★★

500 m après la majestueuse combe d'Agrimont, du rebord de la route se développent de belles **perspectives★★**, en amont, sur l'Ardèche, dont la courbe magnifique est dominée au premier plan par l'aiguille de Morsanne.

★★**Belvédères de Gournier.** — Ils sont très bien situés, à 200 m au-dessus de la rivière. On aperçoit, en contrebas, la ferme ruinée de Gournier, dans un petit champ bordant l'Ardèche qui se fraie un passage au milieu des rochers de la Toupine (marmite) de Gournier.

★**Grotte de la Madeleine.** — *Page 129.*

Gagner l'aven de Marzal par la route qui court sur le plateau des Gras.

★★**Aven de Marzal.** — *Page 143.*

Revenir au grand carrefour de la Madeleine et gagner les parcs de stationnement du belvédère de la Madeleine.

★★★ **La Haute Corniche.** — C'est la partie la plus remarquable du parcours, les belvédères se succèdent et offrent des vues saisissantes sur les gorges.

Belvédère de la Madeleine. — *1/4 h à pied AR.* Le point de vue est admirable. Les flèches de la « Cathédrale », immense rocher ruiniforme, se dressent, toutes proches, tandis que le « Fort » de la Madeleine barre l'enfilade des gorges vers l'aval. Ces falaises sont les plus élevées des gorges ; elles dominent la vallée de 300 m.

Belvédère de la Cathédrale. — Vue sur le cirque de la Madeleine et la « Cathédrale ».

Balcon des Templiers. — Vues saisissantes sur le méandre resserré de la rivière, dominé par les magnifiques parois du cirque. En contrebas, petit éperon surmonté des ruines d'une maladrerie des Templiers.

Belvédère de la Maladrerie. — De ce belvédère, vue vers l'amont sur la « Cathédrale ».

Belvédère de la Rouvière. — En face, se développent les « Remparts » du Garn.

Belvédère de la Coutelle. — Vue vertigineuse en à-pic sur l'Ardèche qui coule 180 m plus bas ; vers la droite, sur la fin des Remparts du Garn ; sur la gauche, dans l'axe des gorges, surgissent les rochers de Castelviel. Remarquer les rapides de la Fève et de la Cadière.

★**Grand Belvédère.** — Vue sur la sortie des gorges et le dernier méandre de l'Ardèche.

★**Belvédère du Colombier.** — Il offre une belle vue au-dessus d'un méandre aux berges entièrement rocheuses.

Grottes de St-Marcel. — *Page 167.*

La route décrit ensuite un crochet au fond d'une vallée sèche, puis, après le promontoire de Dona Vierna, fait un long détour au fond du vallon du Louby.

★★**Belvédère du Ranc-Pointu.** — Situé à l'extrémité de la rampe montant du vallon du Louby, il domine le dernier méandre encaissé de l'Ardèche. Remarquer les différents phénomènes d'érosion : stries, marmites, grottes.

Du Ranc-Pointu, au cours de la descente, le paysage change brusquement : à l'entaille des gorges succède une vallée cultivée s'ouvrant largement vers le Rhône.
A droite, le village d'**Aiguèze** *(voir ci-dessous)* s'agrippe sur une arête rocheuse et domine l'Ardèche.

St-Martin-d'Ardèche. — 380 h. C'est la première ville depuis Vallon.

Chapelle St-Sulpice. — *4 km, par Trignan, au départ de St-Martin-d'Ardèche.* La chapelle romane de St-Sulpice (12e-17e s.) est isolée sur un replat, au milieu des vignes. L'édifice est d'une blancheur éblouissante ; au côté Sud : remplois de pierres sculptées à motifs d'entrelacs.

Franchir l'Ardèche par le pont suspendu de St-Martin.

Le D 901 que l'on prend à gauche rejoint la N 86 peu avant le confluent de la rivière avec le Rhône.

La N 86 atteint Pont-St-Esprit.

Pont-St-Esprit. — *Page 161.*

LE PLATEAU D'ORGNAC (rive droite)
schéma p. 60 et 61

Aiguèze. — 182 h. Du chemin de ronde de l'ancienne forteresse, joli **coup d'œil★** sur la rivière.

Les Crottes. — Village martyr dont les ruines sont envahies par la végétation. Une stèle rappelle le massacre de ses habitants par les Allemands le 3 mars 1944.

★**Forestière (Aven de la).** — Exploré en 1966 par A. Sonzogni, cet aven a été ouvert aux touristes en 1969. Peu profond, il est d'un accès et d'une visite faciles. La grande salle et les salles annexes sont riches en concrétions d'une extrême finesse : cristallisations en forme de chou-fleur, longs macaronis pendant de la voûte, excentriques aux formes capricieuses, petites draperies de stalactites aux couleurs variées et surtout imposant plancher stalagmitique mis en valeur par un éclairage habile. Un zoo cavernicole permet d'observer des crustacés, poissons, batraciens et insectes.

Labastide-de-Virac. — 184 h. Au Nord de ce village fortifié (bastide : lieu fortifié), situé à la limite du Languedoc et du Vivarais, se dresse le **château** des Roure, construction du 15e s., qui commandait le passage des gorges de l'Ardèche au niveau du Pont-d'Arc. Les deux tours rondes ont été arasées en 1629 pendant les guerres de Religion.
En 1702, éclate dans les Cévennes l'insurrection camisarde, riposte des réformés aux fameuses « dragonnades », lancées par Louis XIV pour déclencher des abjurations massives de la part des protestants et dont le nombre s'était multiplié après que le roi eût ordonné la révocation de l'édit de Nantes en 1685. L'année suivante, Jean

Cavalier, l'un des chefs camisards, se heurtant aux troupes royales prit d'assaut le château de Labastide-de-Virac. Depuis 1825, la demeure est entre les mains de la famille du sculpteur James Pradier, dont les ascendants étaient métayers des comtes du Roure.

Au cours de la visite, on remarque la cour de style florentin, l'escalier à vis, la grande salle du 1er étage avec sa belle cheminée. Du chemin de ronde, on domine le plateau ardéchois et le plateau des Gras ; par temps clair, on distingue les monts Lozère et le mont Mézenc tout au Nord. Une magnanerie en activité fait revivre l'activité traditionnelle de l'élevage du ver à soie.

★★ **Méandre de Gaud (Belvédère du).** — De ce promontoire se révèle une très belle **vue**★★ sur l'Ardèche et le cirque de Gaud.

★★★ **Orgnac (Aven d').** — *Page 156.*

★★★ **DESCENTE EN BARQUE OU EN CANOË**

Du Pont-d'Arc à St-Martin-d'Ardèche

schéma p. 60 et 61

La descente en barque ou en canoë des gorges de l'Ardèche peut s'effectuer de mars à fin novembre ; la meilleure époque se situe en mai et juin.

Après un vaste plan d'eau calme, l'Ardèche pénètre en méandre dans les gorges. On aperçoit, à droite, l'entrée de la grotte d'Ebbo, puis le Pas du Mousse, passage étroit dans la falaise donnant accès au plateau : à gauche, se détache le rocher de l'Aiguille.

Aux hautes falaises de Saleyron succèdent le rapide de la Dent Noire, puis le méandre et le cirque de Gaud avec son petit château. Les rapides alternent avec de magnifiques plans d'eau dominés par d'imposantes falaises ; on remarque à gauche, bien détachée, l'aiguille de Morsanne et, à droite, les arrachements rouges et noirs des Abeillères. Après les rochers et les trous de la Toupine (marmite) de Gournier, où le fond atteint par endroits 18 m, on aperçoit au loin le rocher de la Cathédrale, après environ 4 h de descente. L'entrée de la grotte de la Madeleine s'ouvre à gauche. Peu après, l'Ardèche se glisse au pied de l'énorme rocher de la Cathédrale.

Au pied d'énormes falaises, les Rochers de la Madeleine sont l'un des plus beaux passages des gorges. Détroits, rapides et plans d'eau irisés se succèdent dans un paysage où les chênes verts contrastent avec les pans à nu des parois. Après les rochers de Castelviel, on aperçoit, à gauche, l'entrée des grottes de St-Marcel. Le promontoire de Dona Vierna précède le belvédère du Ranc-Pointu, puis les falaises s'abaissent à l'entrée de la percée finale. A droite, la tour d'Aiguèze, sur le rebord de l'escarpement rocheux, domine l'élargissement terminal de la vallée.

(Photo R. Claquin/Explorer)

Le Pont-d'Arc.

LES GUIDES VERTS MICHELIN

Paysages
Monuments
Routes touristiques
Géographie
Histoire, Art
Itinéraires de visite régionaux
Lieux de séjour
Plans de villes et de monuments

Une collection de guides régionaux sur la France.

★★★ **ARLES**   50 772 h. (les Arlésiens)

Carte Michelin n° 🔲🔲 pli 10 ou 🔲🔲🔲 pli 28 ou 🔲🔲🔲 pli 26 — Schéma p. 99.

Capitale romaine, grand centre religieux au Moyen Age, Arles garde de son glorieux passé deux des plus belles antiquités gallo-romaines, les arènes et le théâtre, et deux joyaux de l'art roman, le portail et le cloître de St-Trophime.

La mise en valeur de la Camargue *(p. 96)* a fait de la ville la « capitale du riz », mais elle ne tire pas ses seules ressources de sa vocation de marché agricole (productions maraîchères et ovins de la Crau s'ajoutent au riz) : une industrie légère très diversifiée, des fonctions administratives et culturelles complètent la panoplie de ses activités traditionnelles. C'est aussi la plus grande commune de France avec une superficie de 77 000 hectares.

Le festival d'Arles a maintenant acquis une solide réputation de qualité et d'originalité provençale : il fait alterner manifestations folkloriques, concerts, spectacles lyriques, de danse et de théâtre. A cela, il faut ajouter les fêtes tauromachiques typiques de la Camargue : féria pascale, fête des gardians etc. Chaque année les Rencontres internationales de la Photographie, fondées par Lucien Clergue, célèbre photographe arlésien, consistent en une succession d'expositions de haut niveau et d'animations ; avec l'École Nationale de la Photographie (créée en 1982), elles font d'Arles une capitale de l'image. Mistral, Daudet, Gounod, Bizet ont mis autour de l'Arlésienne une auréole de poésie et de musique. Toutefois, il ne faut pas s'attendre à rencontrer Mireille au détour de chaque rue ; le ravissant costume des filles d'Arles ne sort qu'à l'occasion des fêtes. Mais la beauté du type, si souvent célébrée, demeure.

UN PEU D'HISTOIRE *(1)*

Arles et Marseille. — Le site d'Arles, au milieu des marécages, à la pointe de la Camargue, est à l'origine une éminence rocheuse quasi insulaire qui commande le delta du Rhône et permet le contrôle de la navigation sur le fleuve au cours encore indécis. Les fouilles entreprises en 1975 sous le Jardin d'Hiver ont révélé l'existence d'une ville celto-ligure (appelée « Théliné ») colonisée par les Grecs de Marseille dès le 6e s. avant J.-C.

La ville, qui prend bientôt le nom d'« Arelate », connaît un essor nouveau quand le consul Marius fait relier, en 104 av. J.-C., le Rhône au golfe de Fos par un canal, ce qui facilite grandement la navigation. Mais Arles reste sous la dépendance économique des Massaliotes qui perçoivent un droit de péage sur les navires empruntant le canal. Cette situation dure jusqu'à la défaite de Marseille devant César en 49 av. J.-C. : aidé par Arles qui lui avait fourni douze navires de guerre, celui-ci lui attribue les possessions massaliotes et ordonne de fonder une colonie romaine. Dès lors, Arles supplante sa rivale et développe son économie.

Elle possède, sur le Rhône, le pont le plus méridional sur la route directe entre l'Italie et l'Espagne, la voie domitienne. D'autres voies, partant de la cité, unissent la Méditerranée à la Gaule du Nord et autres provinces occidentales. Ces routes terrestres (sept au total) sont complétées par les nombreuses voies d'eau. La ville, plus près de la mer qu'aujourd'hui, est à la fois port maritime et fluvial ; les plus grands navires de l'époque y accostent aisément.

Arles romaine. — Colonie des vétérans de la 6e légion, Arles reçoit le privilège de s'entourer d'une enceinte fortifiée qui enferme les 40 ha de la cité officielle ; côté Rhône se dressait un arc de triomphe rasé en 1687. Le plan d'urbanisme s'organise autour d'un « cardo » (axe Nord-Sud repéré rue de l'Hôtel-de-Ville) et d'un « decumanus » (axe Est-Ouest repéré en partie rue de la Calade), il comprend un forum (à l'emplacement des cryptoportiques), sans doute plusieurs temples, une basilique, des thermes (sous la place de la République) et un théâtre. Les rues découpent la ville en damier, le « cardo » a une largeur totale de 12 m dont 4 m pour la chaussée tandis que les autres voies sont plus étroites (entre 4 m et 7 m) ; toutes sont dallées et souvent bordées de trottoirs (avec portiques pour le « cardo »). Un aqueduc (traces près de la porte de la Redoute à l'Est) amène en abondance l'eau pure des Alpilles. D'un château d'eau partent trois canalisations desservant : les fontaines, les thermes, les maisons privées. Un remarquable réseau d'égouts (le grand collecteur a 3,50 m de diamètre) évacue les eaux usées ; les latrines publiques sont en marbre blanc, avec eau courante.

La ville s'étend, à la fin du 1er s. ; on doit renverser une partie du rempart pour construire l'amphithéâtre. Elle déborde largement l'enceinte. Au Sud, s'étendaient les chantiers navals du port de la Roquette et, au-delà, le cirque (l'obélisque qui se dresse devant St-Trophime en provient) ; plus à l'Est, le secteur du Jardin d'Hiver et de l'Esplanade était un quartier résidentiel (on y a retrouvé deux « villae ») ; sur la rive droite du Rhône, à Trinquetaille, s'activait l'important faubourg des mariniers, des bateliers et des marchands. Un pont de bateaux reliait les deux rives au niveau du quartier du Bourg-Neuf, au Nord-Est de la ville.

L'extension d'Arles atteint son maximum aux 4e et 5e s. Sous l'impulsion de Constantin, le quartier Nord-Ouest est remodelé, notamment par la construction du palais impérial et des thermes de la Trouille. Le tracé de l'enceinte ne subit cependant que peu de modifications ; les remparts sont encore bien visibles à l'Est où deux tours rondes de la porte de la Redoute subsistent *(p. 71)*.

La Rome des Gaules. — Un auteur du 5e s. décrit ainsi le marché arlésien : « Tout ce que l'Orient, tout ce que l'Arabie aux parfums pénétrants, tout ce que l'Assyrie luxueuse, tout ce que l'Afrique au sol si riche, tout ce que la belle Espagne et la Gaule féconde peuvent produire, tout cela se rencontre à Arles en une aussi grande abondance que dans les pays d'origine ».

---

(1) Pour plus de détails, lire : « Arles, sa région », par Jean-Maurice Rouquette et « Arles », par Fernand Benoît (Paris, Gründ).

La ville possède cinq corporations de mariniers. Les uns naviguent sur le Rhône, la Durance, les étangs qui couvrent le pays autour de la colline d'Arles, ils emploient des radeaux (appelés utriculaires) portés par des outres gonflées d'air ; les autres arment les navires qui sillonnent la Méditerranée.

La cité est un actif centre industriel où l'on fabrique des tissus, de l'orfèvrerie, des navires, des sarcophages, des armes. Un atelier impérial frappe la monnaie. Le blé et la charcuterie, déjà célèbre, s'exportent en même temps que l'huile des oliviers provençaux et le vin des coteaux du Rhône, noir et épais, qu'on appelle le vin de poix. Tailleurs de pierre, maçons et architectes sont renommés pour la qualité de leurs travaux.

Prospère, Arles voit s'accroître son importance politique. L'empereur Constantin s'y installe suivi de ses fils. En 395, elle devient la Préfecture des Gaules (Espagne, Gaule proprement dite, Bretagne), recueille en 417 la primatie qu'on enlève à Lyon. C'est un grand centre religieux et, tant que dureront ses murs, se tiendront dix-neuf conciles.

Le premier évêque d'Arles, Trophime, a sans doute été envoyé de Rome vers 225, et la légende s'est rapidement emparée de lui (p. 66). De cette époque (milieu du 3e s.), date la christianisation, illustrée par le martyr de saint Genès vers 250. Aux 4e et 5e s., les évêques ne cessent de prendre de l'importance sous la protection du pouvoir impérial et aspirent à contrôler toutes les autres églises des Gaules.

Le déclin. — Arles souffre des invasions barbares de la fin du 5e s., mais retrouve un certain éclat sous les Ostrogoths entre 508 et 536 : plus que l'insignifiante préfecture du prétoire, rétablie provisoirement, c'est le rayonnement de ses évêques, notamment de saint Césaire, qui continue à en faire une grande métropole religieuse où se tiennent d'importants conciles comme celui de 524 au sujet des ordinations. La domination franque entraîne le déclin. Au 8e s., Francs et Sarrasins se disputent le pays et laissent beaucoup de ruines sur leur passage. « La légende du trésor de Cid-Hamed » d'Amédée Pichot se situe dans ce contexte : un prince sarrasin chassé d'Arles laisse sur place un fabuleux trésor que sa fille, quelques années plus tard, s'efforcera en vain de récupérer... Au 9e s., Arles n'est plus que l'ombre d'elle-même quand elle devient la capitale du royaume d'Arles, comprenant la Bourgogne et une partie de la Provence. Il faut attendre le 12e s. pour assister à un renouveau économique et politique, qui se traduit par l'érection de la ville en commune gouvernée par des consuls élus. Son prestige est encore considérable puisque l'empereur germanique Frédéric Barberousse vient se faire couronner roi d'Arles en 1178 à St-Trophime, la superbe cathédrale romane qui est tout juste achevée. En 1239, les bourgeois arlésiens se donnent au comte de Provence. Dès lors, la ville suit les destinées de la province. Aix la détrône dans l'ordre politique, Marseille prend sa revanche dans l'ordre économique.

Tant que le Rhône reste la principale voie commerciale, Arles reste relativement prospère, d'autant que le pays est mis en valeur par l'irrigation de la Crau et la bonification des marais. Mais l'avènement du chemin de fer, qui atteint le trafic fluvial, lui porte un coup fatal : elle ne fut jusqu'à ces dernières décennies que le marché agricole de la Camargue, de la Crau et des Alpilles.

Van Gogh à Arles (1). — Vincent Van Gogh (voir aussi p. 38) arrive à Arles le 21 février 1888. Installé d'abord à l'hôtel-restaurant Carrel, rue de la Cavalerie, il loue ensuite une petite maison de la place Lamartine, la « Maison jaune » ; les deux immeubles ont disparu pendant la dernière guerre.

Vincent s'habitue très vite, sa santé s'améliore, il se fait des amis et reçoit la visite de Gauguin en octobre. Son style se transforme en s'éloignant de l'impressionnisme, il vient chercher ici « l'équivalent du Japon » dont les estampes le fascinent. Les paysages provençaux et leur luminosité (« ce soleil plus fort ») répondent à son attente. Il peint sans cesse (« je marche comme une locomotive à peindre ») : la nature, les travaux des champs, des portraits, des vues d'Arles et de son univers familier, en tout plus de 200 toiles et 100 dessins. La Maison de Vincent, les Alyscamps, l'Arlésienne, la Crau, le Pont de Langlois (ce pont, dit « de Van Gogh », détruit en 1926, a été reconstitué sur le canal d'Arles au port de Fos-sur-Mer) sont quelques-unes des œuvres les plus saisissantes de sa période arlésienne.

(Photo Malborough/Artephot)

Autoportrait à l'oreille coupée et à la pipe par Van Gogh (collection privée).

Atteint de crises de folie, accentuées par sa rupture brutale avec Gauguin (24 décembre 1888), à la suite de laquelle il se mutile l'oreille gauche, il est interné à l'hôpital. Les coups durs s'accumulent : Gauguin l'abandonne, son ami le facteur Roulin est muté à Marseille et, en février 1889, une pétition réclame son enfermement. Il décide finalement de quitter Arles pour l'asile de St-Paul-de-Mausole, près de St-Rémy-de-Provence, où il arrive le 3 mai 1889 (voir p. 172).

_____

(1) Pour plus de détails, lire « Van Gogh en Arles », par R. Pickvance (Genève, Skira).

LE CENTRE MONUMENTAL *visite : 1 journée*

★★Arènes (YZ). — *Voir aussi p. 33.* Il s'agit, à proprement parler, d'un amphithéâtre qui vraisemblablement date de la fin du 1er s. de notre ère. Transformé en forteresse durant le haut Moyen Age, il constitue une sorte de réduit de défense. Plus tard, sous les arcades bouchées, dans les galeries, sur les gradins et sur la piste éclot une petite ville qui comprend plus de 200 maisons et deux chapelles. Pour effectuer toutes ces transformations, les matériaux ont été prélevés sur l'édifice, mutilé mais épargné de la destruction. Le dégagement et la restauration commencèrent en 1825. Des quatre tours de guet médiéva-

les, trois subsistent.
Le monument mesure 136 m sur 107 m ; il pouvait recevoir plus de 20 000 spectateurs. Deux étages d'une hauteur totale de 21 m comportent chacun 60 arcades. Des demi-colonnes adossées, de style corinthien, ornent les piliers du 1er étage. Le 3e étage, l'attique, qui couronne les arènes de Nîmes, a ici disparu complètement. L'arène à proprement parler (69 m sur 40 m) était séparée des gradins par un mur de protection, et un plancher la recouvrait ;

(D'après photo « Vu du ciel » par Alain Perceval)
Les arènes d'Arles.

sous ce dernier, se trouvaient les machineries, les cages à fauves, les coulisses.
Pour bien apprécier l'ampleur de l'édifice, il faut d'abord gagner la plate-forme de la tour qui domine l'entrée. De là, on jouit à la fois d'une vision d'ensemble des structures de l'amphithéâtre et d'une vue intéressante sur la ville, le Rhône, les Alpilles et l'abbaye de Montmajour. Parcourir ensuite les voûtains supérieurs sur la moitié de l'ellipse pour en comprendre l'architecture ; enfin, faire le tour des arènes au niveau inférieur des grandes arcades. Cela permet de saisir la puissance de la construction antique et l'originalité de l'entablement horizontal sur les corniches : en effet, les galeries circulaires sont couvertes d'énormes dalles posées à plat, qui se substituent aux habituelles voûtes romaines, témoignage de l'influence grecque en Arles. Les combats de gladiateurs furent interdits en 404 sous l'influence du christianisme, les jeux furent abandonnés dans la foulée. Les corridas qui s'y déroulent aujourd'hui dans un enthousiasme indescriptible, renouent, dans une certaine mesure, avec la tradition antique.

★★Théâtre antique (Z). — Ce théâtre, construit sous Auguste vers 27-25 avant J.-C., nous est parvenu en bien plus piteux état que les arènes. Dès le 5e s., il sert de carrière pour la construction des églises et, au 9e s., est transformé en réduit fortifié ; il finit bientôt par disparaître complètement sous les habitations et les jardins. Redécouvert au 17e s., il sera dégagé de 1827 à 1855.
D'une taille inférieure à ceux d'Autun et de Lyon, l'édifice mesure 102 m de diamètre et pouvait contenir environ 12 000 spectateurs. Contrairement à celui d'Orange qui s'adosse à une hauteur naturelle, il s'appuyait sur un portique extérieur de 27 arches constitué de trois étages d'arcades dont une seule travée a subsisté, intégrée au rempart médiéval (la tour de Roland). Du magnifique mur de scène, il ne subsiste que deux admirables colonnes entières de brèche africaine et de marbre italien, qui se profilent dans un paysage d'une rare nostalgie, et d'autres tronçons qui en jalonnent l'emplacement. La scène, la fosse du rideau, l'orchestre, une partie des gradins sont encore visibles. Ces gradins s'élevaient jusqu'à la hauteur de la tour de Roland et l'attique s'y ajoutait encore. En 1651, des ouvriers creusant au niveau de la fosse découvrirent la fameuse Vénus (moulage au musée d'art païen) qui fut offerte à Louis XIV. Un siècle plus tard, on exhuma le torse nu d'une colossale statue d'Auguste qui devait occuper la grande niche centrale du mur de scène, et dont en 1834 on récupéra la tête (musée d'Art païen).

★Église St-Trophime (Z). — Autour de saint Trophime, peut-être le premier évêque d'Arles au début du 3e s., sont nées quantité de légendes : envoyé de saint Pierre, cousin et disciple de saint Paul, il aurait accueilli les saintes Maries à leur débarquement *(p. 176)* et le Christ en personne lui serait apparu aux Alyscamps, etc...
La cathédrale primitive était consacrée à saint Étienne ; détruite puis relevée à l'époque carolingienne (partie de la façade en petits moellons), elle est à nouveau reconstruite à la fin du 11e s. (transept) et dans la première moitié du 12e s. (nef) afin de recevoir les reliques de saint Trophime auquel elle est désormais dédiée. Vers 1190, l'édifice s'embellit d'un magnifique portail sculpté, plaqué sur la façade et surélevé, ce qui nécessite l'exhaussement du sol de la nef. La construction se termine peu après le clocher : le clocher ancien est remplacé par une tour carrée à bandes lombardes et pilastres cannelés, dont le dernier étage a été refait au 17e s. St-Trophime offre ainsi un parfait exemple de l'« art roman tardif » du Midi. Au 15e s., la cathédrale subit d'importantes transformations : le chœur à déambulatoire et chapelles rayonnantes est refait, ce qui agrandit d'un tiers l'église. Au 17e s., deux portes classiques sont ouvertes de chaque côté du portail, deux verrières ajourent les croisillons et des tribunes sont ajoutées.

★★Portail. — Comparable à celui de St-Gilles *(p. 166)* par la beauté de son décor ⓒ sculpté, il présente une ordonnance à l'antique affectant la forme d'un arc de triomphe, ▬ formule courante en Provence au 12e s. Son aspect archaïque, lié à la tradition romaine, dénote un retard sur les principales œuvres romanes françaises, en particulier celles du Nord : « tout ce qui est jeune, vivant, fluide à Chartres apparaît vieilli, durci, pétrifié à Arles » (Émile Mâle).

1) Tympan du Jugement dernier. Le Christ couronné, inscrit dans une gloire, tient le livre des Évangiles dans une main et bénit de l'autre ; sa physionomie est empreinte d'une grande rigidité. Ce Dieu de majesté est entouré des symboles des quatre évangélistes ; l'homme ailé (saint Matthieu), l'aigle (saint Jean), le bœuf (saint Luc), le lion (saint Marc). A la voussure, se presse un cortège d'anges avec, au sommet, les trois anges du Jugement dernier.
2) Un cortège d'élus — ils sont vêtus — s'avance vers le Christ.
3) Un ange reçoit les élus et dépose leurs âmes dans les tabliers d'Abraham, d'Isaac et de Jacob.
4) Songe de Joseph et Annonciation.
5) Les douze Apôtres.
6) Nativité du Christ et Bain de l'Enfant nouveau-né.
7) Un ange garde la porte du paradis d'où un groupe de pécheurs (prélats, hommes, femmes) est repoussé.
8) Un cortège de réprouvés, nus, serrés dans la même chaîne par un démon, s'achemine vers l'enfer.
9) Saint Barthélemy.
10) Saint Jacques le Mineur.
11) Saint Trophime (en costume épiscopal) : deux anges lui posent la mitre sur la tête.

12) Saint Jean l'Évangéliste, imberbe.
13) Saint Pierre avec ses clés.
14) Saint Paul : cette statue aux plis profondément creusés et serrés s'inspire du portail central de St-Gilles.
15) Saint André.
16) Lapidation de saint Étienne ; deux anges lui retirent l'âme (représentée par un enfant) du corps et l'emportent au paradis.
17) Saint Jacques le Majeur.
18) Saint Philippe.

Sur les côtés, près des portes latérales : à gauche, saint Michel pesant les âmes ; à droite, des démons en enfer.

Intérieur. — Il surprend par la hauteur du vaisseau (20 m) et l'étroitesse des bas-côtés. La nef, éclairée par de hautes fenêtres en plein cintre, est couverte en berceau brisé et les collatéraux en demi-berceau. Cette sobriété romane contraste avec les nervures et les moulures du chœur gothique. Parmi les œuvres d'art particulièrement intéressantes :
— dans la 2e travée du collatéral gauche, un sarcophage chrétien du 4e s. à deux registres de sculptures dont certaines en haut-relief ;
— dans le transept gauche, une admirable Annonciation de Finsonius et dans la chapelle de Grignan s'ouvrant dans ce croisillon, un autre sarcophage servant d'autel et représentant le Passage de la mer Rouge ;
— dans la chapelle du Saint-Sépulcre (à droite de la chapelle axiale), le sarcophage de Geminus, mort vers 400, surmonté d'une Mise au tombeau du 16e s. ;
— dans le transept droit, un long panneau peint du 16e s. montrant un concile réuni autour de la Vierge ;
— dans la chapelle des Rois (collatéral droit), l'Adoration des Mages de Finsonius ;
— au mur du bas-côté gauche, des tapisseries d'Aubusson illustrant la vie de la Vierge ;
— dans la nef au-dessus de l'arc triomphal, la Lapidation de saint Étienne par Finsonius.

★★Cloître St-Trophime (Z). — Il est le plus célèbre de Provence par l'élégance et la ⓒ richesse de sa décoration sculptée, à laquelle auraient peut-être collaboré des artistes de St-Gilles. Conçu pour les chanoines de la cathédrale en même temps que les bâtiments conventuels tout autour, sa construction s'est déroulée en plusieurs étapes :

les galeries romanes Nord et Est dans le dernier tiers du 12e s., les galeries gothiques Sud et Ouest au 14e s.

La galerie Nord (à gauche en entrant), la plus intéressante, offre de belles sculptures sur les chapiteaux (thèmes de la Résurrection et des origines de l'Arles chrétienne, feuillages) et surtout sur les magnifiques piliers d'angle, ornés de grandes statues et de bas-reliefs. Remarquer particulièrement, sur le pilier Nord-Est, la statue de saint Paul aux plis profondément incisés, très longs sous les coudes, œuvre d'un

Pilier Nord-Ouest
1. Saint Pierre - 2. Résurrection du Christ - 3. Saint Trophime - 4. Les saintes femmes (en haut) et les marchands de parfums (en bas) - 5. Saint Jean.

Pilier Nord-Est
1. Saint André - 2. Lapidation de saint Étienne ; au-dessus, Christ bénissant - 3. Saint-Étienne - 4. Ascension du Christ - 5. Saint Paul.

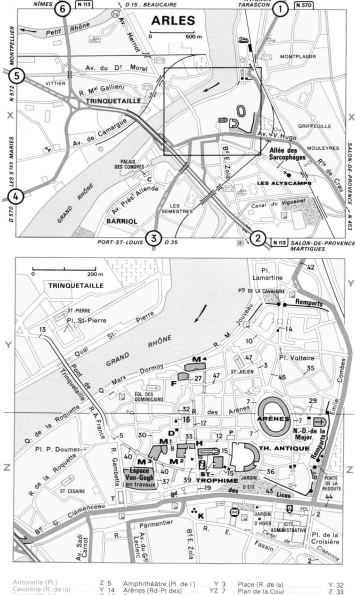

artiste qui connaissait le portail central de St-Gilles. Chapiteaux et piliers de la galerie Est, plus tardive, narrent les principaux épisodes de la vie du Christ. La galerie Sud traite de la vie de saint Trophime et la galerie Ouest de sujets typiquement provençaux comme sainte Marthe et la Tarasque. De la galerie Sud, on découvre l'étagement du cloître, des anciens locaux du chapitre, de la nef de l'église et, dominant le tout, de son robuste et sobre clocher. Au-dessus des galeries se trouve le promenoir.

Ouvrant dans la galerie Nord, la salle capitulaire, voûtée en berceau brisé, conserve au rez-de-chaussée des tapisseries des Flandres et d'Aubusson (17e s.) et, à l'étage, quelques chapiteaux romans et divers fragments lapidaires. Bordant la galerie Est, le réfectoire et le dortoir accueillent des expositions temporaires.

Hôtel de ville (Z H). — Reconstruit de 1673 à 1675 sur les plans de Hardouin-Mansart par l'architecte arlésien Peytret, il englobe la **tour de l'Horloge** — édifiée de 1543 à 1553 en s'inspirant du mausolée de Glanum — qui appartenait à l'édifice précédent. Dans le vestibule servant de passage, la voûte plate est un chef-d'œuvre que les compagnons du tour de France venaient jadis étudier. Ce vestibule donne accès au Plan de la Cour, curieuse placette bordée de bâtiments anciens, dont l'hôtel des Podestats (12e-15e s.) ; adossé au mur, subsiste le banc de justice d'où les magistrats rendaient leurs arrêts. Trônant au centre d'une fontaine, sur la place de la République, un bel **obélisque** provenant du cirque romain d'Arles et érigé là au 17e s., complète le décor formé par la façade classique de l'hôtel de ville qui rappelle Versailles.

★**Musée d'Art païen** (Z M²). — Ce beau musée d'œuvres antiques est installé depuis
⏱ 1805 dans l'ancienne église Ste-Anne (17ᵉ s.). Plusieurs belles pièces proviennent des
fouilles du théâtre : la statue colossale mutilée d'Auguste, les deux statues de dan-
seuses, l'autel d'Apollon et un moulage de la fameuse Vénus d'Arles qui était elle-même
une réplique d'un chef-d'œuvre de la statuaire hellénistique. Quand on l'avait tirée du
sol, elle était brisée en trois morceaux et n'avait plus de bras. La ville d'Arles l'offrit à
Louis XIV qui la fit restaurer par Girardon ; elle figure maintenant au Louvre.
Proviennent des fouilles des cryptoportiques *(voir ci-dessous)* : la tête barbue d'Octave
datée de 39 avant J.-C., le bouclier votif d'Auguste (26 avant J.-C.), une tête de Tibère
(dont le père était le fondateur de la colonie d'Arles).
Remarquer aussi le sarcophage en marbre blanc dit de Phèdre et Hippolyte (2ᵉ-3ᵉ s.)
et plusieurs mosaïques du 4ᵉ s. découvertes dans une villa gallo-romaine de Trinquetaille.

★★**Musée d'Art chrétien** (Z M¹). — Il occupe l'ancienne chapelle des Jésuites (17ᵉ s.).
⏱ Avec le musée du Vatican, à Rome, c'est l'un des plus riches du monde en sarcophages
paléochrétiens. Ces œuvres magnifiques, toutes du 4ᵉ s., taillées dans le marbre par
les sculpteurs arlésiens, exaltent la foi nouvelle du christianisme triomphant. La plupart
présentent des scènes de l'Ancien et du Nouveau Testament : passage de la mer
Rouge, histoire de Jonas, multiplication des pains et des poissons, résurrection de
Lazare etc... D'autres s'ornent de scènes pastorales. Au centre de la nef, sont exposés
trois sarcophages découverts lors des fouilles de Trinquetaille en 1974 : remarquer en
particulier celui de la Trinité ou des époux, à trois registres de sculptures.

★**Cryptoportiques.** — Du musée, on accède à une double galerie souterraine, les cryptoportiques, de la fin du 1ᵉʳ s. avant J.-C., en fer à cheval, longue de 90 m et large de
60 m. Il s'agit des substructions du forum. Les deux couloirs voûtés en plein cintre
sont séparés par un alignement de massifs piliers rectangulaires ; des soupiraux
antiques diffusaient la lumière du jour. La galerie Nord, coupée au 2ᵉ s. par le temple
dont on voit les vestiges sur l'actuelle place du forum *(voir ci-dessous)* affleurait et
s'ouvrait sur le « decumanus » par deux portes ; elle fut doublée au 4ᵉ s. par une
nouvelle galerie couverte.
La fonction de ces cryptoportiques est mal connue. Outre le fait qu'ils mettaient en
valeur et assuraient la stabilité des monuments du forum, on a souvent voulu voir en
eux d'immenses greniers à blé ou, plus prosaïquement de simples galeries de promenade. Au cours de fouilles, on y a découvert quelques belles sculptures, notamment
une tête d'Octave barbu et un bouclier votif, copie en marbre du bouclier d'or offert à
Auguste par le Sénat en 27 avant J.-C. (musée d'Art païen).

★**Museon Arlaten** (Z M³). — Ce passionnant musée ethnographique provençal a été
⏱ créé par Frédéric Mistral *(p. 25)* en 1896 et installé de 1906 à 1909 dans l'hôtel de
Castellane-Laval (16ᵉ s.), acheté avec l'argent du prix Nobel obtenu en 1904 par le
grand poète. Inquiet du sensible recul de l'identité provençale devant la centralisation
et l'uniformisation nationales, Mistral a voulu fixer pour les générations futures les
détails de la vie quotidienne ancestrale en Provence. Pour cela, il a lui-même rassemblé
patiemment les innombrables objets, étiquetés par ses soins, qui portaient témoignage
d'un passé en train de disparaître.
En entrant dans la cour, vestiges d'un petit forum dallé à exèdre qui donnait accès à
une petite basilique du 2ᵉ s.
Le museon, gardé selon le vœu de Mistral par une Arlésienne en costume, possède
une trentaine de salles, consacrées en priorité au pays d'Arles et organisées par
thèmes ou tableaux. Meubles, costumes, céramique, évoquant les coutumes, les métiers
et la musique du terroir, objets de dévotion populaire, documents sur le Félibrige et
l'histoire du pays arlésien font de ce musée le plus complet qui soit en Provence. On
remarque en particulier des reconstitutions d'intérieurs (la « visite à l'accouchée » et la
« salle à manger du mas », notamment) dans une ambiance surannée pleine de charme.
Admirer également la salle Frédéric Mistral où sont exposés d'émouvants souvenirs
personnels du grand poète : son berceau, son chapeau, sa canne, ses vêtements.

Place du Forum (Z 16). — L'actuelle place du Forum n'occupe pas l'emplacement du
forum antique ; elle le borde. A gauche de l'hôtel Nord-Pinus, deux colonnes corinthiennes (D) surmontées d'un fragment de fronton, sont les restes de la façade d'un
temple du 2ᵉ s. qui chevauchait la branche Nord des cryptoportiques *(voir ci-dessus)*.
Le forum augustéen s'étendait en effet plus au Sud.
Sur cette place très animée par les terrasses des cafés, statue de Mistral entourée
d'un pourtour de tridents de gardians.

★**Musée Réattu** (Y M⁴). — Il a été aménagé dans l'ancien grand prieuré des Cheva-
⏱ liers de Malte (15ᵉ s.). La façade qui donne sur le Rhône faisait partie de l'enceinte du
Moyen Age. Avant de devenir en 1867 la propriété de la ville d'Arles, le prieuré
appartint au peintre Réattu (1760-1833). Trois salles lui sont consacrées. Le musée
abrite en outre des peintures des écoles italienne (16ᵉ et 17ᵉ s.), française (17ᵉ s.),
hollandaise (18ᵉ s.) et des œuvres de peintres provençaux du 18ᵉ s.
D'autres salles sont réservées à une importante collection d'art moderne et contemporain : aquarelles, gravures, peintures de Gauguin, Dufy, Prassinos, Léger, Marchand,
Vlaminck, Vasarely, Singier, Sarthou, Marquet, Rousseau (peintre de la Camargue),
Degottex ; sculptures de César, G. Richier, Zadkine, Bury, Toni Grand.
Trois salles accueillent la **donation Picasso**★ ; 57 dessins exécutés en 1971 témoignant
de la variété des techniques maîtrisées par Picasso : plume, crayon, lavis, feutre,
craies etc...
Une section d'art photographique occupe le 2ᵉ étage, avec une collection permanente
d'épreuves des plus grands photographes du monde (Karsh, Izis, Lartigue, Man Ray,
Klein etc...). La photographie y est présentée non comme une technique mais comme
une vision de notre temps.
Une salle évoque l'ordre de Malte.

★ **Palais Constantin (thermes de la Trouille) (Y F).** — *Lire en p. 34 les détails sur les thermes et sur leur fonctionnement.*

Les thermes d'Arles sont les plus vastes qui subsistent en Provence (98 m sur 45 m). Ils datent de Constantin (4ᵉ s.). Le schéma ci-contre en montre la disposition. Il précise aussi la situation, par rapport à la ville actuelle, de la partie non dégagée. On pénètre par le « tepidarium » puis on s'avance dans le « caldarium » qui a conservé son hypocauste. Le mur et l'abside, voûtée en cul-de-four, qui terminent l'édifice, vers le Rhône, sont faits d'assises alternées de pierres et de briques.

★ LES ALYSCAMPS
(X) *visite : 1 h*

Des temps romains à la fin du Moyen Age, les Alyscamps ont été l'une des plus célèbres nécropoles d'Occident. Lorsqu'un voyageur de l'Antiquité arrivait à Arles par la voie aurélienne, il était accompagné jusqu'à l'entrée de

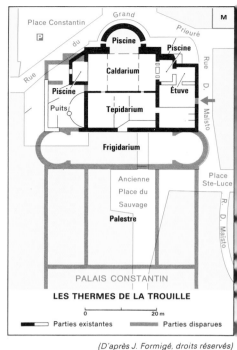

LES THERMES DE LA TROUILLE

0   20 m

■□ Parties existantes   ▨ Parties disparues

(D'après J. Formigé, droits réservés)

la ville par le long cortège des tombeaux et des mausolées dont les inscriptions l'interpellaient. Toutefois, le grand essor des Alyscamps est dû à la christianisation de la nécropole autour du tombeau de saint Genès. Genès, fonctionnaire romain, aurait été décapité en 250 pour avoir refusé de transcrire un édit de persécution des Chrétiens. Des miracles n'ayant pas manqué de se produire en ces lieux, les fidèles devinrent de plus en plus nombreux à demander à y reposer, d'autant qu'une autre légende affirme que saint Trophime y fut lui aussi inhumé. Les tombes s'accumulent par milliers dès le 4ᵉ s. et les sarcophages s'empilent sur plusieurs niveaux (trois couches : 4ᵉ-5ᵉ s., 9ᵉ-10ᵉ s. et 12ᵉ-13ᵉ s.). Les fondations pieuses se multiplient et on compte, au 13ᵉ s., jusqu'à 19 églises ou chapelles. De très loin, affirment les chroniques, on expédie au fil du Rhône des cercueils munis d'une obole pour les fossoyeurs, qui les arrêtent au pont de Trinquetaille et les transportent aux Alyscamps. Au 10ᵉ s., la légende selon laquelle les Preux de Roncevaux y reposent, augmente encore ce succès. Le transfert des reliques de saint Trophime à la cathédrale en 1152 enlève une partie de son prestige à la gigantesque nécropole.

A partir de la Renaissance commencent les mauvais jours. Les seigneurs d'Arles, les édiles, prennent l'habitude d'offrir, à leurs visiteurs de marque, un ou plusieurs sarcophages choisis parmi les mieux sculptés. Les moines, qui ont la garde du cimetière, utilisent les pierres tombales pour bâtir des églises, des couvents ou pour enclore leur jardin.

(Photo Ciccione/Rapho)

Arles. — Les Alyscamps.

Par bonheur, le musée d'Art chrétien *(p. 69)* a pu recueillir quelques pièces admirables qui donnent une idée de la splendeur des Alyscamps d'autrefois. Les tombeaux restants, vides et sans valeur artistique, ont été rassemblés le long d'une seule allée. L'époque contemporaine s'est attaquée au site : une voie ferrée coupe l'entrée de l'allée, un lotissement la borde à droite ; à gauche, le canal et les ateliers constituent un triste décor partiellement dissimulé par un rideau d'arbres.

L'allée des sarcophages (X). — Cependant l'émotion naît quand on s'engage dans l'allée funèbre ; on ne voit plus que les grands arbres qui la bordent, la double rangée de sarcophages entre lesquels on chemine et les ruines de l'église St-Honorat qui ferment l'horizon. L'imagination ne peut se défendre d'évoquer les 2 000 années d'histoire de ces lieux, les quatre-vingts générations qui sont venues se recueillir à cette même place.
Un porche du 12e s., seul vestige de l'abbaye St-Césaire, s'ouvre sur l'allée où subsistent également quelques chapelles. Bon nombre de sarcophages sont du type grec, toit à double pente et les quatre coins relevés, les autres à couvercle plat sont de type romain. Certains portent trois signes : un fil à plomb et un niveau de maçon symbolisant l'égalité des hommes devant la mort, une doloire, outil qui sert à gâcher le sable et la chaux, protégeant le sarcophage contre les voleurs.

L'église St-Honorat (X). — Reconstruite au 12e s. par les moines de St-Victor de Marseille, gardiens de la nécropole, cette église est dominée par un puissant clocher (13e s.) ou tour-lanterne à deux étages percés de huit baies en plein cintre. Outre le clocher, ne subsistent que le chœur, plusieurs chapelles ajoutées par la suite et un portail sculpté. Les vaisseaux de la nef disparue sont matérialisés par des sarcophages disposés au sol. Dans l'abside, sont placés trois sarcophages carolingiens à strigiles (cannelures sinueuses). Face à la porte d'entrée se trouve un sarcophage de marbre blanc du 4e s. et dans les chapelles de droite un ensemble de cinq sarcophages. Observer en outre les quatre puissants piliers ronds (16e s.) du carré du transept.

AUTRES CURIOSITÉS

Remparts (Y Z). — Face au cimetière, porte de la Redoute ou porte d'Auguste et angle Sud-Est de l'enceinte du castrum, avec restes d'église paléochrétienne. Remparts d'époque barbare vers le jardin public. Aux abords de la Cavalerie (16e s.), les fortifications sont médiévales.

Collégiale N.-D.-de-la-Major (Z). — Cette église romane (nef) a été édifiée sur l'emplacement d'un temple romain dédié à Cybèle, et agrandie aux 14e s. (bas-côtés), 16e s. (chœur) et 17e s. (façade).

Boulevard des Lices (Z). — C'est la promenade favorite des Arlésiens. Avec ses platanes ombrageant de larges trottoirs, ses cafés, ses terrasses, son animation — particulièrement colorée le samedi matin, jour de marché —, le boulevard des Lices offre la physionomie caractéristique des cours provençaux.

Fouilles de l'Esplanade (Z K). — En bordure du boulevard des Lices ont été mis au jour les vestiges d'un quartier gallo-romain : thermes, boutiques, maisons (dans l'une d'elle a été retrouvée une belle mosaïque représentant la nymphe Léda et le cygne). On a dégagé également le prolongement vers le Sud du « cardo » qui traversait la ville suivant le tracé des actuelles rues de l'Hôtel-de-Ville et de la République. Détruit à la fin du 3e s., ce quartier ne se releva que partiellement aux 4e et 5e s.

Espace Van-Gogh (Z). — C'est l'ancien Hôtel-Dieu, à la cour bordée d'arcades, où Van Gogh se fit soigner et peignit le jardin. Un important centre culturel polyvalent y est en cours d'aménagement.

AUBAGNE
38 571 h. (les Aubagnais)

Carte Michelin n° 84 plis 13 et 14 ou 245 pli 45 ou 246 pli L

La ville occupe, dans la vallée de l'Huveaune, dominée au Nord-Ouest par le massif de l'Étoile, une verdoyante cuvette, favorable à l'extension industrielle et aux productions du terroir (importants marchés agricoles). Cité jadis fortifiée, Aubagne a conservé quelques vestiges des anciens remparts et une église du 12e s., remaniée au 17e s.
L'art local traditionnel est entretenu par la fabrication de céramique et par les nombreux ateliers de santonniers. Auteurs d'une **crèche panoramique de Noël,** les artistes locaux ont aussi recréé le **« Petit Monde de Marcel Pagnol »,** séries de santons illustrant les personnages populaires de son œuvre *(voir p. 205).* Originaire d'Aubagne (maison natale 16, cours Barthélémy). **Marcel Pagnol** (1895-1974 — *voir aussi p. 117),* fut à la fois écrivain, poète, conteur et cinéaste, et reçu à l'Académie française.
La ville abrite, depuis 1962, la Légion Étrangère, anciennement stationnée en Algérie.

La Légion Étrangère. — Par une ordonnance du 10 mars 1831, le roi Louis-Philippe créa en Algérie un régiment d'infanterie légère qui pouvait recevoir « tous les étrangers en instance d'obtenir leurs lettres de naturalisation ». Ce régiment devait prendre la dénomination de Légion Étrangère et, depuis plus d'un siècle, se couvrir de gloire.
En 1835, la Légion va en Espagne soutenir Isabelle II contre les Carlistes, puis elle participe à la conquête de l'Algérie. En 1854, en Crimée, elle prend part à la bataille de l'Alma et au siège de Sébastopol. En 1859, elle participe à la guerre d'Italie. De 1863 à 1867, elle est envoyée au Mexique où l'un de ses détachements s'illustre à Camerone *(voir p. 72).* En 1870, elle défend le territoire français contre l'armée prussienne. L'année 1883 la voit au Tonkin, 1892 au Dahomey, 1896 à Madagascar.
La conquête et la pacification du Maroc sont, à partir de 1914, menées parallèlement à la guerre contre l'Allemagne. En 1922, c'est la pacification de la Syrie et, en 1926, la guerre du Rif contre Abd-el-Krim.

La dernière guerre mondiale voit la Légion sur tous les fronts où se bat la France : 1940, en Norvège, puis en Bretagne. En 1941, un détachement resté en Extrême-Orient protège le Cambodge contre une invasion de la Thaïlande. En 1942, ce sont Dakar l'Erythrée, le Liban, la Libye avec Bir-Hakeïm, la Syrie ; en 1943, les campagnes d'Italie et de France. De 1945 à 1954 pendant la guerre d'Indochine, la Légion se couvre de gloire à Dien-Bien-Phu et ensuite en Algérie jusqu'à son indépendance en 1962.

Camerone. — Le 30 avril est la fête de la Légion en souvenir du combat héroïque soutenu à Camerone au Mexique en 1863. Dans ce village, 64 hommes sous les ordres du capitaine Danjou résistèrent sans espoir pendant plus de neuf heures à plus de deux mille Mexicains.

En ce jour anniversaire, la tradition veut que le plus jeune des officiers lise devant les autres officiers et les soldats au garde à vous le récit de ce combat.

★**Le musée de la Légion Étrangère.** — *Accès par le D 2 en direction de Marseille puis le D 44ᴬ à droite.*

Au rez-de-chaussée, sur le grand hall, s'ouvre la **salle d'honneur** où sont conservés des souvenirs des grands chefs de la Légion Étrangère ; une crypte la prolonge, elle renferme l'émouvante liste des morts. Au 1ᵉʳ étage est installé le **musée**. Il présente de nombreux documents historiques, des photographies, des armes, des uniformes.

Dans la cour d'honneur a été recréée la « Voie Sacrée » du quartier Viénot de Sidi-Bel-Abbès ; elle aboutit au monument aux Morts de la Légion, rapporté d'Algérie.

EXCURSIONS

★**Parc d'attractions OK Corral.** — *16 km à l'Est par la N 8.*

En contrebas de la N 8, au cœur d'une immense clairière dans une pinède aux horizons de falaises calcaires du massif de la Ste-Baume, s'étend un parc d'attractions exceptionnel.

Les amateurs de sensations fortes apprécieront le double-huit, le « titanic », le « tokaïdo express », les « montagnes russes » ; mais la plus spectaculaire des attractions est le « looping star » dont les voitures font voyager la tête en bas.

Il est aussi place à des jeux plus paisibles, pour tous les âges. Un télésiège et un petit train permettent de se déplacer rapidement et agréablement dans cet espace ludique. Des snacks, crêperies, buvettes et coins à pique-nique sont à la disposition des visiteurs.

Chapelle de St-Jean-de-Garguier. — *5,5 km au Nord-Est par le D 2, le D 43ᶜ à gauche et le D 43ᴰ à droite.*

Reconstruite au 17ᵉ s., la chapelle, consacrée à saint Jean-Baptiste, fait l'objet d'un pèlerinage le 24 juin. Près de 300 ex-voto garnissent les murs de la chapelle, peints sur bois, sur toile ou sur zinc ; certains datent du 15ᵉ s., mais la majeure partie a été réalisée aux 18ᵉ et 19ᵉ s. Un petit musée est attenant à la chapelle ; il groupe des documents retraçant l'histoire de ce petit prieuré, des missels du 17ᵉ s., des objets d'art religieux du 18ᵉ s., deux bas-reliefs sculptés.

AURIOLLES
166 h. (les Auriollois)

Carte Michelin n° 80 pli 8 ou 245 pli 1 ou 246 pli 22.

Sur le plateau qui sépare la basse vallée du Chassezac des gorges de la Beaume, un mas languedocien isolé du village d'Auriolles conserve d'intéressants souvenirs d'Alphonse Daudet.

Mas de la Vignasse. — *Emprunter, à hauteur de l'église d'Auriolles, à droite en venant de Ruoms, le chemin en montée menant, à environ 500 m, au mas, que signale l'effigie de l'écrivain.*

Cette demeure, restaurée et transformée en musée **(Lou Museon dou Bas-Vivarès),** a appartenu de 1642 à 1937, à la famille maternelle d'Alphonse Daudet, les Reynaud, producteurs et négociants de soie.

Dans l'ancienne magnanerie et la cour, un **musée d'Arts et Traditions populaires** expose des milliers d'outils évoquant la vie d'un grand mas d'autrefois. Moulin à huile d'olive, du 17ᵉ s., alambic du 18ᵉ s., pressoir à vin, charrues de 1700 à 1900, fours à chaux et à pain, traitement complet de la châtaigne ; métier à tisser du 16ᵉ s., dentelle fermière ; atelier pour filature de laine, du chanvre et de la soie. Matériel séricicole pour l'élevage des vers à soie et papillons vivants.

Le logement du sériciculteur (1714) abrite le **musée d'Alphonse Daudet** qui fait revivre l'époque de l'écrivain (1840-1897). C'est là que le « Petit Chose », en vacances, écrivit son premier recueil « Les Amoureuses » (1858). Manuscrits, documents, articles de presse, voisinent avec des portraits de famille. Remarquer la photographie de Henri Reynaud, cousin de Daudet, dont les histoires de chasse servirent de modèle au célèbre Tartarin. La cuisine date de la fin du règne de Louis XIV.

★**Promenade à Labeaume.** — *1/2 h à pied AR. En quittant le mas de la Vignasse, tourner à droite et laisser la voiture près d'un groupe de maisons, à 800 m (quartier de Chantressac). Au carrefour central, emprunter, à pied, le chemin de gauche, puis tourner à droite, à environ 500 m, dans un sentier s'enfonçant sous un bosquet de sapins et un taillis d'acacias. Au terme de la descente, on débouche face à Labeaume. Description p. 124.*

Aimer la nature,

c'est respecter la pureté des sources,

la propreté des rivières, des forêts, des montagnes...

c'est laisser les emplacements nets de toute trace de passage.

★★ AVIGNON   91 474 h. (les Avignonnais)

Carte Michelin nº 🎱 plis 11 et 12 ou 🎱🎱🎱 pli 16 ou 🎱🎱🎱 pli 25 — Schéma p. 114 —
Plan d'agglomération dans le guide Michelin France.

Ville d'art et de culture, métropole du Vaucluse, Avignon étale son étincelante beauté
le long du Rhône. Semée de clochers surgissant au milieu des toits rosés, elle est
entourée de remparts et dominée par le rocher des Doms sur lequel s'étirent majes-
tueusement la cathédrale et le Palais des Papes. C'est d'en face, de Villeneuve-lès-
Avignon, l'ancienne cité des cardinaux, qu'il faut l'admirer, particulièrement au coucher
du soleil.

L'atmosphère gaie et animée qui y règne doit beaucoup au **festival annuel d'Art
dramatique,** fondé en 1947 par Jean Vilar. Attirant des foules cosmopolites venues de
l'Europe entière, le festival est à l'origine d'une véritable explosion culturelle qui a servi
de modèle aux villes de Provence. Outre les grandes manifestations théâtrales, de
multiples représentations, qui ne sont pas sans rappeler les fêtes populaires du
Moyen Age *(voir p. 74),* illustrent les différents arts du spectacle : danse, musique,
cinéma. Toutes se déroulent dans le cadre enchanteur des monuments historiques,
grouillant de vie pour l'occasion, et débordent dans la rue où règne une ambiance des
plus colorées. La ville s'est dotée d'infrastructures culturelles adaptées : Palais des
Congrès (dans le Palais des Papes), Petit Palais, livrée Ceccano (médiathèque), Maison
Jean-Vilar etc...

De par sa fonction administrative (Préfecture du Vaucluse) et culturelle, Avignon est
essentiellement tournée vers les activités tertiaires. Déjà placée à la tête d'une importante région agricole — le Comtat Venaissin —, elle développe également de nombreuses activités commerciales et industrielles (chimie, engrais, céramique, agro-
alimentaire etc.) concentrées à l'Est de la ville (Le Pontet, Montfavet et l'aéroport).

(Photo Pix)

Avignon au 19e s.

UN PEU D'HISTOIRE

Avant la venue des papes. — La présence humaine est attestée, sur le Rocher des
Doms et aux abords, depuis le néolithique (4e millénaire av. J.-C.). Au 6e ou au 5e s. av.
J.-C., les Massaliotes fondent ici un établissement faisant d'Avignon un port fluvial ;
l'essor commence. Devenue cité gallo-romaine de droit latin puis romain, la ville se
développe et connaît une période florissante : malheureusement, il ne subsiste que de
très rares vestiges des monuments qui l'embellissaient (dans le secteur de la place de
l'Horloge qui recouvre le forum).

A la suite des invasions du 5e s., son histoire entre dans l'obscurité des siècles du
haut Moyen Age ; on sait cependant qu'elle prit le parti des Musulmans, ce qui lui
valut d'être ravagée par les troupes de Charles Martel en 737. Le renouveau intervient
au 11e s. et plus encore au 12e s. Avignon profite alors des rivalités féodales entre les
maisons de Toulouse et de Barcelone pour protéger et renforcer son indépendance : à
l'image des villes italiennes, elle constitue une petite république municipale. Son
engagement en faveur des Albigeois lui attire des représailles royales : en 1226,
Louis VIII s'empare de la ville et l'oblige à raser ses défenses. Toutefois, Avignon se
relève bien vite et, malgré la perte de son indépendance, connaît à nouveau la
prospérité sous la suzeraineté de la maison d'Anjou.

La papauté s'installe. — Le destin d'Avignon bascule au début du 14e s. avec l'exil
en France de la cour pontificale qui lui vaudra un siècle de splendeur.

Le séjour à Rome étant devenu à peu près impossible pour les papes, sans cesse en
butte aux querelles de partis, le français Bertrand de Got (ancien archevêque de
Bordeaux) élu pape sous le nom de **Clément V** (1305) décide, sous la pression de
Philippe le Bel, qui pense en faire le docile instrument de sa volonté, de se fixer en
France où le Saint-Siège possède depuis 1274 le Comtat Venaissin. Clément V entre
solennellement à Avignon — ville appartenant alors au comte de Provence — le
9 mars 1309, mais il n'y réside pas en permanence et préfère le calme du prieuré du
Groseau près de Malaucène ou du château de Monteux aux environs de Carpentras. Il
décède en 1314 et le conclave ne parvient pas à lui trouver de successeur. Finalement,

en 1316, est élu un vieillard de 72 ans, ancien évêque d'Avignon : Jacques Duèse, pape **Jean XXII,** qui s'installe dans le palais épiscopal situé au Sud de la cathédrale. Son successeur, **Benoît XII,** ancien moine cistercien, installe la papauté dans des murs dignes d'elle et **Clément VI** rachète Avignon à la reine Jeanne *(voir p. 87)* en 1348 pour 80 000 florins.

La « captivité de Babylone ». — De 1309 à 1377, sept papes français se succèdent à Avignon : Clément V (1305-1314), Jean XXII (1316-1335), Benoît XII (1335-1342), Clément VI (1342-1352), Innocent VI (1352-1362), Urbain V (1362-1370), Grégoire XI (1370-1378).

La cour pontificale et celle des cardinaux mènent grand train ; dans leur sillage évolue une foule d'étrangers, de religieux, d'artistes, de pèlerins, de plaideurs et de marchands. L'Université (fondée en 1303 par Boniface VIII) compte des milliers d'étudiants. La ville se transforme : partout s'élèvent des couvents, des églises et des chapelles, sans oublier les splendides livrées cardinalices *(voir p. 198)*, tandis que s'agrandit et s'embellit sans cesse le palais pontifical. Avignon ressemble alors à un vaste chantier. Le pape tient à ce qu'on le considère comme le plus puissant des princes de ce monde. Sa richesse et sa munificence éblouissent mais suscitent les convoitises, c'est pourquoi, il habite une forteresse et fait établir une ligne de remparts pour protéger la ville des routiers qui pullulent dans la France en guerre. Soldats licenciés vivant de pillages et de rapines, ceux-ci menacent néanmoins Avignon à plusieurs reprises ; à chaque fois le pape doit acheter leur départ à prix d'or : 40 000 écus en 1310, 100 000 écus en 1365.

La vie en Avignon reste pourtant agréable ; on y respire la liberté et la prospérité et, signe qui ne trompe pas, la population passe de 5 000 habitants à 40 000. Terre d'asile, la ville pontificale accueille les réfugiés politiques comme Pétrarque, et abrite une communauté juive. Mais cet esprit de tolérance s'étend fâcheusement aux aventuriers, aux condamnés de droit commun en fuite, aux contrebandiers et aux faux-monnayeurs. Toute cette tourbe fréquente les tripots et les maisons de plaisirs, très nombreuses, met en coupe réglée les marchands de passage comme les simples badauds. Les Italiens vitupèrent contre la cour d'Avignon et parlent de la « seconde captivité de Babylone » à propos des années d'exil de la papauté. Le poète **Pétrarque** réclame ardemment le retour du Saint-Siège à Rome et lance de violentes invectives contre Avignon : « C'est un égout où viennent se réunir toutes les immondices de l'univers. On y méprise Dieu, on y adore l'argent, on y foule aux pieds la loi divine et les lois humaines. Tout y respire le mensonge : l'air, la terre, les maisons et surtout les chambres à coucher ».

Ébranlés par les multiples critiques et par les fléaux du temps (routiers, peste), les papes songent au retour à Rome. **Urbain V** part en 1367 pour la ville éternelle mais doit revenir au bout de trois ans à cause des troubles secouant l'Italie. **Grégoire XI,** convaincu par sainte Catherine de Sienne, quitte enfin Avignon en septembre 1376, mécontentant le roi de France. Sa mort en 1378 ouvre le Grand Schisme d'Occident.

Papes et anti-papes. — Les cardinaux (en majorité français) du Sacré Collège, hostiles aux réformes du pape (italien) Urbain VI, successeur de Grégoire XI, élisent un autre pape, **Clément VII** (1378-1394) qui retourne en Avignon. Le Grand Schisme divise la Chrétienté, le pape d'Avignon étant reconnu principalement par la France. Papes et anti-papes s'excommunient mutuellement et usent de tous les moyens et de toutes les influences pour s'abattre. Ils se disputent les énormes ressources de la papauté : part prélevée sur les bénéfices ecclésiastiques et sur la dîme, taxes payées par les plaideurs aux tribunaux pontificaux, vente des charges, des bulles, des grâces, des dispenses et enfin, sur une échelle chaque jour plus grande, le trafic des indulgences. **Benoît XIII** (1394-1409) succède à Clément VII mais n'a plus le soutien du roi de France. Il s'enfuit d'Avignon en 1403 mais ses partisans résistent dans le palais jusqu'en 1411. Le Grand Schisme prend officiellement fin en 1417 avec l'élection de Martin V.

Pendant ce temps, Avignon continue à vivre comme en témoigne l'organisation des « mystères » de la Pentecôte de 1400. Ces « mystères » se présentaient sous forme de gigantesques tableaux vivants et de défilés centrés autour de thèmes religieux. Ceux de 1400 mirent en scène, pendant trois jours, une grandiose Passion du Christ, que les artisans avaient montée à leurs frais : « Deux cents furent requis pour représenter ledit jeu, avec en plus tant d'hommes costumés et tant d'hommes armés que personne ne pourrait en dire le nombre.

Sur la place du couvent des Frères prêcheurs, beaucoup d'estrades étaient dressées où se tenaient hommes et femmes. Il ne se fit jamais de fête si royale qui rassemblât dix à douze mille spectateurs ». Les festivals modernes n'ont fait que renouer avec les traditions médiévales !

La ville des pénitents. — Apparues dès le 13e s., les confréries de pénitents sont en plein essor aux 16e et 17e s. Leurs membres doivent s'aider mutuellement, faire pénitence publique, pratiquer les bonnes œuvres. Les pénitents se distinguent par la couleur du sac de toile dans lequel ils s'enferment et par la cagoule qui leur recouvre la tête, les jours de procession. La couleur de l'habit définit la confrérie. Avignon est particulièrement riche avec des gris, des blancs, des bleus, des noirs, des violets et des rouges. Les Blancs sont les plus aristocratiques et comptent parmi eux les rois Charles IX et Henri III. Chaque confrérie possède des biens et une chapelle : nombre de ces chapelles subsistent encore (les plus intéressantes sont celles des Pénitents Noirs et des Pénitents Gris. La Révolution porte un coup à l'activité des confréries. Plusieurs survécurent néanmoins et Mistral décrit dans ses mémoires une de leurs processions : « les Pénitents faisaient leurs sorties après le coucher du soleil, à la clarté des flambeaux... ils défilaient pas à pas, comme des spectres, par la ville, portant à bras, les uns des tabernacles portatifs, les autres des reliquaires ou des bustes barbus, d'autres des brûle-parfum, ceux-ci un œil énorme dans un triangle, ceux-là un grand serpent entortillé autour d'un arbre, vous auriez dit la procession indienne de Brahma ».

L'Avignon des légats. — Jusqu'à la Révolution, Avignon est gouvernée par un légat puis un vice-légat du pape. C'est une époque de vie facile, libre jusqu'à la licence dans cette cité aimable et accueillante qui reste un foyer d'art et de culture : l'édition y est florissante au 18e s., époque à laquelle apparaît la dynastie Aubanel, depuis lors célèbre. La tolérance envers les juifs reste de règle même si certaines brimades tendent à s'accentuer. Installés dans un quartier à part, dont on verrouille chaque soir les portes, les juifs du pape subissent des contraintes vexatoires : ils doivent porter un signe distinctif, un chapeau jaune, verser une redevance, écouter des sermons obligatoires destinés à les convertir, ne pas fréquenter de chrétiens et exercer un nombre limité d'activités (tailleur, fripier, usurier, commerçant) ; de plus, ils sont surveillés. La société avignonnaise présente alors de vigoureux contrastes entre riches et pauvres qui en vinrent à s'affronter durement entre 1652 et 1659. Lorsqu'éclata la Révolution, la ville était divisée entre partisans du rattachement à la France et partisans du maintien dans les États pontificaux. Les premiers l'emportèrent et, le 14 septembre 1791, l'Assemblée constituante vota la réunion du Comtat Venaissin à la France.

★★★ **LE PALAIS DES PAPES** (BY) *visite : 1 h*

« Planté dans le roc, saisissant symbole de l'incrustation, de l'enfoncement du spirituel dans le temporel » (Georges Duby), le Palais des Papes est un véritable dédale de salles, de couloirs, de chapelles, aujourd'hui vide et désert.
Le palais, il faut l'imaginer avec son riche ameublement, sa somptueuse décoration peinte ; les allées et venues feutrées des prélats et des serviteurs, le mouvement des gardes en grand uniforme ; les cardinaux, les princes, les ambassadeurs qui arrivent et repartent ; les pèlerins qui encombrent la cour pour recevoir la bénédiction du souverain pontife ou pour le voir sortir sur sa mule blanche ; les plaideurs et les avocats qui s'agitent autour des tribunaux pontificaux.

La construction. — Cette résidence princière compte parmi les plus vastes de son temps : 15 000 m² de superficie. A la fois forteresse et palais, elle comporte deux édifices accolés : le Palais Vieux au Nord et le Palais Nouveau au Sud. Sa construction dura une trentaine d'années. Le cistercien Benoît XII, élevé dans le mépris du luxe, fit raser l'ancien palais épiscopal et confia à son compatriote Pierre Poisson, de Mirepoix, l'exécution d'une vaste résidence propice à la prière et bien défendue : le Palais Vieux eut ainsi l'allure d'une austère forteresse.
S'ordonnant autour d'un cloître, ses quatre ailes sont flanquées de tours dont la plus puissante, au Nord, la tour de Trouillas, servait de donjon et de prison. Clément VI, grand prince d'église, artiste et prodigue, commanda le doublement du palais à Jean de Louvres, un architecte d'Ile-de-France. La tour de la Garde-Robe et deux nouveaux corps de bâtiments vinrent fermer la place publique (Grande Cour) précédant le palais de Benoît XII. L'aspect extérieur ne changeait pas, mais, à l'intérieur, une équipe d'artistes, dirigée par Simone Martini puis par Matteo Giovanetti, décora somptueusement les différentes pièces et notamment les appartements privés du pape. Les travaux se poursuivirent sous les successeurs de Clément VI. Innocent VI fit élever au Sud la tour St-Laurent et à l'Ouest la tour de la Gache, et compléter la décoration (fresque de la voûte de la Grande Audience). Urbain V fit aménager la Grande Cour avec son puits et construire quelques bâtiments reliant le palais aux jardins créés derrière la tour des Anges.
En 1398 et en 1410-1411, le palais subit deux sièges qui entraînèrent des détériorations. Affecté aux légats en 1433, il fut restauré en 1516 mais continua à se dégrader. En piteux état lors de la Révolution, il fut livré au pillage : mobilier dispersé, statues et sculptures brisées. En 1791, la tour des Latrines (ou des Glacière) fut le théâtre d'un épisode sanglant : soixante contre-révolutionnaires emprisonnés furent massacrés et leurs corps précipités au fond de la tour. Le palais ne dut sa survie qu'à sa transformation en prison et en caserne (1810). Occupé par les services du génie, il fut encore mis à rude épreuve. Du moins les badigeons réglementaires ont-ils protégé quelques-unes des chefs-d'œuvre peints sur les murailles. Malheureusement, en maints endroits, cette sauvegarde fut tardive : des soldats industrieux avaient eu le temps de découper l'enduit des vénérables fresques et d'en vendre les morceaux à des collectionneurs ou antiquaires d'Avignon.
Évacué en 1906, maintenant propriété de la ville, le Palais est en cours de restauration depuis ; l'essentiel est remis en état.

Aspect extérieur. — De l'extérieur, le Palais des Papes a l'aspect d'une énorme citadelle qui se dresse à même le rocher. Ses murs, flanqués de dix grosses tours carrées dont certaines dépassent 50 m de hauteur, sont étayés par d'immenses arcs en tiers point supportant les mâchicoulis : il s'agit là d'un des premiers exemples connus de ce type d'architecture militaire. Construit dans la masse du roc, il était naturellement à l'abri de la sape et de la mine.
On aura une impression plus forte de la hauteur de l'édifice, de l'étroite et pittoresque rue Peyrollerie qui s'amorce à l'angle Sud-Ouest du palais et passe sous l'énorme contrefort qui étaye la chapelle Clémentine.

Entrer dans le palais par la porte des Champeaux.

Rez-de-chaussée (Palais Vieux)

Franchie la porte des Champeaux, surmontée de deux tourelles (reconstruites en 1933) et des armoiries modernes de Clément VI, on entre dans une ancienne salle des gardes (salle d'attente) dont les murs sont décorés de peintures du 17e s. (1). Longeant l'aile du Conclave (**A**) qui abrite maintenant le Palais des Congrès, on pénètre dans le Palais Vieux jusqu'à la salle du Consistoire.

Consistoire. — Pour débattre les grands intérêts de la chrétienté, le pape et les cardinaux se réunissaient en conseil dans cette vaste salle rectangulaire, incendiée en 1413 : le Consistoire. C'est là que le pape proclamait le nom des nouveaux cardinaux,

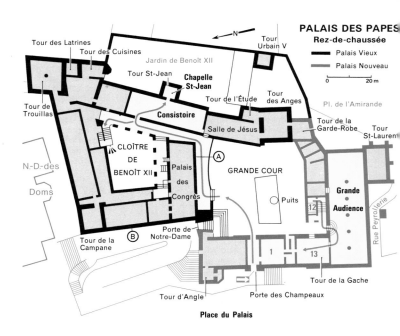

Tour des Latrines
Tour des Cuisines
Tour
Urbain V
Jardin de Benoît XII
Tour St-Jean
Chapelle St-Jean
Tour de l'Étude
Tour des Anges
Pl. de l'Amirande
Tour de Trouillas
Consistoire
Salle de Jésus
Tour de la Garde-Robe
Tour St-Laurent
N-D-des
CLOÎTRE DE BENOÎT XII
Palais des Congrès
GRANDE COUR
Grande Audience
Doms
Puits
Rue Peyrollerie
Porte de Notre-Dame
Tour de la Campane
Tour d'Angle
Porte des Champeaux
Tour de la Gache

Palais Vieux
Palais Nouveau
0   20 m

Place du Palais

recevait en grand apparat les souverains et leurs ambassadeurs. Les nonces revenant de mission y faisaient leur rapport. Là aussi s'instruisaient les procès en canonisation. Dans cette salle sont exposées les **fresques** de **Simone Martini** provenant du porche de la cathédrale N.-D.-des-Doms *(p. 78)*. Originaire de Sienne, Simone Martini est considéré comme le plus illustre des peintres italiens du 14e s. avec Giotto.

Chapelle St-Jean ou chapelle du Consistoire. — Cet oratoire est orné de belles fresques peintes par Matteo Giovanetti de 1346 à 1348, et relatant la vie des deux saints Jean, saint Jean-Baptiste et saint Jean l'Évangéliste.

Originaire de Viterbe dans le Latium, Matteo Giovanetti peut être considéré comme le peintre officiel de Clément VI.

Contiguë à la salle du Consistoire, se trouve la salle de Jésus sous laquelle s'étendait un service de première importance : la Trésorerie. Là et au sous-sol de la tour des Anges étaient conservés les sacs d'or et d'argent, les pièces d'orfèvrerie, les ornements de prix. Dans des armoires fixées aux murs s'empilaient les livres comptables, les archives. Les richesses des papes étaient considérables : un édifice comme le palais d'Avignon, élevé en moins de vingt ans, le prouve à l'évidence. Jean XXII, natif de Cahors, laissait à ses héritiers, après dix-neuf ans de papauté, 24 millions de ducats.

L'importance des revenus de la papauté explique que le plus haut dignitaire de la cour ait été le camérier, c'est-à-dire le ministre des finances. Il était secondé par le trésorier, autre très grand personnage.

A côté de la tour des Anges qui abritait au quatrième étage la bibliothèque, se trouve la tour de la Garde-Robe (Palais Nouveau) ; élevée par Clément VI à qui l'austérité des appartements de Benoît XII ne convenait guère, son rez-de-chaussée abritait la salle de bains et, au-dessus, les deux étages de la Garde-Robe garnie d'armoires où étaient rangés les vêtements du souverain pontife.

Des jardins, installés en terrasse sur la face Est du palais, permettaient au pape de prendre l'air au milieu des fleurs et de la verdure sans quitter le château.

Premier étage (Palais Vieux et Palais Nouveau)

En sortant du Consistoire, on suit la galerie inférieure du cloître de Benoît XII pour emprunter l'escalier qui mène au Grand Tinel. Belle vue sur l'aile des Familiers (**B**) où étaient logés les officiers (personnages chargés des divers offices) et les principaux serviteurs, la tour de la Campane et la chapelle de Benoît XII.

Grand Tinel ou salle des Festins. — Dans cette salle, une des plus vastes du palais (48 m de long sur 10,25 m de large) est exposée une très belle série de **tapisseries** des Gobelins (18e s.). L'immense voûte lambrissée en carène à été restituée.

La visite se poursuit par la cuisine haute (2), avec son immense cheminée en forme de pyramide octogonale, aménagée au dernier étage de la tour des Cuisines. La tour était aussi affectée de garde-manger et au magasin à vivres.

La tour voisine (tour des Latrines appelée au 17e s. de la Glacière) offrait, à chaque étage, des latrines communes aux soldats et au personnel. Elle comporte une fosse de 22 m de profondeur où étaient dirigées également les eaux pluviales et les eaux usées de la cuisine. Un égout collecteur envoyait tous ces résidus dans une rivière qui les conduisait au Rhône. Au cours d'un siège, des soldats, usant courageusement de la marche rampante, ont remonté l'égout, traversé la fosse et sont apparus soudain au milieu des défenseurs horrifiés.

Dans la fosse de la Glacière restèrent ensevelis, pendant un mois, sous une couche de chaux vive, les cadavres des soixante détenus politiques, qui furent enfermés dans le château et mis à mort en 1791. Les corps furent extraits par une brèche pratiquée au bas de la fosse.

De même que du Consistoire on passe dans la chapelle St-Jean, du Grand Tinel qui lui est superposé, on passe dans la chapelle St-Martial.

Chapelle St-Martial. — Cet oratoire doit son nom aux **fresques** peintes en 1344-1345 par Matteo Giovanetti qui retracent la vie de saint Martial (apôtre du Limousin, patrie du pape Clément VI) : admirer les accords chromatiques bleus, gris et bruns.

Chambre de parement. — Antichambre du pape, attenante à sa chambre à coucher : là attendaient ceux qui avaient obtenu une audience particulière du souverain pontife. Aux murs, deux tapisseries des Gobelins (18e s.).

A côté de la chambre de parement, la tour de l'Étude ; au premier étage, le cabinet particulier de Benoît XII (Étude) (3) dont le magnifique carrelage a été mis au jour. Accolée au mur occidental de la chambre de parement, se trouvait la salle à manger particulière du pape (4) ou Petit Tinel, et, contiguë à celle-ci, la cuisine ou cuisine secrète (5) ; cette partie des appartements a été entièrement détruite en 1810.

Chambre à coucher du pape (6). — Les murs de cette pièce sont ornés de riches décorations sur fond bleu : des oiseaux mêlés à des sarments de vigne, des branches de chênes où grimpent des écureuils. Des cages à oiseaux sont peintes sur les ébrasures des fenêtres. Le carrelage, d'inspiration médiévale, est une restitution récente. Il est probable que cette décoration date du début du pontificat de Clément VI et qu'elle ait remplacé la décoration plus austère de Benoît XII.

Chambre du Cerf (7). — Il s'agit du cabinet de travail de Clément VI, décoré d'élégantes **fresques** exécutées en 1343 sous la direction de Matteo Giovanetti probablement par Robin de Romans. Elles représentent des sujets profanes sur fond de verdure : on y voit des scènes de chasse (dont celle au cerf qui a donné son nom à la pièce), de pêche, de cueillette et de bain. Le plafond de mélèze s'orne lui aussi d'une remarquable décoration. Intime et gaie, cette « chambre » comporte une fenêtre d'où le pape avait une belle vue sur Avignon, l'autre donnant sur les jardins. Au-dessus, se trouve l'oratoire St-Michel, autrefois décoré de fresques de Matteo Giovanetti ; il n'en reste que de vagues esquisses tracées à la sanguine.

Chapelle Clémentine ou Grande chapelle ou chapelle de Clément VI. — Elle comporte un autel pontifical restitué dont seule une partie est authentique. La nef a 15 m de large, 52 m de long et seulement 19 m de haut. Ces proportions aplaties sont dues au fait que la construction de la chapelle fut décidée après coup : l'architecte dut couvrir toute la largeur de la salle de la Grande Audience, sans dépasser la hauteur moyenne du château.

A droite de l'autel, une baie donne accès à la sacristie du Sud (8), située dans la tour St-Laurent. Cette pièce étant celle où le pape changeait d'ornements au cours des cérémonies, elle est également appelée le « Revestiaire ». Elle contient les moulages des tombeaux des papes Clément V, Clément VI, Innocent VI et Urbain V. Dans cette chapelle, les cardinaux du Conclave venaient entendre la messe du Saint-Esprit ; ils regagnaient l'aile du conclave (A) par un étroit passage, dit galerie du Conclave (9) (la voûte est un chef-d'œuvre d'élégance). Les portes se refermaient sur eux et ne se rouvraient plus avant qu'ils aient désigné un pape à la majorité des deux tiers.

Le **Conclave,** collège des cardinaux réunis dix jours après la mort du pape, devait élire son successeur. Pour recevoir les princes de l'Église, on utilisait le premier étage du Palais Vieux et, pour les isoler du monde, toutes les portes et fenêtres étaient bouchées jusqu'à une hauteur de 8 m. Certaines pièces étaient divisées en cellules individuelles pour les cardinaux ; d'autres abritaient le nombreux personnel domestique qui les assistait. Cet usage remonte au 13e s. A la mort du pape Clément IV, en 1268, les cardinaux ne purent se mettre d'accord sur le choix de son successeur. Trois ans après, le siège pontifical était toujours vacant. C'est alors que le peuple, pour stimuler le Sacré Collège, l'enferma dans les locaux réservés au vote et ne lui rendit la liberté qu'après l'élection d'un nouveau pape. De là, l'appellation « conclave » qui signifie « sous clé ».

De la fenêtre de la loggia qui se trouve face à la porte principale de la chapelle, le pape donnait sa bénédiction aux fidèles massés dans la cour. De là vient son nom de fenêtre de l'Indulgence (10). Sur la gauche de la fenêtre de l'Indulgence apparaît une aile du Palais (la façade donne sur la place), dite aile des Grands Dignitaires (C) où étaient logés le camérier (11) et le trésorier.

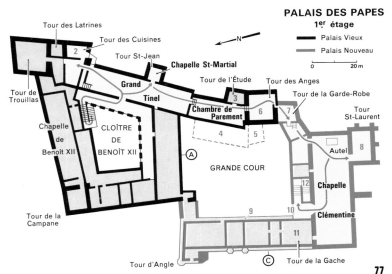

PALAIS DES PAPES
1er étage

77

AVIGNON★★★

Rez-de-chaussée (Palais Nouveau)

On descend par le Grand Escalier (12), dont la rampe droite couverte de voûtes d'ogives témoigne d'une conception architecturale audacieuse pour l'époque, vers la Grande Audience.

La Grande Audience. — C'est une magnifique salle divisée en deux nefs par une ligne de colonnes sur lesquelles retombent les arcs d'ogives des voûtes. Cette salle s'appelle aussi « palais des grandes causes ». Là se tenaient les treize juges ecclésiastiques formant le tribunal de la « rote ». Ce nom provient du banc circulaire (rota, roue) sur lequel ils siégeaient et qui se trouve placé dans la dernière travée Est de la salle. Autour du tribunal se groupaient les gens de loi et les fonctionnaires de la cour. Le reste de la salle servait au public : des sièges étaient adossés aux murs sur tout le pourtour.
Sur la voûte, remarquer la fresque des Prophètes, peinte en 1352 par Matteo Giovanetti sur un fond bleu nuit parsemé d'étoiles.

La Petite Audience (13). — Dans la salle de la Petite Audience ou des contredites siégeait un tribunal ne comportant qu'un seul juge. Devant celui-ci, les avocats apportaient la contradiction aux pièces soumises à la rote. Au 17e s., on décora les voûtes de peintures en grisaille représentant des trophées, cette salle servant alors d'arsenal. On traverse ensuite la salle de garde et on sort du palais par la porte des Champeaux.

LA PLACE DU PALAIS (BY 38) *visite : 2 h*

Hôtel des Monnaies (B). — Cet hôtel du 17e s. présente une belle **façade**★ richement sculptée, ornée de dragons et d'aigles, emblèmes des Borghèse, d'angelots, de guirlandes de fruits ; une balustrade la couronne. Il sert maintenant de cadre au conservatoire de musique.

Cathédrale N.-D.-des-Doms. — Bâtie au milieu du 12e s., la cathédrale, maintes fois endommagée, a subi de nombreux et importants remaniements. Saccagée à la Révolution, elle ne fut rendue au culte qu'en 1822.
Au 15e s., le grand clocher fut reconstruit à partir du 1er étage et, depuis 1859, une imposante statue de la Vierge le surmonte. Une discrète tour-lanterne couronne la travée précédant le chœur.
Ajouté à la fin du 12e s. dans le style antique, le porche abrite deux tympans (un semi-circulaire surmonté d'un autre, triangulaire), jadis magnifiquement décorés de fresques de Simone Martini déposées maintenant au Palais des Papes *(p. 76)*. Sur le côté gauche, en entrant, la chapelle St-Jean-Baptiste (15e s.) contient un beau Christ (Ecce Homo) en pierre peinte du 16e s.
La nef unique de cinq travées est couverte en berceau brisé, mais le caractère roman de l'édifice a été affecté par l'adjonction de chapelles latérales (14-17e s.), la reconstruction de l'abside et la construction de tribunes baroques au 17e s. La **coupole**★ romane qui couvre la croisée du transept est remarquable. Pour réduire la surface, le maître d'œuvre a ménagé une série de ressauts au-dessus desquels il a lancé le dôme et son élégant lanternon à colonnes. A l'entrée du chœur, à gauche, se trouve un beau siège épiscopal du 12e s. en marbre blanc ; il est orné sur les côtés des animaux symboliques de saint Marc (le lion) et de saint Luc (le bœuf). Dans la chapelle attenant à la sacristie, s'élève le tombeau gothique flamboyant du pape Jean XXII dont le gisant, perdu pendant la Révolution, a été remplacé par celui d'un évêque.

★★**Rocher des Doms.** — Un beau jardin bien tracé et aux essences variées a été aménagé sur le Rocher des Doms. Au gré des terrasses, de belles **vues**★★ s'offrent sur le Rhône et le pont St-Bénézet, Villeneuve-lès-Avignon avec la tour de Philippe le Bel et le fort St-André, les Dentelles de Montmirail, le Ventoux, le plateau de Vaucluse, le Luberon, les Alpilles. *Table d'orientation.*

★★**Petit Palais.** — Ancienne livrée du cardinal Arnaud de Via, qui fut achetée par le pape en 1335 pour y installer l'évêché, l'édifice a subi des dégradations lors des sièges successifs du Palais des Papes et a dû être réparé et transformé à la fin du 15e s., notamment par le cardinal de La Rovère, devenu par la suite le pape Jules II.
Des hôtes illustres y séjournèrent : César Borgia en 1498, François Ier en 1533, Anne d'Autriche et le duc d'Orléans en 1660 lors de la visite de Louis XIV à Avignon.

Salle 1. — Cette vaste salle voûtée en berceau brisé est consacrée à la **sculpture romane et gothique** (chapiteaux, statues etc.) ; cheminée du 15e s. Aux murs, des éléments de **fresques** du 14e s. proviennent d'une livrée cardinalice.

Salle 2. — Cette ancienne chapelle des archevêques, voûtée d'ogives, présente un ensemble de sculptures provenant du monumental **tombeau du cardinal de Lagrange,** érigé à la fin du 14e s. dans le chœur de la collégiale St-Martial d'Avignon. Remarquer en particulier le « transi » (au fond de la pièce) qui formait la base du tombeau : le réalisme du cadavre décharné anticipe sur les représentations macabres des 15e et 16e s.
De la 3e à la 16e salle, on peut admirer un exceptionnel ensemble de peintures italiennes (13e-16e s.), qui faisaient partie, au 19e s., de la collection Campana — du nom d'un fastueux marquis italien ruiné par sa passion —, rachetée par Napoléon III puis dispersée dans divers musées français après 1870.

Salle 3. — Toscane, Rimini, Bologne, Venise, de 1310 à 1370. Les œuvres du 13e s. trahissent une influence byzantine encore très accusée (fragment de Crucifix de **Berlinghieri** et Cène du **Maître de la Madeleine**). Au 14e s., une grande profusion artistique se fait jour, illustrée ici par des œuvres du **Maître de 1310** (grande Vierge de Majesté, au centre de la salle), du **Maître de Figline** (Dieu le Père bénissant), de **Taddeo Gaddi** (La Vierge et l'Enfant) et de **Paolo Veneziano** (la Vierge et l'Enfant).
Ces peintures ornaient les retables des églises, dont les éléments (les polyptyques) étaient assemblés dans un riche décor doré d'architecture gothique.

Salle 4. — Toscane (Sienne, Pise, Lucques) et Ligurie (Gênes) de 1350 à 1420. L'école siennoise (à laquelle appartenait Simone Martini, le peintre du Palais des Papes) rayonne par la richesse de son décor ornemental, son graphisme très soigné et la beauté de ses modèles, très apparente par exemple chez **Taddeo di Bartolo** (La Vierge et l'Enfant). Elle influence les cités voisines, notamment Pise avec **Cecco di Pietro** (saint Pierre, saint Jean-Baptiste, saint Nicolas et saint Barthélemy).

Salles 5 et 6. — Florence de 1370 à 1420. La production florentine fut très abondante et inspirée par Giotto comme le suggère le **Maître de Sainte Verdiana** (triptyque de la Vierge et l'Enfant entre plusieurs saints). Le style gothique international, caractérisé par un certain réalisme naturaliste, est représenté ici par **Lorenzo Monaco** et **Gherardo Starnina** (L'Ange et la Vierge de l'Annonciation).

Salle 7. — Venise de 1370 à 1470.

Salle 8. — Italie 15e s. : Bologne, Ombrie, Marches, Lombardie, Sienne. Les tableaux exposés dans cette salle offrent différentes facettes du style gothique international hors de Toscane et de Venise. On remarque : une Vierge de Miséricorde de **Pietro di Domenico da Montepulciano,** une Vierge et l'Enfant entre saint Dominique et sainte Madeleine d'**Antonio Alberti,** le triptyque de la Nativité de **Giovanni di Paolo.**

Salle 9. — Florence et Toscane, Pérouse, de 1420 à 1490.

Salle 10. — Salon de repos où sont présentés des documents concernant l'histoire du Petit Palais et celle de la collection Campana.

Salle 11. — Florence, Ombrie, de 1450 à 1500. Florence, capitale de la Renaissance, reste soucieuse de la forme du dessin dans des compositions équilibrées où la perspective joue un rôle important, notamment chez **Bartolomeo della Gatta** (L'Annonciation). Le génie de **Botticelli** introduit, à la fin du 15e s., une dimension nouvelle, à la fois lyrique et mystique ; la Vierge et l'Enfant est un chef-d'œuvre de jeunesse.

Salle 12. — Padoue, Venise, Marches, de 1440 à 1490. A remarquer, un Calvaire, à l'expressionnisme violent, attribué à **Ludovico Urbani** et les Quatre figures de Saints de **Carlo Crivelli.**

Salle 13. — Italie, milieu du 15e s. au début du 16e s. Sont rassemblées ici des œuvres variées, de style et d'inspiration différents, ainsi l'Enlèvement d'Hélène de **Liberale da Verona** et le retable de **Giovanni Massone,** commandé par Julien de La Rovère ; œuvres du niçois **Louis Bréa.**

Salle 14. — Florence, Lucques de 1470 à 1500.

Salle 15. — Florence et ses environs, vers 1500. La Renaissance redécouvre l'Antiquité que le **Maître des Cassoni Campana** illustre à travers quatre panneaux retraçant des épisodes de la mythologie grecque.

Salle 16. — Italie 15e et 16e s. Retiennent l'attention : un grand retable florentin, le Couronnement de la Vierge, de **Ridolfo Ghirlandaio,** une Adoration des Mages de **« Johannes Hispanus »** dans laquelle figure en arrière-plan un paysage élaboré d'arbres et de châteaux, un Calvaire avec saint Jérôme de **Marco Palmezzo.**

Salles 17, 18 et 19. — Elles sont consacrées à la peinture et à la sculpture avignonnaises. L'école d'Avignon par la simplicité monumentale de sa composition, sa force sculpturale et sa maîtrise de la lumière, se situe à mi-chemin entre le réalisme flamand et la stylisation italienne. **Enguerrand Quarton,** auteur du Couronnement de la Vierge conservé au musée de Villeneuve-lès-Avignon et de la Pietà du Louvre, est représenté ici par l'important retable Requin (1450-55). **Josse Lieferinxe** (volets du retable de la Vierge) se situe un peu plus tard, à la fin du 15e s. Remarquer aussi, peint le début du 16e s., deux œuvres anonymes : la Déposition de Croix provenant de Barbentane, et une admirable Adoration de l'Enfant. Les sculptures de **Jean de la Huerta** (saint Lazare, sainte Marthe) et d'**Antoine le Moiturier** (Anges), tous deux ayant travaillé pour les ducs de Bourgogne, font pendant à une remarquable Vierge de Pitié datée de 1457.

QUARTIER DE LA BALANCE (BY) *visite : 3/4 h*

Habité par les gitans au 19e s., ce quartier a été complètement rénové dans les années 1970. Il descend jusqu'aux remparts et au célèbre « pont d'Avignon ».

Partir de la place du Palais, à hauteur de l'Hôtel des Monnaies, et gagner la rue de la Balance.

Rue de la Balance (4). — C'est la rue principale du quartier de la Balance. D'un côté se dressent de vieux hôtels restaurés aux belles façades ornées de fenêtres à meneaux ; de l'autre, des immeubles modernes aux lignes méditerranéennes enserrent de petits patios fleuris et s'appuient sur les arcades que bordent des magasins de luxe.

★★Pont St-Bénézet. — En réalité, fait pour les piétons et les cavaliers, le « pont d'Avignon » de la célèbre chanson était trop étroit pour qu'on « y danse tous en rond ». C'est au-dessous des arches, dans l'île, que les Avignonnais se récréaient.

Jeté sur les deux bras du Rhône, long jadis de 900 m environ et comportant 22 arches, il aboutissait à Villeneuve-lès-Avignon, au pied de la tour de Philippe le Bel. Un autre châtelet gardait le pont du côté d'Avignon : encastré dans des constructions modernes, il est à peu près invisible. Sur une des piles du pont se dresse la **chapelle St-Nicolas** qui comprend deux sanctuaires superposés, l'un roman, l'autre gothique.

La tradition provençale rapporte qu'en 1177, le jeune Bénézet, pâtre du Vivarais entendit des voix qui lui ordonnaient de construire un pont sur le Rhône : un ange le conduisit à l'endroit où il devrait s'élever. Traité de fou par les autorités civiles et religieuses, Bénézet convainc le peuple de sa mission en déplaçant sans effort de pierres énormes. Des volontaires se joignent à lui et forment la confrérie des « Frères Pontifes » ; les aumônes affluent et, en onze ans, le pont est édifié.

Reconstruit de 1234 à 1237, il dut à nouveau être restauré au 15e s. avant d'être rompu par les crues du Rhône au milieu du 17e s.

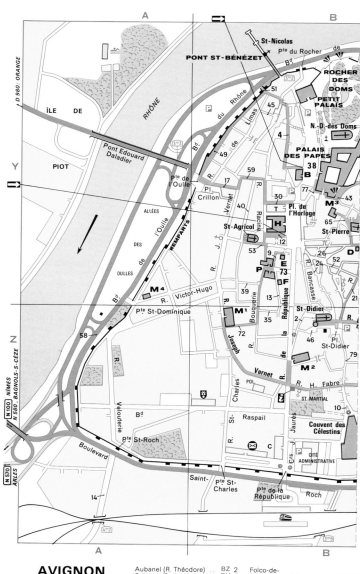

AVIGNON

★**Remparts.** — Longue de 4,3 km, l'enceinte actuelle a été élevée, au 14ᵉ s., par les papes. Ce n'est pas, du point de vue militaire, une œuvre de premier ordre. Elle est en retard sur les procédés de défense du siècle précédent : les tours sont ouvertes du côté de la ville ; une partie des murailles n'a pas de mâchicoulis. En fait, les papes avaient simplement dressé un premier obstacle en avant de leur palais. Viollet-Le-Duc, au siècle dernier, a restauré la partie Sud mais n'a pu rétablir les fossés où étaient dérivées les eaux de la Sorgue. Toutefois, on en découvre la section la plus intéressante en parcourant la rue du Rempart-du-Rhône jusqu'à l'agréable place Crillon où fut massacré, le 2 août 1815, le maréchal Brune.

Rejoindre la place de l'Horloge par la rue St-Étienne bordée d'anciens hôtels particuliers, la rue Racine à droite, et la rue Molière à gauche.

ÉGLISES, MUSÉES ET HÔTELS PARTICULIERS
visite : 3 h

Place de l'Horloge (BY). — Sur cette vaste place ombragée de platanes et en partie occupée par les terrasses des cafés, donnent le théâtre et l'hôtel de ville.

Hôtel de ville (BY H). — Construit au 19ᵉ s., il englobe la **tour de l'Horloge** (14ᵉ-15ᵉ s.). Cet ancien beffroi, seul vestige de l'époque gothique, abrite une horloge à jaquemart.

Emprunter la rue Félicien-David et contourner le chevet de l'église St-Agricol.

On remarque les vestiges d'un rempart gallo-romain.

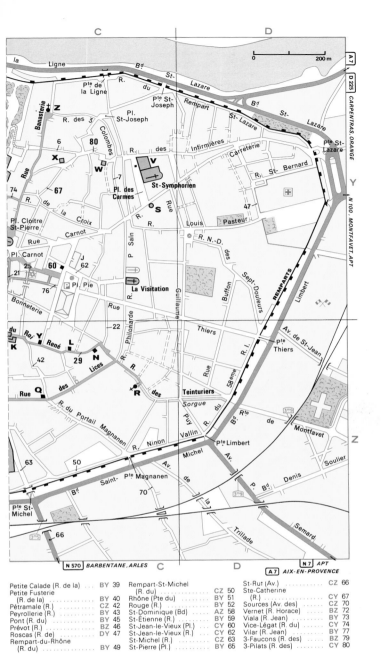

Église St-Agricol (BY). — 14e-16e s. Un large escalier conduit au parvis sur lequel s'ouvre une belle façade sculptée du 15e s.

Dans le tympan du portail est figurée l'Annonciation : la Vierge agenouillée reçoit l'ange tandis que Dieu le Père lui envoie le Saint-Esprit. Une Vierge du 15e s. est placée contre le trumeau.

A l'intérieur, l'église présente de nombreuses œuvres d'art, un bénitier en marbre blanc du milieu du 15e s., des tableaux de Nicolas Mignard, Pierre Parrocel et, dans le bas-côté droit, près de la porte de la sacristie, le retable des Doni, œuvre en pierre de Boachon (1525) représentant l'Annonciation.

Rue Viala (BY 73). — Elle est bordée par deux hôtels du 18e s., en vis-à-vis, qui abritent les bureaux préfectoraux ainsi que le Conseil général : au Nord, l'hôtel de Forbin de Ste-Croix, ancien collège du Roure et au Sud, l'hôtel Desmarez de Montde-vergues.

Palais du Roure (BY E). — *Au n° 3, rue du Collège-du-Roure.* C'est l'ancien hôtel de Baroncelli-Javon. Une décoration de branches feuillées encadre le porche. Il abrite la fondation de Flandreysy-Espérandieu, centre d'études provençales.

Hôtel de Sade (BY F). — *Au n° 5, rue Dorée.* Cette demeure du 16e s. abrite des services du département du Vaucluse. Elle prend le jour sur la rue par de gracieuses fenêtres à meneaux. Dans la cour, belle tourelle d'escalier à cinq pans.

Par les rues Bouquerie et Horace-Vernet gagner le musée Calvet.

★**Musée Calvet** (BZ M[1]). — Son appellation est un hommage à Esprit Calvet, médecin, qui légua collections et bibliothèque à sa ville natale. Le musée a été aménagé dans un bel hôtel du 18ᵉ s. dont il conserve trois salons, le hall d'entrée, la cage d'escalier et une « méridienne », avec leur charmante décoration, boiseries et stucs d'origine ainsi que du mobilier ancien.

Outre des toiles des écoles allemande, espagnole, flamande, hollandaise et italienne, il présente un très bel ensemble de peintures des écoles française et avignonnaise du 16ᵉ au 19ᵉ s. : Corneille de Lyon, Simon de Châlons, Nicolas Mignard, Pierre Parrocel, Le Nain, Subleyras, Joseph Vernet (Marines), Hubert Robert (la suite des 4 saisons), David, Géricault, Chassériau, (Nymphe endormie), Corot, Daumier, Manet, Toulouse-Lautrec (Manon, voici le soleil).

Dans la salle d'art moderne, on note des œuvres d'Utrillo (le Lapin agile), de Vlaminck, Dufy, Soutine, (Vieillard, Paysage provençal), Modigliani, Gleizes, Baboulène.

A gauche, une salle regroupe de nombreuses pièces de **ferronnerie** dont certaines, des 14ᵉ et 15ᵉ s., ont appartenu à des maisons d'Avignon. Dans la pièce voisine, se trouve une remarquable **collection de sculptures** grecques : stèles funéraires et reliefs votifs ainsi que des vases grecs et italiotes. On remarquera aussi une intéressante série d'urnes funéraires étrusques ; des antiquités romaines et gréco-romaines : statues, statuettes, reliefs.

A l'étage, dans une présentation attrayante, deux niveaux de galeries offrent une abondante **collection de préhistoire** locale groupée par sites ; on remarque les outils et les ossements provenant des fouilles du Vallonet (1 million d'années) et les stèles anthropomorphes de l'âge du cuivre.

Muséum Requien. — Situé à côté du musée Calvet. L'intérêt de ce musée, qui porte le nom du grand naturaliste avignonnais, réside dans la très importante bibliothèque de sciences naturelles, dans son herbier renfermant plus de 200 000 échantillons provenant du monde entier et dans l'exposition de géologie, de zoologie et de botanique locales.

Rue Joseph-Vernet (BYZ). — Cette longue rue, établie à l'emplacement des remparts du 13ᵉ s. (rasés après le siège de 1226), est bordée de plusieurs beaux hôtels particuliers des 17ᵉ et 18ᵉ s. (aux nᵒˢ 58, 83 et 87). Elle rejoint le cours Jean-Jaurès au Sud et la rue de la République au Nord en débouchant face à l'office de tourisme et au jardin public qui le jouxte.

Rue de la République (BYZ). — Artère principale commerçante très animée.

★**Musée lapidaire** (BZ M[2]). — Il est installé dans l'ancienne chapelle du Collège des Jésuites du 17ᵉ s. Ce somptueux édifice à nef unique, flanquée de tribunes latérales, offre une belle façade baroque. De nombreux vestiges des civilisations qui se sont succédé dans la région y sont exposés : un bestiaire de l'époque celto-ligure, en particulier la « Tarasque » de Noves, monstre dévoreur d'hommes, les restes de l'arc de triomphe d'Avignon et des fragments de mosaïque, de nombreuses statues gréco-romaines (Bacchus), gauloises (guerrier de Vachères, guerrier de Mondragon) et romaines (Vénus de Pourrières). Plusieurs portraits d'empereurs (Tibère, Marc-Aurèle) ou de particuliers, des bas-reliefs (relief de Cabrières d'Aigues représentant une scène de halage), des sarcophages et un remarquable ensemble de masques provenant de Vaison retiennent également l'attention.

Revenir vers l'office de tourisme et emprunter la rue Henri-Fabre, puis la rue des Lices.

Dans la rue Henri-Fabre, on longe à droite l'ancienne abbaye St-Martial, construite de 1378 à 1388.

Rue des Lices (BCZ). — Comme son nom l'indique, elle correspond au tracé de l'enceinte du 13ᵉ s. Sur la gauche, se trouvent les bâtiments (18ᵉ s.) de l'ancienne Aumône générale (CZ Q), présentant en façade des étages de galeries ; ils abritent l'École des Beaux-Arts ; à côté, la chapelle du Verbe-Incarné, construite par J.-B. Franque.

Prendre, à droite, la rue des Teinturiers.

Rue des Teinturiers (CDZ). — Très pittoresque, cette rue pavée de galets et bordée de platanes sur un côté, longe la Sorgue. On voit encore quelques-unes des grandes roues à aubes qui actionnaient jusqu'à la fin du 19ᵉ s., les fabriques d'indiennes servant à confectionner de fins châles. Sur la droite, se dresse le clocher des Cordeliers, reste d'un couvent dans lequel aurait été enterrée la Laure de Pétrarque.

Chapelle des Pénitents Gris (R). — *Nᵒ 8.* Un ponceau mène à cette chapelle du 16ᵉ s. remaniée au 19ᵉ s. Elle abrite des tableaux de Nicolas Mignard, Pierre Parrocel, Simon de Châlons. Au-dessus de l'autel, belle gloire dorée de Péru (17ᵉ s.).

Une maison du 15ᵉ s. (nᵒ 26) a conservé son crénelage et des échauguettes d'angle.

Revenir sur ses pas jusqu'à la rue de la Masse.

Rue de la Masse (CZ 29). — Au nᵒ 36, hôtel de Salvan Isoard (N), 17ᵉ s., aux fenêtres encadrées de moulures. Au nᵒ 19, hôtel Salvador (L), vaste demeure du 18ᵉ s. en équerre.

Rue du Roi-René (BCZ). — A l'angle de la rue Grirolas, subsiste la **maison du roi René** (CZ Y), que le souverain habita lors de ses séjours à Avignon ; elle a cependant subi de nombreuses transformations depuis.

Plus loin, quatre hôtels forment un remarquable **ensemble**★ (K) des 17ᵉ et 18ᵉ s.

Les hôtels d'Honorati (nᵒ 10) et de Jonquerettes (nᵒ 12) ont des façades simples ornées de frontons.

L'hôtel Berton de Crillon (nᵒ 7) présente une imposante façade ornée de médaillons à personnages, de masques, de guirlandes de fleurs, d'un gracieux balcon en fer forgé. Dans la cour, très bel escalier à balustres de pierre.

En face (nᵒ 8), se dresse l'hôtel de Fortia de Montréal.

ⓥ **Église St-Didier** (BZ). — Du 14ᵉ s. en pur style provençal avec abside pentagonale et nef unique bordée de chapelles. Dans la première chapelle, sur la droite, est placé le dramatique **retable★** du Portement de la Croix (15ᵉ s.), exécuté par un artiste d'origine dalmate, François Laurana. La douleur qu'expriment les visages des personnages a fait parfois appeler ce retable : N.-D.-du-Spasme. La chapelle des Fonts Baptismaux, au fond à gauche, est ornée d'un ensemble de **fresques★**, de la seconde moitié du 14ᵉ s., attribuées à des artistes italiens disciples de l'école de Sienne. On reconnaît la Déposition de Croix, la Vierge de l'Annonciation, saint Grégoire, saint Jean-Baptiste, des prophètes.

Livrée Ceccano. — Face au flanc Sud de l'église St-Didier s'élève la puissante tour de l'hôtel (ou livrée) construit au 14ᵉ s. par le cardinal de Ceccano, englobée plus tard dans le collège des Jésuites. Restaurée, la livrée Ceccano abrite la **médiathèque** d'Avignon.

Emprunter la rue des Fourbisseurs, puis, à droite, la rue du Vieux-Sextier.

Place St-Jean-le-Vieux (CY 60). — A un angle se dresse une haute tour carrée du 14ᵉ s, seul vestige de la Commanderie de St-Jean de Jérusalem détruite au 19ᵉ s.
Sur la petite place Jérusalem (25) s'ouvre la synagogue qui, jusqu'au 19ᵉ s., était au cœur du quartier juif ou « Carrière » *(1).*

Hôtel de Rascas (BY D). — *A l'angle de la rue des Marchands et de la rue des Fourbisseurs.* C'est une belle demeure à encorbellements du 15ᵉ s.

ⓥ **Église St-Pierre** (BCY). — 14ᵉ-16ᵉ s. Sur la façade principale s'ouvrent deux portes ornées de beaux **vantaux★** Renaissance richement décorés. Traitées en perspective, les sculptures exécutées en 1551 par Antoine Valard représentent, à droite, la Vierge et l'ange de l'Annonciation, à gauche, saint Michel et saint Jérôme.
Dans le chœur, d'élégantes **boiseries** du 17ᵉ s. encadrent des panneaux peints. A gauche du chœur, la première chapelle renferme un retable du 16ᵉ s., sculpté par Boachon, la troisième chapelle, une dalmatique du 14ᵉ s. ; à droite du chœur, dans la première chapelle, Mise au tombeau en pierre (15ᵉ s.). Belle chaire de la fin du 15ᵉ s.

ⓥ **Musée Théodore Aubanel** (BY M³). — Il est installé au rez-de-chaussée de l'hôtel occupé par la famille Aubanel, imprimeurs-éditeurs de père en fils depuis 1744. Dans la première salle sont rassemblés des souvenirs de Théodore Aubanel, fondateur du Félibrige *(voir p. 25),* des peintures de Grivolas, Fromentin, une remarquable croix de mariniers. La deuxième salle est consacrée plus spécialement à la vieille imprimerie : presse à bras, présentoir à casses (boîtes contenant les caractères), machine à dorer, spécimens de lettres à pont inventées par Laurent Aubanel, tandis que dans des vitrines sont réunis des éditions rares, de nombreux documents du 13ᵉ s. à nos jours relatifs à la vie avignonnaise.

Rue Banasterie (CY). — Elle tire son nom de la corporation des vanniers, banastiers en provençal. Au n° 13, hôtel de Madon de Châteaublanc du 17ᵉ s., à la façade ornée de guirlandes de fruits, d'aigles, de masques. En avançant, on jouit de quelques échappées sur le chevet de la cathédrale et sur le Palais des Papes.

ⓥ **Chapelle des Pénitents Noirs** (CY Z). — Sur la façade de cette chapelle remaniée au 18ᵉ s., deux anges, au milieu d'une immense gloire entourée d'angelots, portent sur un bassin la tête de saint Jean-Baptiste (la confrérie fut fondée sous l'emblème de la Décollation). L'intérieur baroque présente un bel ensemble de boiseries et de marbres ; peintures de Levieux, Nicolas Mignard, Pierre Parrocel. Dans le chœur, le plafond a été peint par Pierre Courtois ; on reconnaît l'apothéose de saint Jean-Baptiste.

Revenir sur ses pas ; par la rue du Vice-Légat puis la rue Peyrollerie, on rejoint la place du Palais.

AUTRES CURIOSITÉS

ⓥ **Musée Louis Vouland** (AY M⁴). — Il compose un ensemble plus spécialement représentatif du 18ᵉ s. français, consacré surtout au **mobilier :** une commode signée Migeon, une table de tric-trac marquetée, un bureau de changeur de monnaie, retiennent l'attention, ainsi qu'un amusant service de voyage aux armes de la comtesse Du Barry.
Une belle collection de porcelaines et de **faïences★**, où apparaissent notamment les plus grands noms de Moustiers et de Marseille, occupe deux salles. De nombreuses tapisseries des Flandres ou des Gobelins (Scène champêtre) ornent les murs. Parmi les peintures, on remarque un petit tableau de Jan Gossaert, dit Mabuse : Enfant mangeant des cerises. L'Extrême-Orient occupe également une place importante où dominent une collection de vases et de plats chinois et une série de statuettes d'ivoire polychrome.

Couvent des Célestins (BZ). — Du 15ᵉ s. Fondé en 1393 sur la tombe du cardinal Pierre de Luxembourg, il a été construit en style gothique du Nord. L'église, qui présente un beau chevet, et le cloître ont été récemment restaurés.

Église de la Visitation (CY). — C'est l'ancienne chapelle d'un couvent de Visitandines. Bâtie au 17ᵉ s., elle offre une façade délicatement sculptée, ornée d'un fronton triangulaire.

Place des Carmes (CY). — Elle tient son nom de l'ancien monastère des Carmes Déchaussés, dont subsistent encore l'église et le cloître du 14ᵉ s. (CY V). L'entrée de ce dernier, à gauche de l'église, est fermée par une grille.

---

(1) Pour plus de détails lire : « Histoire du ghetto d'Avignon », par Philippe Prévôt (Avignon, Aubanel).

◔ **Église St-Symphorien (ou des Carmes)** (CY). — La façade est du 15e s. Dans la première chapelle à gauche, on peut admirer trois belles statues en bois peint du 16e s. : le Christ, la Vierge, saint Jean ; dans les chapelles suivantes, tableaux de Pierre Parrocel (Sainte Famille), Nicolas Mignard (saint Éloi) et Guillaume Grève (Adoration des Mages).

Clocher des Augustins (CY S). — C'est le seul vestige du couvent fondé en 1261. Élevé entre 1372 et 1377, il se dresse au Sud de la place des Carmes. Le campanile en fer forgé est une adjonction du 16e s.

Rue des 3-Pilats (CY 80). — Au no 16, un hôtel du 17e s. (CY W) présente un fronton triangulaire.

Rue Ste-Catherine (CY 67). — Au no 17, l'hôtel de Fonseca (CY X) de 1600 est orné de fenêtres à meneaux et d'une belle cour avec un vieux puits.

EXCURSIONS

★**Villeneuve-lès-Avignon.** — *Sur la rive droite du Rhône. Description p. 198.*

Montfavet. — *6 km par N 100* (DY) *et la N 7ᶠ à droite.*

◔ Ce petit bourg possède une imposante **église,** reste d'un monastère, construit au 14e s. par le cardinal Bertrand de Montfavet ; il subsiste deux tours crénelées. Un clocher ajouré surmonte l'église qu'équilibrent des arcs-boutants massifs. Des sculptures intéressantes ornent le linteau du portail.

La nef est un large vaisseau très sobre, couvert de belles voûtes gothiques et flanqué de chapelles latérales.

Barbentane. — *9,5 km par la N 570* (CZ) *puis à droite le D 35. Description p. 86.*

BAGNOLS-SUR-CÈZE

17 777 h. (les Bagnolais)

Carte Michelin no **80** plis 10 et 20 ou **245** pli 15 ou **246** pli 24 — Lieu de séjour.

Au vieux Bagnols, patrie de Rivarol (1753-1801), avec sa ceinture de boulevards hérités d'une ancienne enceinte, s'est juxtaposée la cité nouvelle née avec la centrale de Marcoule *(p. 129).*

BAGNOLS-SUR-CÈZE

*Les cartes
et les plans de villes
dans les guides Michelin
sont toujours orientés
le Nord en haut.*

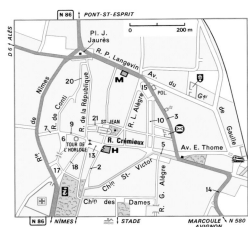

★**Musée d'Art moderne** (H). — Installé au 2e étage de l'hôtel de ville, bel édifice du
◔ 17e s., il contient principalement des œuvres contemporaines, réunies par le peintre Albert André, conservateur de 1918 à 1954, avec l'encouragement de Renoir. A l'apport initial des deux artistes, une collection de peintures lyonnaises du 19e s., des faïences de Moustiers, de Marseille, des médailles frappées aux effigies de peintres ou de sculpteurs ont été ajoutées.

Le musée s'est également enrichi de la collection George et Adèle Besson, un fort bel ensemble de peintures, aquarelles, dessins, sculptures, signés : Renoir, Valadon, Bonnard, Matisse, Marquet, Van Dongen.

◔ **Musée d'Archéologie** (M). — Il présente des collections d'origine rhodanienne illustrant différentes périodes de l'Antiquité. Deux salles évoquent la civilisation celtoligure et l'influence grecque, du 6e au 1er s. avant J.-C. : poteries, objets en bronze, foyer cultuel, statuaire (tête de bélier). Le long d'une galerie sont rassemblés divers vestiges gallo-romains : céramiques, amphores, verrerie, objets usuels, urnes cinéraires ; remarquer une belle enseigne de tailleur de pierre ornée d'un niveau, d'un marteau et de deux ciseaux.

Une salle est consacrée au site de l'oppidum de St-Vincent de Gaujac *(voir p. 85) :* reconstitution d'un hypocauste, baignoire des thermes, poteries, documents (photographies, plans).

Maisons anciennes. — Dans la **rue Crémieux** s'ouvrant à gauche de l'hôtel de ville, remarquer notamment les portails classiques des nos 10, 25 et 29, et la vaste façade du no 15, ornée de corniches débordantes et de grosses gargouilles.

EXCURSIONS

Circuit de 153 km dans le Bas-Vivarais. — *Compter 1 journée. Quitter Bagnols-sur-Cèze par la N 86 au Nord et tourner à gauche dans le D 980.*

★**La Roque-sur-Cèze.** — *2 km par le D 166. Description p. 162.*

Chartreuse de Valbonne. — *5 km par le D 23 puis route à gauche. Description p. 193.*

Goudargues. — 680 h. (les Goudarguais). Le bourg, entouré de platanes gigantesques, est dominé par son église. Cette ancienne abbatiale, en partie reconstruite aux 17e et 19e s., est intéressante par sa haute abside romane, décorée intérieurement d'un double étage d'arcatures.

Poursuivre par le D 980.

Remarquer, sur la droite, le vieux village perché de Cornillon.

Montclus. — 139 h. Le carrefour du D 980 avec le D 901 offre une jolie **vue**★ sur ce vieux village dominé par une tour.

Suivre à gauche le D 901 puis, à droite, le D 712 et le D 417.

★★★**Aven d'Orgnac.** — *Page 156.*

Revenir au D 901 puis emprunter, sur le D 980, à droite, peu avant St-André-de-Roquepertuis, le D 167.

La route court à travers un plateau d'une farouche solitude. Tourner à droite dans le D 979 qui offre à la descente de jolies vues sur les **gorges**★ désertes de la Cèze.

Laissant à droite le village de Tharaux, emprunter la direction de Rochegude. Par le D 16 et le D 7, on gagne le village de Brouzet-lès-Alès.

★★**Guidon du Bouquet.** — Point culminant de la serre du Bouquet, il domine, de sa silhouette caractéristique en forme de bec, un vaste horizon, entre le Gard et l'Ardèche. On y accède par une route en forte montée, au cours de laquelle on aperçoit, parmi les taillis de chênes verts, les ruines du château du Bouquet. Du sommet, le **panorama**★★ s'étend sur les causses cévenols à l'Ouest, l'enchevêtrement des serres du Bas-Vivarais au Nord, le Ventoux et les Alpilles à l'Est. De la statue de la Madone, on domine, en un à-pic vertigineux, l'immense garrigue d'Uzès. En arrière du relais de télédiffusion, jolie vue sur la serre du Bouquet.

Au retour à Brouzet, reprendre le D 7 et tourner à droite dans le D 37.

Le parcours offre à la montée une jolie vue sur les **ruines**★ du château d'Allègre. Le tracé se poursuit à travers la garrigue jusqu'à la découverte du site de **Lussan,** juché en acropole.

A Lussan emprunter le D 143, puis tourner à gauche dans le D 643.

★★**Les Concluses.** — *Page 109.*

Revenir au D 143 où l'on tourne à gauche. On regagne Bagnols par St-André-d'Olérargues.

Sabran. — 1 243 h. Vieux bourg perché sur un piton : du pied de la statue colossale de la Vierge, au milieu des vestiges du château fort, on découvre un vaste **panorama**★.

Circuit de 50 km dans les garrigues et les vignobles des Côtes du Rhône. — *Compter 3 h. Quitter Bagnols-sur-Cèze par la N 86 au Sud jusqu'à Gaujac ; tourner à droite dans le D 310, qui passe en contrebas du village de Gaujac, puis emprunter un chemin de terre (fléchage) en montée (peu carrossable).*

Oppidum de St-Vincent de Gaujac. — Ce site de hauteur, en pleine forêt, a été occupé par intermittence du 5e s. avant J.-C. au 6e s. après J.-C. puis entre le 10e et le 14e s. A l'époque gallo-romaine, il fut un sanctuaire rural avec temples et thermes. On pénètre par une porte fortifiée (restes d'une enceinte et d'un péribole, puis en avançant, on découvre successivement : les ruines de l'essart médiéval avec sa citerne, les fouilles gallo-romaines. Ce dernier ensemble date du haut Empire (1er-3e s.). En haut, vestiges d'un fanum, petit temple indigène romanisé ; en contrebas, les **thermes** dont on reconnaît l'agencement avec les restes d'hypocauste et les canalisations. Le sanctuaire fut abandonné au 3e s. sans raison apparente.

Revenir sur la N 86, puis à 4 km au Sud, après Pouzilhac, tourner à gauche dans le D 101.

La route, étroite et sinueuse, traverse un paysage caractéristique de garrigues et de forêt ; peu avant St-Victor-la-Coste, elle offre une jolie vue sur les ruines d'un imposant château féodal démantelé lors de la crise albigeoise.

St-Victor-la-Coste. — 1 143 h. A la limite de la garrigue et des vignobles, ce vieux village pittoresque *(en cours de restauration)*, se blottit au pied de son château.

Continuer sur le D 101.

Sur la gauche, une petite route conduit à une chapelle isolée. Le paysage est désormais dominé par les vignobles des Côtes du Rhône. Ces vins proviennent de cépages sélectionnés et bénéficient de différentes appellations dont les plus célèbres sont « Lirac » et « Tavel » *(voir p. 41).*

St-Laurent-des-Arbres. — 1 403 h. Ce bourg, qui appartenait jadis aux évêques d'Avignon, conserve d'intéressants vestiges médiévaux. L'**église** romane a été fortifiée au 14e s. : les murs ont été surélevés et munis d'un parapet crénelé ; à l'intérieur, coupoles sur trompes ornée des symboles des évangélistes. Près de l'église, s'élève le donjon rectangulaire du château des sires de Sabran : la partie inférieure remonterait à la fin du 12e s., elle a été surhaussée au 14e s. d'un étage en retrait avec crénelage sur arcatures, échauguettes d'angle et petite tour carrée de guet. Non loin du donjon, en haut du village, se dresse une autre tour carrée du 12e s., remaniée par la suite.

Par le D 26, gagner Lirac et Tavel.

Les deux bourgs viticoles ont donné leur nom à d'excellents vins.

Revenir ensuite à St-Laurent, puis rejoindre la N 580 qui ramène à Bagnols-sur-Cèze.

★ La BARBEN (Château de)

Carte Michelin n° 🎚 pli 2 ou 🎚🎚 pli 30 ou 🎚🎚 Sud du pli 12 — 10 km à l'Est de Salon-de-Provence.

La Barben occupe un site escarpé dans le vallon de la Touloubre. La rampe d'accès au château offre une vue plongeante sur les jardins à la française dessinés par le Nôtre.

★ Château. — Le château actuel a pour origine une forteresse médiévale, antérieure à l'an mil, qui appartint à l'abbaye St-Victor de Marseille, puis au roi René qui la vendit à la puissante famille des Forbin ; celle-ci, qui l'habita près de 500 ans, la remania et l'agrandit à plusieurs reprises, en particulier aux 14e et 17e s, où elle fut transformée en demeure de plaisance. Sa tour ronde a été récemment rééditifiée à la suite d'un tremblement de terre. De la terrasse (escalier Henri IV à double volée), précédant une noble façade du 17e s., belle vue sur les jardins dessinés par le Nôtre, la campagne provençale entre la chaîne de la Trévaresse et les Alpilles.

Au cours de la visite, remarquer les plafonds à la française, des tapisseries d'Aubusson, des Flandres et de Bruxelles des 16e et 17e s.,un beau Largillière. Le grand salon est orné d'un tapis d'Aubusson du Second Empire. La grande salle est tendue de **cuirs de Cordoue★** exécutés près d'Avignon en 1680. Au second étage, la chambre Empire de Pauline Borghèse et son boudoir décoré d'un papier peint par Granet représentant les Quatre saisons retiennent l'attention.

Vivarium. — Dans le beau cadre de l'ancienne bergerie voûtée du château, présentation de reptiles et de poissons des mers chaudes et des rivières d'Europe. L'oisellerie permet d'observer des oiseaux des cinq continents.

Parc zoologique. — *De l'autre côté de la route.* Un escalier *(112 marches)* mène au cœur du zoo. Dans les enclos disséminés dans le parc de 30 ha, vivent fauves, éléphants, girafes, bisons, zèbres, singes et rapaces : au total plus de 400 animaux.

BARBENTANE

3 249 h. (les Barbentanais)

Carte Michelin n° 🎚 pli 11 ou 🎚🎚 pli 29 ou 🎚🎚 pli 25 — Lieu de séjour.

Adossée au versant Nord de la Montagnette *(p. 144)*, Barbentane domine la plaine maraîchère située près du confluent du Rhône et de la Durance. C'est un important centre d'expédition de fruits et de légumes.

Château. — Cet élégant château du 17e s., rappelle par son architecture les demeures d'Ile-de-France. Une corniche surmontée de pots à feu et de frontons orne les façades à la belle ordonnance ; des terrasses bordées de balustrades de pierre décorées de lions ou de corbeilles de fleurs s'ouvrent sur le parc à l'italienne. L'intérieur qui renferme les souvenirs des marquis de Barbentane présente une riche **décoration★** du 18e s. d'influence italienne. Les voûtes utilisant une technique de taille des pierres très particulière, les gypseries, les médaillons peints, les marbres de couleur, les meubles Louis XV et Louis XVI, les porcelaines de Chine, les faïences de Moustiers, confèrent un grand charme à l'ensemble.

(Photo J. Guillot/Edimedia)

Barbentane. — Le château.

Le Vieux village. — De l'enceinte fortifiée qui l'enserrait, seules subsistent la porte Calendale s'ouvrant sur le Cours et la porte Séquier au haut du bourg.

Maison des Chevaliers. — Belle façade Renaissance composée d'une tourelle et de deux grandes arcades en anse de panier surmontées d'une galerie à colonnes. En face, l'église (12e s.) a été souvent remaniée, son clocher mutilé date du 15e s.

Tour Anglica. — Elle domine la ville. C'est le donjon de l'ancien château bâti au 14e s. par le frère du pape Urbain V, le cardinal Anglic de Grimoard. De la terrasse, belle vue sur Avignon, Châteaurenard et au loin le mont Ventoux.

Une courte promenade dans la pinède mène au **moulin de Bretoul** (18e s.), bien conservé, d'où l'on jouit d'une jolie vue sur la plaine rhodanienne *(voir p. 144).* Près du cimetière, se trouvent des vestiges de l'ancienne voie romaine qui traversait Barbentane.

Carte Michelin n° 🎲 pli 10 ou 🎲🎲 pli 29 ou 🎲🎲 pli 26 — Schéma p. 56 — Lieu de séjour.

Un éperon dénudé — 900 m de long sur 200 m de large — qui se détache des Alpilles, bordé de deux ravins à pic, un château fort détruit et des vieilles maisons mortes, dressés sur ce roc aride : tel est le **site★★★** du village des Baux, héritier déchu d'un fier passé. Le village a donné son nom à la **bauxite** *(voir p. 16)*, minerai découvert sur son territoire en 1822, et d'où est sortie l'immense industrie moderne de l'aluminium. Au Nord des Baux, s'ouvrent également de vastes carrières de pierre tendre. De gros blocs réguliers sont découpés dans la falaise qui, ainsi évidée, forme des salles cyclopéennes. Cette pierre convient particulièrement à la statuaire.

UN PEU D'HISTOIRE

Une race d'aiglons. — Les seigneurs des Baux furent célèbres au Moyen Age : « Race d'aiglons, jamais vassale », dit Mistral. Pour justifier leur orgueil, ils faisaient remonter leur généalogie jusqu'à Balthazar, l'un des trois Rois mages et, pour que nul ne l'ignore, plaçaient hardiment sur leurs armoiries l'étoile de la Nativité.
Dès le 11ᵉ s., ils comptent parmi les plus puissants féodaux du Midi : 79 villes et bourgs sont sous leur dépendance. De 1145 à 1162, ils entrent en guerre contre la maison de Barcelone dont ils contestent les droits sur la Provence ; appuyés un moment par l'empereur allemand, ils devront finalement se soumettre après avoir subi un siège aux Baux mêmes. Portant les titres divers, devenus les uns princes d'Orange, d'autres vicomtes de Marseille, d'autres encore, ayant suivi en Italie du Sud l'expédition des princes capétiens d'Anjou, sont faits comtes d'Avellino, puis ducs d'Andria.
L'un d'eux épouse Marie d'Anjou, sœur de Jeanne 1ʳᵉ, reine de Sicile et comtesse de Provence, la première reine Jeanne. Très belle, très aimée des Provençaux, celle-ci a un destin tragique. Trois fois veuve, elle meurt, en 1382, étouffée par un ambitieux cousin.

Cours d'Amour. — Au 13ᵉ s., les Cours d'Amour sont fameuses. Pour y être conviées, les dames doivent être de haute naissance, bien disantes et d'aimable physique. A ce gracieux tribunal sont soumis tous les problèmes de galanterie et de chevalerie que peuvent soulever des imaginations désœuvrées. Les troubadours *(voir p. 24)*, souvent de très grands seigneurs, y accourent de toutes les provinces méridionales. Le vainqueur reçoit une couronne à plumes de paon et un baiser qu'accorde la plus belle.

Un Turenne brigand. — La maison de Turenne, originaire du Limousin, était une grande famille. Elle avait donné deux papes à Avignon, dont le fameux Clément VI. Un de ses membres, le vicomte Raymond de Turenne, neveu de Grégoire XI, devient en 1372 tuteur de sa nièce, Alix des Baux. Ses ambitions déchaînent une terrible guerre civile. Ses brigandages et sa cruauté l'ont fait surnommer « le fléau de la Provence ». Sa distraction favorite est d'obliger les prisonniers à se précipiter dans le vide du haut du château des Baux : il rit aux larmes de leurs hésitations et de leur angoisse.
Le pape et le souverain de Provence recrutent des mercenaires pour se défaire de ce fâcheux voisinage. Mais les routiers engagés ravagent indistinctement les territoires amis ou ennemis ; il faut les licencier et leur verser 80 000 livres pour qu'ils s'éloignent. On négocie alors avec Turenne et une trêve est obtenue en 1391 moyennant 30 000 livres. Naturellement la lutte renaît bientôt.
Le roi de France se joint aux adversaires du vicomte qui, en 1399, finit par être cerné dans son repaire des Baux d'où il parvient à s'échapper et à fuir en France.

La fin des Baux. — Alix est la dernière princesse des Baux. A sa mort en 1426, la seigneurie, incorporée à la Provence n'est plus qu'une simple baronnie. Le roi René la donne à sa femme Jeanne de Laval, la seconde reine Jeanne, qui affectionne ces lieux. Réunie à la couronne de France avec la Provence, la baronnie se révolte en 1483 contre Louis XI, qui fait démanteler la forteresse. A partir de 1528, le connétable Anne de Montmorency, qui en est titulaire, entreprend d'importantes restaurations et la ville connaît à nouveau une période faste. Les Baux deviennent un foyer de protestantisme sous la famille de Manville qui administre la baronnie pour la couronne.
Mais, en 1632, Richelieu, fatigué de ce fief turbulent et indocile, fait démolir le château et les remparts. Les habitants doivent payer une amende de 100 000 livres et les frais de la démolition.
Les Baux sont encore érigés en marquisat pour les Grimaldi, princes de Monaco, mais la fière cité qui, du temps de sa splendeur, compta plus de 4 000 habitants s'en va en lambeaux et rien ne peut plus la sauver.

LE VILLAGE *visite : 1 h*

L'arrivée par le D 27 présente l'avantage de se trouver plus vite dans le cadre si particulier des Baux.

ⓥ   *Laisser la voiture sur un parking, à l'entrée du village, et suivre l'itinéraire indiqué sur le plan.*
Nous ne mentionnons ci-après que les principales curiosités rencontrées le long de cet itinéraire. Chemin faisant, le visiteur en découvrira d'autres, moins importantes, signalées par des plaques. On pénètre par la Porte Mage percée en 1866.

ⓥ **Ancien hôtel de ville (B)**. — Du 17ᵉ s. Il a conservé trois salles voûtées d'ogives. Crèches et santons provençaux.

Porte Eyguières (D). — C'était jadis la seule entrée de la ville.

ⓥ **Musée d'Art contemporain.** — Installé dans l'**Hôtel des Porcelets (E)**, construit au 16ᵉ s. Sur la voûte de la salle du rez-de-chaussée, des fresques du 18ᵉ s. représentent les Quatre saisons.
Sept salles abritent des œuvres d'artistes contemporains (Gleizes, Carzou, Buffet...) ; certaines sont consacrées aux paysages des Alpilles et des Baux (Brayer, Thuillier).

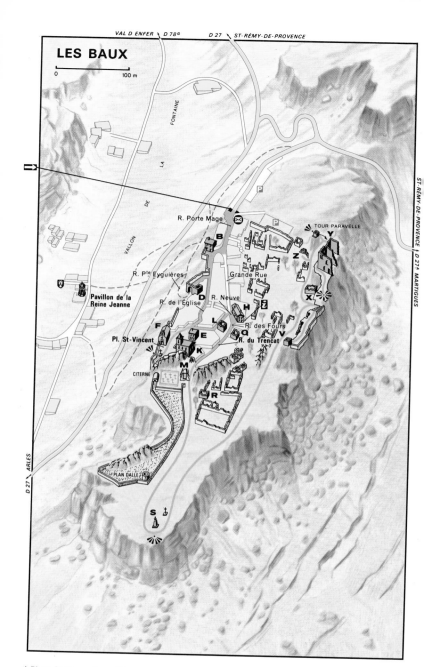

VAL D ENFER \ D 78ᴳ   D 27 \ ST-RÉMY-DE-PROVENCE

LES BAUX

0   100 m

FONTAINE

LA

DE

VALLON

ST-REMY-DE-PROVENCE / D 27ᴬ MARTIGUES

Pavillon de la Reine Jeanne

R. Porte Mage

B

R. Pⁱᵉ Eyguières

Grande Rue

TOUR PARAVELLE

Y

Z

D

R. Neuve

R. de l'Église

H

X

F

L

E

R. des Fours

Pl. St-Vincent

Q

V

R. du Trencat

K

M

CITERNE

R

PLAN DALLE

S

D 27 \ ARLES

★ **Place St-Vincent.** — Charmante petite place, ombragée de quelques ormes et micocouliers. De la terrasse, jolie vue sur le vallon de la Fontaine et le val d'Enfer.

Chapelle des Pénitents Blancs (F). — Bâtie au 17ᵉ s., elle a été restaurée en 1936. A l'intérieur, les murs ont été décorés par Yves Brayer de scènes pastorales provençales.

Église St-Vincent (K). — Cet édifice du 12ᵉ s. est flanqué sur le côté gauche d'un gracieux campanile : la « lanterne des Morts ». A l'intérieur, la nef voûtée en berceau brisé a été agrandie d'une travée (à l'Est) au 17ᵉ s. ; elle est bordée, à droite, d'un large bas-côté en plein cintre sur lequel s'ouvrent trois chapelles monolithes du 16ᵉ s. Remarquer la pierre tombale d'un chevalier mort au 15ᵉ s., une cuve baptismale taillée dans le roc, les vitraux de Max Ingrand, le char de l'agneau.

A Noël, la messe de minuit, où l'on célèbre la **fête des bergers** ★★ ou fête du pastrage, attire une foule considérable. Drapés dans leurs grands manteaux, les bergers font l'offrande d'un agneau nouveau-né placé dans un petit char tiré par un bélier.

Ancien temple protestant (L). — Ce sont les restes d'un logis de 1571, dépendance de l'hôtel de Manville. On remarque, au linteau d'une de ses belles fenêtres, la devise calviniste : « Post tenebras lux » (aux ténèbres succède la lumière).

⊘ **Hôtel de Manville (H).** — La façade du 16ᵉ s. est ornée de belles fenêtres à meneaux. Donné à la commune par le prince de Manville, il abrite l'hôtel de ville actuel.

Anciens fours banaux (Q). — Les habitants venaient y cuire leur pain.

★ **Rue du Trencat.** — Rue creusée dans la roche. Remarquer à droite, dans les parois, les alvéoles et les cannelures formées par la pluie et par le vent.

LA VILLE MORTE *visite : 1/2 h*

Musée lapidaire (M). — Installé dans la maison de la Tour-de-Brau (14ᵉ s.), il présente entre autres des éléments architecturaux sculptés, des céramiques, trouvés lors des fouilles dans les environs des Baux.

> *A la sortie du village, à l'extrémité de la rue du Trencat, suivre la piste qui laisse à gauche les ruines de la chapelle St-Claude-et-St-Blaise du 14ᵉ s. (R) et se diriger, à travers le plateau, vers une croix et le monument au félibre Charloun Rieu.*

A droite, sur le versant du plateau, de grandes surfaces dallées sont destinées à recueillir les eaux de pluie qui sont conduites dans une citerne de 1 000 m³, creusée dans le roc.

Monument Charloun Rieu (S). — De ce monument, élevé à la mémoire du poète provençal, « chantre de la terre des Baux », on découvre une **vue**★★ très étendue sur l'abbaye de Montmajour, Arles, la Crau, la Camargue. Par temps clair, on distingue Stes-Maries-de-la-Mer et Aigues-Mortes.

> *Se diriger vers le château en passant en contrebas de la tour Sarrasine (V), perchée à droite de la falaise. 100 m après la tour, prendre le sentier de gauche. A droite, un autre sentier conduit à un escalier difficile donnant accès au sommet du rocher et à la tour Sarrasine d'où l'on a une bonne vue sur le village et le château.*

Après avoir dépassé la chapelle Ste-Catherine (X) restaurée au 16ᵉ s., on arrive à la tour Paravelle, d'où l'on découvre une jolie **vue**★ sur les Baux et le val d'Enfer, puis au château ruiné des princes des Baux.

Château (Y). — Du rocher que couronne le donjon (13ᵉ s.), magnifique **panorama**★★ comparable à celui que l'on a du monument Charloun Rieu.

Après l'ancien columbarium (Z), revenir sur ses pas vers le musée lapidaire.

AUTRES CURIOSITÉS

★**Cathédrale d'Images.** — *Au bord du D27, 500 m au Nord du village.*

Les carrières de pierre des Baux constituent un site tout à fait remarquable par leur ampleur et leur beauté nue. Cette cathédrale de hasard qui a parfois des allures de temple égyptien, ce décor colossal, oublié pendant plus d'un siècle, a été « inventé » par Albert Plécy (1914-1977), photographe fondateur de la « Société des Gens d'Image », qui a trouvé là un espace pour sa recherche de « l'image totale ».

Dans la pénombre, les parois calcaires immaculées des hautes salles et des piliers servent d'écrans à trois dimensions pour une projection féérique et géante de diapositives (minimum : 100 m²) ; la musique accompagne le spectateur dans un univers sonore. Ce **spectacle audio-visuel**★ de haute tenue change de thème chaque année.

Table d'orientation. — *Poursuivre le D 27 environ 1 km et prendre à droite une route en montée.*

Une avancée rocheuse offre un exceptionnel **panorama**★★★ *(signalisation, parking)*. C'est de là qu'il faut voir le village des Baux dans son étrange paysage minéral. La vue porte très loin de tous côtés : vers Arles et la Camargue, la vallée du Rhône et les Cévennes, le pays d'Aix, le Luberon, le mont Ventoux.

Val d'Enfer. — *Accès à partir du D 27 par le D 78 G.*

A l'entrée du Val d'Enfer, un sentier *(1/4 h à pied AR)* permet de parcourir cette curieuse gorge au relief tourmenté, dont les grottes ont servi d'habitations. De nombreuses légendes ont fait de ces lieux un univers de sorcières, de fées, de lutins et autres créatures merveilleuses.

Pavillon de la reine Jeanne. — *Sur le D 78 G. Un sentier permet d'y accéder directement du village par la porte Eyguières.*

A l'entrée du vallon de la Fontaine, ce joli petit édifice Renaissance qui jouit d'une certaine notoriété dans le monde félibre, est un kiosque de jardin construit par Jeanne des Baux vers 1581. Mistral en a fait exécuter une copie pour son tombeau de Maillane *(p. 129)*.

★ **BEAUCAIRE** 13 015 h. (les Beaucairois)

Carte Michelin n° **83** pli 10 ou **245** pli 28 ou **246** pli 26.

Au point de passage de la voie antique qui reliait l'Italie à l'Espagne, Ugernum était une cité gallo-romaine importante où, en 455, une assemblée de sénateurs gaulois fit empereur l'arverne Avitus.

Sénéchaussée royale en 1229, Beaucaire et son château surveillait Tarascon en terre d'empire. En 1454, Jacques Cœur — le célèbre argentier de Charles VII — en fuite, se cacha au couvent des Cordeliers de la ville (église St-Paul actuellement) où il faillit être repris, avant de gagner la Provence du roi René puis l'Italie.

L'« aménagement de Vallabrègues » en 1970, illustre une phase récente des travaux de la Compagnie Nationale du Rhône. La **centrale de Beaucaire**, par ⑥, installée sur la dernière dérivation du fleuve avant la mer, a une productibilité annuelle moyenne de 1,3 milliard de kWh.

La foire de Beaucaire. — Créée en 1217 par Raimond VI de Toulouse, en pleine crise albigeoise, elle ne durait à l'origine qu'une semaine à partir du 22 juillet. Mais, sa situation au carrefour de voies commerciales entraîna une rapide extension et elle draina un volume de marchandises de plus en plus gros, surtout après que Louis XI ait décrété Beaucaire port franc. Débordant le champ de foire, le « pré », elle envahit la ville et se déroula désormais pendant tout le mois de juillet. Elle atteint son apogée au 18ᵉ s. : elle est alors la plus grosse foire de France dont les prix servent de référence dans tout le royaume.

BEAUCAIRE★

A cette époque, la ville voit arriver chaque année 300 000 visiteurs parlant toutes les langues, venus pour vendre et acheter, mais aussi se distraire, dans une ambiance de fête. Toutes les maisons, décorées et pavoisées, sont remplies à craquer d'hôtes et de marchandises ; le trop-plein se réfugie sur les embarcations qui, venues de tous les coins de la Méditerranée et même de Bretagne et de Gascogne, sont amarrées devant Beaucaire.

Chaque rue de la ville est spécialisée dans un commerce particulier. Il y a la rue du Beaujolais (vins), la rue des Bijoutiers, la rue des Marseillais (huiles, savons) ; dans les autres se vendent laine, soie, draps, indiennes, dentelles, rouennerie, vêtements, armes, quincaillerie, cordages, sellerie, bourrellerie. Sur les quais et dans les barques s'offrent : conserves de poissons, sucre, cacao, café, cannelle, vanille, citron, oranges, dattes.

Sur l'immense champ de foire, on présente : jouets, bagues, pipes, parfumerie, cha-peaux, chaussures, faïences, porcelaines, paniers, bouchons, outils ; chevaux et mulets sont également marchandés. Acheteurs et vendeurs s'amusent aux parades des innombrables saltimbanques. Les bateleurs, avant de partir pour leur tour d'Europe, essayent leurs nouveaux « numéros ». Acrobates, comédiens, femmes à barbe, nains, géants, le disputent aux singes et chiens savants, aux lions, aux ours, aux éléphants ; les yeux des badauds s'écarquillent pour apercevoir, au travers des lentilles grossis-santes, les panoramas de Constantinople, de Paris et, plus tard, de Versailles.

L'avènement du chemin de fer a modifié profondément les courants d'échanges et la grande foire internationale de Beaucaire n'est plus. Mais son port a gardé une certaine animation qu'entretient le commerce des vins.

★LE CHÂTEAU *visite : 1 h*

Ⓥ *Partir de la place du Château. Gravir l'escalier qui conduit à la jolie promenade (défense absolue de fumer), ombragée de pins et de cyprès, fleurie d'iris et de genêts d'Espagne.*

Bâti au 11ᵉ s. à l'emplacement d'un castrum romain, remanié au 13ᵉ s., à la suite du siège mémorable de 1216 au cours duquel le jeune fils du comte Raymond VI obtint la capitulation de la garnison française, le château fut démantelé par Richelieu ; il se dressait sur le sommet de la colline et était protégé par une enceinte dont il reste d'imposants vestiges.

Chapelle romane (Υ B). — Ce petit édifice, restauré au 19ᵉ s., est surmonté d'un clocheton à baies géminées. Un tympan sculpté orne la façade.

Tour polygonale (Υ D). — *104 marches.* De plan très rare, elle est aussi appelée tour triangulaire.
L'escalier très étroit est ménagé dans l'épaisseur des murs. Les deux étages de salles portent des voûtes curieuses, avec des ogives primitives et lourdes. De la plate-forme, un **panorama★★** magnifique s'offre sur la Montagnette et les Alpilles, la vallée du Rhône, Beaucaire, Tarascon.

Tour ronde (Υ E). — C'est une belle tour d'angle.

Les courtines. — Une brève promenade permet d'admirer la courtine qui domine l'à-pic, une barbacane qui protégeait un accès à la forteresse, l'éperon rocheux sup-portant la tour triangulaire.

Ⓥ**Musée de la Vignasse.** — Installé dans l'enceinte du château, ce musée contient les collections autrefois exposées dans le musée du Vieux Beaucaire et le musée lapidaire.
Il renferme de nombreux souvenirs locaux, notamment des documents sur la célèbre foire de Beaucaire *(voir p. 89),* dont le plus ancien date de 1651, des costumes, meubles et ustensiles provençaux.
Une collection gallo-romaine de poteries, lampes, tombes cinéraires constitue la section archéologique actuellement visible.

BEAUCAIRE

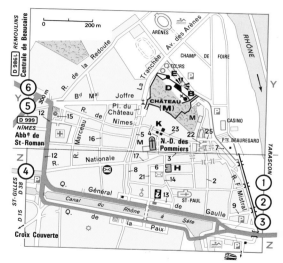

AUTRES CURIOSITÉS

Hôtel de ville (Z H). — Ce bel édifice de la fin du 17e s., construit sur des plans de Mansart, se compose d'un corps de logis flanqué d'ailes en retour d'équerre reliées par un haut mur surmonté d'une balustrade ; des guirlandes de fleurs encadrent les fenêtres. Dans la cour, un double portique à colonnes ioniques précède le grand escalier.

Ⓥ **Église N.-D.-des-Pommiers.** — Reconstruite de 1734 à 1744 par l'architecte avignonnais J.-B. Franque dans le style « jésuite », cette église présente une belle façade ornée de deux ordres superposés, ionique et corinthien ; un bas-relief de l'Assomption couronne la grande porte.

Seule subsiste de l'église primitive romane la frise encastrée dans la partie supérieure du mur Est et que l'on découvre en s'avançant dans la rue Charlier. Elle représente de gauche à droite : la Cène, le Baiser de Judas, la Flagellation, le Portement de la Croix et la Résurrection. L'intérieur est majestueux. Sur la croisée du transept s'élève une belle coupole sur pendentifs.

Maison des cariatides (Y K). — *Au n° 23 de la rue de la République.* Cette demeure du 17e s. à la belle façade sculptée, restaurée, tire son nom des cariatides qui bordent le porche.

Croix couverte. — *A 1,5 km au Sud-Ouest, à l'angle formé par le D15* (Z) *et la première route à droite.* Ce petit oratoire de forme triangulaire date du début du 15e s. ; il est orné au sommet d'une fine balustrade ajourée.

EXCURSION

Ⓥ **Abbaye de St-Roman.** — *4,5 km par* ⑤ *du plan, D 999, et une route à droite, puis 1/2 h à pied AR. Laisser la voiture au parc de stationnement et prendre le chemin qui s'élève en serpentant dans la garrigue, parmi les cistes et les chênes kermès.*

En cours de dégagement, les ruines de cette abbaye, dépendant au 12e s. de l'abbaye de Psalmody près d'Aigues-Mortes, occupent le sommet d'un piton calcaire. Au 16e s., abandonnée par les moines, l'abbaye est transformée peu à peu en forteresse ; un château est érigé sur la terrasse supérieure. Pour le bâtir, les carriers prennent la pierre au sein même de l'abbaye, l'endommageant gravement. En 1850, le château est démantelé et seuls quelques vestiges des fortifications sont encore visibles.

La chapelle taillée dans le roc abrite à la croisée du transept le tombeau de saint Roman ; à droite, remarquer le siège abbatial du 12e s. ; à gauche, des tombes creusées dans le sol et surmontées d'une lanterne des morts aux nombreuses alvéoles destinées à recevoir de petites veilleuses à huile. On accède à la terrasse d'où la **vue**★ porte sur le Rhône et le barrage de Vallabrègues, Avignon, le Ventoux, le Luberon, la chaîne des Alpilles et au premier plan Tarascon et son château. Également taillés dans le roc, on peut voir de nombreuses tombes, profanées lors de la construction du château, un bassin de décantation alimentant une importante citerne, les cellules des moines et une vaste salle présentant à l'origine trois niveaux.

★ BERRE (Étang de)

Carte Michelin n° 🔠 plis 1, 2, 11 et 12 ou 🔠🔠 plis 30, 43 ou 🔠🔠🔠 plis 13, 14.

Avec ses 15 530 ha de superficie et ses 75 km de tour, l'étang de Berre forme une grande nappe calme dont la profondeur n'excède pas 9 m. Il communique avec la mer Méditerranée par l'ancienne lagune de Caronte où a été creusé le canal de même nom et par le canal de Marseille au Rhône empruntant le souterrain du Rove *(p. 116)*. Deux rivières, l'Arc et la Touloubre, de même que le canal d'E.D.F. *(p. 116)* se déversent dans l'étang adoucissant ainsi ses eaux. Des montagnes calcaires de faible altitude l'enserrent, au Nord la chaîne de Lançon (195 m), à l'Est celle de Vitrolles (271 m), au Sud l'Estaque (201 m) et à l'Ouest les hauteurs de St-Mitre (142 m).

De tout temps, son littoral attira les hommes ainsi que l'attestent les fouilles de St-Blaise, le pont Flavien, dû aux Romains, la bourgade moyenâgeuse de Miramas-le-Vieux, l'enceinte du 17e s. de Port-de-Bouc. De nos jours, les industries les plus modernes se sont installées dans son voisinage immédiat : dérivés du pétrole (pétro-chimie), produits chimiques, caoutchouc synthétique, constructions maritimes et aéro-nautiques. Leurs installations — grands réservoirs en aluminium étincelant dans la lumière, usines fumant au loin, torchères des raffineries de pétrole, hangars métalliques, imposantes constructions de béton — confèrent à la région une physionomie bien particulière.

L'omniprésence du pétrole. — Au lendemain de la guerre de 1914-1918, l'accord de San Remo attribuait à la France une part importante de la production du pétrole brut de l'Irak. Les sociétés de raffinage furent donc amenées à créer des usines pro-ches de leur source d'approvisionnement. L'étang de Berre, bordé de grands espaces libres, accessible aux navires pétroliers, suffisamment éloigné des grands centres pour que la sécurité de ceux-ci ne soit pas compromise, fut tout naturellement choisi.

Les premières installations portuaires. — La Société Générale des Huiles de Pétrole, devenue depuis la Société Française des Pétroles BP, s'installa en 1922-1924 à Lavéra. La Cie des Produits chimiques et Raffineries de Berre, associée avec Shell Française pour former Shell-Berre, s'implanta en 1928 à la pointe de Berre. En 1934, la Compagnie Française de Raffinage construisit sa raffinerie à la Mède.

Le port de Lavéra. — Dès 1938, il apparut nécessaire de transformer les installations privées de réception du pétrole de Port-de-Bouc et de l'étang de Berre, devenues insuffisantes pour assurer, dans de bonnes conditions, la totalité du trafic. C'est ainsi qu'a été entreprise au lendemain de la guerre la réalisation du port pétrolier de Lavéra, mis en service en 1952.

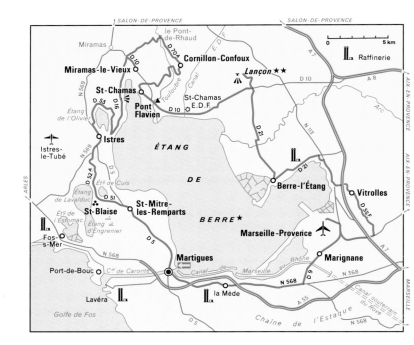

Ce port est équipé pour recevoir des pétroliers de 80 000 tonnes aux postes d'accostage. Ses installations sont spécialisées dans la réception du brut et le trafic des produits raffinés, des produits chimiques et des gaz de pétrole liquéfiés.

Le **Pipe-Line Sud-Européen,** entré en service en 1962 à Fos, alimente en produit brut les centres de raffinage de Feyzin, de Cressier (Suisse), d'Alsace, du pays de Bade et de Bavière, soit actuellement une douzaine de raffineries. Sa capacité de stockage de pétrole brut est de 2 260 000 m³, et sa capacité de transport est de 65,2 millions de t par an.

A Caronte, face à Lavéra, des installations maritimes accueillent des trafics de vrac.

A Port-de-Bouc *(p. 142)* se situe depuis 1979 le Centre de Régulation intégré des navires pour l'ensemble des bassins de Lavéra-Caronte-Fos et Port-Saint-Louis.

Les raffineries. — Les raffineries ont pris, entre la Seconde Guerre mondiale et 1973, une extension considérable. Depuis, leur capacité de distillation (40 000 000 t pour les deux raffineries autour de l'étang plus les deux autres raffineries à **Lavéra** et Fos) a été sensiblement réduite pour s'adapter à la consommation.

L'équipement très moderne permet de traiter toutes les quantités de pétrole brut et d'obtenir la gamme complète des produits pétroliers. La capacité de stockage brut est de l'ordre de 8 millions de m³.

La pétrochimie. — Prenant le relais du pétrole, cette branche s'est considérablement développée ces dix dernières années avec la construction par Shell d'un vapocraqueur et d'unités de fabrication de caoutchouc et matières plastiques.

Le domaine des aviateurs. — Avec son magnifique plan d'eau et la proximité de la grande plaine de la Crau, déserte et nue, la région de l'étang de Berre constitue un champ d'action idéal pour l'aviation.

Istres, le premier aérodrome militaire installé près de l'étang, a vu avant 1914 l'aviation faire ses débuts. En 1917, l'école d'Istres fut créée et un terrain de 70 ha aménagé. Pendant l'entre-deux-guerres vint s'ajouter à l'école une base d'essais d'où les grands raids prirent leur départ. La base d'Istres se trouve considérablement agrandie et s'étend, avec les terrains annexes, sur 2 031 ha.

Berre était, jusqu'en 1940, la plus importante base d'hydravions de la Marine Nationale, avec Bizerte. On y disputa jusqu'en 1933 la coupe Schneider des hydravions de vitesse.

Marseille-Provence, à Marignane, est l'aéroport de Marseille *(voir p. 93).*

CIRCUIT AU DÉPART DE MARTIGUES

113 km — compter une journée — schéma ci-dessus

Martigues. — *Page 141.*

Quitter Martigues par ① du plan, D 5.

Parcours vallonné parmi le vignoble, les arbres fruitiers et les pins.

St-Mitre-les-Remparts. — 4 299 h. Un peu à l'écart de la route, la vieille ville a conservé des remparts du 15ᵉ s. percés de deux portes. Un lacis de petites rues mènent à l'église d'où l'on jouit d'une belle vue sur l'étang d'Engrenier.

A la sortie de St-Mitre prendre en face le D 51.

Vue dégagée à droite sur l'étang de Berre. La route longe l'étang de Citis dans un site cultivé et passe au pied de la colline qui porte la chapelle St-Blaise dont on entrevoit le chevet parmi les pins.

Site archéologique de St-Blaise. — *Page 164.*

Istres. — 30 360 h. Bâtie sur le bord de l'étang de l'Olivier, Istres est surtout connue pour son aérodrome militaire *(voir p. 92)*. Le **musée** du Vieil-Istres est consacré à l'histoire locale : préhistoire, archéologie gallo-romaine (belle collection sous-marine provenant du golfe de Fos), vie économique contemporaine, faune, flore, folklore. Au Nord de la ville, l'oppidum gréco-ligure du Castellan domine l'étang ; un chemin revêtu mène à la pointe de l'avancée rocheuse d'où l'on jouit d'une agréable vue.

Par le D 53 faire le tour de l'étang de l'Olivier, puis prendre à gauche le D 16.

La route offre de très belles échappées sur l'étang de Berre qu'elle rejoint.

Miramas-le-Vieux. — Cette bourgade bâtie sur une table rocheuse a conservé son enceinte et les ruines d'un château du 13ᵉ s. ; l'église est du 15ᵉ s. Dans le cimetière, chapelle du 12ᵉ s., ancienne église paroissiale. Belle vue sur l'étang de Berre.

Revenir au D 10 et prendre en face le D 16, puis le D 70ᴰ.

La route traverse des herbages ; nombreux élevages ovins.

A Pont-de-Rhaud, tourner à droite dans le D 70ᴬ.

En montée, ce parcours domine la vallée de la Touloubre, à droite.

Cornillon-Confoux. — 980 h. Au centre de ce bourg perché s'élève une petite église romane à clocher à peigne ; elle abrite des vitraux modernes de Frédérique Duran. De la place de l'église part une promenade qui contourne le village et offre de belles **vues★** sur l'étang de Berre et les hauteurs de St-Mitre, St-Chamas, le pays salonnais, le Luberon, le Ventoux et les Alpilles.

Par le D 70 et une route touristique à droite, gagner St-Chamas.

St-Chamas. — 5 045 h. La ville est dominée par un petit aqueduc à trois arches. **L'église** du 17ᵉ s. présente une belle façade de style baroque ; à l'intérieur, remarquer le maître-autel en marbre et dans la 3ᵉ chapelle à droite le retable de sainte-Anne du 16ᵉ s.

Pont Flavien. — Du nom du patricien qui le fit bâtir au 1ᵉʳ s., il franchit la Touloubre par une seule arche, à l'entrée Sud de St-Chamas. Il est décoré, à ses extrémités, d'arcs triomphaux dont les entablements sont surmontés de petits lions sculptés.

Le D 10 longe l'étang et passe au pied de la **centrale de St-Chamas,** aménagement final du canal d'E.D.F. *(p. 113),* dont la productibilité annuelle est de 610 millions de kWh.

Tourner à gauche dans le D 21 et à 1,7 km encore à gauche dans un chemin non revêtu ; laisser la voiture sur un petit terre-plein.

(Photo G. Martin Guillou/Explorer)

Pont Flavien.

★★Table d'orientation de Lançon. — *1/4 h à pied AR.* Un escalier *(48 marches)* mène au sommet du rocher qui porte la table. Très belle **vue★★** sur l'étang de Berre environné de montagnes.

Faire demi-tour et suivre le D 21 qui mène à Berre-l'Étang.

Berre-l'Étang. — 12 562 h. Cette petite localité vit de la pêche et surtout de la fabrication de produits chimiques. A l'intérieur de la chapelle N.-D.-de-Caderot, remarquer, au maître-autel, le retable en bois polychrome du 16ᵉ s. Dans une petite niche face à la porte d'entrée, a été placé le vase romain de Caderot, en cristal, qui aurait contenu des cheveux de la Vierge. Sur le sol subsistent les cachets de Monseigneur de Grignan et de Monseigneur de Forbin, archevêque d'Arles au 17ᵉ s.

Suivre le D 21, puis la N 113 à droite et tourner à gauche en direction de Vitrolles.

Vitrolles. — *Page 200.*

Quitter Vitrolles par le D 55ᶠ et, au carrefour avec la N 113, prendre en face le D 9, puis à droite le D 20.

Aéroport de Marseille-Provence. — Cet aéroport civil de classe internationale utilisable à la fois par les avions et les hydravions occupe le deuxième rang français après Paris. D'une superficie de 550 ha en bordure de l'étang de Berre, il offre deux pistes d'envol, longues respectivement de 3 500 et 2 400 m. A l'aérogare moderne sont venus s'ajouter trois satellites qui sont reliés aux avions par des passerelles télescopiques, ainsi qu'une nouvelle tour de contrôle de 50 m de haut.

Marignane. — 31 213 h. Une partie du château dit « de Mirabeau » abrite la **mairie.** La décoration de la salle de bains, de la salle des mariages (chambre du marquis) et du cabinet du maire (boudoir de la marquise) est bien conservée ; beaux plafonds à la française présentant un décor floral. La nef de l'église, de la fin du 11ᵉ s., est voûtée en berceau brisé sur doubleaux extrèmement rapprochés, sans fenêtre ; les bas-côtés, du 16ᵉ s., sont voûtés d'ogives. Remarquer le maître-autel du 16ᵉ s.

Suivre le D 9 et à droite la N 568.

La route franchit le canal de Marseille au Rhône ou canal du Rove et traverse une zone de cultures maraîchères. De belles vues se développent sur l'étang et sur le site de **la Mède** où deux curieux rochers marquent l'entrée du port.

La N 568 ramène à Martigues (p. 141).

BOLLÈNE

Carte Michelin n° 🔢🔢 pli 10 ou 🔢🔢🔢 pli 16 ou 🔢🔢🔢 pli 23 — Lieu de séjour.

Bollène, construite à flanc de coteau, fut une des plus riches possessions des papes d'Avignon. Elle est restée une cité provençale avec ses rues étroites, les grands platanes de ses boulevards d'enceinte et ses importants marchés de primeurs. Quelques belles portes et des maisons anciennes sont les témoins de son passé.

Des nombreuses terrasses qui dominent la vallée du Rhône, on découvre le **canal** de Donzère-Mondragon, l'usine hydro-électrique de Bollène et le vaste complexe nucléaire du Tricastin *(voir le guide Vert Michelin Vallée du Rhône)*. La vue s'étend au lointain sur les montagnes de l'Ardèche et du Bas-Vivarais.

BOLLÈNE

Chabrières (R. des)	5
Cimetière (Rue Gd)	6
Fabre (R. Henri)	7
Gambetta (Bd)	9
Giono (A. Jean)	10
Louis (R. Auguste)	12
Paroisse (Montée de la)	13
Puy (R. du)	15
Récollets (Pl. des)	16
République (Cours de la)	17
Réservoirs (Montée des)	19
Reynaud-de-la-Gardette (Pl.)	20
Tour (R. de la)	21
Zola (R. Émile)	22

Le tableau de la page 42 donne la signification des signes conventionnels figurant dans ce guide.

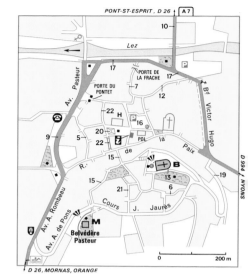

Belvédère Pasteur. — De ce petit jardin public aménagé autour de l'ancienne chapelle romane des Trois-Croix, transformée en musée, la vue est très agréable sur la ville la plaine de Pierrelatte, le canal de Donzère-Mondragon, la centrale de Bollène et les premiers reliefs du Bas-Vivarais. Un buste de Pasteur rappelle que le savant séjourna à Bollène en 1882 et y découvrit le vaccin du rouget du porc.

ⓥ**Musée (M).** — Dessins de Picasso et de Chagall ; peintures et sculptures d'artistes locaux ; collection de monnaies gallo-romaines.

ⓥ**Collégiale St-Martin (B).** — C'est l'ancienne église paroissiale (12e au 16e s.), aujourd'hui désaffectée *(expositions)*. Son puissant clocher se détache sur le sommet de la butte dominant la ville, à l'Est. Par un joli portail Renaissance, on pénètre dans le sanctuaire surtout remarquable par l'ampleur de la nef unique couverte d'une vaste charpente en bâtière.

Du chevet, belle vue sur l'amalgame des toitures du Vieux Bollène, les collines du Tricastin et le site de Barry et la vallée du Rhône.

EXCURSION

Mornas. — 1 737 h. Lieu de séjour. *11 km au Sud par le D 26 puis la N 7.*

Le D 26 traverse Mondragon, dominé par les ruines de son château, et rejoint la N 7. Le village ancien s'accroche au pied d'une vertigineuse falaise (137 m d'à pic) qui porte les restes d'une puissante forteresse ; il garde un aspect « médiéval » avec des portes fortifiées et des vieilles maisons. *Accès par une ruelle en forte pente (parking) puis par un sentier.* A côté du cimetière, l'ancienne église N.-D. du Val-Romigier est un joli petit édifice roman.

Le **château** possède une vaste enceinte de 2 km, flanquée de tours semi-circulaires ou carrées ; au point culminant, vestiges du donjon et d'une chapelle. Appartenant aux évêques d'Arles, il fut inféodé au comte de Toulouse en 1197 et reconstruit entièrement par lui. Mais il est surtout célèbre pour avoir été le théâtre d'un terrible épisode des guerres de Religion : tenu par les catholiques, il tomba aux mains du sinistre baron des Adrets qui, en représailles, ordonna de précipiter du haut de la falaise tous les habitants.

Actualisée en permanence,
la carte Michelin au 200 000e bannit l'inconnu de votre route :

– évolution et aménagement du réseau routier ;
– caractéristiques (largeur, tracé, profil, revêtement)
  de toutes les routes;
  de l'autoroute au sentier ;
– bornes téléphoniques de secours...

Équipez votre voiture de cartes Michelin à jour.

★ BONNIEUX

1 385 h. (les Bonnieulais)

Carte Michelin n° 🎴 pli 13 ou 🎴 pli 31 ou 🎴 pli 11 — Schéma p. 126 — Lieu de séjour.

Ce gros village, où subsistent de nombreux vestiges de remparts, est très pittoresquement étagé sur un promontoire du Luberon. Il a été rendu célèbre par un récit facétieux de Roumanille *(voir p. 25)*, « Mademoiselle d'Inguimberti ».

BONNIEUX

Les noms des rues sont soit écrits sur le plan soit répertoriés en liste et identifiés par un numéro.

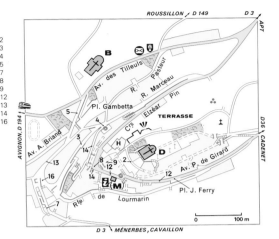

Le Haut-Bonnieux. — *Partir de la place de la Liberté par la rue de la Mairie (passage sous voûte), en forte montée, pour atteindre la terrasse située en contrebas de l'ancienne église. On peut y accéder en voiture en empruntant la route de Cadenet, puis un chemin revêtu à gauche en montée.*

Terrasse. — De là, jolie **vue★** sur la vallée du Calavon, tout à fait à gauche sur le village perché de Lacoste, plus à droite, sur le rebord du plateau de Vaucluse où s'accrochent les villages de Gordes, sur une butte, et de Roussillon se confondant avec ses falaises rouges. En arrière apparaît le Ventoux.

Église vieille (D). — De la terrasse, un escalier mène à cet édifice du 12e s. remanié au 15e s., ancienne église paroissiale, entourée de très beaux cèdres.

Église neuve (B). — C'est un vaste édifice de la deuxième moitié du 19e s. Dans le déambulatoire transformé en chapelle, derrière le maître-autel, sont accrochés **4 tableaux★** (Primitifs du 15e s.) qui appartiennent à l'église vieille. Ces peintures de l'école allemande, sur bois, aux frais coloris, figurent : sainte Véronique essuyant la face de Jésus-Christ, « Ecce Homo », le Couronnement d'épines, la Flagellation.

Musée de la Boulangerie (M). — Installé dans le local du syndicat d'initiative, il évoque le travail du boulanger à travers son outillage et la confection de multiples variétés de pains.

En ville, sauf indication contraire, nos itinéraires de visite sont à suivre à pied.

CADENET

2 640 h. (les Cadenetiens)

Carte Michelin n° 🎴 pli 3 ou 🎴 pli 31 ou 🎴 pli 12 — Schéma p. 115 — Lieu de séjour.

Petite bourgade de la plaine de la Durance, Cadenet s'adosse à un éperon rocheux couronné de pins, sur lequel s'accroche les vestiges du château du 11e s.

Le tambour d'Arcole. — Sur la place principale, statue célèbre d'André Estienne, né à Cadenet en 1777. En novembre 1796, au moment où s'engageait un combat acharné sur le pont d'Arcole, ce jeune tambour, traversant la rivière à la nage, battit la charge sur l'autre rive, de telle façon que les Autrichiens se croyant pris entre deux feux reculèrent, livrant ainsi le pont aux Français. Cadenet est également la patrie du compositeur Félicien David né en 1810. Un voyage en Orient fit de lui un représentant de l'exotisme musical (Le Désert).

Église. — Cet intéressant édifice du 14e s. a été remanié aux 16e et 17e s. Une belle tour carrée supporte le clocher.

L'église renferme, au bas du collatéral gauche, de beaux **fonts baptismaux★** constitués par un sarcophage romain du 3e s. orné de bas-reliefs représentant le triomphe d'Ariane.

(D'après photo J.-P. Aerts)

Le Tambour d'Arcole.

95

CALÈS (Grottes de)

Carte Michelin n° 84 plis 1 et 2 ou 245 pli 30 ou 246 pli 12 — 10 km au Nord de Salon-de-Provence.

Creusées au flanc de la montagne du Défends, les grottes de Calès sont dominées par un rocher surmonté d'une statue de N.-D. de la Garde.

Accès. — *3/4 h à pied AR. Prendre à droite de l'église la rue en montée que prolonge en face un sentier menant à un chemin pavé. A 400 m environ tourner à droite dans une allée empierrée.*

Les grottes. — De part et d'autre de l'arche se trouvent les grottes creusées, croit-on, par les Ligures et occupées par les Sarrasins, et qui passent pour avoir été habitées jusqu'au Moyen Age. De courtes escalades permettent d'en découvrir les aménagements : cloisons, escaliers, dispositions défensives, silos taillés dans le roc et destinés à recevoir les réserves alimentaires.

Suivre le sentier qui contourne la butte rocheuse et conduit au sommet où se dresse la statue de N.-D. de la Garde.

Du rebord du terre-plein, profitant de trouées dans la pinède, des **vues** s'offrent au Nord sur la vallée de la Durance et le Luberon. A l'Est, le regard se porte sur les habitations troglodytiques ; au Sud, on découvre le pertuis de Lamanon, ancien passage de la Durance, la plaine de Salon, la chaîne de L'Estaque, la Crau et l'étang de Berre.

Redescendre, toujours sur la gauche, pour retrouver le chemin pavé du départ.

★★ La CAMARGUE

Carte Michelin n° 83 plis 8 à 10, 18 à 20 ou 246 plis 26 à 28 ou 245 plis 40 à 42.

La plaine de la Camargue est sans doute la région de Provence dont l'originalité est la plus marquée. La création en 1928 de la Réserve nationale, puis en 1970 du Parc naturel régional, a permis d'en sauvegarder le milieu naturel et d'en préserver le paysage. La fin du printemps et le début de l'automne sont les meilleures époques pour la visiter ; la faune est abondante, l'ensoleillement agréable et de plus, on pourrra assister aux célèbres pélerinages de Stes-Maries-de-la-Mer *(p. 176)*.

Parc naturel régional de Camargue. — Il englobe 85 000 ha répartis sur les communes d'Arles et de Stes-Maries-de-la-Mer. Aménagé pour assurer le maintien des habitants dans leur cadre et assurer la protection de la nature, le parc favorise la sauvegarde des exploitations agricoles, contrôle l'équilibre hydraulique de la région ainsi que l'afflux touristique.

Réserve nationale de Camargue. — La Société Nationale de Protection de la Nature a délimité dans le secteur de l'étang de Vaccarès, une vaste réserve de 13 500 ha où sont strictement protégées les espèces animales et végétales.

UN PEU DE GÉOGRAPHIE

Le delta du Rhône. — Immense plaine alluvionnaire de 95 000 ha —dont 75 000 ha pour l'île du delta—, la Camargue est le produit de l'action conjuguée du Rhône, de la Méditerranée et des vents. A la fin de l'ère tertiaire et au début de l'ère quaternaire, alors que la mer recule, des cours d'eau charrient d'immenses quantités de galets qui

s'empilent sur des dizaines de mètres d'épaisseur. Sur cette base caillouteuse se déposent ensuite, après la dernière glaciation (il y a environ 10 000 ans), des couches de sédiments marins : la mer s'étend alors jusqu'à la rive Nord de l'étang de Vaccarès. Mais le paysage ne va cesser de se modifier sous l'influence des forces contraires du Rhône et de la mer. Le puissant fleuve, qui divague pendant des siècles —il n'emprunte les deux bras de son lit actuel que depuis le 15e s. —, transporte d'énormes masses d'alluvions : des bourrelets se forment et isolent des marais ; des cordons littoraux modelés par les courants côtiers apparaissent et ferment des lagunes. Chaque année, le Grand Rhône (9/10 du débit total) apporte à la Méditerranée environ 20 millions de m³ de graviers, de sables et de limons provenant des rives que le fleuve et ses affluents rongent

Littoral préhistorique
Littoral en 1692
Littoral actuel

violemment. Une partie de ces matériaux, emportés par les courants, vont empâter la côte du Bas-Languedoc ou s'allongent en épis au travers du golfe de Fos qu'ils menacent de barrer, obstruant ainsi l'accès à l'étang de Berre.

La construction de la **Digue à la mer** et des digues du Rhône sous le Second Empire ont permis de domestiquer ces phénomènes. Cependant, l'avance du littoral (10 à 50 m par an) continue en plusieurs endroits (Pointe de l'Espiguette et Pointe du Sablon) : Aigues-Mortes, où Saint Louis s'embarqua, se trouve maintenant à 5 km du rivage. Inversement, la mer progresse sur les autres points : les saillants du Vieux

Rhône et du Petit Rhône sont démolis sous l'effet des tempêtes venant du Sud-Est ; le **phare de Faraman** construit à 700 m à l'intérieur des terres en 1840, était disloqué et englouti en 1917 ; un nouveau phare l'a remplacé. Le bourg de Stes-Maries-de-la-Mer, qui se trouvait à plusieurs kilomètres de la côte au Moyen Age, est menacé à son tour ; il a fallu le protéger par des digues.

Les paysages de Camargue. — Assez homogène en apparence, la Camargue se divise cependant en trois zones distinctes.

La zone des cultures. — Dans le Nord du delta et le long de son double tracé, le Rhône a construit des levées de fines alluvions — les lônes — qui portent les meilleures terres et les mas. Cette haute Camargue, sèche et utile, a commencé à être bonifiée au Moyen Age. L'homme a dû lutter contre l'eau et le sel, la salinité des sols étant accrue par une évaporation estivale intense. Depuis la dernière guerre, de grands travaux de drainage et d'irrigation ont donné des résultats satisfaisants. Après avoir asséché les marais par des drains, déversé leurs eaux dans l'étang de Vaccarès, expulsé le « salant » stérilisant par lessivage du sol, on amène les eaux fertilisantes pompées dans les bras du Rhône ; après utilisation, celles-ci retournent au Vaccarès. Ces opérations exigent une surveillance constante car l'irrigation peut entraîner un relèvement de la nappe phréatique, d'où à nouveau un problème d'évaporation et de remontée du salant. La superficie agricole s'est considérablement accrue et, partout, domine la grande exploitation. Le blé, la vigne, les cultures fruitières et maraîchères, le maïs, le colza et les plantes fourragères occupent des superficies variables suivant les années.

Après une très forte extension dans les années 1960, le riz est en recul très net. De 33 000 ha en 1961, la superficie dévolue à la culture du riz est tombée aujourd'hui à 4 ou 5 000 ha. Le riz est semé directement dans les « clos », étendues parfaitement nivelées de 3 ha séparées entre elles par des levées de terre et immergées d'avril à septembre. La récolte se fait fin septembre, début octobre. Avant d'être livré à la consommation, le riz est soumis aux opérations de décorticage, de blanchiment, éventuellement de glaçage ; il peut être ensuite prétraité ou précuit. Çà et là, émergent de petites forêts de chênes blancs, de frênes, d'ormes, de peupliers, de robiniers et de saules.

Les salins. — Ils s'étendent près de Salin-de-Giraud (11 000 ha) et à l'Ouest du Petit Rhône (10 000 ha) et présentent tout un quadrillage de bassins d'évaporation et de montagnes de sel ou camelles. L'exploitation des salins remonte à l'Antiquité et fit, au Moyen Age, la prospérité des « abbayes du sel » comme Ulmet et Psalmody ; elle prit une tournure industrielle au 19e s. On évalue actuellement la production annuelle globale de la région Provence-Côte d'Azur à 1 023 000 t.

L'eau, prélevée en mer de mars à septembre, circule par pompage sur les surfaces préparatoires ou « tables », vastes étendues préservées par des digues et cloisonnées où la hauteur d'eau ne dépasse guère 35 cm. Pour les amener à saturation en chlorure de sodium, les eaux parcourent ainsi environ 50 km avant d'être dirigées vers les surfaces saunantes ou « cristallisoirs ». Ces surfaces d'une superficie moyenne de 9 ha, présentent un sol parfaitement nivelé et roulé où l'épaisseur des eaux-mères est de 12 cm ; elles sont séparées par des levées de terre appelées cairels. La récolte du sel se fait de fin août à début octobre, avant la saison des pluies. Le sel est d'abord assemblé le long des surfaces saunantes, puis lavé et stocké en une vaste camelle, sorte de montagne de 21 m de haut dont la longueur varie suivant la récolte.

A nouveau lavé, essoré, séché, le sel est distribué pour la consommation domestique et l'alimentation du bétail ou utilisé dans la production de différents composés chimiques : bromure d'ammonium, sulfate de magnésie, oxyde ou carbonate de magnésie. La Compagnie des Salins du Midi est actuellement la plus puissante entreprise de récolte du sel ainsi que le plus grand propriétaire de vignobles (Listel) du littoral.

La zone naturelle. — Elle occupe le Sud du delta ; c'est une plaine stérile, encombrée d'étangs et de lagunes qui communiquent avec la mer par de nombreuses passes (les graus). Vrai désert de sable et de marécages bordés de petites dunes sur le littoral, c'est un milieu naturel passionnant.

La Camargue traditionnelle. — Cette Camargue naturelle conserve la tradition des manades et des gardians, et constitue un écosystème protégé de toute atteinte humaine. Des routes permettent de la sillonner mais on l'appréciera encore mieux en prenant le temps de marcher à pied en respectant les circuits proposés par le Parc naturel régional ou la Réserve nationale.

Flore et faune. — Ces plates étendues, craquelées par la sécheresse et blanchies par les efflorescences de sel, sont couvertes d'une maigre végétation appelée « sansouire ». Des plantes halophiles (aimant le sel) — saladelles et salicornes, vertes au printemps, grises l'été et rouges l'hiver — s'y développent et servent de nourriture aux troupeaux de taureaux sauvages. Osiers et ajoncs fournissent le « sagno » avec lequel on confectionne les paniers, rempaille les chaises et couvre les cabanes de gardians (voir p. 39). Les seuls arbustes sont les tamaris.

Dans les **îlots des Rièges** au Sud de l'étang de Vaccarès, s'épanouit une flore exubérante, merveilleusement colorée au printemps : chardons bleus, tamaris, marguerites, zinériums sauvages, iris jaunes, genévriers de Phénicie, lentisques, asphodèles, narcisses... La faune est d'une richesse et d'une variété exceptionnelles. A côté des ragondins, des loutres et des castors, difficiles à apercevoir, les oiseaux sont les maîtres de cet immense domaine marécageux. On en dénombre plus de 400 espèces différentes dont environ 160 migratrices. L'avifaune change au fil des saisons à cause des migrateurs venant hiverner d'Europe du Nord (depuis la Finlande et la Sibérie) comme les sarcelles, ou faisant escale au printemps et à l'automne comme les hérons pourprés. Citons encore pêle-mêle : le héron garde-bœuf qui accompagne les manades afin de capturer les insectes que les gros animaux font s'envoler ; le flamant rose, reconnaissable à son plumage blanc rosé et à son long cou terminé par un gros bec coudé, qui vit en colonies de plusieurs milliers d'individus et se nourrit de crustacés et de coquillages ; l'aigrette, le canard plongeur, l'échasse blanche, le gravelot (petit échassier qui court sur l'eau) ; sans oublier les habitants traditionnels du littoral, mouettes

La CAMARGUE★★

(Photo S. Marmounier/C.E.D.R.I.)

L'étang de Vaccarès près de Méjanes.

rieuses au caractère agressif, goélands argentés et grands cormorans, enfin la multitude des passereaux (bergeronnettes, alouettes, mésanges, fauvettes, loriots...) et un rapace, le busard des roseaux.

L'eau est poissonneuse : sandres, carpes, brèmes et surtout anguilles, abondantes dans les roubines (canaux) d'eau douce, que l'on pêche à l'aide de trabacs, sortes de longs filets composés de trois poches séparées entre elles par des goulets qui vont en se rétrécissant. Jadis, les hommes vivaient ici uniquement de leur pêche.

La cistude des marais (petite tortue aquatique) et les couleuvres hantent également ces zones humides.

Manades et gardians. — La « manade » désigne le troupeau qu'on « a en main » et tout ce qui se rapporte à l'élevage de ce troupeau : gardians, terres, chevaux, etc... Elle porte le nom de son propriétaire, le manadier. Les mas ressemblent à des ranchs, très grandes propriétés de plusieurs centaines d'hectares, dirigés par un régisseur (le bayle-gardian) et regroupant en moyenne 200 bêtes à cornes plus les chevaux. Les manades, qui contribuent à l'équilibre écologique, tendent à reculer devant l'agriculture et le sel.

Le personnage typé, l'âme des manades, c'est le gardian dont le marquis de Baroncelli-Javon (« Lou Marquès ») a, au début de ce siècle, célébré la fierté et la personnalité *(voir p. 177)*. Coiffé traditionnellement d'un chapeau de feutre à larges bords, armé de son trident, le gardian rassemble chaque jour la manade pour surveiller les bêtes malades, prodiguer les soins, choisir les taureaux destinés aux courses... Si le chapeau et le trident sont de plus en plus réservés aux jours de cérémonies et de fêtes, le cheval reste toujours l'inséparable compagnon du gardian, excellent cavalier qui possède un harnachement particulier. La selle, réalisée dans un cuir de qualité supérieure par un sellier du pays, doit offrir un maximum de confort et de sécurité : rembourrages, quartiers qui retombent sur les flancs de l'animal, étriers à cage, pommeau à l'avant et troussequin (dosseret) à l'arrière.

Le cheval « camargue » appartient à une race très ancienne que l'on fait parfois

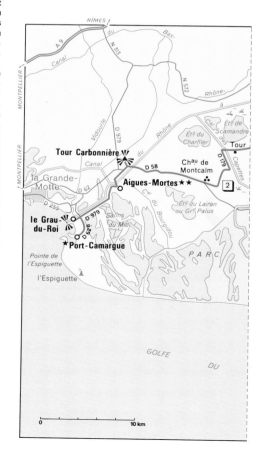

descendre du cheval de Solutré. Petit (jamais plus de 1 m 45 au garrot), il est remarquable par sa rusticité, son endurance, sa sûreté de pieds et sa maniabilité. Les poulains naissent avec un poil sombre qui ne prend progressivement la couleur blanche qu'au bout de quatre ou cinq ans.

Les taureaux, héros des courses provençales ou « courses à la cocarde », sont de race camarguaise, noirs, agiles, à cornes en lyre. Quelques taureaux espagnols à cornes basses sont également élevés.

Chaque printemps, la « ferrade » est un temps fort de la vie d'une manade. Les jeunes taureaux d'un an (les anoubles) sont écartés du troupeau par les gardians qui les poursuivent à toute allure vers le lieu de marquage. Là, des jeunes gens qui les saisissent, les renversent sur le flanc et leur imposent sur la cuisse gauche le fer rouge à la marque de l'éleveur, tout cela dans une ambiance de fête baignée par l'odeur caractéristique du poil et du cuir brûlés.

Les moutons, qui atteignent environ 80 000 têtes, paissent en Camargue pendant l'hiver et vont passer l'été dans les Alpes ; leur domaine a lui aussi tendance à se restreindre.

De nombreux loueurs de chevaux organisent des **promenades dans les manades**, les marais et sur les plages, accompagnées par un gardian *(voir le chapitre « renseignements pratiques, p. 201 »).*

★★① LE DELTA DU RHÔNE
Circuit au départ d'Arles

160 km — compter 1 journée, visite d'Arles non comprise — schéma p. 98 et ci-dessous

★★★Arles. — *Visite : 1/2 journée. Description p. 64.*

Quitter Arles par ④ du plan, D 570.

Mas du Pont de Rousty. — Dans le cadre du Parc naturel régional de Camargue, la bergerie de ce mas abrite un **musée camarguais**. Il traite toute l'histoire de la Camargue des origines à nos jours ; une part importante est réservée au 19e s. Pour compléter la visite, un sentier balisé permet une promenade de 1 h 1/2 dans les terres environnantes.

Suivre le D 570 qui traverse de vastes étendues cultivées.

Albaron. — Ancienne place forte dont il subsiste une tour (13e-16e s.), de belle allure, Albaron est une station de pompage pour l'assainissement et le dessalement des terres.

Poursuivre sur le D 570 par les Bruns et Pioch-Badet.

Ginès. — Le **centre d'information et d'animation** de Ginès a été créé au Pont de Gau, en bordure de l'étang de Ginès. Un ensemble de documents, de photographies, des

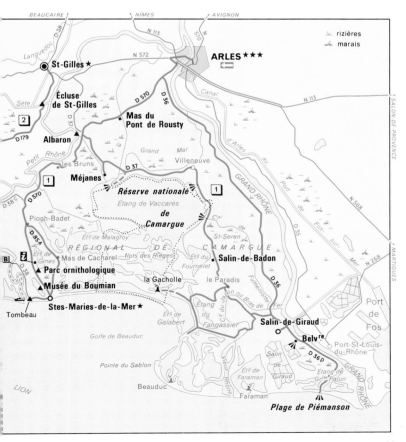

projections de diapositives font découvrir la Camargue, aussi bien laborieuse que traditionnelle, sa flore et sa faune. De larges baies vitrées s'ouvrent sur l'étang et le marais et permettent d'admirer, au gré de leurs passages, certains représentants de la faune camarguaise.

ⓥ **Parc ornithologique du Pont de Gau.** — Il permet de découvrir, dans leur milieu naturel, la plupart des espèces d'oiseaux vivant en Camargue ou y transitant. Seules, les espèces les plus difficiles à observer, sont présentées dans de vastes volières. 12 ha de marais parcourus de sentiers balisés facilitent l'approche de cette faune protégée.

ⓥ **Musée du Boumian.** — Ce musée de cire illustre en 18 tableaux des épisodes de la vie camarguaise : chasse aux canards, ferrade, cabane de gardian, veillée gitane... Belle collection d'armes et collections ornithologiques.

★ **Stes-Maries-de-la-Mer** — *Page 176.*

> *Emprunter, à l'Ouest, le D 38 ; à 1 km prendre à gauche un chemin revêtu.*

Sur la gauche se dresse le tombeau de Folco de Baroncelli-Javon *(voir p. 177)* édifié en 1951 à l'emplacement de son mas du Simbèu.

(D'après photo S. L., Villeurbanne)
Croix des Gardians.

★ **Promenade en bateau sur le Petit Rhône.** — Cette
ⓥ excursion qui remonte ce bras du Rhône jusqu'au bac du Petit Sauvage offre une impression d'immensité et fait découvrir la Camargue des manadiers. Chevaux et taureaux paissent sur les vastes étendues appelées pelouses à saladelles tandis qu'aigrettes, hérons cendrés, canards et parfois flamants roses, peuplent les berges où poussent les tamaris.

> *Revenir aux Stes-Maries-de-la-Mer et prendre le D 85A.*

La route traverse, dans les marais du Couvin, un étonnant paysage d'eau salée, de plantes rabougries, de terres inondées, laissant sur la droite le mas de Cacharel. Elle offre en arrière de belles vues sur les Stes-Maries.

> *A Pioch-Badet, tourner à droite dans le D 570 et , à l'entrée d'Albaron, prendre à droite le D 37 qui serpente dans les rizières.*
>
> *A 4,5 km une route à droite mène à Méjanes.*

ⓥ **Méjanes.** — Ce mas abrite un centre d'attractions avec arènes, et propose des promenades à cheval, ou dans un petit train effectuant un circuit de 3,5 km en bordure du Vaccarès.

> *Suivre le D 37.*

Il franchit de vastes étendues parsemées de rares touffes d'arbres, de roseaux, de mas isolés.

Point de vue sur le Vaccarès. — *3/4 h à pied AR. Tourner à droite dans un chemin non revêtu où laisser la voiture.*
Le sentier longe un canal d'irrigation ou roubine et mène à un petit belvédère d'où la vue s'étend sur le Vaccarès et les îlots des Rièges *(p. 97)*.

> *Revenir au D 37 et prendre à droite ; à Villeneuve tourner à droite, direction « Étang de Vaccarès ».*

De belles vues se dégagent à droite sur le Vaccarès ; sur la gauche, dans le marais de St-Seren, remarquer une cabane de gardian *(illustration p. 39)*. La route longe l'étang du Fournelet.

Salin-de-Badon. — Des services de la Réserve nationale de Camargue *(p. 96)* y sont installés.
Du lieu-dit le Paradis *(circulation tolérée mais aux risques et périls des usagers)*, par temps sec, deux excursions peuvent être entreprises qui permettent de découvrir les nombreux oiseaux vivant en Camargue et en particulier les flamants roses :
— l'une conduit au phare de la **Gacholle** où une cabane abrite une longue-vue. *Circulation interdite à partir du Pertuis de la Comtesse ; parcourir le dernier kilomètre à pied.*
— l'autre emprunte la digue séparant les étangs du **Fangassier** et de **Galabert.**
Le D 36C, puis le D 36 à droite mènent à Salin-de-Giraud.

Salin-de-Giraud. — Pays du sel, cette petite localité de la rive droite du Rhône est aussi un centre de fabrication de produits chimiques comme l'indiquent les noms des quartiers : Péchiney, Solvay. Platanes, acacias, catalpas, ombragent les rues qui se coupent à angle droit. La campagne vit de l'élevage et de la polyculture (riz, luzerne, asperges).

> *Suivre la route qui longe le Grand Rhône.*

Belvédère. — Aménagé près d'une montagne de sel, il procure une belle vue sur l'ensemble du salin de Giraud *(voir p. 16 et 97)*.

> *Poursuivre en direction de la plage de Piémanson.*

La route offre des échappées sur le Rhône et Port-St-Louis-du-Rhône *(p. 119)*, puis passe sur une digue au milieu d'étangs blanchis par le sel.

Plage de Piémanson. — Immense étendue (25 km) de sable fin bordée de petites dunes, Belle vue sur la chaîne de l'Estaque, les massifs de Marseilleveyre, de l'Étoile, des Alpilles.

> *Regagner Arles par Salin-de-Giraud, le D 36 et le D 570 à droite.*

La route traverse une zone de cultures entrecoupées de haies de peupliers.

★★② LA PLAINE D'AIGUES-MORTES
De St-Gilles à Port-Camargue
43 km — environ 5 h — schéma p. 98 et 99

★**St-Gilles.** — *Page 165.*
> *Quitter St-Gilles par la N 572 au Sud-Est et prendre à droite le D 179.*

Écluse de St-Gilles. — Elle est construite sur le canal reliant le petit Rhône au canal du Rhône à Sète. Du pont, belle vue sur l'ensemble des installations.
> *Suivre le D 179.*

Paysage de rizières fermé à l'horizon par des collines dominées par le Puech de Dardaillon (alt. 146 m) ; une ancienne tour de guet s'élève à gauche.
> *La route oblique à gauche et longe le canal des Capettes.*

Avant l'embranchement du D 58 où l'on tourne à droite, se dressent les vestiges du château de Montcalm, vaste demeure du début du 18e s. Le marquis de Montcalm y a séjourné avant son départ au Canada. Une chapelle de même époque s'élève à droite dans le vignoble qui s'étend à perte de vue.
> *Suivre le D 58 qui franchit le canal du Rhône à Sète et tourner à droite dans le D 46.*

Tour Carbonnière. — Du 14e s. Avec son système défensif : portes, herses, mâchicoulis, c'était l'avant-poste d'Aigues-Mortes sur l'ancienne piste des sauniers. Une petite garnison vivait dans la salle du 1er étage équipée d'une grande cheminée, d'un four à pain. De la plate-forme *(66 marches)*, beau **panorama★** sur Aigues-Mortes et les salins au Sud, les contreforts des Cévennes au Nord-Ouest, la petite Camargue à l'Est.
> *Revenir au D 58 que l'on prend à droite.*

★★**Aigues-Mortes.** — *Page 44.*
> *Emprunter le D 979 au Sud-Ouest.*

Il passe entre la Grande Roubine et les Salins du Midi.

Le Grau-du-Roi. — 4 204 h. (les Graulens). Lieu de séjour. Cette station balnéaire s'est développée autour du pittoresque petit port de pêche, au débouché du chenal maritime desservant les salins d'Aigues-Mortes. De l'extrémité de la jetée, vue sur les pyramides de la Grande Motte et la station nouvelle de Port-Camargue.
> *Rebrousser chemin jusqu'à l'entrée du Grau-du-Roi et tourner à droite dans le D 62B pour gagner Port-Camargue.*

★**Port-Camargue.** — *Page 162.*

★ CARPENTRAS
25 886 h. (les Carpentrassiens)

Carte Michelin n° 🆑 plis 12 et 13 ou 🆖 pli 17 ou 🆖 pli 10 — Lieu de séjour.

Carpentras, bien connue des amateurs de berlingots et des chasseurs de grives, a derrière elle un long passé. Marché d'une tribu celto-ligure, cité gallo-romaine, siège d'un évêché qui se transporta temporairement à Venasque, elle prit plus tard un essor considérable lorsque les Papes s'installèrent en Provence. Clément V en effet, séjourne fréquemment ici entre 1309 et 1314 ; des cardinaux en font autant ; un conclave s'y réunit en 1314 mais il doit émigrer à Lyon où sera élu Jean XXII. Capitale du Comtat Venaissin en 1320, la ville profite de la munificence pontificale : elle s'étend et s'entoure, sous Innocent VI, d'une puissante enceinte à 32 tours et 4 portes, rasée au 19e s. Avec Avignon, Cavaillon et l'Isle-sur-la-Sorgue, elle abrite jusqu'à la Révolution, une « carrière » (quartier-ghetto) juive que l'on ferme chaque soir.

L'évêque Malachie d'Inguimbert, bienfaiteur et fondateur de l'Hôtel-Dieu, fut la grande figure locale du 18e s. Il fonda en 1745 la célèbre bibliothèque qui porte toujours son nom : la bibliothèque Inguimbertine (à l'Ouest de la ville). Au 19e s., se distinguent les noms de François Raspail (1794-1878) et d'Alfred Naquet (1834-1916), médecins et hommes politiques républicains, et au 20e s., celui d'Edouard Daladier (1884-1970), président du Conseil et signataire des accords de Munich en 1938.

Bien qu'ayant profité de l'essor de la garance, introduite en 1768, la plaine de Carpentras se transforma en jardin fertile lorsqu'un canal dérivé de la Durance permit de l'irriguer, au 19e s., tandis qu'arrivait le chemin de fer. La ville continue toujours à vivre d'un actif commerce agricole. S'y perpétue d'autre part, une vieille tradition de fabrication des appeaux que les chasseurs provençaux utilisent pour attirer le gibier, en particulier la grive.

Chaque année, Carpentras organise un **festival** au contenu très varié : théâtre, art lyrique, danse, folklore, etc... *(voir p. 203).*

QUARTIER DE L'ANCIENNE CATHÉDRALE ST-SIFFREIN *visite : 3/4 h*

★**Ancienne cathédrale St-Siffrein** (Z). — Elle fut commencée en 1404 par l'archevêque d'Arles, au nom du pape Benoît XIII d'Avignon, et constitue un bon exemple de gothique méridional ; achevée au début du 16e s., sa façade fut complétée au 17e s. par un portail classique. Le clocher est récent.

Entrer dans l'église par le portail Sud ou porte Juive, de style gothique flamboyant (fin du 15e s.) ; les juifs convertis l'empruntaient pour recevoir le baptême, d'où son nom. Sur le mur du fond de la nef court un balcon qui communiquait avec la chambre de l'évêque : une petite loge, aménagée au-dessus de la grande arcade de la première travée, permettait au prélat d'assister aux offices. Dans les chapelles à gauche de la nef, tableaux de Mignard et de Parrocel. Dans le chœur, plusieurs œuvres du célèbre

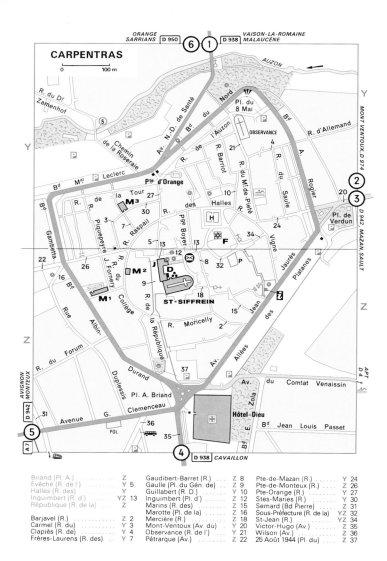

CARPENTRAS

ORANGE SARRIANS D 950 — VAISON-LA-ROMAINE MALAUCÈNE D 938

0   100 m

sculpteur provençal Bernus, de Mazan *(p. 103)*, dont une Gloire en bois doré ; à gauche, peinture du 15ᵉ s. représentant la Vierge entourée de la Sainte Trinité, de saint Siffrein et de saint Michel.

★Trésor d'Art sacré. — Exposé dans une chapelle à gauche du chœur, il rassemble des statues en bois du 14ᵉ s. au 16ᵉ s. (Vierge à l'Enfant, 14ᵉ s., Prophète Daniel, 15ᵉ s.), des ornements sacerdotaux et des pièces d'orfèvrerie des 18ᵉ s. et 19ᵉ s., des sculptures de Bernus, une crosse en émail limousin.

Palais de Justice (Z J). — C'est l'ancien palais épiscopal ; il date du 17ᵉ s. A l'intérieur, on pourra visiter des salles ornées de peintures du 17ᵉ s., notamment la salle des Assises et celle des Délibérés.

Arc de triomphe (Z D). — Situé derrière le Palais de Justice, cet arc municipal romain fut construit sans doute à la même époque que celui d'Orange *(p. 155)*. Sa décoration, mutilée, est intéressante surtout sur la face Est où sont représentés deux captifs vêtus, l'un d'une tunique, l'autre d'une peau de bête.

Les ruines de l'ancienne cathédrale romane, près du chevet de l'église actuelle, présentent encore une belle coupole richement décorée.

AUTRES CURIOSITÉS

Tour de ville. — Suivre en auto les boulevards Albin-Durand, Gambetta, Maréchal-Leclerc, du Nord, Alfred-Rogier et l'avenue Jean-Jaurès qui ramène place Aristide-Briand ; belles **vues** sur les Dentelles de Montmirail et le Ventoux. Le meilleur point d'observation est la terrasse située place du 8-Mai.

Porte d'Orange (Y). — Du 14ᵉ s., c'est le seul vestige des anciens remparts.

Musées (Z M¹). — Quatre musées regroupent des collections d'intérêt essentiellement régional.

Musée Comtadin, *au rez-de-chaussée.* — Il expose en particulier des souvenirs régionaux, parmi lesquels une curieuse collection de sonnailles fabriquées à Carpentras, lieu de passage de troupeaux transhumants ; des coiffes, monnaies et sceaux du Comtat.

Musée Duplessis, *au 1ᵉʳ étage.* — Primitifs, tableaux de Parrocel, Rigaud, des peintres carpentrassiens Duplessis et J. Laurens.

Musée Sobirats (Z M²). — Belle reconstitution d'un hôtel particulier du 18ᵉ s.

Musée lapidaire (Y M³). — Il a été installé dans la chapelle des Pénitents Gris (ancien couvent de la Visitation) consacrée en 1717. Dans la 2ᵉ chapelle latérale de droite, remarquer quelques colonnes et chapiteaux du cloître roman de la cathédrale.

ⓥ **Hôtel-Dieu** (Z). — Il date du 18ᵉ s. La visite comprend la pharmacie, dont les armoires peintes de paysages et d'amusantes figures (singes-apothicaires) renferment une importante collection de pots en faïence de Moustiers ; la chapelle, ornée de tableaux de Mignard et de Parrocel, le tombeau, à gauche du chœur, de Mgr d'Inguimbert, constructeur de l'hôpital, et la belle grille d'autel ; l'imposant escalier d'honneur à la gracieuse rampe en fer forgé.

ⓥ **Synagogue** (Y F). — La plus ancienne synagogue de France, seul reste d'un ghetto qui compta avant la Révolution jusqu'à 1 200 israélites, astreints au port d'un chapeau jaune. Édifiée au 15ᵉ s., elle fut reconstruite au 18ᵉ s. et restaurée en 1929 et 1958. Au 1ᵉʳ étage, se trouve le sanctuaire orné de boiseries, de luminaires et de lustres ; au rez-de-chaussée, le four pour la fabrication des pains azymes, et les dépendances du temple ; au sous-sol, les piscines pour les bains de purification.

EXCURSIONS

Mazan. — 3 729 h. *7 km par ③ du plan, D 942.* Petite localité de la vallée de l'Auzon, Mazan est connue pour son gypse appelé gypse de Mazan, exploité près de Mormoiron dans le plus important gisement d'Europe, mais c'est aussi le pays natal de Jacques Bernus (1650-1728), célèbre sculpteur comtadin. Dans le **cimetière** clôturé au Nord et au Nord-Ouest par 62 sarcophages gallo-romains qui jalonnaient l'ancienne voie romaine de Carpentras à Sault, on verra la chapelle mi-souterraine de N.-D.-de-Pareloup du 12ᵉ s. Belle **vue★** sur les Dentelles de Montmirail, le mont Ventoux, la montagne de Lure.

ⓥ Près de l'église, la chapelle des Pénitents Blancs (17ᵉ s.) abrite le **musée** communal. A l'aide de parchemins, costumes, meubles, instruments aratoires, il retrace la vie locale. Remarquer des vestiges de l'âge de pierre trouvés lors de fouilles sur la face Sud du Ventoux, une sculpture de Jacques Bernus. Dans la cour, four banal du 14ᵉ s.

Sarrians. — 5 030 h. *8 km par ⑥ du plan, D 950.* Ce bourg comtadin est bâti sur une butte. L'**église,** en partie masquée par les maisons d'habitation, est un ancien prieuré bénédictin. Elle a conservé un beau chœur et une coupole sur trompes du 11ᵉ s.

Monteux. — 7 552 h. *4,5 km par ⑤ du plan, D 942.* Cette petite ville maraîchère eut son heure de gloire au début du 14ᵉ s., quand le pape Clément V venait se reposer au château dont il reste la tour clémentine. Deux portes des anciens remparts du 14ᵉ s. subsistent également. Né à Monteux, saint Gens, patron des agriculteurs provençaux, avait le pouvoir de provoquer la pluie ; un pèlerinage *(voir p. 203)* a lieu chaque année en son honneur au Beaucet (au Sud-Est de Venasque).

★ CASSIS

6 318 h. (les Cassidens)

Carte Michelin n° 84 pli 13 ou 245 pli 45 ou 246 pli M — Schéma p. 104 — Lieu de séjour.

Situé à l'extrémité d'un pittoresque vallonnement, débouchant au fond d'une baie entre les hauteurs arides du massif du Puget, à l'Ouest, et les escarpements boisés du cap Canaille, à l'Est, Cassis occupe un très joli **site★**. Ce petit port de pêche, très animé, est réputé pour la qualité de ses poissons, crustacés et fruits de mer. La dégustation des oursins avec le vin blanc de Cassis est fort agréable.

C'est aussi une station estivale fréquentée qui possède trois petites plages entourées de rochers (deux de sable, une de galets), en pente assez forte.

Cassis célébré par Mistral en son poème « Calendal », est un des berceaux de la peinture moderne : Derain, de Vlaminck, Matisse, Dufy y ont exercé leur talent.

Aux environs de Cassis se trouvaient de très importantes carrières. Dans la calanque de Port-Miou, on exploitait une pierre de taille blanche et dure qui a servi à la construction du tunnel du Rove, de certains quais du Canal de Suez et à plusieurs portes du « Campo Santo » de Gênes.

Des joutes nautiques, organisées plusieurs fois par an, notamment pour la fête de saint Pierre (29 juin), patron des pêcheurs, constituent un agréable divertissement.

(Photo G. Carde/Explorer)

Varappe dans la calanque d'En-Vau.

103

CASSIS

*Pour lire
les plans de ville,
voir la page de légende.*

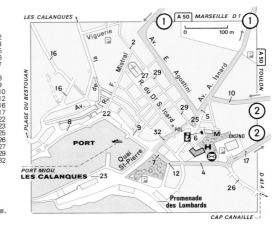

Musée municipal (H). — Installé au 1er étage de la « Maison de Cassis », demeure du 18e s., restaurée, ce petit musée d'arts et de traditions populaires contient une petite collection archéologique trouvée dans la région (cippe du 1er s., monnaies romaines et grecques, poteries, amphores), des manuscrits relatifs à la cité, des tableaux et des sculptures d'artistes régionaux.

Promenade des Lombards. — Cette agréable promenade longe la plage et passe au pied du piton que couronne le **château** restauré des Baux.

★★ LES CALANQUES

Les massifs calcaires de Marseilleveyre et du Puget, à l'Ouest de Cassis, sont profondément échancrés par des calanques, sortes de baies formées par les extrémités submergées des vallées en gorge qui les prolongent à l'intérieur.

Visite. — La visite en bateau est la façon la plus agréable de faire l'excursion. On peut se rendre en vedette jusqu'à En-Vau en visitant les trois calanques aux eaux limpides de Port-Miou, de Port-Pin et d'En-Vau.

L'accès en auto jusqu'au fond de la calanque de Port-Miou *(1,5 km)* est possible mais il est préférable de faire l'excursion à pied en laissant la voiture en haut de la rampe située à environ 1 km du port. De là, gagner Port-Pin *(1 h AR)* ou En-Vau *(2 h 1/2 AR)* par les sentiers signalés. Du D 559 *(à 6,5 km de Cassis et 17 km de Marseille)*, une route étroite, d'abord au fond d'une gorge puis dans la forêt de la Gardiole, permet d'approcher en auto les calanques jusqu'au col de la Gardiole *(3,2 km du D 559)*, où est aménagé un parc à auto et

d'où l'on peut atteindre à pied En-Vau *(2 h AR)* et Port-Pin *(3 h AR)*.

Calanque de Port-Miou. — Longue de 1 km, elle abrite un petit port de même nom.

★**Calanque de Port-Pin.** — Au fond de cette calanque aux parois rocheuses auxquelles s'agrippent quelques pins, se trouve une jolie petite plage ombragée.

★★**Calanque d'En-Vau.** — La plus célèbre et la plus belle ; falaises et aiguilles servent de cadre à ses eaux tranquilles ; une plage de galets la termine.

Calanques de Sormiou et de Sugiton. — *Description p. 141.*

CAVAILLON
20 830 h. (les Cavaillonnais)

Carte Michelin n° 81 pli 12 ou 245 pli 30 ou 246 pli 11 — Schémas p. 114 et 126 — Lieu de séjour.

Le nom de Cavaillon évoque les champs de primeurs qui composent autour de la ville un paysage maraîcher remarquablement bien cultivé. Il évoque surtout les melons parfumés qui font sa gloire. Dès le début de mai, ils apparaissent dans les serres et bientôt c'est en plein champ qu'ils sont cueillis. L'ensemble de la production régionale est commercialisé dans l'enceinte d'un « marché d'intérêt national ». Environ 800 000 tonnes de fruits et légumes en font le premier marché de France et l'un des principaux d'Europe.

CAVAILLON

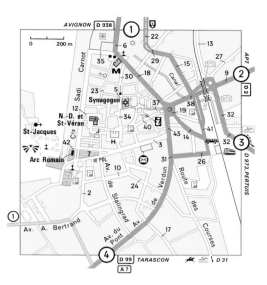

Oppidum de la peuplade celto-ligure des Cavares, l'antique Cabellio, installée sur la colline St-Jacques, fut sous le contrôle de Marseille jusqu'à la chute de cette dernière. La cité descendit alors de la colline et devint une prospère colonie latine. Elle eut au Moyen Age deux évêques célèbres : au 6e s., saint Véran, le patron des bergers et au 14e s., Philippe de Cabassole, l'ami de Pétrarque *(p. 74 et 117)*.

CURIOSITÉS

ⓥ **Chapelle St-Jacques.** — *3/4 h à pied AR. Partir de la place François-Tourel.*
Sur cette place se trouvent les restes d'un petit **arc romain** délicatement ornementé, réédifié à cet emplacement en 1880.

> *Prendre, au fond de la place, à gauche de l'arc, un sentier pittoresque, coupé de marches.*

Au second tournant à droite, inscription de Mistral gravée dans le rocher. De la table d'orientation placée en avant du calvaire se révèle un **panorama**★ sur Cavaillon et sa plaine, le Ventoux, la vallée du Coulon, le plateau de Vaucluse, le Luberon tout proche, la vallée de la Durance, les Alpilles.

Gagner ensuite la **chapelle St-Jacques.** Construite au 12e s., elle a été remaniée aux 16e s. et 17e s. Elle se dresse dans un joli jardin où poussent cyprès, pins, amandiers, à côté d'un petit ermitage, qui fut habité du 14e s. au début de ce siècle. C'est ici que vivait le « frère Boniface » de Roumanille dans son récit facétieux « l'ermite de St-Jacques ».

La promenade peut aussi se faire en auto *(5,5 km)*. Sur la D 938, au Nord de Cavaillon, 50 m après un grand carrefour, prendre une route à gauche en montée. Elle offre de belles vues sur la vallée du Rhône et la Montagnette.

ⓥ **Ancienne cathédrale Notre-Dame-et-St-Véran.** — Cet édifice roman a été agrandi du 14e s. au 18e s. par l'adjonction de chapelles latérales. La façade a été presque entièrement reconstruite au 18e s., le chevet présente une belle abside à cinq pans.

> *Pénétrer par le flanc droit.*

On traverse le petit **cloître** roman attenant à l'église.
A l'intérieur, très sombre, le chœur et les chapelles latérales sont décorés de boiseries dorées du 18e s. encadrant des tableaux de Pierre et Nicolas Mignard, Parrocel et Daret. Les stalles datent de 1585.

ⓥ **Synagogue.** — Construite en 1772, cette synagogue, de dimensions restreintes — la communauté israélite de Cavaillon ne dépassait pas 200 personnes —, est ornée de gracieuses boiseries Louis XV. Une belle balustrade en fer forgé ceinture la tribune de l'officiant et l'Arche sainte ou tabernacle.
Au rez-de-chaussée, un petit **musée judéo-comtadin** est installé dans l'ancienne boulangerie qui présente encore le four et la grande dalle de marbre gris servant à confectionner le pain azyme. De nombreux souvenirs de cette communauté y sont rassemblés : manuscrits, livres de prière, ornements de la torah, vestiges de la première synagogue élevée au 14e s. à cet emplacement.

ⓥ **Musée (M).** — Il est installé dans la chapelle de l'ancien hôpital et dans ses annexes. La chapelle renferme la section lapidaire, pierre à cupules, sorte de cavités, de l'époque préhistorique, cippe et colonnes gallo-romaines, autel tabulaire du 6e s... Au rez-de-chaussée, salle André Dumoulin consacrée à la préhistoire du Luberon.
Au 1er étage, est présentée une importante **collection archéologique**★ d'objets découverts en majeure partie sur la colline St-Jacques dans des puits ou fosses datant des 2e et 1er s. avant J.-C. et dont certains servaient de silos à provisions : nombreuses poteries allant du 5e s. avant J.-C. au 6e s. après J.-C., monnaies, objets usuels, urnes funéraires, vestiges alimentaires.
Au 2e étage, une salle est consacrée à l'ancien hôpital ; on remarque des livres de remèdes et de comptes des 17e et 18e s., un mortier à pommade de 1773, des faïences de Moustiers.

CHÂTEAU-BAS

Carte Michelin nº 🔢 pli 2 ou 🔢 pli 30 ou 🔢 pli 12 — 8 km au Nord-Ouest de Lambesc.

Au fond du parc de Château-Bas (16e-18e s.) s'élèvent dans un site charmant les ruines très intéressantes d'un temple romain et d'une chapelle.

Le chemin d'accès signalé qui aboutit à un parc de stationnement s'embranche sur le D 22, à 1 km au Sud-Ouest de Cazan, en direction de Pélissanne.

Temple romain. — La qualité de ce qu'il en reste permet de penser qu'il date de la fin du 1er s. avant J.-C., époque de constructions remarquables : arc de St-Rémy-de-Provence, Maison Carrée de Nîmes. Il subsiste une partie des soubassements et du mur latéral de gauche. Le pilastre carré qui termine ce mur vers l'entrée possède un très beau chapiteau corinthien. En avant, s'élève une colonne cannelée, haute de 7 m, restée intacte.
Autour du temple, restes d'un autre temple et enceinte demi-circulaire romaine, probablement celle d'un sanctuaire.

Chapelle St-Césaire. — La chapelle (12e s.) est accolée au côté gauche du temple. Elle est voûtée en berceau et son abside en cul-de-four. Sa porte et la niche, qui est au-dessus, sont du 16e s.

CHÂTEAUNEUF-DU-PAPE   2 060 h. (les Castels-Papals)

Carte Michelin nº 🔢 pli 12 ou 🔢 pli 16 ou 🔢 pli 24 — Lieu de séjour.

Ce bourg a donné son nom à l'un des crus les plus capiteux de la vallée du Rhône. Le vignoble fut créé par les papes qui avaient là leur résidence secondaire. La renommée du vin de Châteauneuf date du milieu du 18e s. Longtemps, on expédia en Bourgogne le vin en tonneau afin qu'il y fut amélioré. Vers 1880, la crise phylloxérique entraîna la ruine du vignoble et son renouvellement. En 1923, le syndicat des propriétaires viticulteurs établit une réglementation sévère concernant les limites de la région plantée, le contrôle des plantations, les époques de vendange, le choix des raisins, les variétés de cépage au nombre de treize, la vinification, la présentation du cru, garants de la qualité.

Château des Papes. — De la forteresse élevée par les papes d'Avignon et brûlée au cours des guerres de Religion, il ne reste que le donjon (miné par les Allemands en 1944) et un pan de mur du logis. De là, la **vue★★** s'étend sur l'ample vallée du Rhône, Roquemaure et les ruines du château de l'Hers, Avignon avec N.-D.-des-Doms et le Palais des Papes se détachant nettement sur la toile de fond des Alpilles ; on reconnaît également le Luberon, le plateau de Vaucluse, le Ventoux, les Dentelles de Montmirail, les Baronnies et la montagne de la Lance.

Musée des outils de vignerons. — Situé dans le caveau du père Anselme, ce musée évoque de manière très complète le monde de la vigne. La visite suit une progression logique : le travail de la vigne (araires et charrues, bêches, outils à tailler, etc.), le traitement (appareils à sulfater, notamment un « dos de mulet »), les vendanges (paniers, hottes, fouloirs, etc.), le travail de la cave (entonnoirs, bacholles, pressoir du 16e s. et foudre du 14º s.). Plusieurs autres aspects de la viticulture sont évoqués : la tonnellerie, le greffage, les poids et mesures, le phylloxéra, la bouteille, le bouchon... Une salle présente le vignoble actuel (3 300 ha, 300 vignerons).
Dans la cour, collection de vieilles charrues.

EXCURSION

Roquemaure. — 4 054 h. *10 km par le D 17 puis le D 976.*
La route traverse les magnifiques vignes, soigneusement entretenues. Sur la gauche, à environ 2 km, se dressent les ruines du château de l'Hers dont la tour à mâchicoulis semble garder le précieux vignoble. Lui fait face, sur l'autre rive du Rhône, le château de Roquemaure où expira, le 20 avril 1314, le pape Clément V.
Franchi le Rhône, que la route longe encore sur quelques kilomètres, on arrive à Roquemaure, gros bourg qui conserve quelques maisons anciennes, notamment celle du cardinal Bertrand dans le quartier de l'église. Cette dernière remonte au 13e s. et possède de belles orgues du 17e s.

CHÂTEAURENARD   11 072 h.

Carte Michelin nº 🔢 pli 12 ou 🔢 pli 29 ou 🔢 pli 25 — Schéma p. 114 — Lieu de séjour.

Construite au pied d'une colline qui porte les deux tours de son château ruiné, au centre d'une région de cultures maraîchères et fruitières, Châteaurenard est un très important marché de primeurs ; une superficie de 150 000 m2 est réservée au « marché d'intérêt national » qui traite annuellement entre 350 000 et 400 000 tonnes de fruits et légumes.
Dans « Nerte », Mistral a mis en scène un seigneur de Châteaurenard du 15e s., Pons, qui vendit au diable l'âme de sa fillette.

Château féodal. — *Accès : à pied, en empruntant l'escalier à droite de l'église ; en auto, 1 km, par l'avenue Marx-Dormoy et une route à droite, signalée.*
Du château féodal ruiné pendant la Révolution, il ne reste que deux tours. Du sommet de celle dite « du Griffon », on embrasse un beau **panorama★** sur Châteaurenard, la Montagnette, Avignon et Villeneuve-lès-Avignon, les Dentelles de Montmirail, le Ventoux, les Alpilles.

La CIOTAT

Carte Michelin n° 🖾 pli 14 ou 🖾🖾 pli 45 ou 🖾🖾 pli M — Lieu de séjour.
Plan d'agglomération dans le guide Michelin France.

La Ciotat, qui étage ses maisons à l'entrée de la vaste baie de même nom, était
connue dès l'Antiquité comme colonie mar-
seillaise sous le nom de Citharista. Occupée
par les Romains, ruinée par les invasions, qui
obligent la population à se réfugier à Ceyreste,
elle se relève à la fin du Moyen Age, et dès le
16ᵉ s., arme une flotte destinée au cabotage
sur les côtes orientales de la Méditerranée.
De nos jours, elle a gardé sa vocation maritime
et abrite une grosse chaudronnerie industrielle
et d'importants chantiers navals spécialisés
dans les pétroliers et méthaniers. Un bassin
de radoub de 360 m sur 60 m surmonté d'un
portique géant double l'ancien chantier et peut
recevoir des bâtiments de 300 000 t.

La Ciotat conserve le souvenir des frères
Lumière qui filmèrent « l'entrée d'un train en
gare de La Ciotat » et qui organisèrent dans
leur villa, le 21 septembre 1895, la première
projection privée, plus de deux mois avant
Paris.

CURIOSITÉS

Le vieux port. — Dominé par les lourdes
masses de navires en construction, il garde
cependant le charme d'un petit port de pêche.

Église N.-D.-de-l'Assomption (B). — Du
17ᵉ s., elle tourne vers la mer sa belle façade
baroque rose. L'intérieur, agencé selon des
conceptions modernes, permet d'admirer dans
le bas-côté droit une Descente de croix peinte par un artiste de Lyon, André Gaudion,
en 1616 ; dans le bas-côté gauche, une fresque moderne (22 m de long) de Gilbert
Ganteaume illustrant des scènes de l'Évangile. Au fond de la nef, peintures de Tony
Roux représentant l'Homme et la Femme.

Musée ciotaden (M). — Il renferme, des souvenirs et des documents sur la marine
et le passé de La Ciotat.

La Ciotat-Plage. — Au-delà du nouveau port de 700 places créé pour accueillir les
plaisanciers, s'étire la station balnéaire. De nombreux hôtels et villas bordent la plage
de sable fin et de faible déclivité. Un centre de thalassothérapie a été ouvert et traite
les asthénies et les rhumatismes.
Un monument aux Frères Lumière, citoyens d'adoption de la Ciotat, a été érigé dans
un square, situé en bordure de mer.

Parc du Mugel. — *Accès par le quai Stalingrad au Sud du plan.* Aménagé à l'abri du
massif du Bec de l'Aigle, il constitue un espace naturel protégé où l'on découvre, dans
le cadre d'un sol de poudingue (conglomérat rougeâtre de galets et de sable), une
végétation abondante et variée (chênes, mimosas, lauriers, arbousiers, pins, plantes
aromatiques, fleurs sauvages, myrtes etc.). Un circuit balisé au milieu des plantes
identifiées agrémente la promenade.
Au sommet *(sentier en forte pente),* à 155 m d'altitude, belle vue sur La Ciotat et les
environs.

★Ile Verte. — *1/2 h AR en bateau.* De l'ancien fortin qui occupe l'île, on voit, sous
son meilleur angle, le rocher du cap de l'Aigle ; sa silhouette se projette comme une
tête d'oiseau de proie.

Les calanques. — *1,5 km. Quitter la Ciotat par le quai Stalingrad, l'avenue des
Calanques et tourner à gauche dans l'avenue du Mugel.*

Calanque du Mugel. — Le rocher du cap de l'Aigle la surplombe. Belle vue sur l'île Verte.

Emprunter l'avenue des Calanques et prendre à gauche l'avenue de Figuerolles.

★Calanque de Figuerolles. — *1/4 h à pied AR.* Un court et verdoyant vallon conduit à
cette petite calanque aux eaux claires. Des rochers bizarrement découpés, dont « le
Capucin », isolé en avant et à droite, des falaises percées d'alvéoles aux arêtes vives,
au fond poli, rendent le site curieux.

Chapelle N.-D.-de-la-Garde. — *2,5 km, puis 1/4 h à pied AR. Quitter la Ciotat par
les boulevards Bertolucci, de Narvik, la rue du Cardinal-Maurin et le Chemin de la
Garde à droite ; à 500 m, tourner à gauche en direction d'une cité blanche.*
Gagner la chapelle et prendre à droite le sentier qui mène à la plate-forme rocheuse
dominant la chapelle *(85 marches taillées dans le roc).* La **vue★★** embrasse toute la
baie de la Ciotat.

LA CIOTAT

Foch (R. Mar.)	16
Poilus (R. des)	
Anatole-France (Bd)	2
Bartolucci (Bd)	6
Clemenceau (Bd G.)	13
Gallieni (Av. Mar.)	18
Ganteaume (Quai)	19
Gaulle (Quai Gén. de)	21
Kennedy (Av. J.F.)	23
Lamartine (Bd)	24
Prés. Wilson (Av.)	31

*Pour circuler en ville, utilisez les plans du **guide Michelin France** :*
— axes de pénétration ou de contournement, rues nouvelles
— parcs de stationnement, sens interdits...

Une abondante documentation, mise à jour chaque année.

★ COCALIÈRE (Grotte de la)

Carte Michelin n° 80 pli 8.

Cette grotte du plateau gardois, au Nord-Ouest de St-Ambroix, recèle un réseau de galeries explorées, long de plus de 46 km *(température intérieure 14°)*. Par ailleurs, le site de la Cocalière a révélé une occupation préhistorique très dense allant du moustérien (45 000 ans avant J.-C.) à l'âge de fer (400 avant J.-C.).

Accès par une route prenant à gauche sur le D 904 en venant des Vans, 300 m après l'embranchement vers Courry.

ⓥ VISITE *1 h 1/4*

Au bas du tunnel d'accès, une piste suit, sur 1 200 m environ, le fond d'une galerie horizontale reliant les différentes salles.

La grotte se distingue par la richesse et la variété des concrétions. Elles se réfléchissent de part et d'autre de la piste dans des plans d'eau ou des petits bassins alimentés par des cascatelles. De nombreux disques - concrétions aux diamètres impressionnants dont la formation est encore inexpliquée par les spécialistes - sont suspendus ou rattachés à la paroi en porte à faux et croissent souvent anormalement de bas en haut. Certaines voûtes présentent un cloisonnement géométrique de fines stalactites blanches, s'il s'agit de calcite pure, ou diversement colorées par des oxydes métalliques, tandis qu'un petit gour renferme de belles perles des cavernes en cours de formation. Après le camp des spéléologues, on entre par la salle du chaos et sous des voûtes tourmentées par l'érosion dans le domaine des draperies et des excentriques. On surplombe une imposante **cascade de gours** aux mille scintillements et des puits reliés aux étages inférieurs parcourus par des rivières souterraines. La traversée d'un gisement préhistorique précède le retour au hall d'accueil par un petit train.

A l'extérieur, dans l'environnement immédiat de la grotte, on peut admirer : un dolmen, des « tumuli » (amas de terre ou de pierres élevés au-desus des tombes), des capitelles, petites constructions de pierres sèches équivalent aux bories de Provence *(p. 125)*, des abris préhistoriques et différents phénomènes karstiques (avens, lapiés, failles).

---

*Dans le **guide Michelin Camping Caravaning France** de l'année,*
vous trouverez les commodités et les distractions offertes par de
nombreux terrains :

magasins, bars, restaurants, laverie, salle de jeux, tennis,
golf miniature, jeux pour enfants, piscines... etc.

COMTAT VENAISSIN

Carte Michelin n° 81 plis 2, 3, 12, 13 ou 245 16 à 18, 30, 31 ou 246 9 à 11.

Situé entre le Rhône, la Durance et le mont Ventoux, le territoire de cet ancien « comté », qui doit son nom à sa première capitale, Venasque, s'est vu désigné sous le nom de Comtat Venaissin au moment de son annexion par le Saint-Siège en 1274. Auparavant inclus dans le marquisat de Provence, il dépendait du comté de Toulouse et, comme l'ensemble des possessions de ces comtes, fut touché par la crise albigeoise et le traité de Paris (1229) *(voir le guide Vert Michelin Pyrénées Roussillon)*. Réuni à la couronne en 1271, cédé trois ans plus tard au pape Grégoire X par Philippe III le Hardi, il reste sous l'autorité pontificale jusqu'en 1791, date de son rattachement à la France. Il possède alors son administration, ses tribunaux qui siègent à Carpentras, capitale du Comtat à partir de 1320, supplantant Pernes-les-Fontaines.

Constitué par la riche plaine de Vaucluse, le Comtat Venaissin occupe le bassin le plus large et le plus méridional de la vallée du Rhône. Son sol calcaire riche, bien mis en valeur par l'irrigation, a permis la création d'immenses

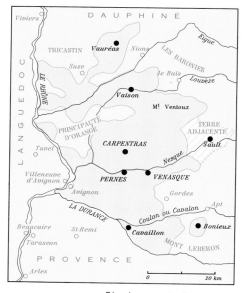

D'après une carte de juillet 1745.

jardins spécialisés dans la production de primeurs exportées dans la France entière *(voir p. 14)*. La culture a lieu dans le cadre d'un habitat dispersé et d'une mosaïque de petites propriétés exploitées scientifiquement. Les rivières : Ouvèze, Sorgue et Durance, ont établi de vastes plaines aux riches alluvions sur lesquelles des villes-marchés ont prospéré, telles Orange, Avignon, Cavaillon et Carpentras dont certaines sont devenues de très grands centres d'expédition de fruits et légumes.

Carte Michelin n° 🮑🮐 Sud du pli 9 ou 🮘🮕🮓 pli 14 ou 🮘🮕🮓 pli 24 — 8 km au Nord-Est de Lussan.

Le D 643 bordé de buis taillés mène, à travers la garrigue de chênes verts, aux gorges de l'Aiguillon désignées sous le nom de Concluses.

Le torrent de l'**Aiguillon** — à sec en été — a creusé dans le plateau calcaire un défilé rocheux long d'environ 1 km et s'ouvrant en amont par une belle curiosité naturelle : le Portail.

VISITE *1 h à pied AR*

Laisser la voiture au terme de la route, de préférence au second parc de stationnement, aménagé sur un terre-plein, en contre-haut, formant **belvédère**★ sur la partie amont des gorges ; on distingue nettement les marmites de géant qui parsèment le lit du torrent.

Emprunter à droite le sentier signalé vers le Portail.

Au cours de la descente, on découvre les cavités s'ouvrant dans les parois de la rive opposée, et notamment la Baume de Biou ou grotte des Bœufs. Un promontoire rocheux marque l'entrée du plan de Beauquier, élargissement boisé encadré d'escarpements magnifiques. Remarquer, au flanc de la falaise trois aires d'aigles abandonnées.

Au bas du sentier, on atteint le Portail. Les parois des gorges se referment à leur sommet ; leur base s'arrondit en forme de goulet, par où s'écoule l'Aiguillon en période de crue. Passant sous le Portail, on pénètre dans les **détroits** rocheux, en suivant le lit du torrent sur 200 m environ. L'impression de solitude, au fond des gorges, est prenante *(cette promenade n'est possible qu'en été)*. Au retour, les promeneurs entraînés pourront emprunter *(1/4 h de marche supplémentaire)* le lit du torrent en amont, jusqu'au pied de la grotte des Bœufs ; de là, un sentier très rude permet de regagner directement la voiture.

★★ **CORNICHE DES CRÊTES**

Carte Michelin n° 🮘🮕🮓 pli M.

Sur cette courte portion de littoral comprise entre Cassis et la Ciotat se dresse la montagne de la Canaille. Ce petit chaînon calcaire surplombe la mer en d'impressionnantes falaises, les plus hautes de France, 362 m au Cap Canaille, 399 m à la grande Tête.

Une route touristique permet de les parcourir ; mais il faut profiter de tous les belvédères aménagés pour découvrir les vertigineux à-pics.

DE CASSIS A LA CIOTAT

19 km — environ 4 h

★**Cassis.** — *Page 103.*

Quitter Cassis par ② du plan, route de Toulon, et dans la montée prendre une route à droite signalée. Au Pas de la Colle, tourner à gauche.

Mont de la Saoupe. — De la plate-forme qui supporte le réémetteur de télévision, un beau **panorama**★★ s'offre à l'Ouest sur Cassis, l'île de Riou, le massif de Marseilleveyre, la chaîne de St-Cyr, au Nord sur la chaîne de l'Étoile, le Garlaban et le massif de la Ste-Baume, au Sud-Est sur la Ciotat, les caps de l'Aigle et Sicié.

Revenir au Pas de la Colle et emprunter la route en montée.

Au hasard des virages ou des belvédères, de belles vues se dégagent sur Cassis et la Ciotat.

★★★**Cap Canaille.** — S'avancer jusqu'au garde-fou pour jouir d'une remarquable **vue**★★★ sur l'abrupt impressionnant de la falaise, le massif de Puget et les calanques, le massif de Marseilleveyre et les îles.

Après la Grande Tête que la route contourne, prendre à droite vers le sémaphore.

Sémaphore. — Des abords du sémaphore, la **vue**★★★ plonge sur la Ciotat et les chantiers navals, le rocher de l'Aigle, les îles des Embiez et le cap Sicié, le cap Canaille (longue-vue).

Revenir à la route de corniche et tourner à droite pour gagner la Ciotat.

Au cours de la descente, d'importantes carrières de pierre et de récentes plantations de résineux s'observent sur les versants. Remarquer aussi le « Pont naturel », arche de calcaire reposant sur un socle de poudingue.

La Ciotat. — *Page 107.*

Actualisée en permanence,
*la **carte Michelin** au 200 000ᵉ bannit l'inconnu de votre route.*

Golfs, stades, hippodromes, plages, piscines, altiports,
sentiers de grande randonnée, panoramas, routes pittoresques,
forêts domaniales, monuments intéressants...

*Pour vos loisirs, elle est le complément naturel des **guides Verts Michelin**.*

*Équipez votre voiture de **cartes Michelin** à jour.*

CRAU (Plaine de la)

Cartes Michelin nᵒˢ 83 pli 10 et 84 pli 1 ou 245 plis 29, 42 ou 246 plis 12, 13, 26, 27.

La Crau s'étend sur 50 000 ha entre le Rhône, les Alpilles, les hauteurs de St-Mitre et la mer. C'est une plaine de galets et de graviers accumulés, en certains points, sur 15 m d'épaisseur. « La Crau était tranquille et muette. Au lointain, son étendue se perdait dans la mer, et la mer dans l'air bleu » écrivait Mistral. Longtemps, la seule activité crauenne a été le pastoralisme. On distingue encore la Grande Crau, encore désertique, et la Petite Crau, mise en valeur.

Les galets de la Crau. — La Crau a toujours frappé l'imagination des hommes. La légende grecque explique à sa façon l'origine de cette mer de cailloux : Hercule, se rendant en Espagne, rencontre en cet endroit les Ligures. Ayant épuisé contre eux sa provision de flèches, il appelle Jupiter à son aide. Le dieu fait pleuvoir sur ses ennemis une telle grêle de pierres que le pays en est resté couvert. Mais pour les géologues, ces apports de galets proviennent de l'ancien cône de déjection de la Durance qui, avant d'être un affluent du Rhône, se jetait directement dans la mer en empruntant le pertuis de Lamanon *(voir carte p. 13)*.

Les cailloux vaincus. — Grâce à la construction du canal de Craponne qui, depuis 1554, amène les eaux de la Durance sur son ancien delta, et à la multiplication des canaux d'irrigation *(voir p. 113)*, le Nord de la Crau se transforme peu à peu en une vaste plaine cultivée. Actuellement, près de la moitié de la surface totale de la Crau est en cultures.

Deux zones fertilisées se développent simultanément au Nord. L'une d'elles, partant d'Arles, dépasse déjà St-Martin-de-Crau ; l'autre fait tache d'huile à l'Ouest de Salon. Ces deux zones tendent à se rejoindre, si bien qu'en parcourant la N 113, d'Arles à Salon, on n'a qu'une très faible idée de l'aspect désertique que revêt la Crau non irriguée.

Dans un paysage verdoyant, les prairies et les cultures maraîchères et fruitières abritées par des haies de peupliers et de cyprès donnent à la région sa physionomie agricole. La Crau est devenue une des plus importantes régions fourragères françaises, fournissant le « foin de Crau » d'excellente qualité. La récolte annuelle s'élève à près de 100 000 tonnes et se fait en trois coupes. La quatrième coupe n'est pas effectuée ; elle est vendue sur pied aux éleveurs de moutons.

Venant en complément des canaux déjà existants, la dérivation de la Durance vers l'étang de Berre ne peut qu'améliorer le système d'irrigation et, par conséquent, augmenter les possibilités agricoles de toute la région.

Le royaume des moutons. — La Grande Crau ressemble à une immense steppe vouée à l'élevage très extensif des moutons. Ceux-ci apprécient les touffes d'herbe appelées **coussous** qui poussent entre les pierres. Environ 100 000 ovins stationnent en Crau entre la mi-octobre et le début de juin. La race traditionnelle est le mérinos d'Arles, issu d'un croisement de la race rustique de Crau et du mérinos introduit en France depuis le début du 19ᵉ s.

Les éleveurs (regroupés au sein du Syndicat des Éleveurs d'Arles) ne possèdent que leur troupeau, ils s'installent chaque année en location sur les coussous qui comprennent, outre des espaces de parcours, une bergerie (jas) et un puits. Toutes les bergeries — il en subsiste une quarantaine — ont été construites entre 1830 et 1880 selon un plan identique : bâtiment en pierre de Fontvieille ou en galets disposés en arêtes de poisson, rectangulaire (en général 40 m sur 10 m) et ouvert aux deux extrémités. Parfois, à proximité, le berger loge dans un cabanon d'une seule pièce. Le puits est constitué d'une couronne de pierre des Alpilles taillée d'un seul bloc.

En automne et au début de l'hiver, le troupeau broute les coussous et les chaumes puis le regain des prairies irriguées ; à la fin de l'hiver, il consomme des herbages (luzerne, sainfoin, barjelade) achetés par le berger ; à partir de la mi-avril, il retourne aux coussous. Le départ pour l'alpage a lieu début juin quand l'herbe desséchée par le soleil disparaît et que l'eau se raréfie. Jadis la transhumance, vers la Savoie et le Briançonnais, se faisait par les « drailles », chemins coutumiers le long desquels s'égrenait le long cortège des brebis, des chèvres, des chiens et des ânes lourdement chargés, guidé par le bayle-berger assisté de ses pâtres. Il fallait environ douze jours de marche pour arriver dans les Alpes, après avoir traversé maints villages qui attendaient à date fixe le sympathique et pittoresque défilé. Le retour, aux premières neiges d'altitude, se faisait dans la même ambiance et ce n'était pas sans joie que l'on retrouvait la douceur de la Crau : « cailloux de la Crau blonde, herbe naissant sous les premières pluies, que vous plaisiez à tous ces yeux, que vous reposiez ces pieds las, que vous réconfortiez ces cœurs, que vous donniez d'élan à tant de vies coulant en un seul fleuve uni, à plein de route ! » écrit magnifiquement Marie Mauron dans « La Transhumance ». Aujourd'hui, le transport se fait par bétaillères et l'élevage, pourtant bien intégré à l'économie rurale locale, pose de nombreux problèmes : le mérinos d'Arles n'est pas suffisamment rentable, les bergers se font rares et la superficie des territoires de parcours diminue.

La figure légendaire du berger s'efface peu à peu. Homme de la montagne (« gavot »), il connaissait les secrets de la nature, notamment les simples qui guérissent, et savait tout faire : bûcheron, maçon, menuisier, bourrelier, et artiste aussi puisqu'il sculptait de son couteau les magnifiques colliers en bois de cytise porteurs des sonnailles. Pour découvrir la Grande Crau, le mieux est d'emprunter la N 568. Au départ de St-Hippolyte *(12 km au Sud-Est d'Arles par la N 453)*, le paysage verdoyant se dégrade progressivement vers le Sud jusqu'à devenir désertique. On n'y rencontre ni hameau, ni mas, ni cultures, mais seulement de loin en loin quelques-unes de ces bergeries basses qui témoignent des activités pastorales en déclin.

Le développement de la zone portuaire de Fos *(p. 118)* a fermé l'horizon cher à Mistral. Les cultures, les aérodromes colonisent petit à petit le « désert provençal » ; le pastoralisme agonise lentement.

★ DENTELLES DE MONTMIRAIL

Carte Michelin n° **81** plis 2, 3 et 12 ou **245** pli 17 ou **246** plis 9, 10.

Ces curieuses collines, boisées de pins et de chênes et parfois couvertes de vigne, constituent le dernier contrefort du mont Ventoux vers le Rhône. Elles doivent leur nom au découpage très particulier de leurs crêtes. Les couches supérieures, faites de calcaire jurassique, ont été redressées à la verticale par des plissements de l'écorce terrestre ; l'érosion les a ensuite affouillées en arêtes très minces et en aiguilles.

Bien que de faible altitude (734 m au mont St-Amand), les Dentelles ont un caractère plus marqué que leur puissant voisin, le Ventoux, haut de 1 909 m. La plus belle saison pour les visiter est mai-juin, alors que les genêts, très abondants, sont en fleurs. Ce massif offre de nombreux buts d'excursions aux simples promeneurs, aux peintres, aux botanistes, aux marcheurs éprouvés.

(Photo Gauthier/Pix)

Dentelles de Montmirail.

CIRCUIT AU DÉPART DE VAISON-LA-ROMAINE

60 km — 1/2 journée environ — schéma ci-dessous

★★**Vaison-la-Romaine.** — *Page 189.*

> *Quitter Vaison-la-Romaine par le D 977, route d'Avignon et à 5,5 km prendre le D 88 à gauche.*

La route s'élève dans le massif en offrant de belles vues sur la vallée de l'Ouvèze.

Séguret. — 714 h. Blotti contre une colline escarpée, Séguret s'étire en gradins au pied d'une colline calcaire. A l'entrée du village, prendre la rue principale qui s'amorce par un passage sous voûte, passe devant la jolie fontaine comtadine des Mascarons (15e s.) et le beffroi (14e s.), puis conduit à l'église St-Denis (12e s.). De la place *(table d'orientation)*, on a une **vue** étendue sur les Dentelles de Montmirail, la plaine du Comtat Venaissin et, dans le lointain, le rebord du Massif Central. Un château féodal en ruines, des ruelles étroites en forte pente bordées de maisons anciennes, ajoutent au pittoresque de Séguret *(illustration p. 43)*.

> *A la sortie de Séguret, prendre à gauche le D 23 vers Sablet puis le D 7 et le D 79 vers Gigondas.*

Gigondas. — 648 h. Petite localité connue pour le vin rouge issu de Grenache, auquel elle a donné son nom.

> *Par les Florets qui abrite un chalet du Club Alpin Français, gagner le col du Cayron.*

Col du Cayron. — Alt. 396 m. Au cœur des crêtes principales des Dentelles qui constituent pour l'alpiniste une excellente école d'escalade. Les parois y atteignent près de 100 m et les « rochassiers » y trouveront toute la gamme des difficultés.

> *Laisser la voiture et prendre (1 h à pied AR) à droite la route non revêtue qui serpente dans les Dentelles.*

Elle offre de superbes **vues★** sur la plaine rhodanienne barrée par les Cévennes, le plateau de Vaucluse, le mont Ventoux. Elle passe au pied du rocher portant les ruines de la tour Sarrazine.

Revenir à la voiture et rejoindre le D 7 ou tourner à gauche vers Vacqueyras.

Chapelle N.-D. d'Aubune. — *Près de la ferme Fontenouilles.* La chapelle N.-D. d'Aubune, romane, est située au pied des Dentelles de Montmirail, sur une petite terrasse d'où l'on découvre une jolie vue sur la plaine comtadine. Elle est surmontée d'un élégant **clocher★** orné sur chaque face de longs pilastres inspirés de l'antique et de quatre baies en plein cintre encadrées de piliers droits ou de colonnettes ; remarquer leur décoration : cannelures droites ou torses, raisins, pampres, feuilles d'acanthe, visages grimaçants.

Suivre le D 81 à gauche.

La route serpente parmi la vigne et les oliviers.

Beaumes-de-Venise. — 1 721 h. (les Balméens). Le bourg s'étage sur les premiers contreforts des Dentelles de Montmirail.

Quitter Beaumes par le D 21 à l'Est, puis prendre à gauche le D 938, à gauche de nouveau le D 78.

Le Barroux. — 437 h. Le bourg est dominé par la haute silhouette du **château** Renaissance, restauré.

De la **terrasse** du château, la **vue★** s'étend sur les Dentelles de Montmirail, la plaine de Carpentras, le plateau de Vaucluse et le mont Ventoux.

Quitter le Barroux au Nord en direction de Suzette et rejoindre le D 90.

Après Suzette, la route pénètre dans le cirque de St-Amand aux parois à pic.

La route s'élève vers un petit col d'où l'on jouit d'une belle **vue★** d'un côté sur les Dentelles, de l'autre sur le mont Ventoux, la vallée de l'Ouvèze et les Baronnies.

Malaucène. — 2 096 h. (les Malaucéniens). Lieu de séjour. Ce gros bourg provençal est entouré en grande partie d'un cours planté d'énormes platanes.

Rebâtie au début du 14e s., à l'emplacement d'un ancien édifice romain, l'église faisait partie de l'enceinte de la ville, d'où son aspect fortifié : la façade est surmontée de mâchicoulis sur consoles. A l'intérieur, la nef de style roman provençal est couverte d'une belle voûte en berceau brisé sur doubleaux à ressauts ; les chapelles latérales du bas-côté droit sont voûtées d'ogives ; une coupole hémisphérique à nervures plates recouvre l'abside.

Remarquer le buffet d'orgues du 18e s. aux belles boiseries ornées d'instruments de musique et la chaire en chêne sculpté. Par la porte Soubeyran, à côté de l'église, on pénètre dans la vieille ville. C'est un dédale de ruelles où l'on découvre au hasard d'une promenade des maisons anciennes, des fontaines, des lavoirs, des oratoires et au centre un vieux beffroi.

Un chemin à gauche de l'église mène au calvaire d'où l'on jouit d'une belle vue sur les montagnes de la Drôme et le Ventoux.

Le D 938, au Nord-Ouest, remonte la fertile vallée du Groseau.

Prendre à gauche le D 76.

Crestet. — 326 h. *Laisser la voiture au parc de stationnement du château.* Ce village est un des plus typiques du Vaucluse avec sa placette ornée d'une arcade, d'une fontaine, du porche de l'église (14e s.) et ses ruelles bordées de maisons Renaissance, escaladant la colline couronnée par le **château** du 12e s.

De la terrasse, belle vue sur le village, sa colline verdoyante, l'Ouvèze, le Ventoux et les Baronnies.

Revenir au D 938 où l'on tourne à gauche pour regagner Vaison-la-Romaine.

DURANCE (Basse vallée de la)

Carte Michelin n° 84 plis 1 à 4 ou 245 plis 29 à 32 ou 246 plis 11, 12, 25.

La Durance, la grande rivière fantasque des Alpes du Sud, ouvre une large brèche lumineuse dans les montagnes de Haute-Provence.

Après avoir longuement défié les tentatives répétées des ingénieurs soucieux de la dompter, l'ancien « fléau de la Provence » se voit attribuer aujourd'hui un rôle économique considérable.

L'aménagement hydraulique de la Durance. — Dernier affluent important de la rive gauche du Rhône, la Durance prend sa source au mont Genèvre, près de Briançon, et suit un cours irrégulier de 324 km.

En amont de Sisteron. — *Voir le guide Vert Michelin Alpes du Sud.* De nombreux affluents, dont l'Ubaye, donnent au fleuve un caractère torrentiel et un régime alpin, avec des maigres en hiver.

La retenue de Serre-Ponçon, dont la capacité utile est de 1 030 millions de m³, permet, en dépit des irrégularités de débit, de réserver annuellement 200 millions de m³ d'eau pour irriguer les plaines de la Basse-Durance en période sèche.

De Sisteron à Manosque. — *Voir le guide Vert Michelin Alpes du Sud.* La Durance pénètre dans le monde méditerranéen : la pente de son lit, moins accentuée, atteint encore 3 pour mille entre les Mées et Manosque ; mais la rivière s'élargit et coule au milieu de grèves caillouteuses que les crues ne recouvrent que rarement. Le régime reste irrégulier.

A Cadarache, à 175 km de la mer, la Durance est encore à 256 m d'altitude. Pour atteindre cette même cote sur le Rhône, il faudrait remonter jusqu'au barrage de Génissiat, à 490 km de la Méditerranée. Ces deux chiffres sont très révélateurs en ce qui concerne le potentiel hydro-électrique de la Durance.

En aval de Manosque. — Le tracé de la Durance est sensiblement parallèle à celui de la côte méditerranéenne.

A l'époque des dernières grandes glaciations, la Durance, surabondamment alimentée en eaux de fonte, ne se jetait pas dans le Rhône, mais, franchissant le pertuis de Lamanon, se précipitait directement vers la mer. L'énorme masse de cailloux dont elle se déchargeait forme aujourd'hui la Crau *(p. 110).*

La violence des averses provoque des crues dont la puissance est sans rapport avec le débit moyen de la Durance. Alors qu'au Pont de Mirabeau, en aval du confluent du Verdon, son dernier grand tributaire, le débit descend souvent en août à moins de 45 m^3 par seconde, la rivière en crue a roulé, en novembre 1886, 6 000 m^3 par seconde. Ce flot n'élève que très peu le niveau : il s'étale sur un vaste lit de cailloux qui freine la vitesse de l'eau avant d'être absorbé, en grande partie, par des terrains sablonneux.

Les canaux de Basse-Provence. — Le grand nombre de canaux rencontrés dans la région comprise entre la Durance et la mer peut surprendre. Certains sont destinés à l'irrigation, d'autres à l'alimentation des villes, le principal enfin à la production d'électricité.

Canal de Craponne. — L'un des plus anciens de Provence (16e s.), le canal de Craponne a largement contribué à la fertilisation de la Crau *(p. 110),* grâce aux eaux de la Durance, distribuées par de nombreuses ramifications. Il est en voie de disparition dans sa partie amont près d'Arles.

Canaux de Marseille et du Verdon. — Tous deux ont contribué à la prospérité des régions d'Aix et de Marseille, mais creusés au 19e s., leur débit est devenu insuffisant pour les besoins actuels. D'une longueur de 90 km, le canal de Marseille prend naissance à l'usine de St-Estève-Janson et possède plusieurs ouvrages importants : le bassin de St-Christophe *(p. 114),* l'aqueduc de Roquefavour *(p. 54),* le réservoir du Réaltor *(p. 54).* Il est doublé par une branche du canal de Provence ; ses eaux sont utilisées par la région industrielle de l'étang de Berre.

Le canal du Verdon a désormais son origine sur le canal industriel de l'usine de Vinon ; il alimente en eau la région d'Aix, et, grâce aux eaux d'hiver du Verdon, le barrage de Bimont *(p. 177)* par le souterrain de la Campane. Il a fait l'objet de remaniements à l'occasion des travaux du canal de Provence.

Canal d'E.D.F. — Pour régulariser le cours de la Basse-Durance, on a pensé tirer parti, à des fins industrielles, de la dénivellation de 256 m qui sépare Cadarache de la mer. On entend par « aménagement de la Basse-Durance » la création d'un canal de 85 km, industriel et agricole, pris en charge par E.D.F. S'amorçant au barrage de Cadarache, et d'abord latéral à la Durance, ce canal emprunte, à partir du pertuis de Lamanon, le tracé initial du fleuve jusqu'à l'étang de Berre. Le long de cet ouvrage, cinq centrales (Jouques, St-Estève-Janson, Mallemort, Salon et St-Chamas) sont en service.

Le canal d'E.D.F. dessert en outre quinze canaux qui permettent l'irrigation de 75 000 ha en Basse-Provence et dans la Crau. Il complète ainsi le réseau, devenu insuffisant, du canal de Craponne.

Canal de Provence. — Depuis la réalisation du barrage de Serre-Ponçon et l'aménagement du canal d'E.D.F., les eaux du Verdon ne sont plus nécessaires pour compenser les irrégularités de débit de la Durance. Grâce au canal de Provence, elles servent à l'alimentation en eau des villes d'Aix, Marseille et Toulon, à l'irrigation de 60 000 ha en Basse-Provence et au remplissage complet du barrage de Bimont.

L'ouvrage véhicule, en moyenne, chaque année, 700 millions de m^3 d'eau grâce à un réseau de 3 000 km.

DE MANOSQUE A AVIGNON

145 km — 1/2 journée — visite d'Avignon, non comprise — schéma p. 114 et 115

★**Manosque.** — *Description dans le guide Vert Michelin Alpes du Sud.*

Quitter Manosque par l'avenue Jean Giono, D 907, au Sud du plan.

A Ste-Tulle, deux usines ont une productibilité totale de 370 millions de kWh par an. La route se rapproche de la Durance au droit de son confluent avec le Verdon ; leurs eaux mêlées sont retenues par le barrage de Cadarache.

Barrage de Cadarache. — Cette petite retenue alimente par un canal de dérivation la centrale de Jouques, à quelques kilomètres au Sud.

ⓥ **Centre d'Études Nucléaires de Cadarache.** — Il s'élève sur la rive gauche de la Durance, au creux d'un large vallon ouvert dans un plateau boisé de chênes, à l'écart des villages. Là s'effectuent les essais des prototypes de réacteurs destinés principalement aux centrales électronucléaires, ainsi que des recherches sur la fusion contrôlée, la radioécologie, la radioagronomie, la biotechnologie, etc.

Défilé de Mirabeau. — Le cours de la Durance oblique brusquement vers l'Ouest en franchissant un étroit couloir taillé par la rivière et quitte le domaine de la Haute-Provence.

Pont-de-Mirabeau. — Cet ouvrage franchit la Durance près du défilé de Mirabeau.

Centrale de Jouques. — Adossée à la paroi rocheuse et construite sur le canal d'E.D.F., souterrain jusqu'à l'entrée de l'usine, cette centrale hydro-électrique a une productibilité moyenne annuelle de 385 millions de kWh.

Suivre la N 96 qui longe le canal d'E.D.F.

Peyrolles-en-Provence. — *Page 159.*

Meyrargues. — 2 406 h. (les Meyrarguais). Lieu de séjour. Le bourg est dominé par l'imposant château reconstruit au 17e s. et transformé en hôtel. Une petite promenade fait découvrir, au pied du château, les vestiges de l'aqueduc romain qui alimentait Aix-en-Provence, et mène dans les gorges sauvages de l'Étroit.

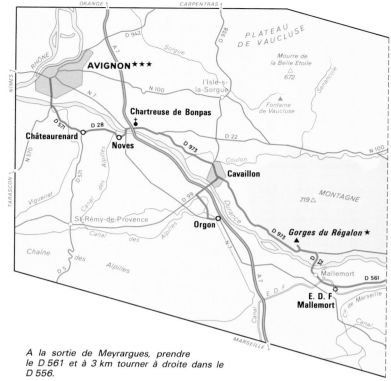

A la sortie de Meyrargues, prendre
le D 561 et à 3 km tourner à droite dans le
D 556.

Pertuis. — 12 430 h. (les Pertuisiens). Lieu de séjour. Capitale du
pays d'Aigues et pays natal de Mirabeau le père, agronome distingué,
Pertuis garde des vestiges de son passé : la tour St-Jacques à mâchicoulis (14e s.), la
tour de l'Horloge (13e s.), reste du château.
L'église St-Nicolas reconstruite au 16e s. renferme un triptyque, peinture du 16e s., et
deux belles statues en marbre (17e s.) offertes aux moines de Pertuis par le cardinal
Barberini.

La Tour-d'Aigues. — 2 479 h. *6 km au départ de Pertuis par le D 956. Description
p. 186.*

*Reprendre le D 956 en sens inverse et gagner Cadenet par le D 973 qui longe le
canal de Cadenet.*

Cadenet. — *Page 95.*

*Le D 943 au Sud franchit la Durance. Tourner à gauche dans le D 561 ; à 2,7 km
prendre à droite la route menant à l'usine.*

Centrale de St-Estève-Janson. — Un balcon a été aménagé au pied de la centrale *(panneau
explicatif).* Sa productibilité moyenne est de 635 millions de kWh.

Bassin de St-Christophe. — Au pied de la chaîne des Côtes, dans un site de rochers et
de pins, s'étale ce réservoir d'une superficie de 22 ha, où sont retenues les eaux
captées dans la Durance par le canal usinier d'E.D.F. *(p. 113).* Après décantation, ces
eaux empruntent le canal de Marseille qui franchit la vallée de l'Arc par l'aqueduc de
Roquefavour *(p. 54).* Du réservoir du Réaltor *(p. 54),* elles sont dirigées vers Marseille,
où elles sont filtrées et ozonisées pour servir à l'alimentation en eau de la ville.

Rognes. — 2 216 h. (les Rognens). Rognes est située sur le versant Nord de la chaîne
de la Trévaresse.
La « pierre de Rognes » est célèbre et très utilisée en Provence, dans la construction
et la décoration. On peut découvrir les carrières d'extraction en s'avançant sur le D 15
vers Lambesc.

L'église, construite au début du 17e s., est décorée d'un remarquable ensemble de dix
retables★ des 17e et 18e s. Remarquer en particulier le retable du maître-autel et celui,
à gauche du chœur, orné de trois personnages en semi-relief.

*Revenir au bassin de St-Christophe et le contourner par la gauche, puis tourner à
gauche dans le D 561.*

★★**Abbaye de Silvacane.** — *Page 182.*

La Roque-d'Anthéron. — 3 759 h. (les Roquassiers). Au cœur de la localité se dresse le
château de Florans du 17e s., vaste demeure flanquée de tours d'angle rondes qui
abrite un centre de convalescence.

Suivre le D 561, puis prendre à droite le D 23c.

Centrale de Mallemort. — Elle se dresse sur la gauche ; sa productibilité annuelle est de
420 millions de kWh.

*Après Mallemort, par le D 32 qui enjambe la Durance gagner le D 973 où tourner à
gauche. Faire 2 km et, juste avant un pont, prendre une petite route à droite qui
longe une carrière.*

★ **Gorges du Régalon.** — *1 h 1/4 à pied AR. 200 m plus loin, prendre à droite, laissant à gauche le chemin en montée. Aussitôt se présente une grande aire où laisser la voiture pour gagner, en face, le sentier qui suit en contre-haut le lit du torrent. Bientôt, à gauche, s'étend une plantation d'oliviers que l'on traverse pour atteindre l'entrée des gorges du Régalon, marquée par un passage étroit.*

Noter que la température est très fraîche dans les gorges et que la marche est parfois pénible sur

des rochers glissants. Les jours d'orage, ce ruisseau devient torrent et l'excursion est impossible. On emprunte alors le lit même du torrent et on passe bientôt sous un bloc de rocher énorme, encastré entre les deux parois très rapprochées des gorges ; puis, escaladant des rochers, on parvient à l'entrée d'une grotte, vrai tunnel coudé, auquel fait suite un couloir de 100 m de long, haut de 30 m et étroit parfois de 80 cm. Cet étonnant défilé est le passage le plus pittoresque des gorges. *A l'extrémité du couloir, faire demi-tour.*

Le D 973 longe la montagne du Luberon (p. 125).

Cavaillon. — *Page 104.*

Orgon. — *Page 158.*

Quitter Cavaillon par ① du plan, D 938, et prendre à gauche le D 973.

◯ **Chartreuse de Bonpas.** — *On entre par une porte fortifiée ; le logis du gardien ouvre sous une voûte, à droite.*
Auprès d'une petite chapelle, les hospitaliers érigèrent, au 13e s., une église et un couvent qui prit le nom de Bonpas. Après les fortunes diverses, la chartreuse connut au 17e s. une période prospère durant laquelle fut élevée la salle capitulaire. Puis vint la Révolution, avec elle, l'abandon, et, petit à petit, la destruction. La chartreuse a été restaurée ces dernières années, les bâtiments conventuels restant transformés en maison d'habitation. L'ancienne chapelle romane présente un autel surélevé. Les jardins à la française sont fort bien entretenus. De la terrasse, on découvre une belle vue sur les Alpilles qui se découpent au loin et sur la Durance toute proche que franchit un beau pont de 500 m de long.

Passer sous l'autoroute ; prendre à droite la N 7, puis encore à droite le D 28.

Noves. — *3 693 h.* La ville ancienne a conservé des rues étroites et sinueuses et deux
◯ portes, vestiges de son enceinte : la porte d'Agel et la porte Aurose. L'**église** du 12e s., couverte en dalles de pierre, possède une vaste coupole sur trompes et une abside ornée d'une arcature restaurée. Les bas-côtés ont été ajoutés au 14e s.

Châteaurenard. — *Page 106.*

Le D 571 et la N 570 mènent à Avignon.

Du pont, belle vue sur la Durance aux berges boisées.

★★★ **Avignon.** — *Visite 1 journée. Description p. 73.*

Pour tout ce qui fait l'objet d'un texte dans ce guide (villes, sites, curiosités, rubriques d'histoire ou de géographie, etc...), reportez-vous aux pages de l'index.

115

★ ESTAQUE (Chaîne de l')

Carte Michelin n° 2️⃣4️⃣6️⃣ plis P, Q

La chaîne de l'Estaque sépare l'étang de Berre de la Méditerranée. C'est une chaîne calcaire curieuse, désertique et presque inhabitée. Les rivages escarpés sont découpés en profondes et pittoresques échancrures, appelées « calanques », au fond desquelles se loge quelquefois un petit port de pêche.

Sur les côtes de cette mer peu poissonneuse, la pêche n'est qu'une maigre ressource, mais les progrès incessants du trafic portuaire de Marseille entraînent le développement industriel de la chaîne de l'Estaque.

DE MARTIGUES A MARSEILLE

74 km — environ 4 h, visite de Marseille non comprise

Martigues. — *Page 141.*

> *Quitter Martigues par ③ du plan, D 5.*

La route offre des vues à gauche sur l'étang de Berre et Martigues.

> *Après les Ventrons, poursuivre dans le D 5 jusqu'à St-Julien.*

St-Julien. — A la sortie du bourg, un chemin à gauche mène à une chapelle. S'avancer sur le flanc gauche et pénétrer dans la petite enceinte pour admirer un bas-relief gallo-romain (1er s.), scellé dans le mur, scène funéraire composée de huit personnages.

> *De St-Julien, revenir aux Ventrons et prendre à gauche le D 49.*

La route s'élève d'abord à l'intérieur du massif montagneux et parcourt un paysage aride très méditerranéen dans lequel la verdure sombre des pins contraste avec la blancheur des pierres. A l'altitude 120 m (tour d'observation), la vue se porte à droite sur l'ensemble portuaire de Lavéra, Port-de-Bouc, Fos.

> *A 4 km, tourner à droite vers Carro.*

Carro. — Coquet petit port de pêche et de plaisance bien abrité dans une anse rocheuse.

> *Gagner la Couronne par le D 49B et, avant l'église, prendre à droite vers le cap Couronne.*

Cap Couronne. — Du cap surmonté d'un phare, on jouit d'une vue étendue sur les chaînes de l'Estaque et de l'Étoile, sur le massif de Marseilleveyre et sur Marseille.

> *A la sortie de la Couronne, tourner à droite dans le D 49.*

La route serpente dans le massif montagneux avant de longer la grève.

Sausset-les-Pins. — 3 876 h. (les Saussetois). Lieu de séjour. Port de pêche et station balnéaire, Sausset présente un beau front de mer. Cette agréable promenade le long de la plage offre de belles vues sur le site de Marseille.

Carry-le-Rouet. — 4 570 h. (les Carryens). Lieu de séjour. A la fois port de pêche et station balnéaire. Ses belles villas s'éparpillent au fond d'une anse encadrée de pentes boisées de pins.

Le Rouet-Plage. — Jolie crique abritant une belle plage et un petit port ; elle est bordée d'élégantes demeures disséminées parmi les pins.

La route remonte le **vallon de l'Aigle** où poussent pins et chênes verts.

Ensuès-la-Redonne. — 2 204 h. Bien située dans un bassin viticole où croît aussi l'olivier.

> *A la sortie d'Ensuès, prendre à droite le D 48D.*

Une descente rapide dans la pinède mène à Madrague-de-Gignac.

Madrague-de-Gignac. — Au fond d'une petite calanque dans un joli site. Belle vue sur le grand large et Marseille.

> *Revenir au D 5 où tourner à droite.*

On traverse un paysage aride sans arbres.

> *Le D 48 à droite mène à Niolon.*

La route s'enfonce dans un site tourmenté, sauvage, où seuls quelques pins poussent à l'abri du vent.

Niolon. — Petit village accroché aux pentes rocheuses au fond de la calanque de même nom. On y pratique la plongée sous-marine.

Du D 5, vue dégagée sur les chaînes de l'Étoile et de l'Estaque.

> *Prendre à droite la N 568.*

A la sortie du tunnel, joli coup d'œil sur la rade de Marseille ; après le pont ferroviaire, la route passe au-dessus de l'entrée du canal souterrain du Rove.

★ **Canal souterrain du Rove.** — *Pour y accéder, s'engager dans le chemin menant à la carrière Chagnaud ; passer sous la voie ferrée et descendre la rampe qui mène à l'entrée du souterrain.* Le souterrain du Rove, emprunté par le canal de Marseille au Rhône, faisait communiquer l'extrémité du port de Marseille avec l'étang de Berre à travers la chaîne de l'Estaque. Ce magnifique ouvrage d'art a une longueur de plus de 7 km. Il est rectiligne et cette rectitude absolue permet de voir parfaitement la tête Nord. Haut de 15,40 m, large de 22 m, sa section de plus de 300 m² est dix fois plus grande que celle d'un tunnel pour chemin de fer à double voie. Le canal, dont le tirant d'eau était de 4,50 m, permettait l'arrivée directe à Marseille de chalands de 1 200 tonnes. A la suite d'un éboulement, la navigation est interrompue depuis 1963.

L'Estaque. — Cette localité de la banlieue marseillaise fut un des hauts lieux de la peinture contemporaine : Cézanne, Braque, Dufy, Derain s'enthousiasmèrent pour ses paysages. Elle abrite maintenant toute la flottille de pêche du Vieux Port de Marseille et de très nombreux bateaux de plaisance.

La route longe ensuite les installations récentes du grand port méditerranéen, pour aboutir à Marseille, au tunnel routier sous le Vieux Port.

★★★ **Marseille.** — *Visite : 1 journée. Description p. 130.*

★ ÉTOILE (Chaîne de l')

Carte Michelin n° 245 plis K, L

La chaîne de l'Étoile sépare le bassin de l'Arc au Nord et celui de l'Huveaune à l'Est ; elle prolonge, au-delà du seuil de St-Antoine la chaîne de l'Estaque (p. 116). Elle appartient aux « Petites Alpes de Provence » et relève du système des plissements pyrénéens. Bien que son altitude ne soit pas très élevée, elle domine de façon spectaculaire la plaine de Marseille. Sa crête centrale qui se déploie en éventail culmine à la Tête du Grand Puech, à 781 m d'altitude. Le mont Julien, le Pilon du Roi et l'Étoile Sommet dominent également ses grands versants, dénudés au Sud.

DE GARDANNE A AUBAGNE

61 km — environ 3 h 1/2, non compris l'ascension à l'Étoile Sommet

Gardanne. — 15 374 h. (les Gardannais). Cette importante cité industrielle (traitement de la bauxite, cimenteries, charbonnages) est installée dans la plaine entre la chaîne de l'Étoile et la montagne Ste-Victoire.

> *Quitter Gardanne au Sud par le D 58 qui se poursuit par le D 8. Au bout de 7 km, prendre à droite vers Mimet.*

Mimet. — 2 531 h. Ce petit village perché connaît une expansion considérable. De la terrasse de son quartier ancien, se révèle une **vue★** sur la vallée de la Luynes, Gardanne et ses hauts fourneaux.

> *Revenir au D 8 et tourner à droite.*

Le D 7 puis le D 908, pittoresques, contournent la chaîne de l'Étoile.

> *Au Logis-Neuf, prendre à gauche en direction d'Allauch.*

Allauch. — Page 54.

> *Prendre le D 44ᶠ au Nord-Ouest d'Allauch.*

Château-Gombert. — Page 141.

> *Quitter Château-Gombert en direction de Marseille et prendre à droite la Traverse de la Baume Loubière.*

Grottes Loubière. — Page 141.

> *Laisser la voiture aux grottes Loubière. Poursuivre à pied, par un sentier en montée (4 h AR). Bifurquer à droite avant le croisement avec les routes revêtues.*

Après un parcours sinueux dans un passage rocheux, on atteint la **Grande Étoile** (590 m) où se dresse une tour de télécommunications, puis l'**Étoile Sommet** (651 m). Du seuil qui sépare ces deux derniers sommets, un **panorama★★** se développe sur le bassin de Gardanne au Nord et les « barres » qui échancrent le versant Sud de la Chaîne.

> *Reprendre la voiture et regagner Allauch par le même chemin. Poursuivre vers le Sud par le D 4ᴬ ; aux 4-Saisons prendre à gauche, puis bientôt encore à gauche.*

Camoins-les-Bains. — Agréable et modeste station thermale dans un site verdoyant.

La Treille. — Dans le cimetière à l'entrée du village se trouve la tombe de Marcel Pagnol (voir p. 71).

> *Regagner Camoins-les-Bains et le D 44ᴬ pour atteindre Aubagne.*

Aubagne. — Page 71.

FONTAINE-DE-VAUCLUSE   606 h. (les Vauclusiens)

Carte Michelin n° 81 pli 13 ou 245 Sud du pli 17 ou 246 pli 11 — Lieu de séjour.

Cette petite localité est surtout connue pour la Fontaine de Vaucluse, célèbre résurgence qui sourd dans un site pittoresque cher à Pétrarque, et donne naissance à la Sorgue. C'est plus particulièrement en hiver ou au printemps, en période de hautes eaux, que le site prend pleinement son intérêt : le débit de la rivière atteint 150 m³/s alors qu'il peut tomber jusqu'à 4,5 m³/s en été ou en automne.

Pétrarque. — Le grand poète et humaniste italien, familier de la cour pontificale, rencontre pour la première fois, le 6 avril 1327, dans une église d'Avignon, la belle **Laure** pour qui il se prend de passion. Cet amour reste idéal — Laure est mariée et vertueuse — ; il a rempli toute la vie du poète et se trouve à l'origine du meilleur de son œuvre. Dix ans après la première rencontre, Pétrarque, qui n'a encore que 33 ans, se retire à Vaucluse où il habite une petite maison « avec un chien et deux serviteurs seulement ». Il y reste seize ans, cherchant en vain l'apaisement, dans ce paisible val de Sorgue, loin des tumultes de la ville : « ici avec moi, en ce séjour écarté, habitent, au retour de leur exil, les Muses ». Dans l'intervalle, Laure meurt de la peste, à Avignon, en 1348. Le poète vivra encore plus de vingt ans et s'éteindra à Arquà Petrarca, près de Padoue, sans avoir oublié.

★★★ LA FONTAINE DE VAUCLUSE *1/2 h à pied AR*

⊙ > *Laisser la voiture sur un parking. Gagner la place de la Colonne où s'élève la colonne commémorative du 5ᵉ centenaire (1304-1804) de la naissance de Pétrarque et prendre le chemin de la Fontaine.*

★★ Le site. — La Fontaine de Vaucluse, une des plus puissantes résurgences du monde, est le débouché d'un important fleuve souterrain alimenté par les eaux de pluie tombées sur le plateau de Vaucluse (p. 13), troué de nombreux avens dans lesquels les spéléologues ont cherché en vain la Sorgue souterraine. L'exploration du gouffre de la Fontaine a commencé dès le 19ᵉ s. (en 1878, un scaphandrier était descendu à 23 m de profondeur) et se poursuit activement ; le dernier record, — 315 m, a été atteint le 2 août 1985 à l'aide d'un petit sous-marin téléguidé équipé de moyens vidéo.

Un spectacle « son et lumière » a lieu en été.

La grotte, où la Sorgue apparaît au jour, s'ouvre au fond d'un cirque rocheux constitué par de hautes falaises. Devant elle, s'élève un talus de pierres et de rochers à travers lequel s'infiltrent habituellement les eaux.

Au moment des plus fortes crues, le niveau de l'eau atteint les figuiers accrochés à la paroi rocheuse au-dessus de la grotte. Les eaux de la Sorgue, d'un vert émeraude, se déversent alors par-dessus le talus, en une énorme masse liquide qui se précipite tumultueusement, bondit, écume et se vaporise sur les rochers. C'est un magnifique spectacle, très impressionnant.

AUTRES CURIOSITÉS

Le Monde souterrain de Norbert Casteret. — *Sur le chemin de la Fontaine.*
Ce musée souterrain présente la **collection Casteret★** : les plus belles concrétions calcaires (calcite, gypse, aragonite) recueillies en trente années d'exploitations souterraines par le spéléologue.

Il offre en outre une reconstitution de sites parmi lesquels le visiteur est invité à cheminer : grottes à stalactites et stalagmites, aven et talus d'éboulis, rivières, cascades, gours, grottes à empreintes humaines. Une documentation graphique initie à la spéléologie vauclusienne et une exposition permanente (documents, photos, maquettes) sur les explorations de la Fontaine de Vaucluse permettent de suivre les progrès accomplis ces dernières années.

Vallis Clausa. — *A côté du musée Casteret.*
Dans ce centre artisanal on peut visiter un **moulin à papier** alimenté par les eaux de la Sorgue où l'on voit fabriquer du papier à la main, suivant les procédés anciens.

Musée. — Installé dans une maison bâtie, dit-on, sur l'emplacement de celle qu'habita Pétrarque. Au 1er étage, sont exposées de belles éditions des œuvres du poète, en particulier la 1re éditée à Bâle en 1496, des livres se rapportant à son souvenir et à celui de Laure.

Église St-Véran. — Ce petit édifice roman comprend une nef unique couverte d'une voûte en plein cintre et une abside en cul-de-four flanquée de part et d'autre de l'entrée de colonnes antiques cannelées. A droite du chœur s'ouvre la crypte abritant le sarcophage de saint Véran, évêque de Cavaillon au 6e s. qui aurait débarrassé la région d'un animal monstrueux, le Coulobre.

Château. — *1/2 h à pied AR.* Bâti sur un rocher, ce château, aujourd'hui ruiné, appartint à Philippe de Cabassole, évêque de Cavaillon et ami de Pétrarque. Jolie vue sur Fontaine-de-Vaucluse et son site.

★ FOS (Bassins de)

Carte Michelin n° 84 pli 11 ou 245 plis 42, 43 ou 246 plis 13, 14, 27, 28.

Ce nouvel ensemble portuaire, relevant du port autonome de Marseille, s'est créé depuis 1965 en bordure du golfe de Fos. Un profond chenal d'accès, l'absence de marée et l'épaisse couche de galets de la Crau *(p. 110),* assise naturelle, ont facilité l'implantation du port et de la zone industrielle sur 10 000 ha.

Le port. — Un trafic annuel de près de 90 millions de tonnes classe le complexe portuaire Marseille-Fos premier port de France et deuxième port européen après Rotterdam.

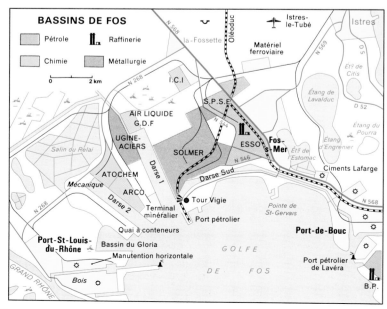

Les bassins maritimes de Fos traitent deux types de trafic : les vracs industriels et énergétiques (minerais, pétrole, gaz...) dans la darse 1 et sur les deux digues, capables d'accueillir des navires jusqu'à 400 000 TDW ; les trafics commerciaux (conteneurs, colis lourds, voitures, bois...) sur les darses 2 et 3 (bassin du Gloria). La darse Sud est plus particulièrement réservée aux exportations sidérurgiques et pétrolières.

La darse 1 est reliée au Rhône et à l'étang de Berre par un canal au gabarit européen (trains de barges de 4 400 t).

Les bassins de Fos représentent les 2/3 du trafic du port autonome de Marseille.

Visite du port. — Partant de la tour-vigie d'où l'on jouit d'une belle vue d'ensemble, cette promenade longe les différentes usines et mène aux principaux quais de manutention.

Le complexe industriel. — Plus de la moitié des terrains disponibles est maintenant occupée par des usines dont certaines appelées « usines sur l'eau » possèdent leurs propres quais de manutention. Ce sont des industries de base et de première transformation, notamment celles de l'acier (Solmer, aciérie et laminoirs à produits plats, 4 millions de t par an ; Ugine-Aciers, production et laminages d'aciers spéciaux, 200 000 t), de la construction métallique, du pétrole (ESSO, 8 millions de t), de la chimie (ATOCHEM, 150 000 t de chlore, Société de chlorure de vinyle de Fos, 200 000 t de chlorure de vinyle monomère, ARCO, 150 000 t d'oxyde de propylène), de la pétrochimie (I.C.I., 100 000 t de polyéthylène). Le gaz naturel liquide, environ 3 milliards de m^3 par an, est traité par le Gaz de France qui le regazéfie et en assure la distribution. D'importants réservoirs de pétrole alimentent le Pipe-Line Méditerranée-Rhône en produits raffinés, l'oléoduc de la Société du Pipe-Line Sud-Européen *(voir p. 92)* en produits bruts.

Le Centre de vie. — Au lieu-dit la Fossette, une maquette et des projections de films illustrent cette vaste zone portuaire et industrielle ; l'arboretum avoisinant présente la flore implantée sur le site de Fos dans les espaces verts.

Fos-sur-Mer. — 9 446 h. *Au Nord-Est.* La localité tire son nom des Fosses Mariennes, canal creusé à l'embouchure du Rhône par les légions de Marius en 102 avant J.-C. Bâti sur une table rocheuse, Fos a conservé des vestiges de l'enceinte fortifiée et du château du 14e s., propriété des vicomtes de Marseille. Une terrasse et de petits belvédères, aménagés dans le jardin des remparts, offrent de belles **vues** sur la ville nouvelle de Fos et l'ensemble portuaire, Port-de-Bouc, l'étang de Lavalduc et les hauteurs de St-Blaise.

EXCURSIONS

Port-St-Louis-du-Rhône. — 10 378 h. *15 km au Sud-Ouest.* La ville et le port se sont développés à l'embouchure du Grand Rhône autour de la tour St-Louis, élevée au 18e s. Rattaché au port autonome de Marseille, le bassin de Port-St-Louis, créé en 1863, reçoit aussi bien les navires de mer que les barges empruntant le Rhône. Les hydrocarbures, les produits chimiques liquides, les bois et les vins, transitent par ses quais.

Port-de-Bouc. — *Page 142.*

L'estimation de temps indiquée pour chaque itinéraire correspond au temps global nécessaire pour bien apprécier le paysage et effectuer les visites recommandées.

Les GARRIGUES

Carte Michelin n° 80 pli 19 ou 245 plis 14, 15 ou 246 pli 25.

Les Garrigues, de formation calcaire relativement récente, s'étendent en bordure des roches anciennes du Massif central. Elles sont constituées par des mamelons, dont l'altitude varie de 200 à 300 m, dans la partie qui intéresse ce circuit.

Les Garrigues étaient autrefois boisées de chênes verts et de pins d'Alep ; mais la forêt a été presque partout rasée par l'homme. La pluie, le gel, la sécheresse, les vents ont en maints endroits désagrégé et emporté la mince couche de terre végétale. Là où la roche n'a pas été complètement mise à nu, de petits chênes kermès, des cistes, des genêts épineux, des asphodèles tapissent le sol, associés aux plantes aromatiques. Dans ces montagnes brûlées et arides, les rivières ont parfois creusé des gorges pittoresques.

D'UZÈS A REMOULINS *51 km — environ 6 h*

★**Uzès.** — *Page 187.*

Quitter Uzès par ② du plan, D 979.

La route serpente dans la campagne, offrant des vues sur Uzès et ses environs.

Pont St-Nicolas. — Ce pont à neuf arches construit au 13e s. par la confrérie des Frères Pontifes *(voir p. 79 : pont St-Bénézet),* enjambe le Gardon dans un très beau site.

La route s'élève en corniche et offre de belles vues sur le Gardon. Dans un virage à droite *(possibilité de se garer),* une magnifique **vue★** se révèle sur l'enfilade des gorges.

Tourner à gauche dans le D 135 et, à l'entrée de Poulx, prendre à gauche le D 127.

★**Gorges du Gardon.** — *Route au sol médiocre, croisement impossible en dehors des garages aménagés dans la paroi rocheuse. Après le dernier lacet, garer la voiture.*
Un chemin *(1 h à pied AR)* mène, au fond de ces gorges, en un point très pittoresque face à la grotte de la Baume dont on distingue l'entrée dans la falaise sur l'autre rive.

Poulx. — 725 h. Le village abrite une petite église romane à nef unique.

Suivre le D 427.

La route traverse la garrigue entrecoupée de vigne et de vergers.

Dans Cabrières, tourner à gauche dans le D 3.

De belles vues se dégagent sur la plaine rhodanienne et les Alpilles ; puis la route, tracée en corniche sur la fin du parcours, redescend dans la vallée du Gardon.

A l'entrée de Collias, prendre à droite le D 3 qui remonte la vallée de l'Alzon, large et cultivée, puis encore à droite le D 981.

ⓥ**Château de Castille.** — Une petite chapelle romane et une chapelle tombale entourée de colonnes se dressent sur la droite de l'allée bordée d'ifs menant au château, bâti au 16ᵉ s., remanié par le baron de Castille au 18ᵉ s. De chaque côté, deux constructions basses, entourées d'une colonnade, sont précédées d'un vaste péristyle en fer à cheval supportant une balustrade. La demeure elle-même est également dotée d'une colonnade et de balustrades. Cet ensemble ne manque pas de charme.

Suivre le D 981.

★★★**Pont du Gard.** — *Page 160.*

Remoulins. — 1 866 h. (les Remoulinois). Lieu de séjour. Au cœur d'une région de vergers où dominent les cerisiers, la cité conserve des vestiges de ses remparts. Une petite église romane à clocher à peigne abrite la mairie.

★ **GORDES**
1 607 h. (les Gordiens)

Carte Michelin nº 🎱🎱 pli 13 ou 🎱🎱🎱 Sud du pli 17 ou 🎱🎱🎱 pli 11 — Lieu de séjour.

Gordes étage de façon très pittoresque ses maisons sur une falaise terminant le plateau de Vaucluse *(p. 13)* et dominant la vallée de l'Imergue. *Illustration p. 11.*
La promenade dans le bourg, au gré des calades — petites ruelles pavées bordées de caniveaux à deux rangées de pierres qui se transforment parfois en escaliers —, des passages voûtés, des arcades de vieilles et hautes maisons et des vestiges de fortifications, s'avère pleine de charme. La présence de boutiques, d'échoppes d'artisans ainsi que le marché apportent un surcroît d'animation.

Belvédère. — C'est de la route de Cavaillon (D 15), à environ 1 km du village, que l'on a la meilleure vue de son **site**★. Une plate-forme rocheuse aménagée en belvédère (pas de parapet) permet d'en apprécier pleinement le caractère.

ⓥ**Château.** — Le château Renaissance occupe le point culminant du village. Il a été reconstruit par Bertrand de Simiane sur l'emplacement d'une forteresse du 12ᵉ s. La façade Nord, austère, est fermée par deux tours rondes coiffées de mâchicoulis ; au Sud, la monumentale façade, flanquée d'échauguettes, est percée de fenêtres à meneaux. Dans la cour, remarquer la belle porte au décor Renaissance dont le calcaire tendre a été usé par l'érosion.
Frontons, coquilles, décor floral, pilastres, ornent la splendide **cheminée**★ (1541) de la grande salle du 1ᵉʳ étage. La composition englobe également de façon harmonieuse les deux portes qui l'encadrent. Cinq salles et l'escalier ont fait l'objet d'une modernisation architecturale destinée à servir de cadre à un **musée Vasarely**★. Des peintures, des sculp-

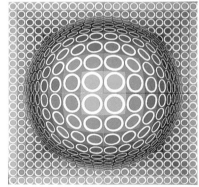

(Photo Fondation Vasarely Aix-Gordes)

Heet par Vasarely.

tures et des panneaux décoratifs de facture géométrique sont caractéristiques de la manière de l'artiste *(p. 53)*. Parmi ces œuvres, quelques portraits figuratifs (les Chinois), deux autoportraits, contrastent avec d'autres (l'Aveugle).

EXCURSION

Circuit de 12 km. — *Environ 2 h. Quitter Gordes par le D 15 en direction de Cavaillon. Peu après l'embranchement du D 2 prendre à droite le chemin goudronné et laisser la voiture au parc de stationnement.*

ⓥ**Village des Bories.** — Un chemin *(1/4 h à pied AR)* mène à ce hameau organisé en musée d'habitat rural. Vingt bories *(voir p. 125 et 126)* restaurées, qui auraient entre 200 et 500 ans d'âge, s'ordonnent autour d'un four à pain. Les plus grandes servaient d'habitation, les autres de bergeries et de bâtiments agricoles divers. Elles ont été occupées jusqu'au début du 19ᵉ s., mais leurs origines restent mystérieuses.

Revenir au D 2, où prendre à droite, puis emprunter à gauche le D 103 vers Beaumettes, et encore à gauche le D 148 vers St-Pantaléon ; le suivre sur 100 m jusqu'au lieu-dit « Moulin des Bouillons ».

(Photo J. Guillard/Scope)

Musée du Vitrail. — Girouette et vitrail (F. Duran).

Musée du Vitrail. — Ce musée qu'abrite une architecture moderne intégrée au paysage, présente une reconstitution de fours et des verreries du Moyen-Orient ; des vitraux d'époque et des vitraux et sculptures de Frédérique Duran. Des outils et une documentation très riche retracent l'histoire du verre et du vitrail.

Musée des Moulins à huile. — Dans le même parc que le musée du Vitrail se situe la bastide du « Moulin des Bouillons » des 16e-18e s., transformée en musée. La pièce maîtresse en est l'imposant **pressoir★** à olives, fait d'un chêne entier de 7 tonnes, de type gallo-romain, le plus ancien et le seul préservé avec ses éléments de travail. L'histoire de l'éclairage pendant 5 millénaires y est évoquée à l'aide de lampes à huile, d'outils pour la culture de l'olivier, de récipients et de mesures. L'utilisation de l'huile d'olive à travers les âges y est expliquée également.

Poursuivre dans le D 148.

St-Pantaléon. — 91 h. Ce village occupe une position dominante avec son intéressante petite **église** romane à trois nefs ; elle est construite à même le roc et sa partie centrale remonte au 5e s. L'église est entourée d'une nécropole rupestre dont la plupart des tombes sont de la taille d'un enfant.

C'est sans doute là l'un de ces « sanctuaires de répit » dont on trouve quelques exemples en Provence : les enfants morts avant le baptême, amenés par leurs parents, ressuscitaient — suivant la croyance de l'époque — le temps d'une messe au cours de laquelle on les baptisait ; ils retombaient ensuite dans la mort et étaient inhumés sur place.

Quitter St-Pantaléon au Nord pour gagner le D 104A, puis le D 2 et rejoindre Gordes.

★ GRIGNAN

1 147 h. (les Grignanais)

Carte Michelin n° 81 pli 2 ou 245 pli 3 ou 246 plis 8, 22 — Lieu de séjour.

Dressé sur une butte rocheuse isolée, un imposant château ayant appartenu aux Adhémar de Monteil et rendu célèbre par Mme de Sévigné et sa fille, Mme de Grignan, domine ce vieux bourg du Tricastin. L'ensemble constitue un tableau tout à fait pittoresque.

Un beau mariage. — Quand la fille de Mme de Sévigné se maria, en 1669, avec le dernier représentant de la famille des Adhémar, le comte de Grignan, lieutenant général en Provence, les vœux de la marquise furent comblés. « La plus jolie fille de France écrit-elle à son cousin, épouse, non pas le plus joli garçon (le comte était fort laid) mais un des plus honnêtes hommes du royaume. » Et elle ajoute avec le cynisme inconscient d'une mère qui a soupesé les « espérances » de son gendre : « Toutes ses femmes — c'est le troisième mariage du comte — sont mortes pour faire place à votre cousine, et même son père et son fils, par bonté extraordinaire ».

La bonne vie provençale. — Mme de Sévigné fit plusieurs longs séjours à Grignan. Elle appréciait le château : « Il est très beau et très magnifique ; on y fait bonne chère et on y voit mille gens ». Avec une mine gourmande, elle décrit les perdreaux « nourris de thym, de marjolaine, de tout ce qui fait le parfum de nos sachets », les cailles grasses « dont la cuisse se sépare du corps à la première semonce », les tourterelles toutes parfaites, les melons, les figues, le muscat. La vue qu'elle a de la terrasse l'enchante.

Pour faire son abondante correspondance, elle aime se retirer dans une grotte des environs, fraîche et silencieuse, parfumée de toutes les herbes de Provence. Par contre, le mistral est son ennemi personnel ; elle maudit « cet air glacé et pointu qui perce les plus robustes ».

121

Une victime des phrénologues. — Venue à Grignan pour soigner sa fille atteinte d'une maladie de langueur, la marquise s'éteignit de fatigue et d'inquiétude en 1696, à l'âge de 69 ans.

Elle fut enterrée dans l'église du château. Pendant la Révolution, le cercueil fut ouvert et tout le plomb arraché. Un amateur de phrénologie fit scier le crâne et l'envoya à Paris pour être soumis à l'examen des savants ; on ne sait ce qu'il en advint.

Un pèlerinage littéraire. — Le prestige intellectuel de ce lieu est grand. En 1770, une grande dame anglaise, qui avait été reçue au château, écrivait : « Je suis si fière de l'habitation que j'occupe, que je suis disposée à veiller toute la nuit et à écrire des lettres, afin de les dater d'ici. Mon imagination est si remplie de Mme de Sévigné, qu'il me semble qu'à chaque instant elle va m'apparaître ! ».

(Photo Lauros/Giraudon)

Madame de Sévigné par C. Lefebvre
(musée Carnavalet, Paris).

CURIOSITÉS

★★**Château.** — Le château a été construit de 1545 à 1558 par Louis Adhémar, général des galères et gouverneur de Provence.

Se découvrent successivement la grande façade Renaissance du Midi (reconstruite en 1913) donnant sur le Ventoux, la cour d'honneur ouverte sur une terrasse, encadrée à gauche par un pavillon gothique de transition, à droite et au fond par des corps de logis Renaissance.

On visite, entre autres, l'escalier d'honneur, les salons, la salle d'audience, l'escalier gothique, la galerie des Adhémar au beau lambris, les appartements du comte de Grignan, la chambre et le cabinet de Mme de Sévigné, le grand salon d'apparat.

Un **mobilier**★ ancien est disposé dans toutes les salles du château. On admire en particulier les meubles Louis XIII et le « cabinet » (secrétaire) italien de la salle d'audience, le mobilier Régence et Louis XV des appartements des Grignan où se remarque également la qualité exceptionnelle des parquets. Les murs sont décorés de belles **tapisseries** d'Aubusson (scène mythologique du 17e s.).

On accède directement à la terrasse qui recouvre l'église St-Sauveur, d'où l'on embrasse un vaste **panorama**★ : au Nord-Est, la montagne de Rachas et la longue crête de la montagne de la Lance, au Sud-Est, le Ventoux, les Dentelles de Montmirail ; au Sud-Ouest, la plaine comtadine et les Alpilles, Suze-la-Rousse, le beffroi de Chamaret ; au Nord-Ouest, le bois de Grignan et les montagnes du Vivarais au-delà du Rhône.

Église St-Sauveur (B). — Du 16e s. La façade, dont le portique, démoli par les protestants, fut rebâti en 1554, est percée d'une rosace flamboyante.

A l'intérieur, une petite tribune, ouverte immédiatement sous la voûte, sur le côté gauche de la nef, communiquait avec le château ; la porte fut murée à la Révolution. Remarquer le **buffet d'orgue** du 17e s. et, dans le chœur, de belles boiseries. Au pied du maître-autel (retable du 17e s.), à gauche, une dalle de marbre désigne l'emplacement de la tombe de Mme de Sévigné, morte à Grignan, le 18 avril 1696.

Artaudes (Ch. des) 2
Château (R. du) 3
Commune (R. de la) . . . 4
Glacière (Pl. de la) . . . 6
Grand-Faubourg
  (R. du) 7
Hôpital (R. de l') 8
La Planette 9
Montant-au-Chât. (R.) . 12
Or (R. d') 13
Petit-Faubourg (R. du) . 14
St-Jean (R.) 15
St-Sauveur (R.) 16
Salle-Verte (R. de la) . 17
Tranchat (Pl. du) . . . 20

Beffroi. — Du 12e s. Ancienne porte de ville, exhaussée au 17e s. et transformée en tour de l'horloge.

Grotte de Rochecourbière. — *1 km. Prendre la route partant du D 541, à la sortie Sud de Grignan, à hauteur d'un calvaire.*

A environ 1 km du D 541, laisser la voiture au parc de stationnement et revenir à l'escalier de pierre, à droite.

Cet escalier donne accès à la grotte de Rochecourbière où Mme de Sévigné aimait se reposer ou écrire.

EXCURSION

Taulignan. — 1 446 h. *7 km au Nord-Est par le D 14 et le D 24*. A la limite du Dauphiné et de la Provence, ce vieux bourg agricole reste enserré dans son enceinte médiévale. Circulaire, presque continue, celle-ci conserve onze tours (neuf rondes et deux carrées), reliées par des courtines (restes de mâchicoulis en plusieurs endroits), dans lesquelles s'intègrent des habitations.

Empruntant les vieilles ruelles, on découvre des façades anciennes avec leurs portes en accolade, leurs fenêtres à meneaux (rue des Fontaines) et, ressortant au Nord-Est, on passe sous la porte d'Anguille, seule porte fortifiée encadrée de deux tours ayant subsisté. L'église, romane, a été défigurée au 19ᵉ s.

A la sortie du bourg, sur le D 14, petit temple protestant construit en 1868.

L'ISLE-SUR-LA-SORGUE
13 205 h. (les Islois)

Carte Michelin nº 81 pli 12 ou 245 plis 17, 30 ou 246 pli 11 — Schéma p. 114 — Lieu de séjour.

L'Isle-sur-la-Sorgue est située au pied du plateau de Vaucluse *(p. 13)*. Les bras de la Sorgue, les avenues aux grands platanes, donnent à cette localité un aspect riant et frais. Longtemps, la ville fut un centre industriel très actif de tissage, de teinture, de tannage, de papeterie sans compter les moulins à grain et à huile. Des dizaines de roues tournaient, rythmant la vie de la cité.

L'Isle-sur-la-Sorgue est la patrie du poète René Char (1907-1988).

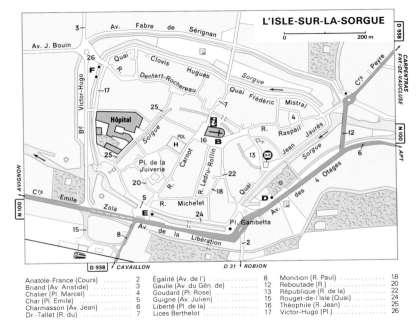

Église (B). — Reconstruit au 17ᵉ s., cet édifice présente une belle façade composée de deux ordres superposés, dorique au rez-de-chaussée, ionique à l'étage. L'intérieur est très intéressant par sa **décoration**★ du 17ᵉ s., d'une extrême richesse, rappelant celle des églises italiennes. La nef unique est ornée au revers de la façade d'une immense gloire en bois doré attribuée à Jean Péru comme les figures des Vertus placées dans les écoinçons, sous les balustrades. Les chapelles latérales sont décorées de belles boiseries et de tableaux de Mignard, Sauvan, Simon Vouet, Parrocel. Dans le chœur, un grand retable encadre une toile de Reynaud Levieux représentant l'Assomption ; orgues du 17ᵉ s.

Hôpital. — L'hôpital s'ouvre sur la rue Jean-Théophile, longée par un bras de la Sorgue.

Dans le hall, remarquer une Vierge en bois doré et le grand escalier avec sa rampe en fer forgé (18ᵉ s.) ; dans la chapelle, des boiseries du 18ᵉ s. ; dans la pharmacie, des pots en faïence de Moustiers et un énorme mortier du 17ᵉ s. ; dans le jardin, une fontaine du 18ᵉ s.

Roues à eau. — A proximité de la place Gambetta, à l'angle du jardin de la Caisse d'Épargne, subsiste une **roue (D)** semblable à celles qui actionnaient autrefois des usines de soie et des moulins à huile. Cinq autres vieilles roues existent encore, l'une **(E)**, place Émile-Char, deux autres **(F)**, boulevard Victor-Hugo et deux rue Jean-Théophile.

*Sachez tirer parti de votre **guide Michelin**. Consultez la légende p. 42.*

Carte Michelin n° 🆚 Est du pli 8 ou 🆚 Sud du pli 1.

Ce vieux village est situé au flanc des gorges de la Beaume, affluent de l'Ardèche. Les maisons semblent, de loin, faire corps avec le roc. Au pied du village, un pont submersible dépourvu de parapet, aux piles robustes protégées par des avant-becs, franchit la rivière et s'intègre de façon heureuse dans le site.

Laisser la voiture sur une vaste place à l'entrée du village.

Église. — Son clocher-porche du 19ᵉ s., très élevé, repose sur deux grosses colonnes rondes.

Prendre à gauche de l'église une ruelle menant, au bord de la rivière, à une esplanade ombragée. Pour avoir le meilleur coup d'œil sur le village, franchir le pont submersible et suivre sur quelques mètres le chemin qui s'élève sur la rive opposée.

★ **Gorges de la Beaume.** — La promenade, rive gauche, vers l'amont, près des eaux transparentes, face à la falaise calcaire que l'érosion a rongée avec la plus grande fantaisie, est très attrayante.

Le village. — Au retour vers la voiture, on pourra flâner dans les ruelles en pente du village. Leurs passages couverts et les maisons à galeries qui les bordent, certaines restaurées par des artistes, sont particulièrement pittoresques.

EXCURSIONS

★ **Défilé de Ruoms.** — *5 km. Quittant Labeaume par le D 245, prendre à gauche dans le D 4.* La route offre de jolis passages en tunnel et la rue plonge sur la rivière dont les eaux vertes offrent une belle transparence. Au défilé de Ruoms, succèdent les gorges de la Ligne. Au confluent des deux rivières, dominé par des falaises hautes de 100 m, s'ouvre une belle **perspective** sur l'Ardèche en amont. La régularité des strates est frappante. Au retour, à la sortie des tunnels, la silhouette du rocher de Sampzon *(voir ci-dessous),* en forme de calotte, se dresse en avant, dans l'axe de la vallée.

★ **Rocher de Sampzon par Ruoms.** — *8 km. Quitter Labeaume, et traverser l'Ardèche en direction de Ruoms.*

Ruoms. — 1 839 h. (les Ruomsois). Lieu de séjour. Petit centre commercial, Ruoms mérite une flânerie dans son quartier ancien, inscrit dans une enceinte carrée, flanquée de sept tours rondes. Au centre de la ville close, l'église romane est intéressante par son clocher percé d'arcatures et décoré de motifs incrustés en pierre volcanique ; la ruelle St-Roch, s'ouvrant place de l'église, en offre la meilleure vue.

Quitter Ruoms par le D 579 en direction de Vallon.

★ **Rocher de Sampzon.** — *Sur la rive droite de l'Ardèche, par une route étroite en forte montée et en lacet. Laisser la voiture au parking en contrebas de l'église du vieux village de Sampzon et gagner le sommet (3/4 h à pied AR) par le chemin goudronné puis par le sentier qui prend à hauteur de l'aire de retournement.* Du sommet (relais de télévision), le **panorama**★★ embrasse le bassin de Vallon, l'entablement du plateau d'Orgnac et les méandres de l'Ardèche.

LOURMARIN 858 h. (les Lourmarinois)

Carte Michelin n° 🆚 pli 3 ou 🆚 pli 31 ou 🆚 pli 12 — Schéma p. 127.

Situé au débouché de la combe de Lourmarin, au pied de la montagne du Luberon, Lourmarin est dominé par le château, bâti sur une butte. Au cimetière repose l'écrivain Albert Camus (1913-1960).

★ **Château.** — Le château comprend une partie du 15ᵉ s., le château Vieux, et une ⊘ partie Renaissance, le château Neuf. Il a été restauré par Robert Laurent-Vibert qui, à sa mort en 1925, le légua à l'Académie d'Aix-en-Provence.
La partie Renaissance est remarquable par son unité de style et de composition. De belles cheminées ornées de cariatides ou de colonnes corinthiennes décorent de nombreuses pièces. Le grand escalier est particulièrement intéressant ; une fine colonnette soutenant une coupole de pierre le termine. La partie du 15ᵉ s. est occupée par la bibliothèque et les chambres des pensionnaires qui donnent sur d'agréables galeries de pierre ou de bois. Dans la tour hexagonale, l'escalier *(56 marches)* mène à une plate-forme d'où l'on jouit d'une belle **vue** sur la combe de Lourmarin et la montagne du Luberon, la plaine de la Durance et la montagne Ste-Victoire.

Pour organiser vous-même vos itinéraires :

— *Tout d'abord consultez la carte des p. 4 et 5.*
   Elle indique les parcours décrits, les régions touristiques,
   les principales villes et curiosités.

— *Reportez-vous ensuite aux descriptions, à partir de la p. 43.*
   Au départ des principaux centres,
   des buts de promenades sont proposés sous le titre Excursion.

— *En outre les **cartes Michelin** nᵒˢ 🆚, 🆚, 🆚, 🆚, 🆚 et 🆚*
   signalent les routes pittoresques,
   les sites et les monuments intéressants,
   les points de vue, les rivières, les forêts...

★ LUBERON (Montagne du)

Carte Michelin nº 🗗🗗 plis 12, 13, 14 et 15 ou 🗗🗗🗗 plis 30 à 32.

A mi-chemin entre les Alpes et la Méditerranée, s'étend la barrière montagneuse du Luberon. Cette région pleine de charme offre, à ceux qui savent la découvrir, un saisissant tableau fait de solitudes boisées et de paysages rocailleux auxquels s'intègre harmonieusement un habitat pittoresque de vieux villages perchés et de cabanes de pierres sèches.

Parc naturel régional du Luberon. — Créé en 1977, il englobe une cinquantaine de communes couvrant 120 000 ha, répartis sur les départements du Vaucluse et des Alpes-de-Haute-Provence, soit de Manosque à Cavaillon et de la vallée du Coulon (ou du Calavon) à celle de la Durance. Il a pour vocation de préserver l'équilibre naturel de la région tout en visant l'amélioration des conditions de vie des villageois et la promotion des activités agricoles par l'irrigation, la mécanisation et la restructuration foncière. Les principales réalisations dans le domaine touristique sont : l'ouverture de centres d'information et de musées à Apt et à la Tour-d'Aigues, le balisage de sentiers de découverte (dans la forêt de cèdres de Bonnieux et les falaises de Roussillon), l'aménagement des itinéraires Cavaillon-Apt (40 km) et Apt-La Bégude (12 km) en pistes cyclables.

Le milieu naturel et l'empreinte de l'homme. — La montagne du Luberon est un gigantesque anticlinal orienté d'Est en Ouest et composé presque exclusivement de roches calcaires de formation tertiaire (mollasse). Elle se divise, à la combe de Lourmarin, en deux parties inégales : à l'Ouest, le Petit Luberon forme un plateau échancré de gorges et de ravins dont l'altitude ne dépasse guère 700 m, à l'Est le Grand Luberon aligne ses croupes massives qui s'élèvent jusqu'à 1 125 m au Mourre Nègre. L'opposition entre les versants Nord et Sud n'est pas moins importante. Le versant Nord, aux pentes abruptes et ravinées, est plus frais et humide, et porte une belle forêt de chênes pubescents. Le versant Sud, tourné vers le pays d'Aix, est plus méditerranéen par sa végétation (chênaie verte, garrigues à romarin) et, par ses coteaux ensoleillés, ses cultures et ses cyprès, annonce les riants paysages des bords de la Durance.

La diversité du tapis végétal comblera les amoureux de la nature. Outre les forêts de chênes, se développent de nombreuses autres essences : cèdre de l'Atlas (planté en 1862) sur les sommets du Petit Luberon, hêtre, pin sylvestre... Les landes à genêt et à buis, les garrigues, l'extraordinaire palette de plantes odorantes (les herbes de Provence) s'agrippent un peu partout sur les pentes rocailleuses. Le mistral se mêle de la partie et provoque localement des inversions saugrenues, transportant le chêne vert sur les ubacs (versants exposés au Nord) et les chênes blancs sur les adrets (versants exposés au Sud). En hiver, les contrastes sont frappants entre les feuillages persistants et les feuillages caducs. La faune est également très riche ; citons les couleuvres (sept espèces différentes), le psammodrome d'Edwards (lézard), les fauvettes, le merle bleu, le hibou grand-duc, l'aigle de Bonelli, le circaète Jean le Blanc etc.

Le Luberon était jadis un milieu humain original. Habité dès la préhistoire, il a toujours servi de refuge pendant les périodes d'insécurité ou de persécutions politiques et religieuses ; les échos du drame vaudois *(voir p. 23)* y retentissent encore.

Les villages apparaissent au Moyen Age et s'accrochent à flanc de rocher autour des points d'eau. Les maisons, serrées et hautes, aux murs imposants, se blottissent au pied d'un château protecteur ou d'une église ; presque toutes ont leurs pièces creusées dans le roc. Les hommes les quittaient pour travailler dans la campagne environnante, où, lorsque l'éloignement le commandait, ils s'abritaient quelque temps dans des cabanes de pierres sèches, les bories *(voir ci-dessous)*. Les ressources venaient principalement du mouton, de l'olivier, de maigres céréales et de la vigne ; s'ajoutèrent ensuite la culture de la lavande et l'élevage du ver à soie. Chaque parcelle cultivable était soigneusement épierrée — les pierres étaient rassemblées en tas appelés « clapiers » —, et bordée de murettes servant à protéger le terrain du ravinement des eaux de pluie. Ces troupeaux étaient aussi parqués dans des enclos de pierres sèches. Les traces de ces multiples aménagements sont encore bien visibles dans le paysage rural.

Cette économie traditionnelle a été balayée par les mutations agricoles des 19e et 20e s. : les villages se sont dépeuplés et sont tombés en ruine. De nos jours ils ressemblent à des musées de plein air. Les bourgs du versant méridional, par contre, de tout temps plus favorisés à cause de leurs riches terroirs, se sont adaptés aux exigences de l'économie rurale moderne : cultures maraîchères et fruitières, vignobles du pays d'Aigues ont permis à la population autochtone de se maintenir.

Les bories *(1).* — Sur les pentes du Luberon et du plateau de Vaucluse, se dressent de curieuses cabanes de pierres sèches, à un ou deux étages, appelées « bories ». Elles se présentent soit isolées, soit en groupe formant un ensemble très pittoresque : on en dénombre environ 3 000. Certaines d'entre elles n'étaient que des remises à outils ou des bergeries ; mais beaucoup ont été habitées à différentes époques, depuis l'âge du fer jusqu'au 18e s., pour les plus récentes, qui, d'ailleurs, sont les mieux construites.

Les bories ont été bâties avec les matériaux trouvés sur place : feuilles de calcaire se détachant du rocher ou plaquettes provenant de l'épierrage des champs. Ces pierres, appelées « lauzes » ont en moyenne 10 cm d'épaisseur. Des maçons spécialisés savaient les sélectionner et les assembler sans mortier ni eau. L'épaisseur des murs, obtenue par la juxtaposition de plusieurs rangs de plaquettes, varie de 0,80 m à 1,60 m ; elle est toujours renforcée à la base. L'appareillage extérieur et intérieur est

---

(1) Pour plus de détails, lire : « Les Bories de Vaucluse » par Pierre Desaulle (Paris, A. et J. Picard).

(Photo Le Naviose/A.A.A.)

Les bories de Gordes.

remarquablement régulier. La couverture utilise la technique dite de la fausse voûte en encorbellement. Au fur et à mesure que les murs montaient, on prenait soin de faire légèrement déborder chaque assise de pierres sur la précédente de façon à ce que, à une hauteur de trois ou quatre mètres, le diamètre diminue au point de se réduire à la dimension d'un simple orifice que l'on n'avait plus qu'à fermer avec une dalle. Pour éviter les infiltrations d'eau, les différents lits de pierres étaient sensiblement inclinés vers l'extérieur.

A l'intérieur, la voûte se présente souvent comme une coupole hémisphérique sur pendentifs, lesquels permettent de passer du plan carré au cercle ou au cône.

Les bories offrent des formes très variées. Les plus simples, d'aspect circulaire, ovoïde ou carré ne comportent qu'une seule pièce (1 à 8 m de diamètre) et une seule ouverture, la porte située à l'Est ou au Sud-Est. L'agencement intérieur est frustre, il se limite à des cavités aménagées dans l'épaisseur des murs et servant de placards. La température de la cabane reste constante en toutes saisons. Des bâtiments de plus grandes dimensions existent, notamment à Gordes *(voir p. 120)*. Ils sont rectangulaires, ont quelques rares ouvertures étroites, et leurs toitures à double ou quadruple pente utilisent la technique des fausses voûtes en plein cintre, en berceau brisé ou en « carène » (Gordes). Leur organisation est similaire à celle d'une ferme traditionnelle : à l'intérieur d'une cour ceinte d'un haut mur, on trouve, outre l'habitation (sols dallés, banquettes et cheminée pour les plus confortables), le four à pain et les différents bâtiments d'exploitation.

Les villages de bories suscitent de nombreuses interrogations. Étaient-ils des lieux de refuge utilisés pendant les périodes troublées, et, dans ce cas, occupés de manière permanente ? Si oui, pourquoi n'a-t-on retrouvé aucun cimetière ni lieu de culte à proximité ? Étaient-ils plutôt un habitat temporaire, saisonnier ? Les incertitudes demeurent.

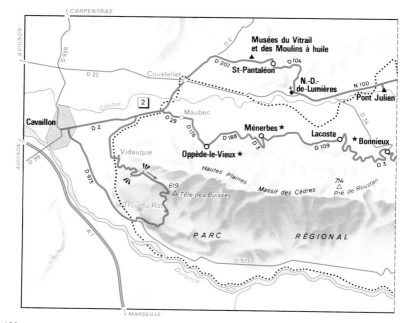

★★1️⃣ LE GRAND LUBERON
Circuit au départ d'Apt

119 km — 1/2 journée, non compris l'ascension au Mourre Nègre — schéma ci-dessous

Apt. — *Page 58.*

Quitter Apt par le D 48 au Sud-Est par l'avenue de Saignon.

La route en montée offre de belles vues sur le site perché de Saignon, le bassin d'Apt, le plateau de Vaucluse et le mont Ventoux.

Saignon. — 967 h. Bâti sur un promontoire près d'un haut rocher. L'église romane dont la façade a été refaite au 16ᵉ s., présente une belle arcature aveugle trilobée.

Suivre le D 48.

Il atteint un replat cultivé. A droite, le plateau des Claparèdes parsemé de bories.

Laisser la voiture à Auribeau. Ressortir du village au Nord et prendre à gauche en direction du Mourre Nègre la route forestière non revêtue. On rejoint le GR 92 qui mène au sommet du Mourre Nègre.

★★★**Mourre Nègre.** — *1/2 journée à pied AR.* Avec 1 125 m d'altitude, le Mourre Nègre est le point culminant de la montagne du Luberon ; il est couronné par un relais hertzien de télécommunications assurant la liaison Paris-Nice. Le vaste **panorama**★★★ s'étend sur la montagne de Lure et les Préalpes de Digne au Nord-Est, la vallée de la Durance, avec en arrière-plan, la montagne Ste-Victoire au Sud-Est, l'étang de Berre et les Alpilles au Sud-Ouest, le bassin d'Apt, le plateau de Vaucluse et le mont Ventoux au Nord-Ouest.

Revenir au D 48 et traverser Auribeau.

Castellet. — 72 h. Hameau étagé où se voient deux distilleries de lavande.

On atteint la vallée du Calavon, qui fait suite aux garrigues.

Prendre à droite la N 100.

Céreste. — 862 h. *Description dans le Guide Vert Michelin Alpes du Sud.*

Prendre au Sud-Est de Céreste le D 31.

Il serpente sur le versant Nord du Grand Luberon en offrant de belles vues sur la vallée du Calavon et le plateau de Vaucluse. On descend le versant Sud vers Vitrolles, et on atteint la plaine par le D 42 puis le D 27 qui longe l'étang de la Bonde.

Cucuron. — 1 409 h. Dans l'**église,** dont la nef est romane, les chapelles latérales et l'abside gothiques, on voit sur le maître-autel un retable en marbre du début du 18ᵉ s. et, dans la chapelle des fonts baptismaux, un « Christ assis et enchaîné » en bois peint du 16ᵉ s. La chaire est en marbre de couleurs variées. En face de l'église, l'hôtel de Bouliers du 17ᵉ s. abrite, au 1ᵉʳ étage, un petit **musée du Luberon** consacré à la préhistoire régionale, à l'époque gallo-romaine et aux arts et traditions locales. De la plate-forme, au pied du donjon, belle vue sur le bassin de Cucuron et, à l'horizon, sur la montagne Ste-Victoire. Le beffroi est une porte de l'enceinte transformée.

Ansouis. — *4,5 km au départ de Cucuron par le D 56 au Sud-Est. Description p. 58.*

Lourmarin. — *Page 124.*

Le D 943 au Nord-Ouest remonte la combe de Lourmarin.

L'Aigue Brun a taillé ces gorges étroites aux parois rocheuses assez abruptes. La route traverse les bâtiments (ancien château des 16ᵉ et 18ᵉ s.) de la colonie de vacances de Marseille, franchit un pont et conduit vers un groupe de maisons.

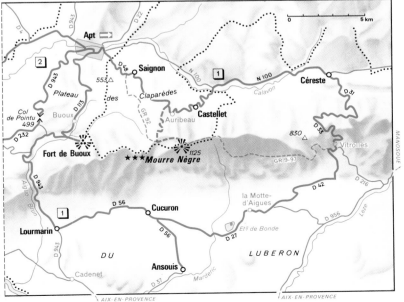

LUBERON (Montagne du)★

Un peu avant ces dernières, tourner à droite dans le chemin (parking).

ⓥ **Fort de Buoux.** — *1/2 h à pied AR puis 3/4 h de visite. Franchir la grille et passant sous une roche en surplomb, gagner la maison du gardien.* L'éperon rocheux qui supporte le fort de Buoux a toujours servi à des fins défensives. Occupé par les Ligures, les Romains, témoin des combats entre catholiques et protestants, il fut démantelé sur ordre de Louis XIV en 1660. Trois enceintes défensives, une chapelle romane, des habitats, des silos taillés dans le rocher, un donjon, une pierre de sacrifice ligure, un escalier dérobé, composent cette place forte. De la pointe de l'éperon, où se dressait un donjon médiéval, belle vue sur la haute vallée de l'Aigue Brun.

Revenir aux bâtiments de la colonie de vacances et prendre à droite le D 113.

Il traverse Buoux et, dans un tracé pittoresque, atteint Apt.

★② **LE PETIT LUBERON**

Circuit au départ d'Apt

101 km — environ 6 h — schéma p. 126 et 127

Apt. — *Page 58.*

Quitter Apt par ② du plan, D 943. Après le col de Pointu, tourner à droite dans le D 232.

La route traverse le plateau des Claparèdes ; des bories se dressent parmi les chênes en bordure de truffières *(voir p. 15)*:

Prendre à droite le D 36.

★ **Bonnieux.** — *Page 95.*

Quitter Bonnieux au Sud par le D 3, puis, à droite, le D 109.

La route serpente sur le flanc du Petit Luberon, montrant à l'arrière un aspect pittoresque de Bonnieux.

Lacoste. — 309 h. Ce village perché offre un élégant petit beffroi du 17e s. Il est dominé par la masse imposante des ruines, partiellement relevées, d'un château qui appartint à la famille de Sade et qui comptait 42 pièces. Auteur d'une œuvre littéraire importante qui fut longtemps l'objet de toutes les censures, le marquis de Sade (1740-1814) fut seigneur de Lacoste pendant près de trente ans ; plusieurs fois condamné, il s'évada et vint se cacher ici, mais en 1778, il fut embastillé sur une lettre de cachet obtenue par sa belle-mère. Son château fut dévasté pendant la Révolution.

En continuant vers Ménerbes par le D 109, remarquer près de Lacoste les nombreuses carrières où est extraite une pierre de taille renommée.

★ **Ménerbes.** — *Page 143.*

Emprunter le D 3 au Sud, puis le D 188.

Celui-ci offre de belles vues sur le plateau de Vaucluse et le mont Ventoux.

★ **Oppède-le-Vieux.** — 1 015 h. Le **site★** d'Oppède-le-Vieux est des plus pittoresques ; étagé sur un éperon rocheux, le village, naguère en grande partie ruiné, a retrouvé vie grâce à l'intervention d'artistes et d'hommes de lettres qui s'emploient à lui restituer ses aspects authentiques.

Laisser la voiture sur le nouveau parking.

L'ancienne place du bourg est entourée de maisons restaurées. On accède au village supérieur, couronné par l'église et les ruines du château, en passant sous une ancienne porte de ville. De la terrasse devant l'église (13e s., remaniée au 16e puis au 19e s.), on jouit d'une belle **vue★** sur la vallée du Coulon, le plateau de Vaucluse, le village de Ménerbes. Derrière le château (fondé par les comtes de Toulouse, reconstruit aux 15e et 16e s.), jolies vues sur les ravins qui sillonnent le flanc Nord du Luberon.

Traverser la région viticole de Maubec (D 176, D 29) et tourner à gauche dans le D 2.

A la sortie de Robion, emprunter à gauche le D 31 que l'on suit jusqu'à son croisement avec la route de Vidauque que l'on prend à gauche.

La route, très raide et en lacet *(circulation à sens unique ; vitesse limitée à 30 km/h)*, longe la combe sauvage de Vidauque et offre de magnifiques **vues★★** plongeantes sur le paysage alentour : au Nord, la pointe du plateau de Vaucluse et la vallée du Coulon, au Sud et à l'Ouest les Alpilles, la vallée de la Durance et en contrebas la plaine de Cavaillon avec ses cultures maraîchères cloisonnées par des cyprès et des roseaux.

Au niveau du relais hertzien, s'amorce la descente à droite par la route dite du Trou-du-Rat qui mène au D 973, que l'on prend à droite.

Cavaillon. — *Page 104.*

Sortir par ② du plan.

Le D 2 remonte la fertile vallée du Coulon.

3 km après Coustellet, prendre à droite le D 207 vers Moulin des Bouillons.

Musée du Vitrail et musée des Moulins à huile. — *Page 121.*

St-Pantaléon. — *Page 121.*

Le D 104 puis le D 60 à droite mènent à N.-D.-de-Lumières.

ⓥ **N.-D.-de-Lumières.** — Ce sanctuaire du 17e s. est le but d'un pèlerinage célèbre en Provence. Dans la crypte, remarquer la statue de N.-D.-de-Lumières placée au-dessus de l'autel. Dans la chapelle haute, une Pietà du 17e s. en bois doré orne le troisième autel de la nef à droite. Importante collection d'ex-voto. On peut faire une agréable promenade dans le parc qui entoure les bâtiments monastiques.

La N 100 remonte la vallée du Coulon. A gauche s'étend le pays de l'ocre *(voir p. 16)*.

Pont Julien. — *Page 59.*

La N 100 ramène à Apt.

★ MADELEINE (Grotte de la)

Carte Michelin n° 80 pli 9 ou 245 Nord du pli 15 ou 246 pli 23 — Schéma p. 61.

Cette grotte s'ouvre dans le flanc Nord de la falaise où se creusent les gorges de l'Ardèche.

La route d'accès, en descente, s'embranche sur le D 290, route des gorges de l'Ardèche, et mène au porche d'entrée (parking).

⊘ VISITE

La grotte, découverte en 1887, a été creusée par un ancien cours d'eau souterrain qui drainait jadis une partie du plateau des Gras. On y pénètre par la Grotte Obscure, puis un tunnel taillé dans le roc (escalier assez raide) permet d'atteindre la salle du Chaos.

Au-delà de cette salle, divisée en deux compartiments par un amas de colonnes détachées de la voûte, s'étend une vaste galerie richement décorée de concrétions : draperies sonores, orgues de 30 m de hauteur, excentriques en forme de cornes, etc. Remarquer en particulier une magnifique coulée blanche entre deux amas rouges de draperies évoquant une cascade par sa fluidité et des concrétions en forme de rose des sables.

Les parois de la salle sont couvertes de petites cristallisations semblables à des coraux.

MAILLANE

1 430 h. (les Maillanais)

Carte Michelin n° 81 plis 11, 12 ou 245 pli 29 ou 246 pli 25 — 16 km au Sud d'Avignon.

Dans cette fertile campagne qu'on nomme la Petite Crau de St-Rémy, Maillane offre le charme d'un village provençal avec ses placettes ombragées de platanes, ses maisons blanches aux toits de tuiles, mais elle doit surtout sa célébrité à Frédéric Mistral.

⊘ Né le 8 septembre 1830 dans une famille de ménagers, « sorte d'aristocratie qui fait la transition entre paysans et bourgeois » nous dit-il, Mistral passa sa jeunesse au **mas du Juge** (à 1 km du bourg, sur la route de Graveson). Il fréquenta l'école de Maillane puis resta en pension au collège improvisé de St-Michel-de-Frigolet, puis étudia au collège royal d'Avignon où il fit la connaissance de Roumanille. Après avoir fait son droit à Aix, il rentra au mas paternel, plus attiré par le charme de la langue provençale que par les arguties du code Napoléon. Au décès de son père, il dut quitter le mas du Juge pour s'installer dans une petite maison de famille à l'entrée du bourg, la maison du Lézard *(face au musée)* où il vécut avec sa mère et termina « Mirèio ». En 1876, il se maria et habita une nouvelle maison qui conserve pieusement son souvenir *(voir ci-dessous)*.

Au cimetière, dans l'allée principale, à hauteur du monument aux Morts, s'élève, à gauche, le mausolée qu'il fit copier, de son vivant, sur le pavillon de la Reine Jeanne, près des Baux *(p. 89)*.

⊘ **Museon Mistral.** — Il est installé dans la demeure que le poète fit construire et habita à partir de 1876. Les différentes pièces que l'on visite, bureau, salon, salle à manger, chambre, ont été conservées telles qu'elles étaient à sa mort en 1914 ; d'émouvants souvenirs, des tableaux, des livres, les émaillent.

★ MARCOULE

Carte Michelin n° 80 Nord du pli 20 ou 246 pli 24.

Dans un cadre de garrigues et de vignobles, l'usine de Marcoule dresse de vastes structures industrielles qu'annoncent de loin de hautes cheminées (80, 100 m,...) Deux organismes sont ici présents, la COGEMA et le CEA. L'activité principale de la COGEMA (Compagnie Générale des Matières Nucléaires) réside dans le retraitement industriel des combustibles irradiés provenant des réacteurs nucléaires de la filière uranium naturel-graphite-gaz. Un atelier industriel complémentaire de l'usine chimique met en œuvre depuis 1978 le procédé français de vitrification des déchets très radioactifs. Le CEA (Commissariat à l'Énergie Atomique) effectue des activités diverses de recherche et de développement dans le domaine du retraitement des combustibles des surgénérateurs en particulier.

Au Nord du site de Marcoule, entre le Rhône et le D 138, la Centrale Nucléaire Phénix, prototype de la filière des surgénérateurs d'une puissance électrique de 250 MW, fonctionne depuis 1973.

★★**Belvédère.** — *Accès par le D 138 à l'est de Chusclan.*

Le coup d'œil. — Sur la terrasse qui sépare les deux salles d'exposition, un panneau d'orientation permet d'identifier les installations. De cet observatoire, les vues s'étendent au loin sur le Rhône, la plaine du Comtat, Orange et le célèbre mur de son théâtre antique, le mont Ventoux, les Alpilles, les usines métallurgiques de l'Ardoise et le bas pays gardois.

⊘ **Exposition.** — La première salle fournit des informations sur l'énergie et le cycle du combustible nucléaire. La seconde salle groupe les informations que le touriste pourrait retirer d'une visite des installations de Marcoule, en illustrant les diverses activités.

En saison, le nombre de chambres vacantes dans les hôtels
est souvent limité.
Nous vous conseillons de retenir par avance.

★★★ **MARSEILLE**   878 689 h. (les Marseillais)

Carte Michelin n° 84 pli 13 ou 245 pli 44 ou 246 plis K, L, M.

Admirablement située au fond d'une large baie qu'entourent les chaînes calcaires de l'Estaque et de l'Étoile, elle séduit par l'animation qui règne dans tout le centre de la ville, principalement sur la célèbre Canebière et aux alentours du Vieux Port. C'est à l'heure où le soleil baisse à l'horizon qu'il faut, de N.-D.-de-la-Garde, admirer Marseille et la Méditerranée.

Vingt-six siècles d'histoire font de Marseille la première en date des grandes villes françaises. Jalouse de son indépendance, la ville a toujours suivi un itinéraire à part qui l'isola de la communauté régionale et nationale jusqu'au 19e s. Aujourd'hui encore, alors qu'elle s'enorgueillit d'être la seconde ville de France par le nombre de ses habitants, elle conserve une forte personnalité, mélange d'authenticité et de clichés tenaces. Les galéjades de Marius et de César, les cris des poissonnières du Vieux Port ou des joueurs de boules, mais aussi les ténébreuses affaires judiciaires, tout cela forme un peu de l'âme de Marseille et témoigne de la spécificité de sa culture. Mais, Marseille ne se contente pas de cet aimable folklore ; c'est une ville qui vit avec son temps, se modernise sans cesse et développe quelques projets ambitieux, notamment dans le domaine culturel (onze musées auxquels s'ajoutent l'ensemble de La Vieille Charité, la dynamique école d'Art de Luminy, une pléiade de jeunes artistes etc.).

Premier port français, Marseille doit tout à la mer. Elle a toujours vécu du commerce international et, de tout temps, une foule bigarrée de marins, de dockers et d'immigrés de toutes les races colore sa physionomie. Porte traditionnelle de l'Orient, sa fortune s'est établie sur les possessions coloniales du 19e s. qui offraient d'immenses possibilités d'échanges : les produits importés étaient traités puis réexportés à un coût avantageux. Mais ce système régressa au 20e s. ; la fin du libre-échange, les deux guerres mondiales, la fermeture du canal de Suez et l'émancipation des colonies lui portèrent un rude coup. La reconversion et la modernisation, tournées principalement vers le pétrole et la chimie, ont entraîné un déplacement géographique des grandes activités industrielles vers le pourtour de l'étang de Berre *(p. 91)* et le golfe de Fos *(p. 118)*. Ces nouvelles installations, administrées par un seul organisme, « le port autonome », font de Marseille le deuxième ensemble portuaire d'Europe, parfois surnommé Europort-Sud. Cependant, la ville conserve quelques industries traditionnelles de transformation : huileries, savonneries, minoteries, semouleries et usines métallurgiques.

Pour la fabrication du savon, l'huile d'olive fut pendant longtemps l'une des matières premières utilisées. Cette dernière a été remplacée au 19e s. par les oléagineux d'origine tropicale. Marseille jadis grand centre de fabrication des huiles d'arachide, de coprah, de palmiste et de leurs sous-produits, comme la stéarine a perdu sa primauté dans l'industrie française des corps gras au profit de régions plus proches des secteurs d'élevage et mieux desservies comme le Nord, la Seine-Maritime et la région parisienne. Le savon de ménage ou de Marseille représente environ 20 % de la consommation française des produits de lavage.

Sur le plan des communications, Marseille confirme sa vocation de carrefour international, avec son réseau d'autoroutes qui la relie à Paris, à l'Espagne et à l'Italie, avec ses lignes aériennes (aéroport de Marseille-Provence) et maritimes (port de la Joliette) qui desservent les pays d'Afrique et d'Orient.

Chaque année, dans le parc **Amable-Chanot** (BCZ), où a été construit le Palais des Congrès, se tiennent, de fin mars à début avril, la foire de Printemps-Marseille et pendant la 2e quinzaine de septembre, la grande foire internationale de Marseille. En bordure du parc s'élève la Maison de la Radio et de la Télévision.

UN PEU D'HISTOIRE

La fondation de Massalia. — Avant la fondation officielle de la ville, existait probablement une bourgade, sorte de relais commercial utilisé par des marins grecs. En 620 ou 600 avant J.-C., quelques galères, montées par des Phocéens (Grecs d'Asie Mineure) cherchant fortune, abordent sur la côte, dans la crique du Lacydon, où s'étend aujourd'hui le Vieux Port.

Une tradition poétique rapporte ainsi leurs premiers pas : leur chef, Protis, rend visite à la tribu ligure qui occupe le pays. C'est le jour où le roi offre un grand banquet aux guerriers qui briguent la main de sa fille Gyptis. Selon la coutume ligure, à la fin du repas, la jeune fille entrera, une coupe pleine à la main, et la présentera à celui qu'elle a choisi. Protis, invité au banquet, est mêlé aux soupirants. Mais voici que Gyptis s'avance ; elle s'arrête devant le beau Grec et lui tend la coupe rituelle. Le mariage est célébré : la jeune femme apporte en dot la colline que couronne aujourd'hui N.-D.-de-la-Garde. Bientôt, une petite ville s'y élève : c'est Massalia, mère de Marseille. Les Grecs, qui ont le génie du commerce, rendent vite la cité prospère. Après la destruction de Phocée par les Perses (540 av. J.-C.), elle se trouve à la tête de nombreuses possessions supplémentaires. Les Massaliotes créent des comptoirs le long de la côte (Agde, Arles, Le Brusc, Hyères-Olbia, Antibes, Nice) et dans l'arrière-pays (Glanon, Cavaillon, Avignon et peut-être St-Blaise sur l'étang de Berre). Avec les Celto-Ligures, les relations se limitent à des échanges portant sur l'étain, l'ambre, les armes, les denrées agricoles, sans doute les esclaves, et d'autre part le vin et la céramique. Le littoral est mis en valeur, planté d'arbres fruitiers, d'oliviers puis de vignes. Des navigateurs hardis du 4e s. explorent les contrées lointaines : Euthymène parvient jusqu'au Sénégal et Pythéas, géographe, astronome, mathématicien, découvre les rives de la Baltique jusqu'à l'Islande. Intense foyer de civilisation, Massalia est organisée en république dont Platon a analysé la constitution.

Les fouilles du Vieux Port et du quartier de la Bourse *(voir p. 133)* ont permis de préciser l'ordonnance de la ville. Construite face à la mer sur les buttes St-Laurent, des Moulins et des Carmes, sur la rive Nord du Lacydon (formant alors une presqu'île), sa superficie était de 50 ha. Des remparts la protégeaient, deux temples (d'Artémis et d'Apollon), un théâtre et sans doute d'autres monuments l'embellissaient.

(Photo Hervé Boulé)

Marseille. — Le Vieux Port et N.-D.-de-la-Garde.

Rome au secours de Marseille. — Alliée de Rome pendant la seconde guerre punique (154 av. J.-C.), Massalia réclame son intervention contre la confédération des Salyens moins d'une trentaine d'années plus tard. Les Salyens (regroupant les principaux peuples de la région), qui n'avaient jamais manifesté leur hostilité jusque là, se tournent contre la cité massaliote à laquelle ils reprochent un impérialisme pesant. Là-dessus, se précise la menace d'un puissant empire arverne ayant peut-être des ambitions méditerranéennes. Les Romains, craignant une rupture de l'équilibre des forces en Gaule et saisissant là l'occasion d'asseoir une influence nouvelle, entrent en Provence en 125 avant J.-C., dégagent Massalia et entreprennent la conquête du pays. Pendant trois ans, la lutte fait rage, car les Salyens ont hérissé le territoire de camps retranchés. La ténacité romaine triomphe ; la Gaule transalpine est fondée avec Aix et Narbonne comme colonies. Massalia reste une république indépendante alliée de Rome, elle se voit reconnaître une bande de territoire le long du littoral.

Marseille romaine. — Au moment où la rivalité de César et de Pompée est à son point culminant, Marseille est amenée à se prononcer entre les deux généraux romains. Elle joue Pompée : c'est le mauvais cheval. Assiégée pendant six mois, la ville est prise en 49 avant J.-C. ; César lui enlève sa flotte, ses trésors, ses comptoirs. Arles, Narbonne, Fréjus s'enrichissent de ses dépouilles. Néanmoins, elle reste ville libre et entretient avec amour une Université brillante, dernier refuge de l'esprit grec en Occident. Les fouilles des vieux quartiers ont permis de retrouver des entrepôts maritimes (les docks romains) du 1er s. après J.-C., prouvant que la ville restait active, même si Arles concentrait désormais la plus grande partie du commerce avec l'Orient et l'Italie. Au 3e s., Marseille perd son régime d'autonomie municipale et devient une ville parmi d'autres. Elle semble végéter. Cependant, l'apparition du christianisme y est précoce comme en témoignent, le martyre d'un officier romain chrétien, appelé Victor, vers 915 et l'existence de catacombes sur les pentes de la colline de la Garde, située extra-muros. Au 5e s., le moine arménien Cassien établit dans ce quartier chrétien deux monastères qui étaient parmi les premiers fondés en Occident. Vers 450, un prêtre marseillais se distingue par un important traité intitulé « Du gouvernement de Dieu », dans lequel il fustige les « obscénités du théâtre », les « jeux infâmes », l'oppression des riches etc.

Après les invasions et leurs dévastations, Marseille semble toujours un port actif qui continue à commercer avec l'Orient et est l'objet de terribles rivalités entre les souverains barbares. Avec les cargaisons de marchandises, débarque, un jour de 543, la peste dont c'est la première apparition en Gaule.

Le déclin définitif s'amorce à partir du 7e s. Les pillages des Sarrasins comme des Francs entraînent le repli de la ville dans l'enceinte épiscopale de la butte St-Laurent.

L'essor maritime. — Dès le 11e s., la vieille cité phocéenne se réveille, mobilise toutes ses nefs et galvanise ses chantiers de constructions navales. En 1214, elle peut à nouveau s'ériger en république indépendante, pour une courte durée il est vrai, puisqu'elle doit se soumettre en 1252 à Charles d'Anjou. Pendant cette période faste des 12e, 13e et 14e s., marquée par les croisades, elle dispute aux Génois le fret avantageux constitué par les croisés, leur matériel et leur ravitaillement. Non seulement son soutien logistique lui rapporte de gros bénéfices, mais, à l'instar des grandes républiques italiennes, elle obtient en toute propriété un quartier de Jérusalem avec son église propre. Marseille enrichie cherche de nouveaux débouchés. Ses marins pratiquent le cabotage sur les côtes catalanes, vont concurrencer jusque chez eux les Pisans et les Génois, fréquentent le Levant, l'Égypte, l'Afrique du Nord.

A ces temps de prospérité succède une phase de crise et de repli au début du 15e s., qui voit, en 1423, la flotte aragonaise ravager la ville. Mais ce n'est qu'un accident car, sous l'impulsion de deux habiles négociants, les frères Forbin, les affaires repartent. Jacques Cœur lui-même installe ici son principal comptoir sous la responsabilité de son neveu, l'entreprenant Jean de Villages. Le roi René découvre de son côté ce monde des marchands marseillais au cours d'un long séjour qu'il effectue dans la ville durant l'été 1447.

MARSEILLE★★★

En 1481, Marseille est réunie à la couronne en même temps que la Provence, mais il ne passera guère de règne sans qu'elle fasse preuve d'insoumission, notamment pendant les guerres de Religion.

La grande peste. — Au début du 18ᵉ s., Marseille compte environ 90 000 habitants. Grand port bénéficiant d'un édit de franchise depuis 1669, elle jouit du monopole du commerce levantin et est devenue un gigantesque entrepôt de produits d'importation (matières textiles, denrées alimentaires, drogues et « curiosités »). Elle s'apprête à se lancer à la conquête des Antilles et du Nouveau Monde quand, en mai 1720, l'imprudence et la cupidité d'un armateur déclenche un terrible fléau. Un navire venant de Syrie a eu, au cours de la traversée, plusieurs cas de peste. Le capitaine les signale aux autorités du port. Mais comme la cargaison est destinée à de puissants commerçants de la ville qui ne veulent pas manquer la foire de Beaucaire *(p. 89)*, la quarantaine est supprimée. Quelques jours après, l'épidémie se déclare et ses ravages sont foudroyants. Les hôpitaux sont pleins ; les malades, souvent chassés de chez eux par leurs proches, viennent mourir dans la rue ; des milliers de cadavres jonchent le sol, car les galériens ne suffisent pas à transporter les corps aux fosses communes.

Trois personnages se sont illustrés par leur très grand dévouement durant cette noire période : Xavier de Belsunce, évêque de Marseille, Nicolas Roze, appelé le Chevalier, négociant français, ancien consul à Modon dans le Péloponnèse, et enfin le chef d'escadre Langeron.

Le Parlement d'Aix a interdit, sous peine de mort, toutes communications de Marseille avec le reste de la Provence. Mais, dès la fin de l'année 1720 et pendant l'année 1721, le fléau se répand et gagne Aix, Apt, Arles, Toulon. Encore quelques cas isolés sont signalés à l'été 1722. Au total environ 100 000 personnes ont péri dont 50 000 à Marseille. Ce fut le dernier grand fléau de ce type en France.

Très vite, Marseille se relève : elle retrouve en quelques années un formidable tonus démographique et économique ; en 1765, elle a retrouvé son niveau de 1720 avec 85 à 90 000 habitants. Le commerce trouve de nouveaux débouchés en direction de l'Amérique latine et surtout des Antilles ; Marseille se met à importer du sucre, du café et du cacao. Elle s'industrialise : savonnerie, verrerie, raffinage du sucre, faïence, textile etc. Des fortunes colossales s'édifient : armateurs et négociants, dont le nombre double au cours du siècle, affichent leur opulence au milieu d'un petit peuple d'artisans et de salariés vivant étroitement au rythme de l'arrivée des cargaisons au port. Les peintures de Claude Vernet constituent la meilleure évocation de l'extraordinaire ambiance du port au milieu du 18ᵉ s.

La Marseillaise. — La ville accueille la Révolution avec enthousiasme. Elle élit Mirabeau comme représentant aux États Généraux. Le tribun optera pour Aix qui l'a également désigné.

En 1792, un jeune officier du Génie, Rouget de Lisle, a composé à Strasbourg le « Chant de guerre de l'Armée du Rhin ». Cet hymne, qui a été édité, est parvenu à Marseille. La ville, envoyant à Paris 500 volontaires, leur offre un banquet, au cours duquel quelqu'un chante l'œuvre venue d'Alsace. Elle soulève l'enthousiasme et les assistants la reprennent en chœur.

Avant le départ des Marseillais, on distribue à chacun d'eux un exemplaire du chant. Ils le répètent à chaque étape, avec un succès constant. Arrivés à Paris, ils ont acquis, dans cette exécution chorale, une véritable virtuosité. Quand ils défilent dans les rues, leurs voix chaudes de Méridionaux, qui lancent à toute volée les strophes enflammées, électrisent la foule. Le nouvel hymne trouve aussitôt son nom : c'est la Marseillaise.

Mais la rude poigne de la Convention devient bientôt insupportable à la ville, fédéraliste dans l'âme. Elle se révolte. Enlevée d'assaut, Marseille devient « la ville sans nom ». La guillotine est installée en permanence sur la Canebière. La **porte d'Aix (ES V)** est un arc de triomphe élevé en 1833 pour commémorer les guerres de la Révolution et du Premier Empire.

Au 19ᵉ s. — Sous l'Empire, Marseille devient royaliste. Il faut dire que le commerce maritime est fortement atteint par les dispositions du blocus continental. Quand Napoléon revient de l'île d'Elbe, des Marseillais courent à sa poursuite ; à la nouvelle de Waterloo, la vengeance se déchaîne contre ses partisans. La ville soutient les Bourbons contre les Orléans. Le sang coule en 1848. Sous le Second Empire, Marseille est républicaine ; d'importants travaux d'urbanisme y sont réalisés (percement de l'actuelle rue de la République, construction du palais de Longchamp, de N.-D.-de-la-Garde, de la cathédrale, du parc et du château du Pharo etc.).

La conquête de l'Algérie, qui mit fin à la piraterie barbaresque, avait déjà stimulé l'activité marseillaise ; l'ouverture du canal de Suez en 1869 lui a fait franchir une nouvelle étape.

Les événements de 1940-1944. — Les bombardements germano-italiens de juin 1940 et ceux des Alliés en 1943-1944 pour préparer leur débarquement en Provence causèrent dans la ville de graves dégâts et firent de nombreuses victimes.

En janvier 1943, sous prétexte d'assainissement, les Allemands font évacuer, par ses 40 000 habitants, puis raser, le vieux quartier aux ruelles populeuses, souvent mal famées, du moins pittoresques, compris entre la rue Caisserie et le Vieux Port. Ils ne laissent subsister, en bordure du quai, qu'un simple rideau de maisons anciennes.

L'après-guerre. — Comme la plupart des villes touchées par la guerre, Marseille a reconstruit à la place de la zone dévastée un nouveau quartier conçu suivant un plan d'urbanisme. De plus, elle a vu s'élever boulevard Michelet des immeubles modernes et la première « Unité d'habitation » Le Corbusier, appelée Cité Radieuse, qui, dès 1952, étonna par sa conception audacieuse et la nouveauté de son plan. Plusieurs grandes opérations de restructuration urbaine ont suivi depuis, notamment dans le quartier de la Bourse.

Depuis novembre 1977, une ligne de métro relie la banlieue Nord-Est de la Rose au centre de la ville, en attendant son prolongement vers l'Est. Une seconde ligne Nord-Ouest-Sud-Est a été ouverte en 1987.

★★ LE VIEUX PORT (DETU) *visite : 2 h 1/2*

L'entrée s'ouvre à l'Ouest, entre les forts St-Jean et St-Nicolas que l'on peut atteindre à pied et d'où l'on a de jolies vues.

Dans cette crique, en 600 avant J.-C., débarquèrent les Phocéens et jusqu'au 19e s., s'y concentra toute l'activité maritime. Au Moyen Age, les marais qui bordaient le fond du port furent convertis en chènevières (voir Canebière). On filait sur place le chanvre utilisé pour les cordages.

Les quais furent construits sous Louis XII et Louis XIII.

Au 19e s., la profondeur de 6 m devient insuffisante pour les navires de fort tonnage. De nouveaux bassins furent créés. Après la Seconde Guerre mondiale, les immeubles autour du Vieux Port furent reconstruits d'après les plans de Fernand Pouillon (1912-1986).

Le Vieux Port ne contient plus aujourd'hui que des yachts, des bateaux de plaisance ou des vedettes de promenade qui s'enchevêtrent dans un pittoresque fouillis.

Tous les matins, quai des Belges (ET 5), se tient le **marché aux poissons**, spectacle haut en couleur, où l'on entend vibrer l'accent marseillais dans toute sa saveur.

Suivre à pied l'itinéraire indiqué sur le plan. Il correspond, dans ses grandes lignes, au circuit balisé sur place.

Jardin des Vestiges (ET K). — Les fortifications de la ville grecque, les quais du port antique du 1er s. après J.-C. et une voie d'entrée de la ville datant du 4e s. après J.-C., mis au jour derrière la Bourse constituent un jardin archéologique. A l'époque phocéenne, ce site se trouvait en bordure d'un marécage (la mer s'enfonçait alors plus profondément qu'aujourd'hui), qui fut progressivement assaini et asséché au 3e et au 2e s. avant J.-C. grâce à la construction d'égouts de drainage.

Dans la seconde moitié du 2e s. avant J.-C., on éleva un nouveau rempart dont subsistent d'intéressants vestiges : tours carrées, bastions et courtines à décrochements. Remarquer la technique de construction en blocs de grand appareil taillés dans le calcaire rose du cap Couronne. Venant du port, qui formait une corne, une voie entrait dans la ville par une porte ouverte dans un mur convexe ménagé entre deux grosses tours latérales. Un aqueduc enterré apportait depuis l'Est des eaux de source ; une autre canalisation alimentait un bassin carré (hors les murs). Pour bien observer le dispositif (face à la ville antique), se placer devant le musée d'Histoire de Marseille, au bout de la voie romaine.

Musée d'Histoire de Marseille (M¹). — Situé au fond du Jardin des Vestiges, au rez-de-chaussée du bloc commercial Centre-Bourse, ce musée de conception moderne retrace, à l'aide de pièces archéologiques (nombreux moulages), de documents et de maquettes l'histoire de Marseille dans son contexte provençal, de la préhistoire à l'époque gallo-romaine.

Dans une présentation pédagogique progressant autour de l'épave d'un **navire marchand romain** (19 m de long sur 8 m de large), découverte en 1974 et entièrement lyophilisée, différents thèmes archéologiques sont abordés : les coutumes celto-ligures (reconstitution du portique de Roquepertuse), les usages funéraires, le stockage des denrées (grande jarre ou dolium en coupe), la métallurgie, la construction navale etc. Un panorama sur les remparts, avec maquette, permet de comprendre l'agencement de ces derniers.

★ **Musée du Vieux Marseille** (DET M²). — Il est installé dans la Maison Diamantée (16e s.) qui doit son nom aux pierres à facettes de sa façade.

Au rez-de-chaussée, une salle renferme des meubles provençaux du 18e s. et des objets domestiques usuels en cuivre ou en faïence. Un bel escalier à plafond à caissons mène au 1er étage où sont présentées de nombreuses crèches du 18e s. en verre filé ou en mie de pain et une importante collection de santons, de 1830 au début de ce siècle ; on remarque également deux salles consacrées, l'une au vieux quartier de Marseille (maquette de la ville en 1848), l'autre à la grande peste de 1720 *(p. 132)*. Au 2e étage, une salle de costumes, des gravures, des peintures, illustrent la vie marseillaise au 19e s. On admirera également l'importante donation Camoin, cartiers à Marseille depuis le 18e s. ; elle rassemble tout le matériel nécessaire à la fabrication de la carte à jouer et présente les différentes techniques utilisées.

★ **Musée des Docks romains** (DT M³). — Au cours des travaux de reconstruction, sur l'emplacement des vieux quartiers, on a découvert des docks romains datant de la seconde moitié du 1er s. après J.-C. L'ensemble des entrepôts comportait un rez-de-chaussée s'ouvrant sur le quai du port et un étage communiquant sans doute par un portique avec l'artère principale de la cité, la voie décumane, actuellement rue Caisserie. Le rez-de-chaussée abritait de grandes jarres (dolia) pour le grain, le vin et l'huile. Le musée retrace l'histoire du commerce de Marseille ; il présente des documents relatifs à la technique navale et aux métiers de la mer. Il reste en place d'énormes jarres, poteries, membrures de navires, provenant des fouilles sous-marines.

Clocher des Accoules (DT). — Seul vestige d'une des plus anciennes églises de Marseille dont l'origine remonte au 12e s.

Par les escaliers de la montée des Accoules, la rue des Muettes, la rue du Refuge et la rue Rodillat, gagner le Centre de la Vieille Charité.

Centre de la Vieille Charité (DS R). — Cet ancien hospice, récemment restauré, constitue un bel ensemble architectural édifié de 1671 à 1749 sur les plans de Pierre et Jean Puget. Les bâtiments de cet « Escurial de la Misère », conçu à l'origine pour recevoir les déshérités, s'ordonnent autour de la chapelle centrale au dôme ovoïde, belle œuvre baroque due à Pierre Puget. Les façades sur cour présentent trois niveaux de galeries à arcades construites en pierre de la Couronne aux beaux reflets roses et jaunes.

L'hospice, transformé en centre culturel *(transfert prévu des collections du Château Borély)* accueille les grandes expositions marseillaises.

⊙ **Cathédrale de la Major** (DS). — Construite de 1852 à 1893, dans le style romano-byzantin, c'est un colossal et somptueux édifice de 140 m de longueur et de 70 m de hauteur sous la coupole.

★ **Ancienne cathédrale de la Major** (DS N). — Bel exemple d'architecture romane (milieu du ⊙ 11ᵉ s), « l'ancienne Major » ne présente plus, à la suite de la construction de la nouvelle cathédrale, que le chœur, le transept et une seule travée de la nef flanquée de collatéraux. Elle abrite, parmi les pièces les plus remarquables, un autel reliquaire de 1073, un bas-relief en faïence de Luca della Robbia, représentant une déposition de Croix, un autel de St-Lazare (15ᵉ s.) de Francesco Laurana.

Par l'Esplanade de la Tourette, gagner le parvis de l'église St-Laurent.

Belvédère St-Laurent (DT E). — *92 marches.* Aménagé sur le parvis de l'église St-Laurent (12ᵉ s.) au-dessus du tunnel routier, il offre une belle **vue**★ sur le Vieux Port et l'entrée de la Canebière, la chaîne de l'Étoile, la basilique N.-D.-de-la-Garde, les forts St-Nicolas et St-Jean.

Suivre la rue St-Laurent.

A droite, en contrebas, vestiges du théâtre antique.

Par la place de Lenche, lieu présumé de l'agora, et la rue Henri-Tasso gagner le quai du port.

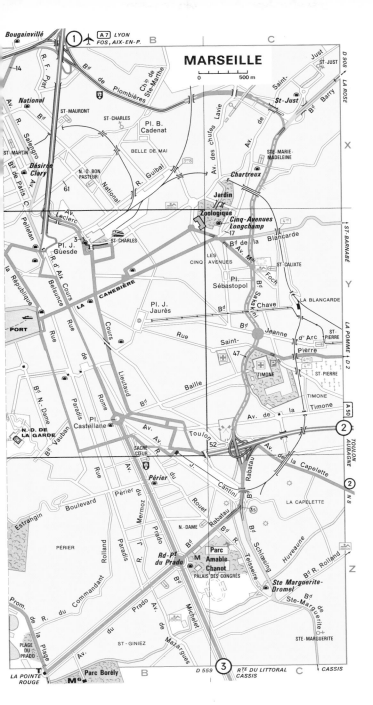

Hôtel de ville (ET H). — Intéressante façade du 17e s. Le médaillon aux armes du roi au-dessus de l'entrée principale est un moulage d'une œuvre de Pierre Puget, exposée au Palais Longchamp *(p. 139)*.

Église St-Ferréol (ET). — Face au Vieux Port, l'église St-Ferréol ou des Augustins dresse sa façade Renaissance reconstruite en 1804.
A l'intérieur, nef gothique et maître-autel en marbre du 18e s.

LA CANEBIÈRE (EFT) *visite : 2 h*

C'est la plus fameuse artère de Marseille, bordée de grands magasins, d'hôtels et de cafés, de nombreuses banques. Née de l'extension de Marseille au 17e s., elle tire son nom de chènevières car autrefois, sur son emplacement, on cultivait le chanvre.
Les marins de toutes nations qui fréquentent le grand port méditerranéen ont porté le renom de cette voie aux quatre coins du monde. Elle était devenue le symbole et l'enseigne de la bruyante et trépidante cité.

Place Général-de-Gaulle (ET 31). — Le square Alexandre-Ier, où s'élève un monument dédié à Pierre Puget, est le lieu de rencontre de nombreux Marseillais.
En face se dresse le Palais de la Bourse où est installé le musée de la Marine.

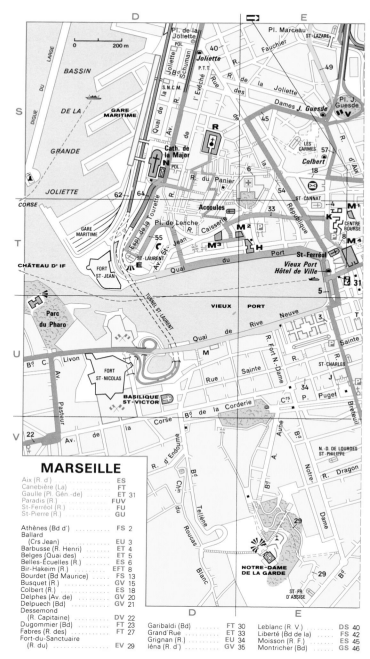

MARSEILLE

Musée de la Marine de Marseille (ET M⁴). — Il est installé au rez-de-chaussée du Palais de la Bourse qui abrite la Chambre de Commerce. Le thème des collections présentées porte sur l'histoire de la marine et du port de Marseille et plus spécialement du 17e s. à nos jours.

De nombreuses maquettes de navires à voiles ou à vapeur, des peintures, des aquarelles, des gravures, des plans illustrent cette évolution.

En « remontant » la Canebière, on laisse sur la droite la rue St-Ferréol et la rue de Rome, deux des rues comptant parmi les plus animées de la ville.

S'ouvrant au Sud de la Canebière, les rues Paradis et St-Ferréol, commerçantes, permettent de gagner le musée Cantini.

★Musée Cantini (FU M⁵). — Il occupe l'hôtel de Montgrand (17e s.) légué, avec ses collections, par le sculpteur Jules Cantini.

La majeure partie du musée abrite le **Fonds régional d'art contemporain,** qui réunit plus de 400 œuvres *(exposées par roulement)* représentant les diverses tendances (le Nouveau Réalisme, la Nouvelle Figuration etc.). Sculptures de César, Ipoustéguy, Arman, collages de Michaux et de Magnelli, peintures d'Alechinsky, Masson, Balthus, Hartung, Soulages, Tàpies, Francis Bacon, alternent avec la production d'une nouvelle génération d'artistes tels qu'Adami, Viallat, Jaccard, etc.

La section surréaliste, où figurent des œuvres de Masson, Picabia, Miró, Arp et un très rare dessin d'Antonin Artaud, est dominée par le grand Monument aux oiseaux (1927) de Max Ernst.

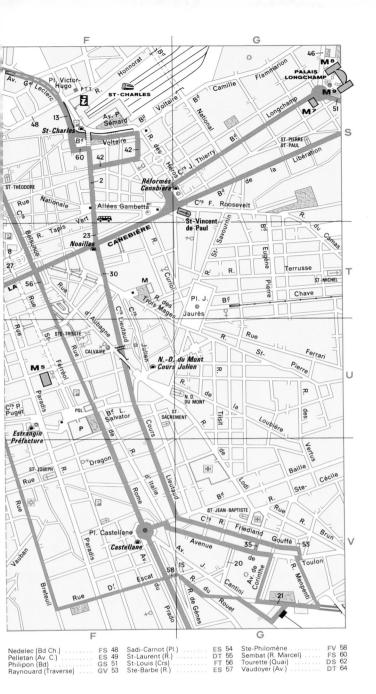

Une **galerie de la Faïence de Marseille et de Moustiers**★★ rassemble près de 600 pièces. Parmi les pièces rares des 17e et 18e s., notons une petite fontaine de Leroy, un beau plat de Robert, un service à poisson Veuve Perrin, une aiguière de Gaspard Robert, un plat de chasse de Clerissy, une boîte à poudre des frères Ferrat, la « plaque aux singes » d'Olerys.

Église St-Vincent-de-Paul (GST). — De style néo-gothique, elle a été bâtie sur l'emplacement de la chapelle d'un couvent d'Augustins réformés, d'où son nom familier d'église des Réformés. Depuis l'église jusqu'au boulevard Dugommier, chaque année, du dernier dimanche de novembre à l'Épiphanie, se tient la foire aux santons.

NOTRE-DAME-DE-LA-GARDE (EV) *visite : 2 h*

⊙ **Basilique de N.-D.-de-la-Garde.** — *Rampe à 10-12 %, passage à 15 %, chaussée glissante par temps de pluie. Quitter la rue de Rome pour tourner à gauche dans la rue Dragon. Emprunter ensuite successivement la rue Breteuil, à gauche, le boulevard Vauban, à droite, enfin encore à droite la rue du Fort-du-Sanctuaire qui mène sur « le plateau de la Croix » où des parcs de stationnement sont aménagés.*
N.-D.-de-la-Garde fut construite par Espérandieu, au milieu du 19e s., dans le style romano-byzantin alors en vogue. Elle s'élève sur un piton calcaire à 162 m d'altitude, à l'emplacement d'une chapelle du 13e s. dédiée également à Notre-Dame.

Son clocher est surmonté d'une énorme statue dorée de la Vierge. L'intérieur de l'église est revêtu de marbres de couleurs, de mosaïques et de peintures murales de l'école de Düsseldorf. De très nombreux ex-voto recouvrent les murs. Dans la crypte, remarquer une belle Mater dolorosa en marbre, sculptée par Carpeaux.

Le principal intérêt de la montée à N.-D.-de-la-Garde réside dans le **panorama★★★** que l'on découvre du parvis et des abords de la basilique. A gauche, se dressent les îles Pomègues et Ratonneau, le château d'If et, au loin, le massif de Marseilleveyre ; en face, le port, derrière le premier plan constitué par le fort St-Jean (14ᵉ-17ᵉ s.) et le parc du Pharo ; plus à droite, la ville et au fond la chaîne de l'Estaque ; en arrière, la chaîne de l'Étoile.

La fête de N.-D.-de-la-Garde se déroule le 15 août. Mais elle attire, l'année durant, une multitude de pèlerins venus de toute la France et même de l'étranger.

★**Basilique St-Victor** (DU). — C'est le dernier vestige de la célèbre abbaye, appelée « clef du port de Marseille », fondée au début du 5ᵉ s. par saint Cassien venu d'Orient, en l'honneur de saint Victor, martyr du 3ᵉ s. Condamné à être broyé entre deux meules, saint Victor est le saint patron des meuniers et des marins.

L'église, détruite par les Sarrasins, fut reconstruite vers 1040, remaniée aux siècles suivants et puissamment fortifiée.

Extérieurement, c'est une véritable forteresse. Le porche, qui s'ouvre dans la tour d'Isarn, est voûté de lourdes ogives, qui, édifiées en 1140, comptent parmi les plus anciennes du Midi.

L'intérieur présente deux parties bien distinctes : la nef et les bas-côtés dont les voûtes du 13ᵉ s., qui les couvrent, sont un bel exemple de style gothique primitif, le chœur et le transept du 14ᵉ s. Le maître-autel date de 1966.

★★**Crypte.** — La partie la plus intéressante est constituée par la basilique du 5ᵉ s., élevée par saint Cassien ; elle a été enterrée quand fut bâtie l'église du 11ᵉ s. A côté, se trouvent la grotte de saint Victor et l'entrée des catacombes où, depuis le Moyen Age, on vénère saint Lazare et sainte Marie-Madeleine.

Dans les cryptes voisines, on peut voir une remarquable série de sarcophages antiques, païens et chrétiens.

Dans la chapelle centrale, près du sarcophage dit « de saint Cassien », un martyrium du 3ᵉ s., découvert en 1965, contenait les restes de deux martyrs sur la tombe de qui fut édifiée l'abbaye.

Chaque année, le 2 février, une foule énorme, comprenant notamment les poissonnières de la ville, se presse à St-Victor pour la procession de la Chandeleur. Partout, ce jour-là, on vend de petits gâteaux en forme de barque, appelés « navettes », afin de commémorer l'arrivée de saint Lazare et des saintes Maries sur le sol de Provence, il y a près de 20 siècles.

Parc du Pharo (DU). — Il occupe un promontoire dominant l'entrée du Vieux Port. De la terrasse située près du château du Pharo, ancienne résidence de l'impératrice Eugénie, très jolie **vue**★ sur le Vieux Port (longue-vue).

★★**Corniche Président-J.-F.-Kennedy** (AZY). — *Voir plan p. 134.* Longue de plus de 5 km, elle se déroule presque constamment en bordure de la mer.

Elle passe devant le **Monument aux Morts d'Orient** (AY B) et offre de très jolies vues sur les îles et sur la côte dominée par le massif de Marseilleveyre *(p. 140).* Aussitôt après, on franchit un pont au-dessous duquel se trouve le pittoresque **vallon des Auffes** (AY) : petit port de pêche animé, il représente un des lieux les plus caractéristiques de Marseille.

La promenade de la Plage qui prolonge la Corniche Président-J.-F.-Kennedy, longe l'immense plage du Prado. 21 ha gagnés sur la mer ont déjà permis la création d'un parc balnéaire et de trois petites plages protégées par des brise-lames et encadrées au Nord par un bassin d'évolution pour la pratique de la voile. A la fin des travaux, la superficie des terrains aménagés sera doublée avec la création de quatre nouvelles plages abritées de la houle.

Au rond-point où l'avenue du Prado aboutit à la mer, se dresse une statue de David, 1951 (BZ T).

PARC BORÉLY (BZ) *visite : 1 h 1/2*

Ce vaste parc, dont on peut parcourir agréablement les allées *(circulation automobile interdite)* est bordé à l'Ouest par l'hippodrome, à l'Est par un **jardin botanique,** fort riche, situé au fond du jardin anglais. Tous les ans, s'y déroule le très suivi concours de boules du « Provençal » *(voir p. 204).* Au Sud s'élève le château Borély.

Château Borély (BZ M⁶). — Appelée Borély en souvenir des riches négociants marseillais qui l'édifièrent entre 1767 et 1778, cette imposante demeure abrite un bel ensemble 18ᵉ s. de salons, d'appartements, ornés et meublés dans le style de l'époque et une collection archéologique (art égyptien, celtique, grec, romain), et lapidaire qu'il est prévu de transférer au Centre de la Vieille Charité *(p. 133).*

★**Musée d'Archéologie méditerranéenne.** — Dans les salles du rez-de-chaussée sont présentés des séries d'amulettes, statuettes en bois et du mobilier funéraire. Cet ensemble alterne avec des sarcophages, des momies, des statues en granit, et compose une riche **collection d'antiquités égyptiennes★★**.

Au 1ᵉʳ étage, ont été rassemblées plusieurs centaines de céramiques grecques et romaines de toute époque, des bronzes étrusques, grecs et romains et de belles pièces de verrerie antique ; collections d'antiquités orientales : Chypre, Suse…

Le 2ᵉ étage abrite la donation Feuillet de Borsat. Elle se compose de dessins de l'école française du 18ᵉ s. : Boucher, Fragonard, Ingres, Lemoine, Vincent, etc., des sanguines de Greuze, Hubert Robert, Watteau et quelques œuvres des écoles italienne (Pannini, Tiepolo, Titien), flamande (Brueghel) et hollandaise (Moucheron, Willem Mieris).

Musée lapidaire. — Il est installé dans les communs du château Borély. Plusieurs salles entourent un petit jardin archéologique où sont déposés divers fragments de la ville antique ; elles sont réservées à l'archéologie régionale.

L'une d'elles contient les remarquables sculptures celto-ligures découvertes sur le site de Roquepertuse (commune de Velaux dans les Bouches-du-Rhône). On remarque : le portique à crânes du sanctuaire, deux statues de héros accroupis vêtus d'un costume à scapulaires, un oiseau en pierre, un linteau orné de têtes de chevaux stylisées et le magnifique **groupe de deux têtes adossées★** appelé « Hermès », du 3e s. avant J.-C. (les deux visages sont différents et n'ont pas d'oreilles, ils étaient rehaussés de couleur à l'origine).

Dans les autres salles : sculpture grecque, notamment un chapiteau ionique du 6e s. avant J.-C. provenant peut-être du temple d'Apollon ; vestiges romains (bustes, autels votifs, sarcophages etc.).

QUARTIER LONGCHAMP (GS) *visite : 2 h*

★★**Musée Grobet-Labadié** (GS M⁷). — Cet hôtel particulier, construit en 1873 pour un négociant marseillais, Alexandre Labadié, fut légué à la ville de Marseille en 1919 par sa fille Marie-Louise, épouse d'un mélomane et amateur d'art, Louis Grobet, avec les collections réunies par son père, lesquelles furent diversifiées et considérablement enrichies par sa passion et son goût de la collection.

Le cadre bourgeois de cette demeure a été conservé et on peut y admirer de beaux ensembles de tapisseries flamandes et françaises (16e au 18e s.), des meubles, des faïences (18e s.), de l'orfèvrerie religieuse, de la ferronnerie, des instruments de musique anciens.

De belles peintures ornent les murs : Primitifs flamands, allemands et italiens, école française des 17e, 18e et 19e s.

★**Palais Longchamp** (GS). — Cette imposante construction a été bâtie par l'architecte nîmois Henri Espérandieu de 1862 à 1869. Au centre, s'élève le château d'eau animé de jeux d'eaux ; il est relié par des colonnades au musée des Beaux-Arts, à gauche, et au muséum d'histoire naturelle, à droite.

★**Musée des Beaux-Arts** (M⁸). — Au premier niveau, deux grandes salles sont consacrées à la **peinture des 16e et 17e s.** École française : Vouet (Vierge à la rose), Le Sueur, Rigaud, Largillière, école italienne : Pérugin, Cariani, Carrache, le Guerchin, école flamande : Brueghel de Velours, Jordaens et plusieurs Rubens (Portrait présumé d'Hélène Fourment), Téniers. Œuvres provençales : Michel Serre et Jean Daret notamment.

Une salle d'**art africain** réunit une belle collection de sculptures des pays d'Afrique francophone ; peintures de Dufy et Gleizes.

Une vaste salle tréflée met en valeur des œuvres de **Pierre Puget,** natif de Marseille *(p. 37)*. Au centre, sont placés des moulages de sculptures monumentales conservées au Louvre ou à Gênes. A droite et à gauche sont exposées les **œuvres originales★** : prestigieux dessins, peintures d'une grande variété dont le Sommeil de l'Enfant Jésus ; parmi les sculptures, remarquer des statues comme le Faune, des bas-reliefs comme la Peste à Milan ou Louis XIV à cheval.

Dans l'escalier, peintures murales de Puvis de Chavannes (Marseille, colonie grecque ; Marseille, porte de l'Orient).

Au deuxième niveau, plusieurs salles en enfilade sont vouées exclusivement à la **peinture française du 18e au 20e s.** A gauche : Courbet (le Cerf à l'eau), Millet, Corot ; Girodet, Gros, Gérard, Ingres, David ; à droite : Provençaux (Guigou, Casile), sculptures de **Daumier** (célèbre caricaturiste né à Marseille en 1808) ; Courbet, Verdilhon, Lombard, Camoin, Marquet, Ziem, Signac (l'Entrée du port de Marseille, 1911), Dufy.

A l'entresol : belles toiles de Nattier, Verdussen, Watteau de Lille, Carle Van Loo, Françoise Duparc, Greuze, Joseph Vernet (une Tempête), Mme Vigée-Lebrun (la Duchesse d'Orléans) et sculpture de Chastel.

★**Muséum d'histoire naturelle** (M⁹). — Il renferme de riches collections, très intéressantes pour les amateurs de zoologie, de géologie et de préhistoire. Une salle est consacrée à la faune et à la flore provençales. Au sous-sol, a été aménagé un **aquarium** méditerranéen et tropical, où sont présentés de nombreux petits poissons de mer et de rivière des cinq continents.

Jardin zoologique (CXY). — *Plan p. 135.* Il est installé derrière le Palais Longchamp, en bordure du jardin public. Riche en fauves et en animaux exotiques et européens.

★★ LE PORT (AXY)

Le port moderne de Marseille, artificiel, est né des besoins nouveaux créés par l'utilisation des navires de fort tonnage et par le développement incessant du commerce maritime.

Avec un trafic de 98 200 000 t en 1986, il a acquis en ce domaine une place prépondérante *(voir p. 130)*.

Origine et développement. — Le Vieux Port où les navires se tassaient sur quatre et cinq rangs étant devenu insuffisant, dès 1844, une loi autorisait la création d'un bassin à la Joliette ; à peine ce dernier était-il achevé qu'une nouvelle loi prescrivait la construction des deux bassins du Lazaret (incorporé ensuite dans le bassin de la Grande Joliette) et d'Arenc. Le port s'accrut ensuite en direction du Nord, des bassins : National, de la Pinède, Président-Wilson, Léon Gourret et Mirabeau.

Le 28 août 1944, à la libération de Marseille par les troupes du général de Monsabert, le port venait d'être dévasté par des mines allemandes. Un immense effort fut accompli pour lui redonner la vie et dès la fin de la guerre, il put jouer un rôle important dans l'économie française. Sa remise en état s'est accompagnée de grands travaux d'agrandissement et de modernisation. Le bassin Mirabeau bordé par le terre-plein

MARSEILLE★★★

de Mourepiane et le nouveau quai de la Pinède offrent de plus grandes facilités pour les conteneurs.

Les installations traditionnelles marseillaises, qui s'étendent sur 19 km de quais, offrant plus de 140 postes, par des profondeurs d'eau allant jusqu'à 15 m, ont été remodelées.

Activités portuaires. — Une grande partie des postes sont spécialisés pour le trafic à manutention horizontale (la cale du navire étant accessible aux camions venus de toute l'Europe). Marseille est un des très grands ports du monde en ce domaine, notamment pour les lignes maritimes du bassin méditerranéen et de la mer Rouge.

Les deux terminaux de Mourepiane et de la Pinède permettent de traiter les trafics de cabotage, s'opérant par conteneurs, et les mouvements commerciaux avec l'Afrique.

Les vracs alimentaires conservent une place importante : Marseille alimente l'Europe en fruits et légumes (700 000 t en 1986), et conserve une activité sucrière et céréalière. Divers vracs industriels y sont reçus : alumine, clinkers (éléments entrant dans la fabrication du ciment) etc…

Par ailleurs, les bassins de Marseille ont accueilli 1 200 000 passagers en 1986, tant sur les lignes régulières de Corse et d'Afrique du Nord (gare Maritime de la Joliette) que sur des navires de croisières (gare Maritime Nord). Enfin, 55 % de la réparation navale en France est traitée à Marseille, grâce à dix formes de radoub et à un dock flottant. La forme n° 10 (465 m x 85 m) peut accueillir les plus grands navires du monde.

⊙VISITE

On accède à la Digue du Large par la Traverse et le pont d'Arenc.

Ne pas demeurer sur la chaussée charretière, mais parcourir la partie supérieure de la Digue du Large ou sa partie extérieure. De la partie supérieure, dallée et bordée de banquettes, belle vue d'ensemble sur le port, les navires, la rade et les îles qui la peuplent. La partie extérieure, qui domine de quelques mètres à peine les blocs protecteurs, est fréquentée par de nombreux pêcheurs amateurs.

EXCURSIONS

★★**Château d'If.** — *Promenade en* ⊙ *bateau de 1 h 1/2, y compris la visite du château. Embarcadère : quai des Belges.*

Alexandre Dumas a donné au château d'If la célébrité littéraire en y enfermant deux de ses héros : le comte de Monte-Cristo et l'abbé Faria. Construit de 1524 à 1528 en un temps très court, le château d'If était un avant-poste destiné à protéger la rade de Marseille. A la fin du 16e s., on l'entoura d'une enceinte bastionnée posée sur le rocher en lisière de la mer. Devenue inutile, la citadelle devint prison d'État où furent enfermés des huguenots, le Masque de Fer, des opposants au coup d'État de 1851. La visite fait parcourir les cachots de ces nombreux prisonniers.

D'une terrasse au sommet de la chapelle (désaffectée), joli **panorama**★★★ sur la rade et la ville, les îles Ratonneau et Pomègues reliées par le nouveau port du Frioul.

Massif de Marseilleveyre. — *13 km au Sud. Quitter Marseille par la Promenade de la Plage.*

Ce **parcours**★★ en corniche longe la plage du Prado, traverse la Pointe Rouge qui abrite un petit port de plaisance. A la sortie de Madrague-de-Montredon, la route s'élève dans le massif de Marseilleveyre laissant sur la droite le mont Rosé (81 m) ; de belles vues se développent sur le cap Croisette et l'île Maire.

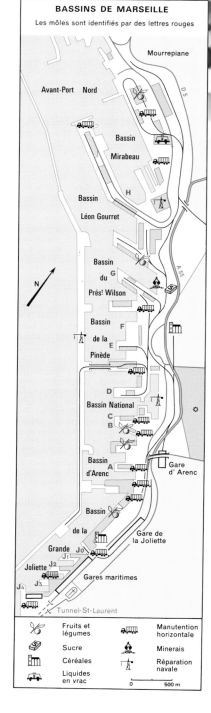

BASSINS DE MARSEILLE

Les môles sont identifiés par des lettres rouges

Mourrepiane

Avant-Port Nord

Bassin Mirabeau

H

Bassin Léon Gourret

N

Bassin du Prés! Wilson

G

Bassin de la Pinède

F

E

D

Bassin National

C

B

Bassin d'Arenc

A

Gare d'Arenc

Bassin de la Grande Joliette

Gare de la Joliette

J0

J1

J2

J3

J4

Gares maritimes

Tunnel-St-Laurent

✂ Fruits et légumes	▣ Sucre	▥ Céréales
⬛ Liquides en vrac	🚚 Manutention horizontale	⚓ Minerais
⊤ Réparation navale		

0   500 m

Callelongue. — Dans un très joli **site,** quelques maisons paressent au fond de la calanque qui abrite une petite flottille de pêche et quelques bateaux de plaisance.

Ancien poste de vigie. — *3/4 h à pied AR. Prendre à droite le sentier qui s'embranche entre deux maisons, s'avancer tout droit jusqu'à un mur de soutènement, puis obliquer à droite.* Des terrasses de ce poste de vigie désaffecté, la **vue**★ s'étend au Nord-Ouest sur l'île Pomègues et la chaîne de l'Estaque, à l'Ouest sur l'île Maire, les Goudes et Callelongue, au Sud-Est sur les îles de Jarre et de Riou, à l'Est sur le cap de l'Aigle.

D'autres promenades peuvent être entreprises dans le massif de Marseilleveyre en suivant les sentiers jalonnés, mais ils demandent parfois une certaine agilité.

⊙ **Calanques de Sormiou et de Sugiton.** — *8 km. Sortir du centre-ville par* ③. *Accès à Sormiou (1/2 h à pied) au départ des Beaumettes, à Sugiton (1 h à pied) au départ du complexe universitaire « Domaine de Luminy ».*
Elles constituent pour les Marseillais de magnifiques buts de promenade indiqués aux bons marcheurs et aux amateurs de varappe. La chaleur et le manque d'eau potable peuvent rendre ces excursions assez pénibles en été.
Les calanques de Port-Miou, de Port-Pin et d'En-Vau, situées plus à l'Est, sont décrites p. 104.

Château-Gombert ; grottes Loubière. — *11 km au Nord-Est. Sortir par l'avenue de St-Just* (CX)*, puis l'avenue de Château-Gombert.*
Situées au Nord-Est de la ville, Château-Gombert et les grottes Loubière sont englobées dans l'agglomération marseillaise.

Château-Gombert. — Sur la grande place plantée de platanes, donnent à une extrémité, l'église, à l'autre, la demeure qui abrite le musée.
⊙ L'**église** du 17ᵉ s. renferme quelques œuvres d'art, en particulier une Résurrection de Lazare par Finsonius, peintre flamand du 17ᵉ s. *(p. 67).*
⊙ Dans le **musée des Arts et Traditions populaires du Terroir marseillais,** un intérieur provençal a été reconstitué : cuisine avec grande cheminée, faïences de Marseille, Moustiers, Montpellier, étains, verrerie, salle de séjour et chambre à coucher aux beaux meubles ; remarquer un « radassié », immense canapé qui se trouvait anciennement dans les bastides. Des costumes de Marseillaises, d'Arlésiennes, celui d'un roulier, des instruments aratoires, des harnachements de chevaux pour la fête de St-Éloi, rappellent les coutumes locales.

Quitter Château-Gombert en direction de Marseille et prendre à droite la Traverse de la Baume Loubière.

⊙ **Grottes Loubière.** — Découvertes en 1829, ces grottes offrent, sur un parcours d'environ 1 500 m, une suite de cinq salles décorées de belles concrétions aux teintes variées : stalactites, stalagmites, imposantes colonnes, draperies translucides, fines excentriques.

MARTIGUES
42 039 h. (les Martégaux)

Carte Michelin nº 🔢 plis 11, 12 ou 🔢 pli 43 ou 🔢 plis 13, 14 — Schéma p. 92 — Lieu de séjour.

C'est en 1581 que la ville prend le nom de Martigues après la réunion des trois localités de Jonquières, l'Ile et Ferrières, établies en ces lieux dès le Moyen Age.
Située au bord de l'étang de Berre, reliée à la mer par le canal de Caronte, Martigues, naguère petite ville de pêcheurs, a vu le développement du complexe pétrolier Lavéra-Étang-de-Berre altérer son caractère de petit port provençal, mais par contre engendrer une extension considérable de la ville.
Des peintres (Corot, Ziem), des écrivains, parmi lesquels Charles Maurras (1868-1952), né à Martigues et qui y vécut longtemps, ont été séduits par la qualité de la lumière et par le pittoresque du lieu. Martigues a acquis, de ce fait, une grande notoriété dans les milieux littéraires et artistiques.

(Photo P. Berger/Rapho)

Martigues. — Le miroir aux oiseaux.

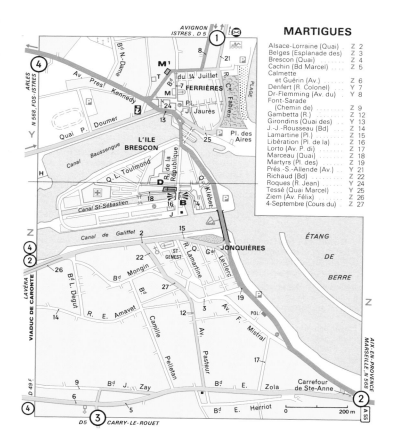

MARTIGUES

CURIOSITÉS

Pont St-Sébastien (Z B). — *Dans l'île Brescon.* De ce pont, jolie **vue**★ sur les barques aux couleurs vives, amarrées le long du canal St-Sébastien et du quai Brescon. C'est le coin favori des peintres, dit le « Miroir aux Oiseaux ». *Illustration p. 141.*

⊙ **Église Ste-Madeleine-de-l'Île** (YZ D). — *Dans l'île Brescon.* Bâti le long du canal St-Sébastien, cet édifice du 17e s. présente une façade de style corinthien. A l'intérieur, belle décoration avec pilastres et corniches et imposant buffet d'orgues.

⊙ **Musée Ziem** (Y M¹). — Autour de Félix Ziem (1821-1911), peintre paysagiste et orientaliste qui fit à Martigues un legs important de ses toiles, sont groupées des œuvres de peintres provençaux du 19e s. tels que Guigou, Manguin, Monticelli, Hurard, Loubon, et du 20e s. (Seyssaud). Le musée comporte également des sections d'ethnologie et d'archéologie locales (préhistoire, âge des métaux, périodes gallo-romaine et médiévale). Une collection d'art contemporain complète cet intéressant ensemble.

★ **Viaduc autoroutier de Caronte.** — Cet élégant ouvrage enjambe le canal de Caronte depuis 1972. D'une longueur de 300 m, le pont présente un tablier métallique suspendu à 50 m au-dessus du canal et supporté par deux béquilles inclinées. Belle **vue.**

EXCURSIONS

★ **Étang de Berre.** — *Circuit de 113 km par* ① *du plan, D 5. Description p. 91.*

Chapelle N.-D.-des-Marins. — *3,5 km au Nord. Sortir de Martigues par* ④ *du plan, N 568 ; à 1,5 km du centre, au grand carrefour, prendre à droite le D 50 C en direction de l'hôpital ; 1,2 km plus loin, aussitôt après le sommet de la montée, tourner à droite dans un chemin revêtu qui conduit à la chapelle (parking).*
Des abords de cette chapelle, se développe un **panorama**★ étendu. On découvre successivement : Port-de-Bouc, Fos, Port-St-Louis, le port pétrolier de Lavéra, le viaduc ferroviaire et le pont autoroutier de Caronte, la chaîne de l'Estaque, Martigues, l'étang de Berre au bord duquel on distingue la digue du canal d'Arles au port de Fos-sur-Mer, les chaînes de l'Étoile et de Vitrolles, la montagne Ste-Victoire et par temps clair le mont Ventoux, l'aérodrome de Marseille-Provence, la localité de Berre et dans une échancrure entre deux collines, celle de St-Mitre-les-Remparts.

★ **Bassins de Fos.** — *9 km par* ④ *du plan, N 568.*

Port-de-Bouc. — 20 106 h. Port protégé par un fort élevé par Vauban en 1664, sur la rive Sud de la passe. La tour du 12e s. incorporée à ces fortifications a été transformée en phare. Confrontée aux problèmes de la reconversion industrielle, la ville se tourne vers les activités maritimes. Un nouveau port de pêche, de services et de plaisance (450 places) a été aménagé en 1985.

Suivre la N 568.

★ **Bassins de Fos.** — *Page 118.*

★★ MARZAL (Aven de)

Carte Michelin n° 80 pli 9 ou 245 plis 2, 15 ou 246 pli 23 — Schéma p. 61.

S'enfonçant sous le plateau des Gras, cet aven est remarquable par le grand nombre et la variété de ses formations de calcite, colorées par divers oxydes allant de l'ocre brun au blanc neigeux *(illustration p. 19)*.

La découverte. — Le nom patois de marzal désigne une graminée sauvage. Il fut donné vers 1810 au garde forestier de St-Remèze, Dechame, à la suite de l'amende qu'il avait infligée à sa femme coupable d'en avoir ramassé, pour ses lapins, dans le champ d'un voisin. Peu après, Marzal fut tué par un habitant de la commune. Pour se débarrasser du cadavre, le meurtrier alla le jeter, ainsi que le chien du garde forestier, dans un puits dit « Trou de la Barthe ». Le crime découvert, les habitants de la région prirent l'habitude de donner à ce puits le nom de Marzal.

L'aven ne fut véritablement connu qu'en 1892 lorsque le spéléologue E.-A. Martel (1859-1938) en fit la première exploration. Mais une erreur de signalisation fit oublier sa situation exacte. Marzal ne fut redécouvert qu'en 1949 par le spéléologue Pierre Ageron, après des années de recherches, parmi les fourrés de chênes verts du plateau des Gras. Des fouilles entreprises à proximité de l'aven ont permis de mettre au jour, parmi les alluvions glacières, de nombreux ossements de chevaux, rennes, ours.

⊚ **Musée du Monde Souterrain.** — Il évoque les grands noms et les grandes étapes de la spéléologie en France par l'exposition de pièces authentiques comme les ouvrages majeurs, l'échelle et le bateau Berthon (1890) de Martel ; un équipement de spéléologie de 1892 ; la tenue de Robert de Joly, créateur d'un matériel adapté aux conditions et aux exigences du monde souterrain ; le casque, le matériel électrique et le sac étanche d'Elisabeth et de Norbert Casteret ; la tenue de plongée (1946) de Guy de Lavaur.

⊚ **Aven.** — *Température intérieu-* 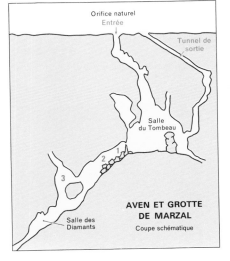 re : 14° ; 743 marches à gravir ou à descendre.

Un escalier métallique emprunte l'orifice naturel par lequel P. Ageron pénétra dans la grotte en 1949. Le spectacle qu'il révèle peu à peu sur les grandes draperies de calcite diversement colorées est saisissant ; par leurs formes elles évoquent des méduses ou de grandioses colonnes romaines. L'aven, puits naturel, débouche dans la Grande salle, ou salle du Tombeau. Tout près sont disposés des ossements d'animaux tombés dans la grotte (ours, cerfs, bisons).

Grotte. — La salle du Chien (1) dont l'entrée est surmontée d'une coulée de draperies blanches contient des concrétions très variées, excentriques, orgues de couleurs vives, formations en disques et en grappes de raisins.

La salle de la Pomme de pin (2) est intéressante par la richesse de ses coloris.

AVEN ET GROTTE DE MARZAL
Coupe schématique

La salle des Colonnes (3) a été le lit où cascadait une rivière souterraine disparue.
La salle des Diamants (à 130 m au-dessous du sol), marque le terme de la visite ; elle scintille de milliers de cristaux dans une féerie de reflets et de couleurs.

⊚ **Zoo préhistorique.** — Tout au long d'un parcours ombragé de 800 m, le visiteur découvre, non sans quelque surprise, des reproductions grandeur nature de quelques spécimens de la faune du primaire (dimétrodon, moschops) du secondaire (stégosaure, brachiosaure, tyrannosaure) jusqu'au mammouth du quaternaire, contemporain des hommes préhistoriques dont il peut voir aussi quelques familles reconstituées. A noter également : des œufs de dinosaures fossilisés dans de la marne et une dent de mammouth provenant de la mer du Nord.

★ MÉNERBES

1 027 h. (les Ménerbiens)

Carte Michelin n° 81 pli 13 ou 245 pli 30 ou 246 pli 11 — Schéma p. 126.

Ce vieux village occupe un site pittoresque sur un promontoire du versant Nord de la montagne du Luberon *(p. 126)*. En 1573, les Calvinistes s'emparèrent par ruse de la place et il fallut cinq ans pour les en déloger, et encore au prix d'une forte rançon.

Place de l'Horloge. — Elle est dominée par le beffroi de l'hôtel de ville et son campanile en fer forgé très simple. Dans un angle de la place, maison noble Renaissance avec portail en plein cintre.

⊚ **Église.** — Elle s'élève à l'extrémité du village et remonte au 14ᵉ s., époque à laquelle elle était un prieuré de St-Agricol d'Avignon. Derrière le chevet, on a une belle **vue★** sur la vallée du Coulon, les villages de Gordes et de Roussillon avec ses falaises ocre, le mont Ventoux, le plateau de Vaucluse et le Luberon.

Citadelle. — Cette forteresse du 13ᵉ s. (reconstruite au 16ᵉ s. puis au 19ᵉ s.) par sa position stratégique joua un rôle important durant les guerres de Religion. Elle présente encore une partie de son système de défense avec tours d'angle et mâchicoulis.

La MONTAGNETTE

Carte Michelin n° 81 pli 11 ou 245 plis 28, 29 ou 246 plis 25, 26.

Entre la Durance et Tarascon, un groupe de collines, dont l'altitude n'atteint pas 200 m, s'élève sur la rive gauche du Rhône : c'est la Montagnette des « chasseurs de casquettes » malicieusement mis en scène par Alphonse Daudet.

Avec ses escarpements rocheux et dénudés, ses versants couverts de plantes aromatiques, ses vallons tranquilles où poussent des oliviers, des amandiers, des abricotiers, des pins et des cyprès, elle offre un des paysages les plus typiques de Provence.

Barbentane. — *Page 86.*

★**Beaucaire.** — *Page 89.*

Boulbon. — 1 042 h. Les ruines d'un imposant château fort dominent le bourg adossé en amphithéâtre à la Montagnette. Au cimetière, s'élève la jolie **chapelle** romane St-Marcellin. Elle renferme de belles sculptures, en particulier un tombeau sous enfeu du 14ᵉ s. présentant un gisant entouré de pleureurs. Cette chapelle est le but le 1ᵉʳ juin de la pittoresque procession des bouteilles *(voir p. 203)*.

Graveson. — 2 276 h. Nichée au milieu des vergers, l'église de ce bourg conserve une abside romane voûtée en cul-de-four, ornée d'une arcature basse finement sculptée.

Moulin de Bretoul. — Il se dresse dans la pinède au sud de Barbentane *(voir p. 86)*. C'est le seul témoin bien conservé des nombreux moulins à vent qui parsemaient la région.

St-Michel-de-Frigolet (Abbaye de). — *Page 169.*

★**Tarascon.** — *Page 184.*

★ MONTMAJOUR (Abbaye de)

Carte Michelin n° 83 pli 10 ou 245 pli 28 ou 246 pli 26.

Sur la colline qui domine la plaine d'Arles, les restes de l'abbaye de Montmajour *(1)* présentent deux ensembles de bâtiments : l'un du Moyen Age, l'autre du 18ᵉ s.

La lutte contre les marais. — La colline a été longtemps entourée de marécages. Un cimetière chrétien y fut établi. Quelques ermites, qui veillaient sur l'enclos funèbre, sont à l'origine de l'abbaye, de règle bénédictine, qui naît au 10ᵉ s. Les religieux n'y furent jamais très nombreux, mais l'abbaye posséda de nombreux prieurés. La grande occupation de tous ces moines était l'assèchement des marais : entre les Alpilles et le Rhône, la terre ferme a été gagnée par eux, mètre par mètre. Pour financer ces entreprises, un « pardon » fut créé au 11ᵉ s. On y a vu jusqu'à 150 000 pèlerins.

Décadence. — Au 17ᵉ s., l'abbaye ne compte plus qu'une vingtaine de moines, y compris les « religieux laïques », officiers de la couronne, à qui les rois accordent une place dans la communauté et surtout une part des revenus. On voit, dans les processions, mêlés aux robes de bure, ces gaillards en habits de couleurs, l'épée au côté, qui se cambrent, frisent leur moustache et lancent des œillades aux jolies Arlésiennes.

La Congrégation des moines réformés de St-Maur, chargée de restaurer la discipline, envoie, en 1639, de nouveaux moines occuper l'abbaye. Les anciens, expulsés manu militari, saccagent la maison.

Au 18ᵉ s., une partie des bâtiments s'effondre ; on les remplace par de magnifiques constructions. Le dernier abbé, le cardinal de Rohan, est compromis dans l'affaire du collier de la Reine ; en punition, Louis XVI prononce, en 1786, la suppression de l'abbaye.

Les avatars d'un bien national. — En 1791, Montmajour est vendue comme bien national. Une brocanteuse l'achète pour 62 000 livres-papier payables en douze ans ; pour s'acquitter, elle dépèce les bâtiments. Meubles, boiseries, plomb, charpentes, marbres s'en vont par charretées. Malgré tout, la dame est en retard dans ses paiements et, en 1793, la vente est annulée. L'abbaye est alors adjugée 23 000 livres à un marchand de biens. Il débite la belle pierre de taille et vend les parties anciennes à de petits propriétaires qui y logent.

Au siècle dernier, des habitants d'Arles, amis des vieux monuments, puis la ville elle-même, récupèrent peu à peu les bâtiments. Il en coûte 6 000 francs pour la tour, 2 000 pour l'église. En 1872, commence la restauration des constructions du Moyen Age. Les bâtiments du 18ᵉ s. restent en ruines. L'abbaye est aujourd'hui propriété de l'État.

★**ABBAYE** visite : 3/4 h

★**Église Notre-Dame.** — Cet édifice, du 12ᵉ s. dans sa partie principale, comprend une église haute et une crypte ou église basse.

Église haute. — N'ayant jamais été achevée, elle ne se compose que du chœur, d'un transept et d'une nef à deux travées ; la croisée a été voûtée d'ogives au 13ᵉ s.

★**Crypte.** — Ménagée pour racheter la déclivité du terrain, elle est en partie creusée dans le roc et en partie surélevée. Son plan, différent de celui de l'église supérieure, est en forme de croix avec une chapelle centrale, deux chapelles à l'extrémité des bras du transept. Elle est remarquable par l'ampleur de ses voûtes et de la belle coupole qui couvre le chœur. Cinq absidioles s'ouvrent sur le déambulatoire.

★**Cloître.** — Il a été édifié à la fin du 12ᵉ s., mais trois galeries ont été refaites à différentes époques : la galerie Nord a été restaurée au 19ᵉ s., la galerie Ouest a été refaite au 18ᵉ s. et la galerie Sud date du 14ᵉ s. ; seule la galerie Est conserve son

---

(1) Pour plus de détails, lire « l'Abbaye de Montmajour », en vente à l'abbaye.

authenticité romane. Ces galeries de trois travées constituent néanmoins d'intéressantes pages de sculpture : les chapiteaux portent un décor historié remarquable que l'on a apparenté à celui de St-Trophime d'Arles ; la base des colonnes est également sculptée aux quatre angles. Sous les galeries, enfeus gothiques ; dans la cour, puits ancien et buissons de lauriers.

Locaux d'habitation. — Il subsiste la salle capitulaire au beau berceau en plein cintre sur doubleaux et le réfectoire aux intéressantes voûtes surbaissées *(accès par l'extérieur)*. Le dortoir occupait le 1er étage, au-dessus du réfectoire.

Tour de l'Abbé. — Ce beau donjon (1369), dont le crénelage a été reconstitué, était le réduit de la défense de l'abbaye. De la plateforme supérieure *(124 marches)*, beau **panorama**★ sur les Alpilles, la Crau, Arles, la barre des Cévennes, Beaucaire et Tarascon.

★**Chapelle St-Pierre.** — C'est la minuscule église édifiée à la fondation de l'abbaye. Établie à flanc de colline, à demi creusée dans le roc, elle comprend une église à deux nefs (chapiteaux à décor géométrique) et un ermitage qui la prolonge, formé de grottes naturelles.

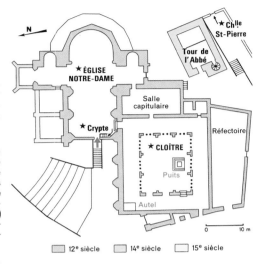

★**Chapelle Ste-Croix.** — Ce charmant petit édifice du 12e s. se trouve en dehors de l'abbaye *(à 200 m à droite vers Fontvieille)*. Son plan est en forme de croix grecque : un carré surmonté d'une coupole à frontons triangulaires et d'un campanile entouré de quatre absidioles voûtées en cul-de-four. C'était la chapelle du cimetière de Montmajour. On remarque, creusées dans le roc, les tombes anciennes du cimetière qui s'étendait sur toute la plate-forme rocheuse.

Les églises ne se visitent pas pendant les offices.

MOULIN DE DAUDET

Carte Michelin n° 83 pli 10 ou 245 pli 29 ou 246 pli 26 — Schéma p. 56.

Entre Arles et les Baux, les admirateurs d'**Alphonse Daudet** pourront faire un pèlerinage littéraire en se rendant par une route bordée de pins parasols magnifiques de Fontvieille au **moulin** d'où le grand conteur a daté ses « Lettres ».

En fait, quand Daudet venait à Fontvieille, il séjournait chez des amis au château de Montauban, au pied de la colline, et c'est à Paris qu'il a écrit ses contes. Mais il aimait à flâner tout en écoutant les récits du meunier et à rêver sur la colline du moulin, d'où l'on embrasse tout le cadre de son œuvre provençale. La **vue**★ s'étend sur les Alpilles, les châteaux de Beaucaire et de Tarascon, la large vallée rhodanienne, l'abbaye de Montmajour.

Visite. — La salle du 1er étage présente le système de meules utilisé pour moudre le grain. Remarquer, à hauteur du toit, les noms des vents locaux cités en respectant leurs provenances.

Au sous-sol, un petit **musée** consacré à Alphonse Daudet conserve des souvenirs de l'écrivain : manuscrits, portraits, photos, éditions rares.

(Photo R. Mangiavacca/Vloo)

Le Moulin de Daudet.

NAGES (Oppidum de)

Carte Michelin nº 🆂 pli 8 ou 🆂 pli 27 — 10 km au Sud-Est de Nîmes.

Sur la colline des Castels dominant la plaine de la Vaunage, l'**oppidum** de Nages-et-Solorgues est un intéressant site archéologique. Un chemin caillouteux gravit la colline *(itinéraire fléché)* et conduit au chantier de fouilles.

Nages était l'un des cinq oppidums de l'âge du fer (800 à 50 avant J.-C.) qui rassemblait la population de la Vaunage. Les îlots d'habitations ménagés dans le sens de la pente (donc du ruissellement), séparés par des rues parallèles de 5 m de largeur, font penser à un cadre urbain précoce et laissent entrevoir l'aspect de l'habitat « gaulois ».

On distingue nettement les alignements de petites maisons uniformes, aux murs de pierre sèche parfois très hauts. Toutes étaient couvertes d'une toiture faite de pisé appliqué sur des branchages soutenus par des poutres qui elles-mêmes s'appuyaient sur des poteaux. Chaque habitation comprenait en son centre un foyer et n'avait primitivement qu'une seule pièce : au 2e s., elle s'agrandit et se subdivise mais le confort reste rudimentaire. La « ville » était entourée d'une enceinte (il y en eut quatre successives de 300 à 150 avant J.-C.) à tours rondes — dont une monumentale de 11 m de diamètre datée du 3e s. — et portes, dont une partie a été dégagée.

Aucun monument public n'a été découvert, hormis une sorte de « fanum » (petit temple indigène) daté de 70 avant J.-C. La pénétration romaine n'arrêta pas le développement de l'oppidum qui atteignit sa plus grande extension entre 70 et 30 avant J.-C., époque à laquelle on constate une ébauche de spécialisation économique (présence d'une forge).

Au retour, à l'entrée du village, la première rue à gauche conduit à la fontaine romaine qui alimente encore en eau plusieurs fontaines du bourg.

Musée archéologique. — Situé au 1er étage de la mairie, il regroupe des céramiques et divers objets provenant du site des Castels. Divers aspects de la vie quotidienne des habitants successifs du lieu sont évoqués : activités vivrières (agriculture, élevage, chasse), artisanales (travail des métaux, fabrication de la céramique, tissage etc.), armes, ustensiles de toilette, objets funéraires.

★★★ NÎMES

129 924 h. (les Nîmois)

Carte Michelin nº 🆂 pli 9 ou 🆂 pli 27 ou 🆂 plis 25, 26.

Posée au pied des collines calcaires des garrigues, élégante, gaie, vivante, Nîmes offre le visage accueillant d'une grande ville d'art fière de son prestigieux patrimoine gallo-romain, impressionnant témoin d'un passé grandiose.

En outre, chaque année, les arènes, le jardin de la Fontaine ou le temple de Diane servent de cadre à des manifestations artistiques.

Ville de vieille tradition industrielle (vêtements, chaussures) qui transforme aussi les productions agricoles locales (conserveries de fruits au sirop, commerce du vin), ville administrative (chef-lieu du Gard), elle essaye depuis peu de développer ses activités culturelles.

Parmi les spécialités gastronomiques nîmoises, retenons la brandade de morue, les olives confites, le « caladon », biscuit sec aux amandes, et le croquant Villaret, fabriqué depuis deux cents ans dans le même four.

Mais tout cela ne doit pas faire oublier que Nîmes est le temple de la tauromachie : les corridas dans les règles de l'art aux arènes, les courses à la cocarde dans les rues remportent un immense succès populaire et portent haut le renom de la cité.

En octobre 1988, d'importantes inondations ont gravement endommagé la ville.

UN PEU D'HISTOIRE

Le crocodile enchaîné. — Capitale des Volques Arécomiques, Nîmes était à la tête d'un vaste territoire de 24 oppidums entre mer et Cévennes, du Rhône à la montagne de Sète, quand elle accepta sans difficulté la domination romaine. Son nom — Nemausus — vient d'une source sacrée autour de laquelle était née la ville indigène.

La date de l'implantation de la colonie romaine, l'identité de son fondateur, son statut et l'origine ethnique des colons sont actuellement l'objet de controverses. La version admise jusque là voyait en Auguste le père fondateur d'une colonie romaine peuplée de vétérans d'Égypte installés ici après la bataille d'Actium (31 avant J.-C.), colonisation illustrée par la fameuse monnaie au crocodile enchaîné. Certains historiens estiment cependant que Nîmes fut une colonie latine créée sous César ou peu après sa mort (44 avant J.-C.).

Quoi qu'il en soit, Auguste combla de largesses la cité et lui accorda le privilège de s'entourer d'une puissante enceinte qui englobait plus de 200 hectares. Nîmes se couvrit peu à peu de splendides édifices : un forum bordé au Sud par la Maison Carrée, un amphithéâtre d'une capacité de 24 000 personnes, un cirque, des thermes et des fontaines alimentés par un imposant aqueduc — le pont du Gard *(voir p. 160)* — débitant 20 000 m d'eau par jour. Au 2e s., la cité bénéficie de la faveur des empereurs Hadrien et Antonin le Pieux (dont la belle-famille était originaire de Nîmes) et continue à s'embellir (basilique de Plotine, aménagements du quartier de la Fontaine etc.) ; elle atteint son apogée et compte sans doute de 20 à 25 000 habitants.

La campagne alentour profite de l'expansion et de la prospérité générale : les terres sont cadastrées et mises en valeur, et de grosses agglomérations agricoles cherchant à imiter le cadre de vie urbain *(voir p. 34)* nourrissent l'éblouissante métropole.

Ces siècles de vie romaine ont laissé de vivaces souvenirs ; des prénoms tels que Numa, Flavien, Adrien, Antonin sont très répandus. Dans les armoiries de la ville figure encore le crocodile enchaîné, symbole de la conquête de l'Égypte et de son Nil par les légionnaires, devenus citoyens de Nîmes.

Luttes religieuses. — Avec l'empreinte romaine, le trait le plus marquant de l'histoire nîmoise est l'âpreté des luttes religieuses séculaires. Au 5ᵉ s., les Wisigoths, qui règnent sur tout le pays de Toulouse au Rhône, se heurtent à la population catholique en voulant imposer l'hérésie arienne (ne reconnaissant pas la divinité du Christ) ; les églises sont fermées et les persécutions durent pendant une grande partie du 6ᵉ s.

Nouvelles difficultés du 13ᵉ s. ; les Nîmois prennent fait et cause pour les albigeois *(voir le guide Vert Michelin Pyrénées Roussillon Albigeois)*. Mais, dès l'apparition du terrible Simon de Montfort à la tête des croisés du Nord, la ville préfère se rendre sans résistance (1213).

Au 14ᵉ s., une vague d'intolérance frappe les juifs, pourtant bien intégrés à la vie économique et intellectuelle locale ; ils sont expulsés de la ville et leurs biens confisqués.

Au 16ᵉ s., Nîmes devient huguenote : c'est le rempart de la nouvelle religion dans le Midi, les trois-quarts des habitants ayant opté pour la Réforme. La ville ressemble alors à une petite Genève qui se gouverne de façon autonome et traque le catholicisme. Le 29 septembre 1567, la tragédie de la Michelade se traduit par le massacre de 200 catholiques, principalement des prêtres. Il s'ensuit une longue période de troubles, de guerres et de persécutions, qui s'étend sur tout le 17ᵉ s. et ne prend fin qu'à la Révolution, vécue ici comme une revanche des protestants sur les catholiques.

Le chercheur d'or. — En 1601, Nîmes suit avec grande curiosité les fouilles qu'un jardinier-pépiniériste du nom de **Traucat** vient d'entreprendre dans le soubassement de la tour Magne. Traucat, qui a répandu dans la région la culture du mûrier, s'adonne aussi à l'archéologie ; il acquiert la conviction que le vieux monument romain recèle dans ses flancs une fabuleuse fortune, « un trésor caché du temps que les Romains et les Sarrasins occupaient la ville ».

Cette conviction devient une foi invincible le jour où il lit, dans les prédictions du célèbre astrologue provençal Nostradamus *(p. 178)* qu'un jardinier deviendra fameux en découvrant un trésor caché dans la terre.

Henri IV autorise les fouilles, mais tous les frais seront à la charge de Traucat et les deux tiers du trésor, si on le trouve, reviendront à la couronne. Malgré la crainte des consuls, les travaux commencent, les charretées de moellons succèdent aux tombereaux de terre, sans autre résultat que d'ébranler la tour : il faut arrêter les recherches avant l'effondrement final. Et l'archéologue, ruiné, retourne au jardinage.

Une vieille dame. — L'Académie de Nîmes est plus que tricentenaire. En 1682, Louis XIV lui confère les mêmes privilèges qu'à l'Académie française. Les académiciens nîmois, quand ils viennent à Paris, ont la fierté de prendre séance parmi leurs confrères du Pont des Arts ; toutefois, ils n'ont droit qu'au bout de table.

Surtout consacrée aux travaux historiques et archéologiques, l'activité de l'Académie de Nîmes s'étend aussi aux domaines littéraire, artistique et musical.

L'essor économique. — A plusieurs reprises, dans son histoire, Nîmes est passée de la prospérité à la déconfiture. Au début du 15ᵉ s. en particulier, les guerres, les incursions des routiers, des tremblements de terre et la peste ont fait, de l'antique et altière Nemausus, un bourg de cent feux, rattaché à un bailliage du Vivarais.

Dès la fin du 15ᵉ s., la ville se relève, on y travaille le bois, le cuir, la soie et le verre ; Louis XI ordonne la création d'une manufacture de draps et d'étoffes de laine. Mais c'est surtout sous le règne de François Iᵉʳ que Nîmes se développe ; l'industrie des étoffes s'intensifie, et dès lors, la progression ne s'arrête plus. Au 18ᵉ s., les tissages nîmois (soierie et serge) font tourner plus de 300 métiers et occupent 10 000 personnes. Cette production, entre les mains de la bourgeoisie protestante, s'exporte en Espagne, au Portugal et aux Indes. Au 19ᵉ s., l'arrivée du chemin de fer favorise les activités industrielles et l'extension du vignoble gardois. Le 20ᵉ s. apparaît moins favorable : la ville stagne, ses industries vieillissent ; elle est supplantée par Montpellier en Languedoc oriental.

ⓥLES MONUMENTS ROMAINS *visite : environ 3 h*

★★★**Arènes** (AY). — *Voir également p. 33.* Cet amphithéâtre merveilleusement bien ⓥconservé est le frère jumeau de celui d'Arles : sensiblement de la même époque (fin du 1ᵉʳ s., début du 2ᵉ s. de notre ère), de mêmes dispositions, de dimensions et de contenance voisines (133 m sur 101 m, 24 000 spectateurs), il ne s'en distingue que par des nuances architecturales dans les galeries où la voûte en berceau, de tradition romaine, se substitue au plafond plat, de tradition grecque.

L'amphithéâtre de Nîmes, par ses dimensions axiales, ne se classe qu'au 9ᵉ rang des vingt principaux amphithéâtres retrouvés en Gaule, mais il est le mieux conservé du monde romain, notamment dans la partie supérieure où subsistent, à plusieurs endroits, les consoles percées d'un trou qui étaient destinées à recevoir les mâts supportant le « velum » (voile pare-soleil).

Extérieurement, l'édifice présente deux niveaux de 60 arcades chacun (hauteur totale 21 m), couronnés d'un attique. La construction en grand appareil de calcaire dur de Barutel, ne fait appel à aucune ornementation recherchée : pilastres au registre inférieur et colonnes engagées de style dorique à l'étage. Quatre portes axiales correspondent aux quatre entrées ; la porte principale, au Nord, a gardé sur un fronton orné de taureaux. Remarquer devant le monument les traces (tour et courtine) de l'enceinte augustéenne.

A l'intérieur (monter au sommet des gradins pour avoir une vue d'ensemble), la « cavea » (ensemble des gradins) se divise en 34 rangs de gradins répartis en quatre « maenia » (groupes de 4 en bas puis de 3 fois 10 gradins en montant) indépendants, occupés selon le statut social des spectateurs. Un ingénieux système de couloirs, d'escaliers, de galeries et de vomitoires permet d'accéder facilement aux places et de les évacuer dans l'ordre.

Sous l'arène proprement dite (68 m sur 37 m), deux larges galeries servaient de coulisses.

Les spectacles. — Ils étaient extrêmement variés et, la plupart du temps, sanguinaires. Annoncés à grands fracas publicitaire, les combats de gladiateurs étaient très prisés. Prisonniers de guerre, condamnés, professionnels ou aventuriers, les gladiateurs appartenaient à différentes écuries, entraînées par des sortes d'imprésarios qui les louent très cher à de riches notables, le plus souvent candidats à des fonctions publiques. Armement et équipement varient selon le type des combattants. Le « mirmillon », casqué et armé d'un bouclier et d'une courte épée, le « rétiaire » au filet et au trident, le « thrace » et son épée recourbée, le « samnite » et son grand bouclier rectangulaire, le « crupellaire » et son armure métallique, l'« essédiaire » monté sur son char, l'« andabata » aux yeux bandés se battent à mort pour la plus grande joie du public. La règle veut que le vainqueur égorge le vaincu, sauf si le président des jeux accorde sa grâce en levant le pouce.

On fait s'affronter également des hommes et des fauves. Les combats d'animaux mettent en scène des fauves et des bêtes exotiques (en principe uniquement en présence de l'empereur) mais surtout des taureaux, des ours, des sangliers, des molosses spécialement dressés. En guise d'amuse-gueule, on chasse à courre le cerf, on lâche des éperviers sur des lièvres, des lapins ou des pigeons ; des chiens se mettent le museau en sang en retournant des hérissons etc. Pour neutraliser l'odeur des bêtes, des brûle-parfums sont répartis dans l'amphithéâtre ; les esclaves vaporisent de suaves effluves sur les notabilités. Un orchestre ponctue les jeux de vigoureuses harmonies. Aux entractes, on rencontre des amis dans les promenoirs tandis que l'on peut se restaurer sous les arcades.

Les exécutions se déroulaient également dans les arènes : les condamnés à mort non citoyens romains étaient livrés aux bêtes ou au bourreau, les premiers chrétiens en furent plus d'une fois les malheureuses victimes. C'est d'ailleurs sous l'influence du christianisme que les combats de gladiateurs furent interdits à partir de 404.

Les arènes à travers les siècles. — Ayant perdu leur vocation première, les arènes furent transformées en forteresse par les Wisigoths : arcades bouchées, tours ajoutées, profond fossé autour de l'ovale et peut-être doublement par une petite enceinte (vestiges visibles dans les sous-sols du palais de Justice). Dans la partie orientale du monument s'éleva plus tard le château des vicomtes de Nîmes (deux arcades murées percées de petites fenêtres romanes ont été conservées). La garde en était assurée par une milice de chevaliers constituant une aristocratie féodale qui assistait le vicomte. Cette chevalerie déclina au 12e s. et disparut lorsque le roi de France établit son autorité sur la ville (1226). Les arènes furent alors envahies par des maisons, rues, et deux chapelles ; un bourg se forma qui comptait encore 700 habitants au 18e s. La démolition des constructions se fit à partir de 1809 et la restauration pouvait commencer. La première corrida eut lieu en 1853.

★★★ **Maison Carrée** (AX). — Ce magnifique temple, le mieux conservé des temples ⊙ romains encore debout, a été construit sous Auguste (fin du 1er s. avant J.-C.), probablement par un architecte de Narbonnaise qui a repris, en l'adaptant, le plan du temple d'Apollon à Rome. Il dessine un rectangle de 26 m de long sur 15 m de large pour 17 m de hauteur et se hausse sur un podium auquel on accède par un escalier de 15 marches (le nombre impair de ces dernières était calculé de façon à ce qu'en commençant à monter du pied droit, on arrive du même pied sur le podium).

Comme tous les temples classiques, il se compose d'un vestibule délimité par une colonnade et d'une chambre de la divinité, la « cella ». Consacré au culte impérial et dédié aux petits-fils d'Auguste — les princes de la jeunesse —, il bordait le forum et était entouré d'un portique aux belles colonnes sculptées.

La pureté de lignes et d'exécution de l'édifice, ses proportions harmonieuses et l'élégance de ses colonnes cannelées dénotent une influence grecque qui se retrouve dans la décoration sculptée : chapiteaux corinthiens, architrave rythmée par des rangées de perles, frise à ranceaux, corniche à modillons avec rosaces, grecques, têtes de lions...

(D'après photo Ciccione/Rapho)

Nîmes. — La Maison Carrée.

La façade d'entrée et la façade opposée portent chacune un fronton triangulaire, les dix colonnes du vestibule se détachent avec une rare souplesse tandis que vingt autres colonnes s'engagent dans les murs de la « cella ».

Sous le podium se logeaient des pièces aménagées pour la conservation des archives du sanctuaire, du trésor et divers ustensiles.

La Maison Carrée a connu de nombreux avatars et c'est miracle qu'elle n'ait pas plus souffert. Utilisée comme monument public pendant le haut Moyen Age, elle appartient vers 1015 à une chanoine. Elle devient ensuite maison des consuls jusqu'en 1540 où elle est vendue à un particulier. Revendue à la fin du 16e s., elle sert un moment d'écurie. Cédée en 1670 à des moines augustins, ceux-ci aménagent leur église à l'intérieur de la « cella » sans toucher aux murs, conformément aux prescriptions de Colbert qui admirait l'édifice. Vendue comme bien national à la Révolution, elle est acquise par le département qui entreprend, à partir de 1816, la restauration.

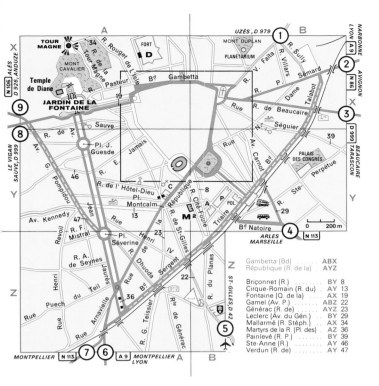

★**Musée des Antiques.** — Installé dans la « cella », il présente d'intéressantes pièces contemporaines de l'édifice. Parmi elles, une tête d'Apollon en bronze, une statue colossale d'Apollon, une tête de Vénus en marbre blanc proviennent du sanctuaire de la Fontaine. Remarquer également : des mosaïques, une statue de Vénus reconstituée, un buste de Jupiter, la frise des Aigles (qui ornait la basilique de Plotine édifiée par Hadrien), la frise du Nymphée, des cippes.

★★**Jardin de la Fontaine** (AX). — Ce monumental jardin est l'œuvre inattendue d'un ingénieur militaire du 18ᵉ s., J.-P. Mareschal. Situé au pied et sur les premières pentes de la colline — le mont Cavalier — que surmonte la tour Magne, il respecte le plan antique de la fontaine de Nemausus qui s'étale en miroir d'eau, avant d'alimenter des bassins et un canal. Dans l'Antiquité, ce quartier sacré comprenait, outre la fontaine, un théâtre, un temple et des thermes. Récemment, des fouilles ont permis de dégager une partie de l'environnement du sanctuaire : à l'Est, rue Pasteur, une riche « domus » (maison) du 2ᵉ s. ; à l'Ouest, en arrière du temple de Diane, un quartier populaire indigène (qui fut rasé au milieu du 2ᵉ s. sans doute parce qu'il ne s'intégrait pas à la splendeur architecturale de la ville d'Antonin le Pieux) ; au Sud, au croisement du boulevard Jaurès et de la rue de Sauve, un somptueux édifice public (2ᵉ s.) encore énigmatique. Ont été recueillis sur place, entre autres, de belles mosaïques, des fragments de peintures murales, une tête masculine en marbre etc…

Temple de Diane (AX). — Cet édifice, qui daterait de la première moitié du 2ᵉ s., est connu sous le nom de temple de Diane, mais on ignore quelle était sa véritable fonction. Il s'intégrait sans doute à un ensemble architectural beaucoup plus vaste encore enfoui, et comprenait plusieurs niveaux (restes d'escaliers). Occupé par des religieuses bénédictines au Moyen Age, qui en firent leur église sans l'altérer gravement, il fut ruiné pendant les guerres de Religion en 1577.

On distingue une grande salle (la « cella » ?) flanquée de deux collatéraux et voûtée en berceau sur doubleaux. Des niches à frontons (alternativement triangulaires et arrondis) creusées dans les murs latéraux, pouvaient contenir des statues.

★**Tour Magne** (AX). — Plantée au sommet du mont Cavalier, au point le plus haut de la ville, la tour Magne est le plus remarquable vestige de la puissante enceinte de Nîmes élevée en 15 avant J.-C., dont le tracé et une trentaine de tours ont été reconnus ces dernières années. A l'origine, la tour Magne faisait partie d'un rempart préromain et fut simplement renforcée et surélevée sous Auguste. Polygonale à trois étages, haute de 34 m depuis les travaux de déblaiement de Traucat *(p. 147)* au 16ᵉ s., on y accède par un escalier intérieur de 140 marches qui conduit à une petite plate-forme d'où la **vue**★ est fort belle sur le Ventoux, les Alpilles, Nîmes, la plaine du Vistre et les Garrigues. De la rue Stéphane-Mallarmé, belle vue sur la tour.

Castellum (AX D). — Vestige unique en son genre, cet ancien château d'eau romain était le point d'aboutissement de l'aqueduc (Pont du Gard) amenant l'eau d'Uzès. Celle-ci se déversait dans un bassin circulaire d'où partaient dix canalisations en plomb de 40 cm de diamètre, qui répartissaient l'eau dans les différents quartiers de la ville.

Au-dessus, se dresse la citadelle élevée en 1687 pour surveiller la Nîmes protestante.

Porte d'Auguste (BX F). — Cette porte, vestige de l'enceinte augustéenne sur la voie domitienne, était flanquée à l'origine de deux tours semi-circulaires encadrant une cour intérieure, dispositif défensif efficace comparable à celui de la Porta Nigra de Trèves. Elle comporte toujours les deux larges passages réservés aux chars et deux passages plus étroits pour les piétons. Copie en bronze d'une statue d'Auguste.

NÎMES

AUTRES CURIOSITÉS

★**Musée d'Archéologie** (BX M¹). — Installé dans l'ancien collège des Jésuites, il présente, dans la galerie du rez-de-chaussée, de nombreuses sculptures antérieures à la conquête romaine : bustes de guerriers gaulois, stèles, frises. A l'étage, dans la 1re salle : objets de la vie quotidienne à l'époque gallo-romaine (toilette, parure, cuisine, outils), stèles funéraires, lampes à huile ; dans la 2e salle : verrerie (flacons, vases funéraires, objets en os et en bronze ; dans la 3e salle : céramique grecque archaïque, céramique à figures noires, céramique orientalisante, céramique étrusque, céramique à figures rouges, céramique punique. La dernière salle abrite l'ancien **médaillier** de la Maison Carrée riche en monnaies grecques, romaines, gallo-romaines et médiévales.
La **chapelle des Jésuites,** construite de 1673 à 1678, sert de cadre à des expositions temporaires.

Muséum d'histoire naturelle. — Situé au 1er étage de l'ancien collège des Jésuites, il comprend une section d'ethnographie avec des masques, des armes, des parures en provenance d'Afrique, d'Asie, d'Océanie, de Madagascar. Dans la section d'histoire naturelle, sont présentées des collections régionales : préhistoire, oiseaux, coquillages.

★**Musée des Beaux-Arts** (ABY M²). — Le rez-de-chaussée est utilisé pour la présentation de grandes expositions temporaires.
Au 1er étage, sont présentées des collections qui comportent notamment des tableaux des écoles allemande, espagnole, flamande, française, hollandaise, italienne, du 16e au 19e s. Parmi les toiles importantes, remarquer : Coecke, Bassano (Suzanne et les vieillards), Ribera (St-Paul), Brueghel (Musiciens ambulants), Rubens (Portrait d'un moine), Cornelis de Heem (Nature morte). Citons encore des portraits de Largillière, Mignard, des marines de Claude Lorrain et Vernet, des paysages de Poussin, une Fête du soir de Janin, des sculptures de Rodin, Bourdelle, Dalou.

Maison natale d'Alphonse Daudet (AX E). — *Au no 20, boulevard Gambetta.* Vaste demeure bourgeoise dont l'entrée est encadrée de colonnes.

Fontaine Pradier (BY). — Construite en 1848. La statue, qui symbolise Nîmes, a eu pour modèle Juliette Drouet, amie de Pradier avant de devenir celle de Victor Hugo.

Le Vieux Nîmes. — Ce secteur sauvegardé se groupe autour de la cathédrale et offre un ensemble de ruelles anciennes dans lesquelles s'ouvrent notamment de pittoresques passages intérieurs.

Cathédrale Notre-Dame et St-Castor (ABX K). — Élevée en 1096 et souvent remaniée au cours des siècles, elle fut reconstruite presque entièrement au 19e s.
La façade, surmontée d'un fronton à l'antique, a gardé une frise en partie romane où sont figurées des scènes de l'Ancien Testament ; on reconnaît l'histoire d'Adam et Eve, le sacrifice d'Abel et Caïn, le meurtre d'Abel. A l'intérieur, dans la 3e chapelle de droite, sarcophage chrétien.

★**Musée du Vieux Nîmes** (AX M³). — Installé au rez-de-chaussée de l'ancien palais épiscopal (17e s.), au cœur de la ville ancienne, ce musée, récemment réaménagé, présente de nombreux souvenirs régionaux dans un décor ancien remarquablement mis en valeur. Antichambre d'été : belles **armoires** sculptées (dites de Suzanne, de Jacob, de la Génèse), armoire peinte « d'Uzès », étains nîmois et languedociens, collection de pipes et de briquets. Chambre d'été : mobilier Directoire et Empire, armoire de mariage, portraits, vues anciennes de Nîmes.

Antichambre d'hiver : mobilier 18ᵉ s., buffet sculpté 17ᵉ s., armoire dite de Moïse, vitrine consacrée à l'écriture, peintures. Chambre d'hiver : faïences et orfèvrerie régionales, mobilier de style (Régence et Louis XVI) et local (armoires de mariage en noyer 18ᵉ s.), peintures et pastels, appareils d'astronomie.

Garde-robe : **billard Charles X** à décor de marqueterie (œuvre de Bernassau fils aîné, de Nîmes), support de queues, plusieurs veilleuses-tisanières, salon Empire, mobilier divers, portraits.

Grand salon : mobilier Régence et Louis XV (remarquer une petite bergère d'enfant), grande table console portant l'estampille de l'ébéniste local Gaboret (18ᵉ s.), faïences (Moustiers et Alcora), mobilier Directoire, portraits.

Salon à manger : faïences d'Uzès, de St-Quentin-la-Poterie et de Vauvert.

Rue du Chapitre (AX 12). — *Au nº 14* (**L**). L'hôtel de Régis présente une façade du 18ᵉ s. et une belle cour pavée du 16ᵉ s.

Rue de la Madeleine (AX 32). — *Au nº 1* (**N**). Cette maison offre une façade romane finement sculptée.

Rue de l'Aspic (AXY). — *Au nº 8* (**S**). Le porche s'orne de trois sarcophages paléochrétiens scellés dans le mur et d'un cippe. Belle porte d'escalier Renaissance. *Au nº 14* (**V**). Remarquable escalier du 17ᵉ s. à double révolution.

Rue de Bernis (AY 6). — *Au nº 3* (**Z**). Élégante façade du 15ᵉ s. à fenêtres à meneaux. La cour intérieure avec puits s'inspire de l'antique.

EXCURSIONS

Les Garrigues. — *11 km par* ① *du plan, D 979, pour gagner l'itinéraire décrit en page 119.*

Circuit de 44 km. — *Environ 2 h 1/2. Quitter Nîmes par la rue Arnavielle* (AZ), *prolongée par la route de Sommières, D 40.*

Caveirac. — 1 879 h. Un imposant château du 17ᵉ s. en fer à cheval abrite la mairie. Il a conservé deux tours d'angle carrées couvertes de tuiles vernissées, des fenêtres à meneaux, de belles gargouilles et un grand escalier à rampe en fer forgé. Une route, le D 103, emprunte le vaste porche d'entrée.

Suivre le D 40 et entrer à droite dans Calvisson.

Calvisson. — 1 793 h. Calvisson, bourg paisible au milieu des vignes, est au centre d'une plaine appelée la Vaunage.

Dans le centre du bourg, prendre le CD 107 vers Fontanès ; sortir du village et prendre à gauche la route signalisée vers le Roc de Gachonne.

De la table d'orientation aménagée au sommet d'une tour, on découvre une **vue** pittoresque sur le village aux toits de tuiles rouges, sur la vallée du Vidourle au Sud-Ouest et le pic St-Loup à l'Ouest, tandis qu'au loin la vue s'étend vers la Méditerranée et les Pyrénées.

Prendre le D 40 vers Nîmes, puis le D 137 à droite vers Nages.

Oppidum de Nages. — *Page 146.*

Prendre le D 345 qui traverse Boissières dominé par un château médiéval très restauré. Suivre le D 107, tourner à droite dans la N 113 puis à gauche dans le D 139.

ⓥ **Source Perrier.** — La source forme une nappe d'eau souterraine d'une température de 15º ; le gaz naturel, très abondant, qui s'en échappe, est recueilli par des captages pour être réincorporé à l'eau. On visite les importants ateliers de fabrication de bouteilles, d'embouteillage, d'étiquetage, d'emballage et de stockage.

La production, qui était de 24 millions de bouteilles en 1938 et de 70 millions en 1949 dépasse maintenant 800 millions de bouteilles par an grâce à un matériel d'embouteillage automatisé. Outre la France et les pays de la Communauté, les principaux clients sont les États-Unis, le Canada, la Suisse, l'Australie et l'Arabie Saoudite.

Revenir à la N 113 qui ramène à Nîmes.

NOTRE-DAME-DE-GRÂCE (Sanctuaire de)

Carte Michelin nº 🔟 pli 11 ou 🔟🔟 plis 15, 16 ou 🔟🔟 pli 25 — 18 km à l'Ouest d'Avignon.

Sur une petite éminence en bordure de la forêt de Rochefort, se dresse le sanctuaire de N.-D.-de-Grâce. Élevé à l'emplacement d'un prieuré bénédictin fondé en 798, ravagé au 18ᵉ s. et restauré par les pères maristes au 19ᵉ s., il abrite depuis 1964 un foyer de charité.

ⓥ **VISITE** *1/2 h*

Dans la chapelle, très dépouillée, remarquer la belle grille en fer forgé fermant le chœur et l'autel en marbres de couleurs que surmonte une statue de N.-D.-de-Grâce. Sur le pilier de droite, à l'entrée du chœur, a été placé un ex-voto de 1666 offert par Anne d'Autriche après la naissance de Louis XIV. Une salle attenante à la chapelle abrite plus de cent ex-voto (peintures naïves religieuses) allant du 17ᵉ au 20ᵉ s. Dans le cloître, la salle de l'écho permet à deux personnes, se plaçant dans des angles opposés et se tournant le dos, de parler à voix basse et de s'entendre parfaitement. Une telle disposition permettait la confession des lépreux.

Contourner le bâtiment d'accueil par la droite et gagner le chemin du calvaire.

De cette terrasse, une très belle **vue**★ s'offre sur la montagne de la Lance, le mont Ventoux, le plateau de Vaucluse, la Montagnette et les Alpilles, la plaine rhodanienne.

NYONS

6 293 h. (les Nyonsais)

Carte Michelin nº 81 pli 3 ou 245 plis 4, 17 ou 246 pli 9 — Lieu de séjour.

Située au débouché de la vallée de l'Eygues, dans la plaine du Tricastin, et bien abritée par les montagnes qui l'encadrent, Nyons jouit d'un climat privilégié et les plantes exotiques y poussent en pleine terre ; aussi est-elle habitée par nombre de retraités qu'attire la douceur de ses hivers. « Nyons me paraît être le paradis terrestre » écrivait Jean Giono.

Les oliviers des environs, qui donnent au paysage une grâce très provençale, fournissent l'huile *(voir p. 16)* et les olives dont la ville fait commerce. Nyons, qui est aussi un des marchés français de la truffe, fabrique des confitures et des pâtes de fruits.

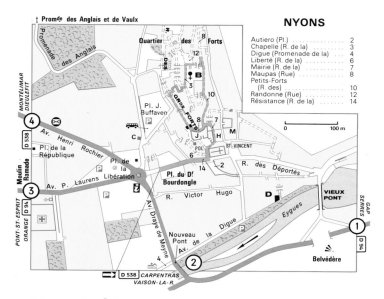

NYONS	
Autiero (Pl.)	2
Chapelle (R. de la)	3
Digue (Promenade de la)	4
Liberté (R. de la)	6
Mairie (R. de la)	7
Maupas (Rue)	8
Petits-Forts (R. des)	10
Randonne (Rue)	12
Résistance (R. de la)	14

CURIOSITÉS

Quartier des Forts. — Ce vieux quartier est bâti sur une colline qui domine la ville. Partir de la **place du Dr-Bourdongle,** entourée d'arcades.

Suivre la rue de la Résistance et par la rue de la Mairie, gagner la rue des Petits-Forts.

Ruelle étroite aux maisons basses du début du 14e s.

Tour Randonne (B). — Du 13e s. Elle abrite la minuscule chapelle de N.-D. de Bon-Secours.

Prendre à gauche la rue de la Chapelle.

★**Rue des Grands Forts.** — C'est une longue galerie couverte dont les épais murs sont percés de fenêtres pour laisser passer la lumière.
Franchir la haute porte voûtée, vestige du château féodal, et tourner à gauche dans le Maupas, rue à degrés, qui ramène rue de la Mairie.

★**Vieux pont.** — En dos d'âne, sur l'Eygues, il fut construit aux 13e et 14e s. Son arche, de 40 m d'ouverture, est une des plus hardies du Midi.

Moulins à huile. — Ils fonctionnent à plein temps entre novembre et février.

Ⓥ**Moulin Ramade.** — *Accès par ③, avenue Paul-Laurens et la quatrième rue à gauche.* La première salle contient les meules et les presses utilisées pour la fabrication de l'huile d'olive. La deuxième salle sert à l'affinage et au stockage ; on y traite l'olive de Nyons, variété « Tanche ».

Ⓥ**Moulin Autrand (D).** — *Accès par l'avenue de la Digue.* On y voit de vieux moulins du 18e s. L'huile y est fabriquée suivant les procédés traditionnels.

Ⓥ**Coopérative oléicole et viticole.** — *Place Olivier-de-Serres. Accès par ③, avenue Paul-Laurens.* Dans deux salles contiguës, on peut suivre la fabrication de l'huile d'olive vierge (70 % de la production) obtenue en une seule pression à froid. Le reste des olives, variété « Tanche » ou olive noire de Nyons, est utilisé pour la conserverie.

Ⓥ**Musée de l'olivier.** — *Avenue des Tilleuls. Accès par ③, avenue Paul-Laurens, puis au Nord-Ouest de la place Olivier-de-Serres.* Il présente un inventaire de l'outillage traditionnel nécessaire à la culture de l'olivier et à la fabrication de l'huile ainsi que de nombreux objets, comme des lampes, se rapportant aux utilisations multiples de celle-ci.
Des documents complètent cette présentation. Remarquer, entre autres, un fossile géant pesant 148 kg.

Belvédère. — *Franchir le Nouveau pont, prendre à gauche le D 94, laisser le Vieux pont sur la gauche ; passer sous le tunnel et tourner à droite.*
Du piton rocheux (banc), la **vue** s'étend sur le vieux Nyons dominé par la montagne d'Angèle (1 606 m) ; la vallée de l'Eygues, encaissée à droite, contraste avec le large bassin, à gauche, où se déploie la ville nouvelle.

EXCURSION

Promenade des Anglais et de Vaulx. — *Circuit de 8 km. Quitter Nyons par la Promenade des Anglais (Nord-Ouest du plan) et, à 300 m, prendre à droite.*
La route, étroite et sinueuse mais bien tracée, court à flanc de colline parmi les oliviers ; elle offre de belles vues sur Nyons et la vallée de l'Eygues, le massif des Baronnies.

> *Dans la descente vers le D 538, laisser à droite un chemin vers Venterol. Revenir à Nyons par le D 538.*

★★ ORANGE

27 502 h. (les Arausiens)

Carte Michelin nº **81** plis 11 et 12 ou **245** pli 16 ou **246** pli 24.

Porte du Midi, au carrefour de deux autoroutes, Orange est célèbre par ses prestigieux monuments romains que sont l'arc commémoratif et le théâtre antique qui constitue l'extraordinaire cadre des **Chorégies,** créées en 1869 *(voir p. 203).*
Important marché de fruits et de primeurs, la ville cumule aussi des fonctions industrielles (conserveries, chimie) et militaires (base aérienne et Légion Étrangère).

Orange romaine. — L'antique Arausio est une bourgade celtique (cavare) quand, le 6 octobre 105 (avant J.-C.), se livre sous ses murs une terrible bataille entre les légions romaines et l'armée des Cimbres et des Teutons. Surpris par la stature géante et la rudesse des envahisseurs, affaiblis par la mésentente entre les deux chefs qui les commandent, les Romains essuient un épouvantable désastre risquant de compromettre leur récente présence en Gaule.
Cependant, ils réagissent promptement et, trois ans plus tard, sous l'autorité d'un brillant général, Marius, ils prennent une éclatante revanche sur les Barbares, dans les environs d'Aix *(voir p. 46).*
Établie en 35 avant J.-C., la colonie romaine d'Orange accueille les vétérans de la IIe Gallica. La ville reçoit un plan d'urbanisme très régulier, une parure de monuments, et s'entoure d'une enceinte qui englobe environ 70 hectares. Elle est à la tête d'un vaste territoire que les arpenteurs romains cadastrent avec précision. Des lots fonciers sont attribués en priorité aux vétérans ; d'autres, plus médiocres, sont donnés en location à des adjudicataires ; d'autres encore restent propriété de la collectivité. Par ce moyen, l'État romain facilite la colonisation et la mise en valeur du sol, au détriment des autochtones, premiers occupants. Le cadastre, plusieurs fois révisé, est affiché publiquement ; on en voit quelques beaux fragments au musée *(p. 156).*
Jusqu'en 412, date du pillage de la cité par les Wisigoths, Orange connaît une existence prospère.
Siège d'un évêché, deux conciles s'y tiennent en 441 et 529.

ORANGE

*L'estimation
de temps indiqué
pour chaque itinéraire
correspond au temps
global nécessaire
pour bien apprécier
le paysage
et effectuer les
visites recommandées*

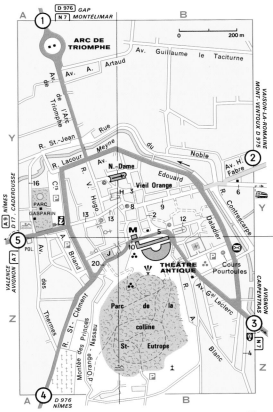

ORANGE★★

Orange hollandaise. — Dans la seconde moitié du 12ᵉ s., la ville devient le siège d'une petite principauté enclavée dans le Comtat Venaissin ; elle a pour prince un troubadour célèbre, Raimbaut d'Orange, qui chante son amour pour la Comtesse de Die. Le hasard des mariages et des héritages fait qu'Orange échoit à une branche de la maison des Baux *(p. 87)*, héritière, en outre, de la principauté germanique de Nassau. Au 16ᵉ s., Guillaume de Nassau, prince d'Orange, le fameux Taciturne, crée la république des Provinces-Unies, dont il devient le stathouder. Parallèlement, la ville opte pour la Réforme et subit de plein fouet les ravages des guerres de Religion ; mais elle réussit à préserver son autonomie.

Orange tire un juste orgueil du fait que le titre préféré de la glorieuse dynastie royale de Hollande est encore celui de prince ou princesse d'Orange ; sa fierté n'est pas moins grande qu'un État, des villes, fleuves, etc., portent son nom en Afrique du Sud et en Amérique.

La maison d'Orange-Nassau, tout en gouvernant les Pays-Bas et même, pendant quelque temps, l'Angleterre, n'oublie pas son minuscule domaine français. En 1622, Maurice de Nassau, grand amateur de fortifications, entoure la ville d'une enceinte puissante, élève un formidable château.

Malheureusement, pour aller plus vite et par raison d'économie, il prélève les pierres nécessaires à ces constructions sur les monuments romains que les Barbares n'avaient pu détruire complètement. Cette fois, tout disparaît, à l'exception du théâtre, englobé dans les remparts, et de l'arc commémoratif, précédemment transformé en forteresse.

Orange française. — Quand Louis XIV entre en guerre contre la Hollande, il fait main basse sur la principauté d'Orange. C'est le comte de Grignan, lieutenant général du roi en Provence, le gendre de Mme de Sévigné *(p. 121)* qui s'empare de la ville. Les remparts sont rasés et le château démoli.

En 1713, le traité d'Utrecht reconnaît à la France la possession de la principauté. A la Révolution, Orange est rattachée au département de la Drôme, puis à celui des Bouches-du-Rhône et, finalement, incorporée au Vaucluse. La glorieuse Arausio n'est plus qu'un chef-lieu de canton.

LES MONUMENTS ROMAINS *visite : 1 h*

★★★**Théâtre antique** (BZ). — Le théâtre d'Orange fait, à juste titre, la fierté de la ville car
Ⓥ il est le mieux conservé, non seulement de la Provence, mais de l'empire romain.

Chaque été, dans ses murs, se déroulent dans le cadre des Chorégies de prestigieuses représentations artistiques, notamment de grands opéras, qui en font un des hauts lieux de la culture européenne.

Extérieur. — Édifié sous Auguste, il a les mêmes dimensions que le théâtre d'Arles, mais la « cavea » s'adosse ici à une colline, ce qui a permis une construction plus rapide et plus économique.

L'imposant mur, long de 103 m et haut de 36 m, qui se dresse sur la place et que Louis XIV avait qualifié de « plus belle muraille du royaume », constitue la façade extérieure du théâtre. A la partie supérieure, on aperçoit la double rangée de corbeaux au travers desquels passaient les mâts servant à tendre le voile (« velum ») destiné à protéger les spectateurs du soleil. Au bas, les 19 arcades correspondaient à des pièces intérieures, coulisses et escaliers. En avant, se trouvait un portique, large de 8 m, dont il reste des traces de fixation.

La place actuelle, devant le théâtre, était probablement occupée par un jardin qu'un vaste portique entourait dont le précédent aurait été l'un des côtés.

Intérieur. — L'édifice est presque complet, il ne lui manque que le portique couronnant le sommet des gradins, le toit abritant la scène et, bien sûr, le fastueux décor de celle-ci.

L'hémicycle (« cavea ») pouvait contenir entre 9 et 10 000 spectateurs, répartis selon leur rang social *(voir p. 33)*. Il se divise en trois zones, étagées en 37 gradins et séparées par des murs. En bas, l'« orchestra » affecte la forme d'un demi-cercle ; en bordure trois gradins bas sur lesquels on plaçait des sièges mobiles, étaient aménagés pour le confort des personnages de haut rang.

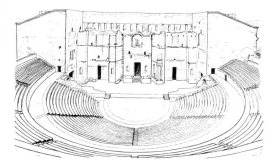

Orange. — Théâtre antique.

De part et d'autre de la scène, de grandes salles superposées (on entre actuellement par la salle inférieure occidentale) servaient à l'accueil du public et abritaient les coulisses. La scène, faite d'un plancher de bois sous lequel était logée la machinerie, mesure 61 m de longueur plus 9 m de profondeur utile : elle dominait l'« orchestra » d'environ 1 m 10. Elle est soutenue par un mur bas, le « pulpitum » ; en arrière, se trouve la fosse du rideau (qu'on abaissait pendant les représentations). Le mur de scène atteint le niveau du sommet de la « cavea », il présentait un riche décor de placages de marbre, de stucs, de mosaïques, de colonnades étagées et de niches abritant des statues, dont celle d'Auguste, haute de 3 m 55 qui a été remise en place depuis 1951. Ce mur est percé de trois portes qui avaient chacune une fonction : la porte royale au centre figurait l'entrée d'un palais, les deux portes latérales étaient réservées aux hôtes. Un toit abritait la scène et jouait le rôle d'abat-son.

Du haut des gradins, on peut vérifier, au centre de l'hémicycle, l'étonnante acoustique du théâtre.

Les spectacles. — Le théâtre romain est un lieu polyvalent. On vient y écouter des discours, de la poésie, de la musique. Des concours, des tirages de loterie, des distributions de pain ou d'argent s'y déroulent. Les spectacles sont quant à eux, très variés. Les divertissements les plus simples se résument à des exhibitions de prestidigitateurs, de mimes, de montreurs d'ours, de danseurs, d'avaleurs de sabre, jongleurs et autres acrobates. Lorsqu'ils sont plus élaborés — donc coûteux —, ils peuvent consister en des tableaux scéniques utilisant de nombreux figurants, comme dans les music-halls actuellement.

La représentation des comédies et des tragédies, avec une troupe organisée, reste en principe l'objet principal du théâtre. Néanmoins, ni les pièces, ni leurs auteurs ne sont connus. On suppose que les pièces grecques des âges classique et hellénistique étaient couramment jouées, mais elles ne semblent pas avoir remporté auprès du public gallo-romain un succès mérité. Les comédies latines, plus populaires, étaient plus prisées surtout lorsqu'elles nécessitaient un vaste déploiement de mise en scène. Il y avait encore les spectacles inspirés de la mythologie, en liaison avec le calendrier religieux.

En fait, les représentations théâtrales évoluèrent vers la licence, si bien qu'au 5e s., elles furent supprimées, sous l'influence des chrétiens qui dénonçaient, tel Salvien de Marseille, « les obscénités des théâtres ».

Les acteurs, rassemblés au sein d'une troupe financée par de riches notables, portent des masques en carton-pâte. Chaque genre de personnage — père, mère, jeune fille, jeune homme, parasite, esclave, tyran, etc. — arbore un type de masque bien déterminé ; dès l'entrée de l'artiste, on sait quel rôle il joue. Les acteurs tragiques, pour paraître plus impressionnants portent des cothurnes, sandales pourvues d'une très haute semelle de liège.

Les masques font également office de porte-voix ; tout est étudié pour obtenir une acoustique parfaite : vases résonateurs, portes en creux, plafond abat-son etc.

Le quartier du théâtre. — A côté du théâtre, les fouilles de Jules Formigé ont mis au jour les substructions d'un temple et déblayé en partie un édifice énigmatique qui se terminait en hémicycle parallèle à celui du théâtre *(accès par le théâtre)*. Au centre de cet hémicycle, haussé sur une plate-forme, s'élevait un grand temple, probablement édifié sous Hadrien (2e s.) à l'emplacement d'une fontaine sacrée ; il reste le podium et quelques fragments.

Un escalier à double rampe conduisait, 28 m plus haut, à un second temple, plus petit, qui, avec son entourage, occupait l'emplacement de l'actuel réservoir d'eau de la ville. Dominant le tout, il semble qu'un grandiose capitole avec ses trois temples, large de 60 m se dressait sur une plate-forme rectangulaire s'allongeant d'Est en Ouest et soutenue au Nord et à l'Ouest par d'énormes contreforts. On imagine la magnifique perspective ainsi réalisée.

★★ **« Arc de Triomphe »** (AY). — Il s'élève à l'entrée Nord de la ville sur l'ancienne « via Agrippa » reliant Lyon à Arles. Par ses dimensions, 22 m de hauteur, 21 m de largeur et 8 m de profondeur, il vient au troisième rang des édifices romains de ce type, mais c'est l'un des mieux conservés, surtout sur la face Nord, la face Ouest ayant été fortement restaurée.

Construit vers 20 avant J.-C., puis dédié plus tard à Tibère, il commémore les exploits des vétérans de la IIe légion. Percé de trois baies encadrées de colonnes, il présente deux particularités architecturales : un fronton au-dessus de la baie centrale, et de deux attiques superposés. Il était surmonté à l'origine d'un quadrige en bronze flanqué de deux trophées. Sa décoration exubérante se rattache à la fois au classicisme romain et à la plastique hellénistique. On distingue des scènes guerrières et des trophées d'armes (1, 3, 6, 7) se rapportant à la pacification de la Gaule, des attributs marins (2) relatifs à la victoire augustéenne d'Actium plutôt qu'à la chute de Marseille sous César.

Face Nord

1) Combats de Gaulois et de légionnaires. Captifs.
2) Attributs marins : proues, éperons de galères, ancres, cordages, tridents.
3) Trophées : casques, armures, javelots, enseignes militaires.
4) Fruits, fleurs, ornements antiques.
5) Voûtes en caissons ornées de rosaces et de dessins variées.

Face Est

6) Trophées.
7) Captifs enchaînés.

(D'après photo Arch. Phot., Paris)

Orange. — Arc de triomphe.

AUTRES CURIOSITÉS

Colline St-Eutrope (BZ). — *S'y rendre en auto par la montée des Princes-d'Orange-Nassau. Arrivé devant le parc municipal, laisser sa voiture sur le parking.*
L'allée principale franchit les fossés de l'ancien château des princes d'Orange, dont les fouilles ont révélé, à gauche du square Reine-Juliana, d'importants vestiges. A l'extrémité Nord du parc, à côté d'une statue de la Vierge, se trouve une table d'orientation d'où l'on a une très jolie **vue★** sur le théâtre antique au 1ᵉʳ plan, la ville d'Orange, les installations de Marcoule, la plaine du Rhône et son cadre de montagnes. Sur la gauche, diverses ruines du capitole romain.

Musée de la ville (BYZ M). — Ce musée présente dans la cour et au rez-de-chaussée des débris lapidaires provenant des monuments romains disparus ainsi que du château des Princes d'Orange. Dans une salle sont exposés les fragments, minutieusement reconstitués, du fameux **cadastre** romain d'Orange, pièces uniques en France. Sur ces tableaux de marbre, les historiens ont pu reconnaître : le quadrillage ordonné (autour d'un « cardo » et d'un « decumanus »), des centuries dont la superficie est exprimée en jugères (1 jugère = 25 ares), des éléments topographiques (routes, montagnes, rivières, marécages) et, enfin, des renseignements écrits sur le statut juridique et fiscal des terres. Les fragments retrouvés appartiennent à trois cadastres successifs : le premier daté de 77, le second du règne de Trajan (2ᵉ s.), le troisième est postérieur. Le second a pu être localisé du Sud de Montélimar au Nord d'Orange, limité à l'Ouest par le Rhône et s'étendant à l'Est probablement jusque vers Vaison. Il comprend 1 700 centuries de 200 jugères chacune (50 ha sur un carré de 706 m de côté), soit un territoire de 836 km². Certains terroirs portent encore l'empreinte très nette de la centuriation romaine. Les autres salles du musée sont consacrées à l'histoire d'Orange, aux traditions locales, à la peinture : collection se rapportant à la fabrication des « indiennes » à Orange au 18ᵉ s.

Ancienne cathédrale Notre-Dame (ABY). — Cet édifice roman a été très endommagé lors des guerres de Religion et a dû être en grande partie reconstruit. Sur le porche Sud subsistent des traces de scuptures d'inspiration antique.

Vieil Orange. — Les rues du centre ville sont très animées et il est agréable d'y flâner. En partant du théâtre, on empruntera la rue Caristié puis les rues autour de l'hôtel de ville (beffroi du 17ᵉ s.) et de la cathédrale, débouchant sur de jolies places très provençales avec leurs terrasses de cafés et leurs platanes.

EXCURSIONS

Harmas (maison) J.-H. Fabre. — *8 km par ① du plan, N 7 et D 976.* A l'entrée de Sérignan, se trouve à droite l'harmas J.-H. Fabre où le célèbre entomologiste (1823-1915) vécut les trente-six dernières années de sa vie. On visite le cabinet de travail avec ses vitrines contenant les collections du savant : insectes, coquillages, fossiles, minéraux, la salle où sont rassemblées des aquarelles peintes par Fabre (champignons de la région). On peut se promener dans le harmas (terrain en friche) qui fut le principal champ d'observation de Fabre et qui est devenu jardin botanique.

Caderousse. — *6 km par ⑤ du plan, D 17.* 2 007 h. Cette localité est située au bord du Rhône dont elle eut souvent à subir les débordements. Sur la façade de l'hôtel de ville, à gauche de la porte, quatre plaques indiquent le niveau atteint par les plus hautes crues. Depuis 1856, une digue protège Caderousse ; des remparts enserrent totalement la ville et seules deux portes s'ouvrent aux points cardinaux.

Église St-Michel. — De style roman provençal. A l'intérieur, à droite du chœur, la chapelle St-Claude, de style flamboyant, fut ajoutée au 16ᵉ s. ; ses voûtes sont fort belles.

★★★ ORGNAC (Aven d')

Carte Michelin nº 80 pli 9 ou 245 pli 14 ou 246 pli 23 — Schéma p. 60.

Jusqu'au 19 août 1935, les habitants d'Orgnac ne s'étaient guère souciés du gouffre qu'ils avaient appelé « le Bertras ». **Robert de Joly** (1887-1968), président de la Société spéléologique de France, qui l'explora à cette date, leur en révéla les richesses. Cet ingénieur de l'École d'Électricité de Paris, passionné de spéléologie, fut un hardi explorateur de cette région des Cévennes où il résida. Il joua également un rôle fondamental dans la mise au point du matériel et de la technique d'exploration. Dans le jardin, à droite du hall d'entrée, une stèle a été érigée à sa mémoire.
Cet aven *(1)* est parmi les plus intéressants que l'on connaisse. Ses immenses salles doivent leur origine à l'action des eaux souterraines *(voir p. 19)* alimentées par infiltration dans les calcaires fissurés. Les premières concrétions, qui avaient parfois 10 m de diamètre, furent brisées par un tremblement de terre qui se produisit à la fin de l'ère tertiaire ; ces colonnes tronquées ou renversées servent de base à des stalagmites plus récentes.
Les variations climatiques qui ont affecté la région au cours de l'ère quaternaire ont provoqué des irrégularités dans l'édification des concrétions. Leur croissance, qui a pu atteindre 5 cm par siècle en période chaude et humide, a, au contraire, été interrompue pendant les périodes glaciaires sèches ; le canal d'alimentation de la stalactite s'est alors tari et parfois obstrué. Les eaux, en reprenant leur activité, ont dû se frayer un chemin dans un canal voisin, ce qui explique le profil « en baïonnette » et les porte-à-faux de certaines concrétions. De nouvelles salles ont été découvertes et explorées (Orgnac II, III, IV et IV bis) ; l'immensité de ce réseau en interdit, pour longtemps encore, l'aménagement touristique.

---

(1) Pour plus de détails, lire « L'Aven d'Orgnac », par R. de Joly (en vente à l'aven).

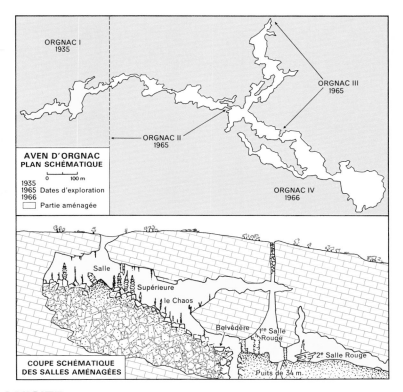

AVEN D'ORGNAC
PLAN SCHÉMATIQUE

ORGNAC I
1935

ORGNAC II
1965

ORGNAC III
1965

ORGNAC IV
1966

1935
1965 Dates d'exploration
1966
☐ Partie aménagée

0   100 m

COUPE SCHÉMATIQUE
DES SALLES AMÉNAGÉES

Salle
Supérieure
le Chaos
Belvédère
1re Salle Rouge
2e Salle Rouge
Puits de 34 m.

⊙ VISITE *environ 1 h*

Température intérieure : 13°. 788 marches à gravir ou à descendre.

La salle supérieure, dans laquelle s'élève un énorme cône d'éboulis, est étonnante par ses dimensions et ses perspectives ; la faible lueur qui tombe de l'orifice naturel de l'aven l'éclaire d'une teinte bleutée un peu irréelle. Haute de 17 à 40 m, longue de 250 m et large de 125 m, elle possède de magnifiques stalagmites. Les plus grosses se trouvent au centre ; de nombreuses excroissances leur donnent l'aspect de « pommes de pin ». Elles n'ont pu, à cause de la hauteur de la voûte, se souder aux stalactites pour former des colonnes, mais elles se sont épaissies à la base, atteignant parfois un diamètre imposant. D'autres stalagmites plus récentes et plus grêles, en forme d'« assiettes empilées », les surmontent. Sur le pourtour de la salle, on remarque de frêles colonnettes postérieures au tremblement de terre. Certaines ont atteint une grande hauteur, les unes « en baïonnette », d'autres très droites. Dans la niche d'une concrétion en buffet, se trouve une urne contenant le cœur de R. de Joly.

Dans la salle du Chaos, encombrée de concrétions tombées de la salle supérieure, de magnifiques draperies aux colorations variées s'échappent d'une fissure de la voûte.

Au niveau du belvédère de la 1re Salle Rouge, les eaux d'infiltration, enrichies en carbonate de chaux par la traversée de la couche calcaire, ont favorisé un intense concrétionnement.

D'immenses coulées d'argile ferrugineuse, d'une belle couleur rouge sombre, tapissent le sol et les parois. Près de là, s'ouvre le puits intérieur le plus profond de l'aven (34 m), qui conduit à une salle se trouvant à − 180 m. Un autre belvédère surplombe la 2e Salle Rouge où des jeux de lumière mettent en valeur les concrétions.

(Photo R. Delon/Castelet)

Aven d'Orgnac. — La grande stalagmite.

157

ORGON

Carte Michelin nº 🗖🗖 pli 12 ou 🗖🗖🗖 pli 30 ou 🗖🗖🗖 pli 12 — 7 km au Sud de Cavaillon — Schéma p. 57.

Orgon, que traverse la N 7, s'est établie dans la plaine de la Durance. Elle commande le seuil qui sépare la chaîne des Alpilles à l'Ouest et la montagne du Luberon à l'Est.

Le calvaire de Napoléon. — Fuyant Avignon ce jour du 25 avril 1814, Napoléon, en route pour l'exil de l'île d'Elbe, passe par Orgon et décide de s'arrêter à l'hostellerie. Une foule hostile, vite prévenue par les tambours royalistes, s'amasse et encercle la berline impériale. L'empereur déchu est alors forcé d'assister à un humiliant spectacle : pendu à une potence, un mannequin maculé de sang à son effigie est brûlé aux cris de « Meurs, tyran » ! Plusieurs individus exaltés proposent même de passer à l'acte : « une femme jeune et jolie était si acharnée contre moi qu'elle aurait, j'en suis sûr, bu mon sang » se souviendra le proscrit de Ste-Hélène. Finalement, grâce à l'intervention courageuse du maire d'Orgon et d'un commissaire russe, Napoléon réussit à partir. Quelques kilomètres plus loin, craignant d'être à nouveau reconnu et molesté, il endosse l'habit de son propre courrier. C'est dans cet accoutrement qu'il arrivera à l'auberge de La Calade (située sur la N 7) près d'Aix.

ⓥ **Église.** — 14e s. Elle présente une légère déviation du chœur ; les chapelles latérales ont été ajoutées au 17e s. Dans la nef, à gauche, beaux panneaux peints du 14e s.

Chapelle N.-D.-de-Beauregard. — Elle couronne la colline dominant le bourg, au Sud (route réglementée). De la terrasse, belle vue sur la vallée de la Durance, la montagne du Luberon, la chaîne des Côtes.

★ PAÏOLIVE (Bois de)

Carte Michelin nº 🗖🗖 pli 8.

Ce chaos calcaire du Bas-Vivarais s'étend sur environ 16 km², au Sud-Est des Vans, de part et d'autre du Chassezac (voir le guide Vert Michelin Gorges du Tarn).

Le calcaire de Païolive est une roche grisâtre d'époque jurassique (ère secondaire), dure et qui résiste bien à l'érosion mécanique ; sa perméabilité résulte uniquement de ses fracturations. En revanche, elle subit fortement l'érosion chimique. Les eaux de pluie, chargées d'acide carbonique, ont, en dissolvant le carbonate de chaux que contient le calcaire, transformé de simples fissures en crevasses profondes, donnant naissance à des rochers ruiniformes. D'autre part, les résidus argileux provenant de la décomposition de la roche, associés aux anciennes alluvions, ont permis le développement de la végétation (chênes rouvres surtout).

Le camp de Jalès. — La dépression s'étendant au Sud-Est des Vans, de part et d'autre du village de Jalès, demeure liée à un épisode sanglant de la contre-Révolution. Entre 1790 et 1792, au château de Jalès se rassemblent les fidèles de l'Ancien Régime. La Constitution civile du clergé renforce les divisions ; de nombreux prêtres réfractaires se joignent aux royalistes. Le 21 juin 1792, la cocarde tricolore est foulée aux pieds à Berrias. Reconnu pour chef des royalistes de la région, le **comte de Saillans,** Dauphinois d'origine, hâte la date du soulèvement. Son complot est dévoilé. Une troupe, envoyée contre les hommes de Saillans, les défait près de Courry (18 km au Sud des Vans), le 11 juillet. Saillans se réfugie au château de Banne, puis prend la fuite avec quelques compagnons. Arrêtés sur la route de Villefort, ils sont conduits aux Vans : la foule, qui reproche à Saillans l'exécution de plusieurs « patriotes », les massacre dans la rue. Selon la tradition, quelques royalistes auraient réussi à gagner le bois de Païolive où ils périrent de faim.

VISITE environ 2 h

Le D 252 traverse le bois d'Ouest en Est.

A environ 200 m du D 901, on découvre à une vingtaine de mètres, à droite en venant des Vans, un rocher caractéristique : l'Ours et le Lion.

★ **Clairière.** — Une clairière est accessible aux voitures près du D 252, dans un grand virage à gauche, en venant des Vans, peu après la borne « Casteljau 4 km ». Cette clairière est établie sur une doline (voir p. 19). La dimension des arbres permet d'y piqueniquer à l'ombre. De là, on peut partir à la découverte des rochers les plus proches.

★★ **Corniche du Chassezac.** — 3/4 h à pied AR. Emprunter à gauche le sentier tracé dans le prolongement du D 252 venant des Vans et passant sous une ligne téléphonique (laisser à gauche un autre sentier passant également sous la ligne).

Après s'être avancé de quelques mètres, on aperçoit au loin, sur la ligne du plateau, le manoir de Casteljau, flanqué de deux tours d'angle d'égale hauteur. Suivre le sentier en prenant pour repère le château dont la silhouette se précise. Au bout d'une centaine de mètres, le sentier oblique légèrement à gauche, toujours en direction du manoir.

A moins de 10 mn de marche, on découvre soudain la grandiose tranchée du Chassezac, serpentant au pied de falaises forées de cavités. La corniche, en à-pic de 80 m, se poursuit à gauche, face au château, jusqu'à un belvédère situé en amont.

Revenir par le même chemin ou, pour les amateurs de marche, par les sentiers indiqués sur le schéma p. 158.

Mazet-Plage. — *Un chemin revêtu, partant du D 252, mène, en 300 m, à quelques maisons proches de la rivière.* On peut longer le Chassezac vers la gauche, sur environ 500 m, parmi les gros galets et les petits saules face aux étranges falaises criblées de cavités *(1/4 h à pied AR).*

Banne. — 505 h. *A 6 km du carrefour entre les D 901 et 252. Laisser la voiture sur la place. Gravir la rampe derrière le calvaire.* On accède à une plate-forme gazonnée dominant la dépression du Jalès. Du sommet des rochers, portant les vestiges de l'ancienne citadelle de Banne, vaste **panorama★** sur les confins du Gard et de la Basse-Ardèche. A demi enfoncée dans la plate-forme, du côté Sud-Ouest, on peut voir une longue galerie voûtée ; elle servait d'écuries au château de Banne, abattu après l'échec des contre-révolutionnaires du camp de Jalès.

PERNES-LES-FONTAINES
6 961 h. (les Pernois)

Carte Michelin n° 81 plis 12, 13 ou 245 pli 17 ou 246 pli 11.

Cette cité *(1)*, située en bordure du plateau de Vaucluse, fut capitale du Comtat Venaissin avant Carpentras, de 968 à 1320. C'est la patrie de Fléchier (1632-1710), l'un des meilleurs orateurs sacrés de la fin du 17e s., connu principalement pour ses oraisons funèbres, celles de Turenne et de Marie-Thérèse d'Autriche en particulier.

Pernes-les-Fontaines, comme la plupart des localités vauclusiennes, possède des usines de conserves. Les fruits : cerises, fraises, melons, raisins, sont particulièrement abondants dans cette région.

★ **Porte Notre-Dame.** — Du 16e s. Un vieux pont à corbeaux, qui franchit la Nesque, la précède ; sur une des piles, a été construite au 16e s. une petite chapelle (**B**). Le pont, la chapelle, la porte Notre-Dame et, à droite, le donjon (**D**) de l'ancien château des comtes de Toulouse, appelé tour de l'Horloge, constituent un charmant tableau.

Église N.-D.-de-Nazareth. — Elle date, dans ses parties les plus anciennes, de la fin du 11e s. Le porche Sud s'ouvre par une belle porte dont la décoration, malheureusement très endommagée, est inspirée de l'antique. A l'intérieur, nef en berceau brisé ornée d'une corniche, et chapelles gothiques.

Fontaine du Cormoran (**E**). — Du 18e s. C'est la plus intéressante des nombreuses vieilles fontaines dont Pernes s'enorgueillit.

Hôtel de ville (**H**). — Ancien hôtel (17e s.) des ducs de Brancas dont l'un fut maréchal de France et ambassadeur de Louis XIV en Espagne.

Tour Ferrande (**F**). — Cette tour carrée crénelée est enclavée dans les maisons ; elle donne sur une placette où s'élève la fontaine du Gigot. Par un escalier étroit, on monte au 3e étage, décoré de belles fresques du 13e s. représentant la Vierge et l'Enfant, saint Christophe, et retraçant l'épopée de Charles d'Anjou en Italie.

Croix Couverte (**K**). — Élégant monument du 15e s.

Portes de Villeneuve et de St-Gilles. — Restes de l'enceinte des 14e et 16e s.

Brancas (R. de)	2	Neuve (R.) ... 8
Briand (Pl. Aristide)	3	Notre-Dame (Pont) ... 10
Corti (Pl. et Square D.)	4	Notre-Dame (R. Porte) ... 12
Gambetta (R.)	5	Raspail (R.) ... 13
Giraud (Pl. L.)	6	République (R. de la) ... 15
Jaurès (Av. Jean)	7	Victor-Hugo (R.) ... 16

PEYROLLES-EN-PROVENCE
2 561 h. (les Peyrollais)

Carte Michelin n° 84 plis 3, 4 ou 245 pli 32 — Schéma p. 115.

Située dans la vallée, Peyrolles s'étire le long du canal d'E.D.F. *(p. 113)* qui draine une partie des eaux de la Durance. De l'enceinte médiévale, ne subsistent qu'un beffroi couronné d'un campanile en fer forgé et une tour ronde ruinée près de l'église.

Église St-Pierre. — Maintes fois remaniée au 15e et au 17e s., elle a gardé cependant une nef romane voûtée en berceau brisé.

Chapelle du St-Sépulcre. — Cette chapelle (11e-12e s.) présente un plan en forme de croix grecque. Quatre absidioles voûtées en cul-de-four enserrent un carré que surmonte un petit clocher-pignon.

Château. — Cette vaste demeure du 17e s. abrite la mairie. La cour d'honneur s'ouvre par un grand portail.

---

(1) Pour plus de détails, lire « Pernes-les-Fontaines », par Cartoux, Fayot et Gabert (S.I., Pernes).

★★★ PONT DU GARD

Carte Michelin n° 🎱 pli 19 ou 🔢 pli 15 ou 🔢 pli 25.

Ce pont, une des merveilles de l'Antiquité, mérite que l'on fasse, pour le voir, un détour, même important. C'est la partie la plus grandiose d'un aqueduc qui conduisait à Nîmes les eaux de sources captées près d'Uzès. Construit vers l'an 19 avant J.-C., il est demeuré presque intact au bout de 2 000 ans.

L'aqueduc. — Les Romains attachaient une grande importance à la qualité des eaux dont ils alimentaient à profusion leurs moindres cités. Elles étaient recueillies, de préférence, au Nord des collines, pour que l'eau ne s'échauffe pas dans les bassins de captation.

Le canal conducteur était entièrement maçonné et recouvert d'une voûte ou de dalles. On y ménageait des ouvertures pour que l'eau soit aérée et des purgeurs pour vidanger, nettoyer, réparer. Certains aqueducs avaient des bassins de décantation où se déposaient les impuretés. Les accidents de terrain étaient franchis, avec une rare audace, au moyen de ponts, de tranchées, de tunnels, de siphons. L'aqueduc de Nîmes, long de près de 50 km, avait une pente moyenne de 34 cm par kilomètre, plus forte en amont du pont du Gard afin de réduire le plus possible la hauteur de cet ouvrage. Son débit était d'environ 20 000 m^3 par jour.

A chaque siège de Nîmes — et ils furent nombreux — l'aqueduc était coupé. A partir du 4e s., il ne fut plus guère entretenu et les dépôts calcaires s'accumulèrent jusqu'à obstruer aux deux tiers la conduite. Au 9e s., il était devenu inutilisable et les riverains prélevèrent une grande partie des pierres et des dalles pour leurs propres constructions. En 1743, on lui accola, en aval, un pont routier.

★★★ Le pont.

— Il enjambe la vallée du Gardon. La teinte dorée de ses vieilles pierres s'harmonise avec les rochers, les eaux, les arbres environnants. D'innombrables écrivains, artistes, archéologues ont célébré ce merveilleux spectacle. Dans les « Confessions », J.-J. Rousseau a narré son émerveillement devant cet ouvrage gigantesque : « je parcourus les trois étages de ce superbe édifice que le respect m'empêchait presque de fouler sous mes pieds... Je sentais, tout en me faisant petit, je ne sais quoi qui m'élevait l'âme et je me disais : que ne suis-je Romain ! ».

Le pont est bâti en blocs colossaux, posés à sec. Des pierres de 6 tonnes ont dû être hissées à plus de 40 m de hauteur, au moyen de chèvres et de palans. Le treuil était constitué par un immense tambour de bois que faisaient tourner des hommes-écureuils placés à l'intérieur.

Afin de rompre toute sensation de monotonie, les trois étages d'arcades sont en retrait l'un sur l'autre. Voici quelques chiffres : hauteur totale, 49 m au-dessus des basses eaux du Gardon ; étage inférieur, 6 arches, 142 m de longueur, 6 m de largeur, 22 m de hauteur ; étage moyen, 11 arches, 242 m de longueur, 4 m de largeur, 20 m de hauteur ; étage supérieur (celui qui porte le canal), 35 arches, 275 m de longueur, 3 m de largeur, 7 m de hauteur. L'ouvrage a été restauré sur l'ordre de Napoléon III.

L'architecte a su varier, dans un même étage, la dimension des arcs. Les arches sont faites d'anneaux indépendants accolés, ce qui donne à la masse beaucoup d'élasticité en cas de tassement. Les pierres laissées saillantes sur les façades portaient les échafaudages. Les bancs de pierre qui apparaissent en saillie sous les arcades servaient de points d'appui aux cintres de bois utilisés pour l'établissement des voûtes.

VISITE

⊙ *Gagner le parking qui borde le D 981 en aval du pont (la circulation automobile sur le pont est à sens unique durant l'été) ; y laisser la voiture.*

Promenade. — Durée : 1 h. Du D 981 se détache, sur la rive droite du Gardon, une petite route qui passe sous le pont-aqueduc.

La suivre jusqu'à l'entrée du château de St-Privat et gagner les bords du Gardon d'où la vue est superbe sur l'aqueduc.

(Photo H. Champollion/Ouest-France)

Le Pont du Gard.

En revenant vers le pont du Gard, 50 m avant de passer sous l'ouvrage, prendre à droite un chemin tracé sous bois en lacet.

Du 3e virage, un court sentier à droite mène à un très beau **point de vue** sur l'aqueduc ; dans une des arches, s'encadre le village de Castillon.

Continuer de suivre le chemin en lacet jusqu'à l'extrémité supérieure du pont. (Les personnes qui ne désirent pas traverser le pont peuvent emprunter le sentier qui s'amorce à gauche et passe sous la dernière travée. Il aboutit sur le D 981 en aval).

Traverser ensuite l'ouvrage, soit à l'intérieur même de l'ancienne canalisation que les dépôts calcaires ont parfois rétrécie, trajet sans aucun danger, mais sans vue ; soit de préférence sur les dalles qui couvrent la canalisation, trajet plus agréable mais déconseillé aux personnes sujettes au vertige.

A la sortie du pont, descendre un escalier en colimaçon puis tourner à droite.

Par la rivière. — Location de canoë ou kayak pour le pont du Gard (durée : 1/2 h ou 1 h) ou les gorges du Gardon (durée : 1/2 journée ou 1 journée). Il est obligatoire de savoir nager.

PONT-ST-ESPRIT   8 135 h. (les Spiripontains)

Carte Michelin nº 80 pli 10 ou 245 pli 15 ou 246 pli 23 — Schéma p. 61.

La localité doit son existence et son nom au célèbre pont, construit de 1265 à 1309 par la confrérie des Frères pontifes sous le signe du Saint-Esprit. Le bourg devint un important lieu d'étape.

PONT-ST-ESPRIT

L'estimation de temps indiquée pour chaque itinéraire correspond au temps global nécessaire pour bien apprécier le paysage et effectuer les visites recommandées

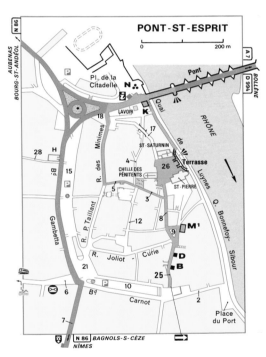

CURIOSITÉS

Laisser la voiture à l'extrémité des allées Jean-Jaurès.

La **rue St-Jacques** (25) est bordée de logis anciens : au nº 10, hôtel de Roubin (17e s.) (**B**) et au nº 2, maison des Chevaliers (12e-16e s.) (**D**) à la jolie fenêtre romane.
Sur la place de l'Hôtel-de-Ville se dresse le musée Paul Raymond.

Musée Paul Raymond (M¹). — Installé dans l'ancienne maison de ville, il abrite des collections de préhistoire régionale, d'art religieux (calice et patère languedociens de 1650 en vermeil, tableau de Raymond Boterie, primitif provençal, représentant la Chute des Anges, 1510). Mais c'est surtout la reconstitution de la pharmacie de l'hôpital du St-Esprit qui retient l'attention avec quelque 220 pièces provenant des ateliers montpelliérains (début 18e s.) dont un bel ensemble de 17 céramiques hispano-mauresques médiévales.
Au sous-sol se trouve l'ancienne glacière de la ville (1780).

Par la rue Haut-Mazeau, on atteint la place St-Pierre.

Terrasse. — Elle occupe la partie Est de la place St-Pierre, encadrée, au Nord, par l'église paroissiale du 15e s., au Sud-Ouest, par la façade baroque de la chapelle des Pénitents et, au Sud, par l'ancienne église St-Pierre du 17e s., aujourd'hui désaffectée, dominée par un dôme. De la terrasse, on a une bonne vue d'ensemble du pont. Un escalier monumental à double révolution donne accès au quai de Luynes. A gauche, presque au pied du pont, la maison du Roy (**K**) est percée de baies Renaissance.

Pont. — Long de près de 1 000 m, il est légèrement convexe vers l'amont, 19 arches sur 25 sont anciennes. Il était défendu à ses extrémités par des bastilles ; deux tours s'élevaient en son milieu : tout cet appareil défensif a été démoli. Pour faciliter la navigation — pendant des siècles le « passage » du pont fut redouté par les mariniers —, on a remplacé les deux premières arches par une arche unique, détruite par le bombardement du 15 août 1944 et rétablie en béton armé. Du pont, jolie vue sur le Rhône et la ville.

Sur le vaste terre-plein qui s'étend au Nord du pont, s'élevait la citadelle entreprise par le maréchal d'Ornano en 1595 et fortifiée au 17e s. par Vauban, aujourd'hui en grande partie rasée.

De la partie centrale de l'esplanade, la vue porte sur le portail flamboyant (15e s.) de l'ancienne collégiale du Plan (**N**), en partie dégagée. On peut en admirer des détails en descendant l'escalier à droite de l'office de tourisme.

Traverser le carrefour et emprunter la vieille rue des Minimes puis, à gauche, la rue du Couvent. Les rues Bas-Mazeau et Haut-Mazeau, puis la rue St-Jacques ramènent à la voiture.

★ PORT-CAMARGUE

Carte Michelin nº 83 plis 8, 18 — Schéma p. 98 — Lieu de séjour.

Situé à l'Ouest de la Camargue, près de la pointe de l'Espiguette, Port-Camargue, situé sur la commune de Grau-du-Roi *(voir p. 101)*, représente la réalisation la plus orientale du plan d'aménagement du littoral Languedoc-Roussillon. C'est une bonne base de départ pour les plaisanciers offrant une desserte facile vers les ports languedociens.

Le port. — Créé de toutes pièces depuis 1969, l'ensemble couvre une superficie de 150 ha dont près de la moitié est occupée par des plans d'eau. Le port de plaisance est conçu pour abriter plus de 4 000 bateaux ; il comprend un bassin d'escale, un bassin d'hivernage autour desquels s'ordonnent la capitainerie, le chantier naval, les hangars, les services nautiques.

La station. — Les immeubles, ne dépassant

Altier (R. de l')	2
Centurion (Av. du)	3
Hermione (Av. de l')	6
La Superbe (Av.)	8
Le Foudroyant (Av.)	9
Petite-Caroline (Av. de la)	10

guère deux étages, présentent des façades aux lignes douces, sculptées en escalier ; ils forment de petites résidences séparées par des espaces verts. Les maisons individuelles ou marinas s'avancent dans le port, accrochées à de pittoresques petites presqu'îles.

Phare de l'Espiguette. — *6 km au Sud, par une route qui part du grand carrefour marquant l'entrée à Port-Camargue, face à la route directe vers le Grau-du-Roi.*

Ce phare, qui commande la pointe de l'Espiguette, se dresse dans un paysage camarguais caractéristique, au milieu des dunes tourmentées par le vent où poussent tamaris, chardons, roquettes de mer ou cakiles ressemblant au lilas. De la plage, s'offre une vue sur le littoral sétois.

★ La ROQUE-SUR-CÈZE   133 h. (les Roquerols)

Carte Michelin nº 80 pli 9 ou 245 pli 15 ou 246 pli 24.

Sur une crête empanachée de quelques cyprès, se dresse le vieux village de la Roque, couronné par une chapelle romane. Un pont ancien à plusieurs arches et avant-becs pointus franchit la rivière ; découverte du **site★**, en venant du D 980, au Nord.

★**Cascade du Sautadet.** — Cette chute est surtout curieuse par son profil en creux dans le lit de la rivière et par le réseau compliqué de crevasses où s'enfonce la Cèze.

En arrivant à la hauteur de la Roque par le D 980 et le D 166, suivre le chemin, rive gauche, sans franchir le pont.

Un large banc calcaire qui faisait obstacle à la rivière a été attaqué et profondément fissuré par les eaux. Il en résulte un enchevêtrement de marmites, de cascatelles et de biefs naturels d'un aspect singulier : c'est le Sautadet.

En franchissant des chenaux abandonnés, on peut approcher des principales crevasses où la Cèze s'engouffre. De l'extrémité Sud de la chute, jolie vue.

★ ROUSSILLON

1 313 h. (les Roussillonnais)

Carte Michelin nº 81 pli 13 ou 245 plis 18, 31 ou 246 pli 11 — Schéma p. 59 — Lieu de séjour.

Roussillon occupe un **site★** curieux au point culminant des collines qui s'élèvent entre la vallée du Coulon et le plateau de Vaucluse.
Ces collines aux formes variées sont constituées par des ocres *(voir p. 16)* dont les nuances diverses — on en compte seize ou dix-sept que l'on retrouve dans le revêtement des maisons — donnent à Roussillon et à ses alentours un aspect fort pittoresque.

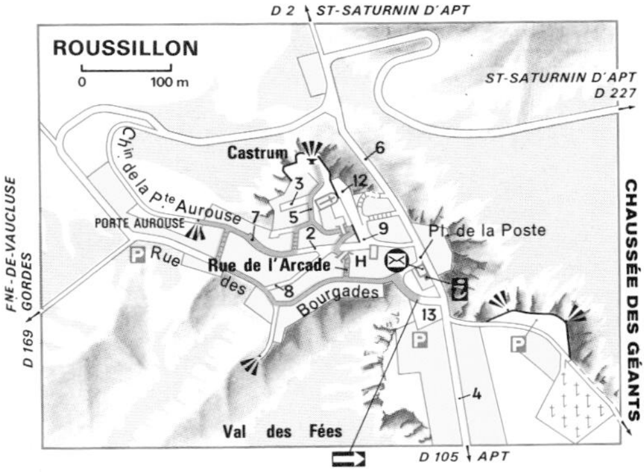

Abbé-Avon (Pl. de l')	2	Jeu-de-Paume (R. du)	7
Bistourle (Pl. de la)	3	Lauriers (R. des)	8
Burlière (Av. de la)	4	Mairie (Pl. de la)	9
Église (R. de l')	5	Mathieu (Pl. C.)	12
Fontaine (Rte de la)	6	Pasquier (Pl. du)	13

★Le village. — Laisser la voiture sur le parking ; prendre la rue des Bourgades, puis à droite la **rue de l'Arcade** à degrés, étroite et pittoresque, en partie couverte. Continuer vers l'église et le castrum.

Castrum. — *Table d'orientation.* De cette plate-forme couronnant les falaises, on découvre, au Nord le plateau de Vaucluse et la crête blanche du Ventoux et au Sud, la vallée du Coulon et le Grand Luberon.

Redescendre place de l'abbé Avon et tourner à droite dans la rue du Jeu de Paume.

Poursuivre jusqu'à l'extrémité du village, au lieu-dit Porte Aurouse, pour jouir d'une belle vue sur les **Aiguilles du Val des Fées,** entailles verticales dans une falaise d'ocre.

Faire demi-tour. Par un escalier à droite et la rue des Bourgades, revenir au départ.

★★Chaussée des Géants. — *3/4 h à pied AR. Partant du parking sur la route d'Apt, prendre à gauche la première route revêtue.*
D'une première plate-forme se révèle une belle vue sur le village et son site. Poursuivre, en passant à gauche du cimetière, jusqu'au rebord de la falaise d'où la vue s'étend sur la Chaussée des Géants, suite d'imposantes falaises déchiquetées sur lesquelles s'accrochent quelques pins et des chênes verts.

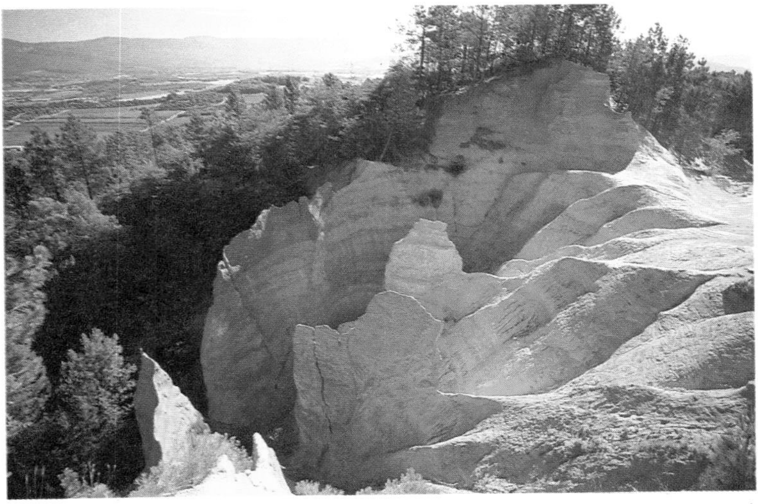

(Photo Perdereau/Pix)

Roussillon. — La Chaussée des Géants.

ST-BLAISE (Site archéologique de)

Carte Michelin n° 84 pli 11 ou 245 pli 43 ou 246 pli 13.

A proximité de la mer, du Rhône, de l'étang de Berre, de petits étangs et de la vaste plaine de la Crau, l'oppidum de St-Blaise (sur la commune de St-Mitre-les-Remparts) est un site chargé d'histoire, dont la fortune reposa, pendant les siècles d'influence hellénique, sur l'exploitation et le commerce du sel et qui accueillit à nouveau des habitants entre le 4e et le 14e s.

⊙ VISITE 3/4 h

Laisser la voiture au parc de stationnement et prendre à gauche un chemin en montée qui mène à l'enceinte médiévale entourant les fouilles.

Sur la gauche, se dresse la petite chapelle St-Blaise (12e-13e s.), à laquelle s'adosse un ermitage du 17e s.

St-Blaise antique. — L'oppidum de St-Blaise (dont le nom antique n'est pas identifié, peut-être Heraclea ou Mastramellè) se présente sous l'aspect d'un éperon barré dont les défenses naturelles, d'importantes falaises verticales, sont renforcées par des remparts d'époque hellénistique établis sur le versant plus accessible qui domine le vallon de Lavalduc.

Les plus anciennes traces d'occupation humaine remontent au début du 5e millénaire avant J.-C. La foule des petits étangs qui relient le bras oriental du Rhône à l'étang de Berre a sans doute facilité l'arrivée des premiers navigateurs étrusques au 7e s. Ceux-ci ont créé un comptoir et entrepris un commerce fructueux, échangeant le sel recueilli sur place contre du vin d'Étrurie. L'installation des Phocéens à Marseille, vers 600 avant J.-C., suscita une redoutable concurrence, mais, ainsi que l'attestent les découvertes de nombreuses céramiques étrusques, corinthiennes et ioniennes, l'oppidum poursuivit son développement. Dès la seconde moitié du 7e s., il se couvre d'un habitat proto-urbain qu'enferme une enceinte. Comme à Entremont *(p. 53)*, apparaissent une ville haute et une ville basse. Les cases sont construites en pierre selon un plan quadrangulaire ; l'une d'elles, dans la ville basse, conserve encore ses murs sur une hauteur de 0 m 90.

S'ouvre ensuite une longue période de transition (475 à 200 avant J.-C.) après un incendie, marquée par l'abandon de leur comptoir par les Étrusques tandis que Marseille prend le relais. Mais, l'absence de traces d'habitat laisse supposer une phase de repli.

De la fin du 3e s. jusqu'au milieu du 1er s. avant J.-C., l'oppidum atteint son apogée : le commerce reprend sous l'impulsion de Marseille qui tient St-Blaise dans sa dépendance sans pour autant en faire une colonie. De grands travaux de nivellement préludent à la mise en place d'un plan d'urbanisme et d'un puissant rempart. Dans la ville basse, on distingue un carroyage en îlots, des alignements de façades, des rues rectilignes (parfois avec trottoir) et des habitations à deux, trois ou quatre pièces. Les activités commerciales et artisanales ont laissé quantité de traces : celliers où s'entassaient les « dolia » (jarres), atelier de fondeur etc. St-Blaise joue alors le rôle d'un entrepôt. Le **rempart hellénistique ★**, en grand appareil, a été élevé sous la direction de maîtres d'œuvre grecs entre 175 et 140 avant J.-C. Il s'étend sur plus d'un kilomètre selon une succession de courtines en ligne brisée avec tours et bastions, et il est muni de trois poternes et d'une porte charretière. Cette enceinte admirable était couronnée de merlons et possédait un dispositif d'évacuation des eaux par chéneaux.

Alors que l'enceinte était à peine terminée, l'oppidum dut subir un siège violent (des dizaines de boulets de machines de siège ont été retrouvés) que les historiens cherchent à dater. Selon une récente hypothèse, St-Blaise oppidum du sel, ayant échappé au contrôle de Marseille peu après l'achèvement du rempart, aurait été pris par les Romains lors de la conquête de 125-123 avant J.-C.

Après cet événement, le déclin est total : à la brève réoccupation du milieu du 1er s. avant J.-C. succède un abandon de quatre siècles.

Outre les constructions hellénistiques, St-Blaise a aussi révélé l'existence d'un sanctuaire indigène comparable à ceux de Roquepertuse, d'Entremont et de Glanum *(p. 171)* : portiques à crânes, stèles aniconiques votives etc...

St-Blaise paléochrétien et médiéval. — Devant la montée de l'insécurité à la fin de l'Empire romain, le vieil oppidum est de nouveau habité. Les fortifications hellénistiques sont réutilisées : le rempart est surmonté au 5e s. d'une enceinte à parements en blocs irréguliers. Deux églises sont construites : St-Vincent (dont on distingue l'abside près de l'ancienne porte principale) et St-Pierre (détruite au 9e s.). Une nécropole (tombes creusées dans le roc) s'étend au Sud. L'habitat de cette époque est malheureusement indiscernable au milieu des autres vestiges. En 874, Ugium (c'est le nom du bourg d'alors) est détruit par les Sarrasins. Il ne se relève que lentement : l'église St-Pierre, relevée au 10e s. puis incendiée, est reconstruite au 11e s. (substructions à côté de la chapelle St-Blaise).

En 1231, à la pointe Nord du plateau, un nouveau rempart vient clôturer la localité de Castelveyre (nouvelle appellation) avec son église N.-D.-et-St-Blaise, autour de laquelle se regroupent les habitants. En 1390, les bandes de Raymond de Turenne mettent le bourg à sac ; le site ne sera plus jamais occupé, les derniers habitants s'établiront à St-Mitre (p. 118). A la pointe de l'éperon, belle vue sur l'étang de Lavalduc et le port de Fos *(p. 118)*.

⊙ Musée.

— Au parc de stationnement, dans le bâtiment de l'ancienne douane saunière, un petit musée présente une infime partie du mobilier découvert dans les fouilles de St-Blaise *(le reste étant déposé à l'hôtel de Sade à St-Rémy-de-Provence, p. 173)* : céramiques (« bucchero nero ») et amphores étrusques, vases d'origine grecque orientale, vases de fabrication locale, céramiques campaniennes pour la période antique ; reconstitution d'une tombe rupestre et vaisselle en usage à Ugium pour la période médiévale.

Carte Michelin n° 83 pli 9 ou 245 pli 28 ou 246 pli 26 — Schéma p. 99 — Lieu de séjour.

Porte de la Camargue à l'importante activité agricole (fruits, vins des Costières), St-Gilles s'enorgueillit d'une ancienne église abbatiale dont la façade a considérable-ment influencé la sculpture romane en Provence et dans la vallée du Rhône.

L'ermite à la biche. — Vers le 8ᵉ s., saint Gilles, qui vit en Grèce, est touché par la grâce et distribue ses biens aux pauvres. Il s'embarque sur une nef qui, abandonnée au gré des flots, le conduit en Provence. Il y vit en solitaire dans une grotte. Une biche lui apporte sa nourriture. Elle est, un jour, poursuivie par un seigneur et vient se réfugier auprès de son maître. La flèche que lance le chasseur est arrêtée dans son vol par l'ermite. Le seigneur, pour honorer l'auteur du miracle, décide de fonder une abbaye en cet endroit.
Saint Gilles va à Rome faire reconnaître la fondation. Le pape lui fait don de deux portes sculptées que l'ermite jette dans le Tibre : elles flottent jusqu'à la mer, remontent le Petit Rhône et arrivent à la grotte en même temps que lui.

Le rayonnement de St-Gilles (11ᵉ-12ᵉ s.). — A l'emplacement du tombeau de saint Gilles, s'élève un sanctuaire qui devient l'objet d'un culte fervent et d'un pèlerinage d'autant plus fréquenté qu'il se situe sur une des quatre routes majeures de St-Jacques-de-Compostelle. Les papes, les comtes de Toulouse protègent et enrichissent le monastère bénédictin affilié, depuis 1066, à l'ordre de Cluny.
A la fin du 11ᵉ s., St-Gilles est le point de départ de l'aventure du comte **Raimond IV**. A partir de ses possessions locales, celui-ci constitue un vaste domaine qui s'étend de Cahors aux îles de Lérins, ce sont les « États de saint-Gilles ». En 1096, le puissant comte y accueille le pape Urbain II, qui consacre l'autel de la nouvelle église abbatiale, et fait vœu de ne jamais revenir sur ses terres afin de se consacrer entièrement à la reconquête de la Terre Sainte, ce qu'il fera là-bas en fondant le comté de Tripoli où il mourra. Au 12ᵉ s., le monastère atteint son apogée. La ville que l'entoure a neuf paroisses et elle connaît une extraordinaire prospérité. Les croisades aident à sa fortune : dans son port transitent quantité de marchandises orientales ; des pèlerins, des croisés s'y embarquent et les gens de St-Gilles possèdent des comptoirs avec privilèges dans les États latins de Jérusalem. La foire de St-Gilles, en septembre, est en plein essor ; elle est un des grands points d'échanges entre Méditerranéens et Nordiques.
Cette prospérité se réduira au 13ᵉ s., sous l'effet notamment de la concurrence du port royal d'Aigues-Mortes.

Une excommunication. — Devant les progrès de la crise albigeoise *(voir le guide vert Michelin Pyrénées Roussillon Albigeois)*, le comte de Toulouse, **Raimond VI** est sommé par le pape Innocent III d'entrer en lutte contre ses sujets hérétiques. C'est à St-Gilles, limite extrême de son comté, qu'il reçoit du légat Pierre de Castelnau les exigences du Saint-Siège. Le lendemain de cette entrevue orageuse, le représentant du pape est assassiné par un écuyer du comte alors qu'il s'apprêtait à traverser le Rhône (15 janvier 1208). Innocent III excommunie aussitôt Raimond VI et fait prêcher la croisade. L'excommunié se soumet, et le 12 juin 1209, il se présente nu, devant le grand portail de l'église de St-Gilles et jure obéissance au pape. On lui passe une étole au cou et le nouveau légat, le tirant par cette étole, le fait entrer dans le sanctuaire, tout en le flagellant vigoureusement ; la pénitence se poursuit dans la crypte devant le

tombeau de Castelnau et le comte est enfin libéré et absous. Cette soumission durera peu ; Raimond VI entamera une lutte déses-pérée contre les croisés de **Simon de Montfort**. Il sera écrasé à la bataille de Muret en 1213.

ÉGLISE ST-GILLES

visite : 3/4 h

Pour bien saisir l'ampleur de l'abbaye à la fin du 11ᵉ s. et au cours du 12ᵉ s., il faut reconstruire par la pensée le chœur de l'ancienne ab-batiale au-delà du chœur actuel, imaginer sur la droite de l'église un cloître dont la cour était entourée d'une salle capitulaire, d'un réfectoire, de cuisines et d'un cellier en sous-sol en

savoir que les bâtiments monastiques s'étendaient jusqu'à la rue de la République et à la rue Victor-Hugo.
Au 12ᵉ s. s'élevait donc, sur l'emplacement d'un ancien sanctuaire qui avait abrité le tombeau de saint Gilles, une vaste abbatiale ; mais faute de moyens financiers suffisants, elle n'était encore pas terminée au siècle suivant. Son plan, influencé par les exemples bourguignons, présentait trois nefs séparées par des piles cruciformes, un transept saillant et un déambulatoire à chapelles rayonnantes ; au-dessous de la nef était aménagée une grande crypte.

Sécularisée et érigée en collégiale en 1538, elle subit d'irréparables dévastations en 1562 lors des guerres de Religion. Les protestants jettent les religieux dans le puits de la crypte et incendient le monastère ; les voûtes de l'église s'effondrent ; en 1622, ils abattent le grand clocher. Si bien qu'au 17ᵉ s., pour ne pas entreprendre de réparations trop importantes, l'église est raccourcie de moitié et sa voûte abaissée. Aussi, du magnifique monument médiéval ne reste-t-il qu'une admirable façade, quelques vestiges du chœur et la crypte.

★★**Façade.** — Considérée comme l'une des plus belles pages de sculpture romane du Sud de la France, elle date du milieu du 12ᵉ s. Son ordonnance architecturale, qui évoque un arc de triomphe romain, juxtapose trois portails avec pilastres et portiques. La partie supérieure a été démolie lors de l'abaissement de l'édifice au 17ᵉ s. ; beaucoup de sculptures ont été mutilées pendant les guerres de Religion et surtout sous la Révolution. Quelques colonnes et chapiteaux ont été restaurés au 19ᵉ s.

L'œuvre a été exécutée en une seule campagne, selon un projet initial qui a été modifié au cours des travaux, par plusieurs ateliers de sculpteurs. Le programme iconographique retenu est celui du Salut à travers les épisodes édifiants de la vie du Christ. Les sculpteurs se sont inspirés de l'antique, notamment des sarcophages paléochrétiens, comme l'attestent leurs goûts pour la technique du haut-relief et pour la représentation des volumes (proportions anatomiques) et des formes (vêtements plissés).

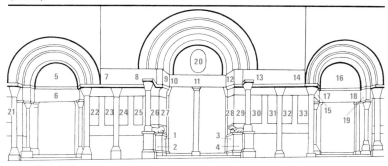

1 — De droite à gauche : Caïn offre au Seigneur une gerbe de blé. Abel immole une brebis.
2 — Meurtre d'Abel par Caïn.
3 — Un centaure tire à l'arc sur un cerf.
4 — Balaam et son ânesse.
5 — Adoration des mages.

La grande frise se lit de gauche à droite et montre tout le déroulement des événements de la Semaine sainte, du jour des Rameaux au matin de la Résurrection pascale et à la découverte du tombeau vide par les Saintes femmes.

6 — Entrée de Jésus à Jérusalem (observer le réalisme du cortège qui s'ébranle).
7 — Judas restitue l'argent de la trahison.
8 — Jésus chasse les marchands du temple.
9 — Jésus annonce à saint Pierre son reniement prochain.
10 — Lavement des pieds.
11 — La Cène.
12 — Le baiser de Judas.
13 — Flagellation.
14 — Portement de la Croix.

15 — Madeleine prosternée devant Jésus.
16 — La Crucifixion (remarquer le réalisme anatomique de la mort par étouffement d'un crucifié qui s'appuie sur le marchepied de la croix pour reprendre sa respiration).
17 — Les Saintes femmes achetant des parfums au poids.
18 — Les Saintes femmes au tombeau.
19 — Le Christ apparaît à ses disciples.
20 — Le Christ en majesté entouré des symboles des quatre évangélistes (p. 67).

Les historiens de l'art distinguent cinq groupes stylistiques, un seul nom de maître apparaissant, celui de Brunus.

— Brunus : Mathieu (22), Barthélemy (23), Jean l'Évangéliste (26), Jacques le Majeur (28), Paul (29) ; caractéristique : style antiquisant, lourd et austère.

— Maître « de saint Thomas » : Thomas (24), Jacques le Mineur (25), Pierre (27), bas-reliefs du portail central (1-2-3-4) ; ce sculpteur aurait travaillé dans l'Ouest de la France ; caractéristique : traitement linéaire et animé de facture typiquement romane.

— Maître « doux » : apôtres (30-31), ébrasement gauche du portail central (9-10), tympan (5) et linteau (6) du portail Nord ; caractéristique : drapés souples modelant les plis autour des bras et des jambes.

— Maître « dur » : apôtres (32-33), portail Sud (15-16-17-18-19) ; caractéristique : longs drapés enveloppants aux plis durs et volumineux parfois traités en spirale, contrastes accentués d'ombre et de lumière.

— Maître « de saint Michel » : entablements situés de part et d'autre du portail central (7-8 et 13-14), saint Michel terrassant le dragon (21) ; caractéristique : style mouvementé très expressif.

Ancien chœur (B). — Extérieur à l'église actuelle, il correspond à la partie qui fut ravagée au 17ᵉ s. et rasée sous la Révolution. Les bases des piliers et des murs montrent parfaitement le plan de l'ancien chœur avec son déambulatoire, et ses cinq chapelles rayonnantes. Sur les côtés du déambulatoire, deux petits clochers étaient desservis par des escaliers tournants, dont celui de gauche, la « vis de St-Gilles », subsiste (p. 167).

★**Crypte.** — Cette église basse, longue de 50 m et large de 25, fut le théâtre d'un des plus importants pèlerinages d'Occident, qui durait pendant trois jours et voyait défiler autour du tombeau, toujours vénéré, de saint Gilles, environ 50 000 personnes.

Elle était autrefois couverte par des voûtes d'arêtes qui subsistent dans quelques travées à droite de l'entrée. Le reste de la crypte présente des voûtes d'ogives du milieu du 12ᵉ s. qui comptent parmi les plus anciennes qu'on connaisse en France.

La décoration de certaines croisées, ornées d'un simple bandeau, contraste avec celle de quelques autres, élégamment ornementées de rubans et d'oves ; dans la travée précédent le tombeau (11e s.), jolie clef de voûte au Christ bénissant et souriant. On peut y déceler une influence antiquisante, dont témoignent aussi les cannelures des piliers.

Remarquer l'escalier et le plan incliné qu'empruntaient les moines pour accéder à l'église haute.

Sarcophages, autels antiques, chapiteaux romans méritent l'attention.

★**Vis de St-Gilles.** — Cet escalier desservait le clocher Nord de l'abbatiale. La vis de St-Gilles, terminée en 1142, a toujours été célèbre parmi les compagnons tailleurs de pierre qui, dans leur tour de France, ne manquaient pas de venir l'étudier (nombreux graffiti marquant leur passage). Exécutée en réduction, elle a fait l'objet d'innombrables « chefs-d'œuvre » de maîtres.

Monter au sommet *(50 marches)* pour découvrir la rare qualité de la taille et de l'assemblage des pierres.

Les marches s'appuient sur le noyau central et sur les murs, intérieurement cylindriques. La perfection de leur emboîtement compose une voûte hélicoïdale à 9 claveaux. L'art du tailleur apparaît dans la double concavité et convexité de chaque claveau.

AUTRES CURIOSITÉS

Cellier des moines (D). — Il présente trois travées carrées du 11e s. sur arcs ogifs et doubleaux.

Maison romane (E). — Elle serait la maison natale de Guy Foulque, élu pape en 1265 sous le nom de Clément IV.

Elle renferme, au rez-de-chaussée, un petit musée lapidaire où sont rassemblés les vestiges de l'ancienne abbatiale : tympan, chapiteaux, clef de voûte, bas-relief du 12e s. où se reconnaissent les apôtres, sarcophages du 3e s. de marbre blanc. Le 1er étage est réservé à la faune locale (ornithologie).

Du 2e étage qui a conservé une cheminée à hotte conique (12e s.), s'offre une vue sur les toits de tuiles brûlées de soleil.

Une salle dite du « vieux St-Gilles » présente des outils et objets des anciens métiers : le berger, la tonnellerie, la vie des champs, la vigne et l'olivier, la vie domestique.

Station de pompage Aristide Dumont. — *5 km au Nord-Est par le D 38 au lieu-dit Pichegu.*

Cette station de pompage est l'une des plus importantes d'Europe. Elle constitue la pièce maîtresse de l'aménagement hydraulique de la région du Bas-Rhône et du Languedoc.

La station est située à la jonction du canal principal d'irrigation qui prend son origine à 12 km de là, dans le Rhône, au Nord d'Arles, pour gagner la région de Montpellier, et du canal des Costières qui se dirige vers le Nord. Cette station élève l'eau à un niveau d'où elle peut s'écouler par gravité, à travers la plaine du Languedoc afin de l'irriguer.

ST-MARCEL (Grottes de)

Carte Michelin n° 80 pli 9 ou 245 pli 15 ou 246 pli 23 — Schéma p. 61.

S'ouvrant au flanc des gorges de l'Ardèche, elles présentent de gigantesques couloirs décorés de volumineuses stalagmites et de cristallisations.

Visite. — On atteint en une demi-heure une longue et vaste galerie remarquable par la régularité de ses voûtes avant d'accéder à une galerie supérieure. Une plate-forme constituée d'énormes gours *(voir p. 19)* — vastes cuves, parfois en forme de bénitiers façonnés par l'eau chargée de calcite — donne passage à un troisième niveau de galeries montrant de belles concrétions : plafonds scintillants, excentriques, choux-fleurs. Cette promenade souterraine prend fin dans l'immense salle du Repas, dont la voûte est en forme de carène renversée. Les recherches des spéléologues ont permis de découvrir plus de 10 km de réseaux.

★★ ST-MAXIMIN-LA-STE-BAUME 5 552 h. (les St-Maximinois)

Carte Michelin n° 84 plis 4, 5 ou 245 pli 33.

La ville est située dans un petit bassin occupant le fond d'un ancien lac, non loin des sources de l'Argens, dans une région de plates dépressions, que cernent au Nord des collines boisées, entrecoupées de vignobles, et au Sud les assises montagneuses du massif de la Sainte-Baume.

Ancienne « ville neuve », dont le plan en damier présente quelques irrégularités, animée de petites places ombragées et de fontaines, St-Maximin regroupe ses maisons autour de l'admirable basilique. L'église s'élève à l'endroit où, d'après la légende auraient été enterrés sainte Marie-Madeleine *(p. 174)*, puis saint Maximin. A la mort de ce saint, la bourgade, d'origine gallo-romaine, prit son nom, et connut la célébrité au 13e s., lors de la découverte des tombeaux de saint Maximin et de sainte Marie-Madeleine ; cette dernière, après avoir vécu de longues années, dans la pénitence, à la grotte de la Ste-Baume *(p. 173)*, aurait été ensevelie dans la crypte de St-Maximin.

Le sarcophage contenant les reliques de la sainte, cachées en 716, dans la crainte des Sarrasins qui dévastaient la région, est mis au jour en 1279 par Charles d'Anjou. Le lieu, « là même où se trouverait une plante de fenouil toute verdoyante », lui en avait été indiqué par la sainte elle-même au cours d'un songe ; un sarcophage qu'on venait de remuer ayant laissé échapper un parfum, on en conclut qu'il s'agissait de celui de

Marie-Madeleine. En 1295, le pape Boniface VIII reconnut les saintes reliques et, sur l'emplacement de la crypte, Charles d'Anjou fit bâtir une basilique et un couvent, vaste bâtiment à 3 étages en forme d'U, accolé à la basilique. Il y installa les dominicains, comme gardiens du tombeau et animateurs du très célèbre pèlerinage.

A la Révolution, les dominicains sont chassés, mais la basilique et le couvent ont la bonne fortune d'abriter **Lucien Bonaparte.** Ce frère cadet de Napoléon occupe à St-Maximin un modeste emploi de garde-magasin. Remuant, bon orateur, et considéré comme le meilleur cerveau de la famille après Napoléon, il devient président du club jacobin local. Il eut l'heureuse idée d'établir un dépôt de vivres dans la cathédrale et sauva les grandes orgues en y faisant jouer la Marseillaise.

En 1858, le Couvent royal de St-Maximin, réoccupé par le Père Lacordaire, abrite une école de théologie.

En 1957, les dominicains quittent le couvent qui a été racheté en 1966 par une association de mécènes publics et privés, et abrite aujourd'hui un **Centre Culturel de Rencontre :** le Collège d'Échanges Contemporains qui organise de nombreuses manifestations notamment en été.

★★**Basilique.** — *Visite 3/4 h.* La construction de cet édifice, à l'emplacement d'une église mérovingienne, a été l'œuvre de Charles II, prince de Salerne qui devint roi de Sicile et comte de Provence.

Les travaux furent entrepris de 1295 à 1316 (chœur suivi de cinq travées de la nef) ; interrompus pendant près d'un siècle, ils furent repris en 1404 ; alors, la crypte de l'ancienne église fut nivelée à hauteur du sol de la nouvelle basilique. De 1508 à 1532, furent menés d'autres travaux qui confèrent à cet édifice son aspect actuel.

Extérieur. — L'aspect trapu de la basilique est dû à l'absence de clocher, à sa façade inachevée, aux contreforts massifs qui soutiennent, en s'élevant très haut, les murs de la nef. Il n'y a ni déambulatoire, ni transept. C'est le plus important exemple de style gothique en Provence, mêlant des influences du Nord, de Bourges en particulier, aux traditions architecturales locales.

Intérieur. — L'intérieur comprend une nef, un chœur et deux bas-côtés d'une remarquable élévation.

La nef, haute de 29 m, à deux étages, est voûtée d'ogives dont les clefs de voûte portent des blasons des comtes de Provence et des rois de France ; le chœur, très grand, est clôturé par une abside à cinq pans. Les bas-côtés, hauts de 18 m seulement pour permettre l'éclairage de la nef par ses fenêtres hautes, s'achèvent par une absidiole à quatre pans.

Les chapelles latérales sont moins élevées que les bas-côtés, pour y laisser pénétrer la lumière.

1) Grandes orgues : on voit leur double buffet où s'alignent les tuyaux sauvés par Lucien Bonaparte. Cet instrument, œuvre du frère convers Isnard du couvent des Dominicains de Tarascon, est un des plus beaux qui nous restent du 18e s.

2) Belle statue en bois doré de saint Jean-Baptiste.

3) Retable des Quatre Saints (15e s.) : Laurent, Antoine, Sébastien et Thomas d'Aquin.

4) Dans un reliquaire, la chape somptueuse de saint Louis d'Anjou, évêque de Toulouse, mort en 1297, dont les trente médaillons brodés de soie de diverses couleurs représentent des scènes de la vie de la Vierge et du Christ, entourées de chérubins à quatre ailes *(éclairage sur le pilier).*

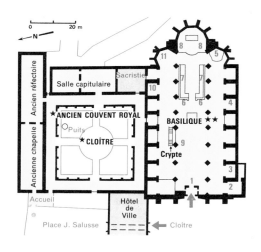

5) Autel du Rosaire, orné d'une Vierge en bois doré (18e s.). Devant d'autel décoré de quatre bas-reliefs représentant des scènes de la vie de Marie-Madeleine (16e s.).

6) Clôture de chœur (17e s.), aux découpures garnies de légers grillages en fer forgé, aux armes de France.

7) Boiseries du pourtour du chœur : 94 stalles ornées de 22 médaillons représentent les saints et les saintes de l'ordre de St-Dominique, exécutées au 17e s. par le frère convers dominicain Vincent Funel.

8) Décoration en stuc de J. Lombard (17e s.) : à droite, une terre cuite représente la Communion de Marie-Madeleine ; à gauche, le Ravissement de la sainte, en marbre, encadre l'autel surmonté d'une gloire.

9) Chaire sculptée par le frère Louis Gudet (1756), dominicain : une immense composition, sur l'abat-voix, représente le Ravissement de Marie-Madeleine ; les panneaux de la rampe de l'escalier figurent les diverses phases de sa vie. La rampe elle-même, taillée en une seule pièce de bois, est un chef d'œuvre de travail du bois.

10) Prédelle (base d'un retable), du 15e s., école provençale : on voit la décollation de saint Jean-Baptiste, sainte Marthe arrêtant la Tarasque sur le pont de Tarascon et le Christ apparaissant à Marie-Madeleine.

11) **Retable★** en bois peint (16e s.) de Ronzen, dont le tableau central de la Crucifixion est entouré de dix-huit médaillons.

Crypte. — C'est le caveau funéraire d'une villa romaine (fin 4ᵉ s.-début 5ᵉ s.). Il renferme quatre sarcophages du 4ᵉ s. : ceux de sainte Marie-Madeleine, saintes Marcelle et Suzanne, saints Maximin et Sidoine. Au fond, reliquaire du 19ᵉ s. contenant un crâne, vénéré comme étant celui de sainte Marie-Madeleine. Quatre plaques de marbre ou de pierre comportent des figures gravées au trait de la Vierge, Abraham, Daniel (an 500 environ).

★Ancien couvent royal. — Commencé au 13ᵉ s. en même temps que la basilique à laquelle il s'adosse au Nord, il fut achevé au 15ᵉ s.

(Photo G. Gaud/Pix)

Basilique de St-Maximin. — Sarcophage
de saint Sidoine (4ᵉ s.) (détail).

Le **cloître★**, d'une grande pureté de lignes, compte 32 travées. A l'entrée, remarquer une borne milliaire du 1ᵉʳ s. Son jardin nourrit une végétation abondante et variée composant un tableau inattendu et plein de grâce : buis, ifs, tilleuls, cèdres. Il sert de cadre, en été, aux concerts des Soirées musicales de St-Maximin.

Autour des galeries, se répartissent une ancienne chapelle aux belles voûtes surbaissées, l'ancien réfectoire des religieux à 5 travées (sur le mur Nord, remarquer la chaire du lecteur). La **salle capitulaire** qui s'ouvre par une porte flanquée de deux fenêtres présente une belle voûte gothique sur de fines colonnettes aux chapiteaux ornés de feuillage et prenant appui sur des culs-de-lampe placés très bas.

L'hôtellerie du couvent, important bâtiment du 17ᵉ s., est occupée par l'hôtel de ville.

Quartier ancien. — Au Sud de l'église s'ouvre un passage couvert qui rejoint la rue Colbert. Bordée d'arcades du 14ᵉ s., elle signale l'emplacement de l'ancien ghetto ; de l'autre côté, maison habitée par Lucien Bonaparte en 1793-94 et ancien Hôtel-Dieu.

En revenant en arrière, on aboutit à une placette dominée par la tour de l'Horloge et son campanile. Sur la droite, en direction de la rue de Gaulle, on découvre une jolie maison du 16ᵉ s. munie d'une tourelle en encorbellement.

Dans les pages en fin de volume, figurent d'indispensables renseignements pratiques :
  — conditions de visite des sites et des monuments ;
  — organismes habilités à fournir toutes informations...

ST-MICHEL-DE-FRIGOLET (Abbaye de)

Carte Michelin nᵒ 🎴 pli 11 ou 🎴🎴🎴 pli 29 ou 🎴🎴🎴 pli 25 — 18 km au Sud d'Avignon.

Cette abbaye est installée au creux d'un vallon de la Montagnette *(p. 144)*, au milieu des pins, des oliviers, des cyprès, embaumée de thym, de lavande et de romarin.

Dix siècles de pèlerinage. — St-Michel fut fondé au 10ᵉ s. par les moines de Montmajour *(p. 144)*. Souvent atteints de fièvres paludéennes au cours de leurs travaux d'assèchement, ils venaient se rétablir dans la Montagnette. Ils y élevèrent la chapelle N.-D.-du-Bon-Remède. Elle devint l'objet d'un pèlerinage qui dure encore.

Dans le monastère, construit auprès de la chapelle, des religieux de divers ordres se succèdent. Vendu comme bien national à la Révolution, il devient, par la suite, un pensionnat où le jeune Frédéric Mistral *(p. 129)* reste deux ans (1839-1841), étudiant peu et s'amusant beaucoup. L'établissement ferme brutalement en 1841 et l'abbaye retombe dans l'abandon.

En 1858, le R.P. Edmond rachète la maison et y installe des prémontrés. Il a l'idée, en plein 19ᵉ s., d'entourer l'abbaye d'une enceinte néo-médiévale, avec tours, courtines, créneaux et mâchicoulis. De vastes bâtiments sont édifiés pour recevoir les pèlerins ; une ferme, des ateliers, une église luxueusement décorée s'y ajoutent.

Expulsions. — En 1880, la persécution religieuse chasse les moines et l'abbaye soutient un véritable siège à cette occasion. La communauté est dispersée une seconde fois en 1903 par la loi sur les Congrégations : les prémontrés se réfugient en Belgique. Pendant la guerre de 1914-1918, Frigolet devient un camp de concentration, puis les prémontrés, une fois encore, reviennent dans leur abbaye.

L'élixir du R.P. Gaucher. — C'est à St-Michel-de-Frigolet que Daudet a situé le récit délicieux qui met en scène le R.P. Gaucher. On pourra évoquer, dans la salle capitulaire, le moine-bouvier, tortillant son chapelet de noyaux d'olives, et confiant au prieur le secret de l'élixir de la tante Bégon ; dans l'église St-Michel, on croira l'entendre entonner, sous l'effet de la capiteuse liqueur, la chanson scandaleuse.

⊙ L'ABBAYE *visite : 3/4 h*

La beauté et la simplicité des cérémonies religieuses sont un des attraits de St-Michel-de-Frigolet.

Église abbatiale et N.-D.-du-Bon-Remède. — Élevée au 19e s. par le R. P. Edmond, l'église abbatiale a une décoration d'une étonnante richesse.

La **chapelle de N.-D.-du-Bon-Remède** (11e s.), qui se trouve à l'origine de l'abbaye, sert d'abside à la nef gauche de l'église. Elle contient de belles **boiseries★** dorées offertes par Anne d'Autriche. La reine était venue demander à Notre-Dame un fils et à la naissance de Louis XIV, en 1638, elle témoigna sa reconnaissance par ce don magnifique. Dans les boiseries sont encastrées quatorze toiles attribuées à l'école de Nicolas Mignard. Dans le hall ajouté au 19e s. et sur lequel s'ouvre le réfectoire, remarquer les santons modernes en bois d'olivier.

Cloître. — Du début du 12e s. Dans la galerie Nord ont été assemblés quelques vestiges romains : frises, chapiteaux, masques.

Salle capitulaire. — Du 17e s. Les moines résistants furent arrêtés ici en 1880.

Musée. — Il abrite des meubles provençaux, une belle collection de pots de pharmacie des 18e et 19e s., la porte Renaissance qui fermait anciennement la chapelle N.-D.-du-Bon-Remède.

Église St-Michel. — Cette très simple église du 12e s. est celle de l'ancien monastère ; elle a conservé un beau toit en dalles de pierre terminé par une élégante crête ajourée. La façade a été refaite au 19e s. ; l'intérieur a été exhaussé d'un mètre et demi altérant ainsi l'équilibre de l'édifice.

★ ST-RÉMY-DE-PROVENCE

8 439 h. (les Saint-Rémois)

Carte Michelin n° 84 pli 1 ou 245 pli 29 ou 246 pli 26 — Schéma p. 56 — Lieu de séjour.

Porte des Alpilles, St-Rémy symbolise à merveille la Provence, aussi bien par son décor — boulevards ombragés de platanes, places ornées de fontaines, charmantes ruelles de la ville ancienne — que par l'ambiance qui y règne, notamment les jours de marché et lors des nombreuses fêtes traditionnelles qui l'animent. Le bourg, né après la destruction de Glanum *(voir p. 171),* se développa sous la protection de l'abbaye St-Remi de Reims, d'où son nom. Ville de jardiniers, au contact d'une région de grande culture fruitière et maraîchère, elle s'est depuis longtemps spécialisée dans la production et le commerce des graines florales et potagères. Mais sa principale ressource est le tourisme, favorisé par un cadre qui sent bon le thym et le romarin, et par la présence

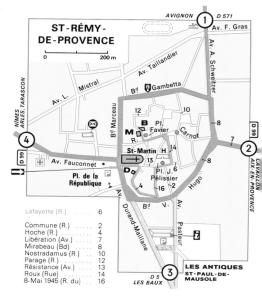

d'émouvantes ruines romaines. Pays natal de Nostradamus, St-Rémy a été éblouie par le génie de Van Gogh et par l'inspiration des poètes provençaux, de Roumanille à Marie Mauron. Au Sud de la ville, la chapelle N.-D.-de-Pitié accueille une partie des œuvres données à l'État français par le peintre Mario Prassinos (1916-1985).

★★ LES ANTIQUES *visite : 1 h 1/2*

Quitter St-Rémy par ③ du plan.

Le plateau des Antiques s'étire au pied des derniers contreforts des Alpilles, à 1 km au Sud de St-Rémy. En ce lieu agréable, d'où la vue s'étend vers la plaine du Comtat, la vallée de la Durance et le mont Ventoux, s'élevait la riche cité de Glanum, abandonnée à la suite des destructions barbares de la fin du 3e s., et dont subsistent deux magnifiques monuments — le mausolée et l'arc municipal — qui semblent veiller sur le champ de ruines antiques.

★★ Mausolée. — Il mesure 18 m de hauteur ; c'est l'un des plus beaux du monde romain et le mieux conservé, il ne lui manque que la pomme de pin qui coiffait sa coupole. Longtemps, on a pensé qu'il avait été construit pour servir de sépulture à un notable de Glanum et à sa femme. Les travaux d'Henri Rolland ont établi qu'il s'agissait non pas d'un tombeau mais d'un cénotaphe, c'est-à-dire d'un monument élevé à la mémoire d'un défunt.

Des bas-reliefs représentant des scènes de batailles et de chasse ornent les quatre faces du socle carré. Le 1er étage, percé de quatre arcades évoquant un arc de triomphe en miniature, montre, sous la frise (à sujets marins) de l'architrave Nord une inscription qui se traduit par : « Sextius, Lucius, Marcus, fils de Caïus, de la famille des Julii, à leurs parents ». Il s'agit sans doute d'une dédicace postérieure en l'honneur des petits-fils de l'empereur Auguste, Caïus et Lucius, surnommés « les Princes de la jeunesse ». Le 2e étage est formé d'une rotonde à colonnade corinthienne qui entoure les statues des deux personnages.

Les archéologues datent le mausolée d'environ 30 avant J.-C. et l'attribuent à un atelier de la vallée du Rhône qui groupait

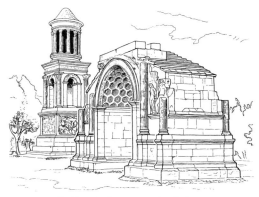

St-Rémy-de-Provence. — Les Antiques.

artistes et maçons sous la direction de maîtres d'œuvre italiens.

★**Arc municipal.** — Peut-être contemporain du mausolée, c'est-à-dire des premières années du principat d'Auguste, il passe pour le plus ancien des arcs romains de Narbonnaise. Il marquait, sur le passage de la grande voie des Alpes, l'entrée de Glanum. Ses proportions parfaites (12,50 m de longueur, 5,50 m de largeur et 8,60 m de hauteur) et la qualité exceptionnelle de son décor sculpté accusent l'influence grecque, très sensible à Glanum. L'arcade unique est sculptée d'une ravissante guirlande de fruits et de feuilles ; la voûte est ornée de caissons hexagonaux finement ciselés. De part et d'autre de l'ouverture, on aperçoit, aux écoinçons, des victoires, et sur les côtés des groupes de deux captifs, hommes et femmes, au pied de trophées d'armes : la sensation d'abattement des personnages est très bien rendue.

Les historiens de l'art pensent que la forme particulière de cet arc très tôt mutilé, a inspiré certains portails romans du 12e s. comme celui de St-Trophime d'Arles. La couverture dallée a été posée au 18e s.

★**Ruines de Glanum.** — Le champ de ruines, fouillé depuis 1921, se situe au débouché de la principale trouée de la chaîne des Alpilles qui le dominent très directement. Il présente un ensemble de structures complexes du fait de l'existence de plusieurs états successifs d'occupation, répartis en trois phases par les archéologues.

A l'origine du site, on trouve une source sacrée vénérée par une peuplade celto-ligure, les Glaniques. Cet établissement indigène ne tarda pas, étant donné sa situation géographique au carrefour de deux importantes routes, à entrer en contact avec les négociants massaliotes. Glanon (ou Glanum I) se développe en subissant une influence hellénistique qui se traduit par l'utilisation, dans la construction, de la technique du grand appareil (grandes pierres taillées parfaitement ajustées sans mortier) aux 3e et 2e s. avant J.-C. Cette agglomération hellénisée comprenait des édifices publics (temple, agora, salle d'assemblée, peut-être un théâtre), des maisons à péristyle et possédait un quartier fortifié au Sud (sanctuaire).

La seconde phase (Glanum II) commence avec la conquête romaine de la fin du 2e s. *(voir p. 22)* et l'occupation du pays par les armées de Marius qui arrêtèrent les Teutons. Sans doute la ville eut-elle à souffrir du passage de ces derniers. Les constructions nouvelles sont désormais faites d'un blocage de pierres irrégulières.

La dernière période (Glanum III) suit la prise de Marseille par César en 49 avant J.-C. *(voir p. 131)*. La romanisation s'intensifie et, sous Auguste, la ville fait peau neuve. Au centre, les constructions anciennes sont arasées, leurs décombres nivelés et remblayés pour faire place à une vaste esplanade horizontale sur laquelle se dressent de grands monuments publics : forum, basilique, temples, thermes etc... Les habitations privées qui n'ont pas disparu s'adaptent et se transforment, d'autres voient le jour. Les murs sont en moellons réguliers liés au mortier.

Vers 270, Glanum est victime des envahisseurs germaniques, ses habitants l'abandonnent. Les canaux, non entretenus, se bouchent et les alluvions descendues des Alpilles recouvrent peu à peu la ville.

Les fouilles dégagent avec précaution une énorme quantité de vestiges dont l'interprétation pose encore aujourd'hui de nombreux problèmes ; le matériel découvert est déposé à l'hôtel de Sade *(p. 173)*.

Maison des Antes. — Cette vaste et belle demeure de type grec édifiée selon le goût du 2e s. avant J.-C. laisse facilement entrevoir son plan organisé autour d'une cour centrale à péristyle et sa citerne. La baie d'entrée (antes) d'une salle conserve encore ses deux pilastres. Les restes d'un escalier et la faible hauteur des colonnes laissent supposer que la maison comportait un étage. Elle fut modifiée à l'époque gallo-romaine.

Vasque. — Élégante fontaine du 2e s. avant J.-C.

Maison d'Atys. — Contiguë à la maison des Antes, elle se divisait, dans son état primitif, en deux parties (cour à péristyle au Nord et bassin au Sud) reliées par une large porte. Par la suite, un sanctuaire de Cybèle fut aménagé dans la région du péristyle ; remarquer sur place un autel votif dédié aux oreilles de la déesse.

Thermes. — Cet établissement de bains remonte à l'époque de Jules César. On reconnaît aisément ses dispositions : salle de chauffe (1), salle froide (2), salle tiède (3), bassin chaud (4) qui constituaient le circuit classique *(voir p. 34)*, palestre, aménagée pour les exercices physiques et les jeux, autrefois bordée de portiques, piscine froide enfin peut-être à eau courante. Les belles mosaïques (5 et 6) proviennent d'une maison arasée lors de la construction des thermes.

Canal couvert. — Cet ouvrage remarquablement bâti est vraisemblablement un ancien égout dont la couverture a formé le pavement de la principale rue de Glanum. Il longe un édifice à abside près duquel on a recueilli un grand nombre d'autels dédiés pour la plupart à Silvanus, le dieu au maillet.

Forum. — Le forum a été aménagé sur les décombres d'édifices préromains qu'on s'efforce d'identifier. Il se terminait au Nord par la basilique (bâtiment à vocation multiple, commerciale et administrative en particulier) dont il reste 24 piles de fondations, et sous laquelle se trouvaient un temple et la maison de Sulla qui a livré des mosaïques (7) sans doute les plus anciennes de la Gaule. Au Sud de la basilique s'étendait la grande cour du forum, bordée de chaque côté par une galerie couverte et fermée au Sud par un grand mur décoratif à abside. Sous cette cour ont été retrouvées une maison et l'**agora** grecque qui était entourée de colonnades (fragments) magnifiquement ornées de chapiteaux à figures (conservés à l'hôtel de Sade).

Temples. — Au Sud-Ouest du forum (sur la droite en montant) s'élevaient deux temples jumeaux entourés d'un péribole dont la partie Sud recouvrait une salle d'assemblée (bouleutérion grec) avec ses gradins.

Ces monuments romains, les plus anciens de ce type en Gaule, dateraient de 30 avant J.-C. et, comme le mausolée, furent dédiés postérieurement à Caïus et Lucius. De leur riche décoration, on a exhumé d'importants fragments (blocs de corniches, ornements des toits etc.) et de très belles sculptures, en particulier les portraits d'Octavie et de Julie (hôtel de Sade). En face des temples, devant le forum, s'ouvrait une place triangulaire avec une plate-for-

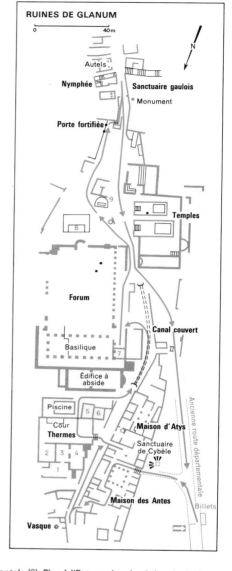

RUINES DE GLANUM

0   40 m

N

Autels

Nymphée

Sanctuaire gaulois

Monument

Porte fortifiée

9

Temples

8

Forum

Canal couvert

Basilique

7

Édifice à abside

Piscine   5   6

Cour

Thermes

Maison d'Atys

Sanctuaire de Cybèle

2   3   4

1

Maison des Antes

Ancienne route départementale

Billets

Vasque

me dallée (8) et une fontaine monumentale (9). Plus à l'Est, se situe la région du théâtre.

Porte fortifiée. — Ce remarquable vestige hellénistique utilise, comme à St-Blaise *(voir p. 164)* la technique massaliote des fortifications en gros blocs rectangulaires bien ajustés avec merlons et gargouilles. Le rempart défendait le sanctuaire ; il comprend une poterne en chicane et une porte charretière.

Nymphée. — Ce bassin marque l'emplacement de la source qui est à l'origine de Glanum. Restauré par Agrippa, qui édifia juste à côté un temple dédié à Valetudo, la déesse de la santé (restes de trois colonnes cannelées) en 20 avant J.-C., il est constitué de murailles en grand appareil de type grec. Un escalier mène à la piscine, encore alimentée en eau. Du côté Sud, un sanctuaire d'Hercule fut aménagé : on y a découvert une statue du dieu et plusieurs autels votifs, toujours en place.

Sanctuaire gaulois. — Établi en terrasses, exposé au soleil levant, il remonte au 6e s. avant J.-C. Dans ce secteur, on a retrouvé des statues de guerriers accroupis et des stèles à crânes identiques à celles des grands oppidums salyens.

ⓥ **Ancien monastère de St-Paul-de-Mausole.** — Situé près des Antiques auquel son nom est lié, ce monastère de chanoines augustiniens puis de franciscains devint maison de santé dès le milieu du 18e s. Il garde le souvenir de Van Gogh qui s'y fit interner volontairement du 3 mai 1889 au 6 mai 1890 *(voir p. 65)*. Vincent disposait d'un atelier au rez-de-chaussée et d'une chambre à l'étage. Il ne cessa de peindre : son cadre de vie (nombreuses vues de l'hôpital), la nature (les Cyprès, le Champ de blé au faucheur etc.), des autoportraits et des copies d'après Rembrandt, Millet, Delacroix, Doré (la Ronde des prisonniers) et une extraordinaire Nuit étoilée.

L'église, petite, date de la fin du 12e s. (façade 18e s.) et possède un beau clocher carré orné d'arcatures lombardes. Le **cloître★** qui la jouxte présente un élégant décor roman : les chapiteaux des colonnettes sont sculptés de motifs variés (feuillages, animaux, masques etc.) dans le style de Montmajour et de St-Trophime d'Arles.

LA VILLE *visite : 1 h*

Partir de la place de la République.

Place de la République. — Bordant le boulevard circulaire, elle occupe l'emplacement des remparts médiévaux et constitue le centre animé de la ville, par ses terrasses de café et par les couleurs des jours de marché. L'**église St-Martin** offre une imposante façade classique du 19e s. : elle dut être reconstruite dans les années 1820 à la suite d'un écroulement, et elle n'a gardé du 14e s. que son clocher ; à l'intérieur beau buffet d'orgues.

Emprunter l'avenue de la Résistance, puis à droite la petite rue Hoche.

La rue Hoche est longée par les restes de l'enceinte du 14e s. ; subsiste, en mauvais état, la **maison natale de Nostradamus (D)**.

Revenir par la rue du 8-Mai 1945 débouchant sur la place Jules-Pélissier.

Sur cette place se dresse la mairie, qui occupe un ancien couvent du 17e s.

Emprunter la rue Roux puis la rue Carnot.

Au n° 5, rue Carnot, dans la maison Roux, Gounod donna la première audition de « Mireille » en 1863. A quelques pas, la place Favier (Le Planet ou ancienne place aux herbes) est entourée de beaux hôtels des 15e et 16e s., transformés en musées.

ⓥ **Hôtel de Sade (B).** — Cet hôtel (15e-16e s.) abrite un riche **dépôt lapidaire★** dont une partie seulement est accessible au public. On peut y voir néanmoins de remarquables vestiges de Glanum.

Au rez-de-chaussée : stèles funéraires gauloises en forme d'obélisque, autels votifs, sarcophage, colonnes, acrotères et fragments de corniches des temples de Caïus et Lucius. Dans la cour, au fond, subsistent des restes de thermes du 4e s. et un baptistère du 5e s., deux témoignages des origines du site de St-Rémy ayant succédé à celui de Glanum.

Au 1er étage : chapiteaux, très bel acrotère du temple dédié à la déesse Valetudo (représentée avec un torque), ex-votos divers, autels votifs, statue de gaulois captif, statue d'Hercule provenant du sanctuaire d'Hercule, joli bas-relief à l'effigie d'Hermès et Fortuna.

Au 2e étage, sont rassemblées des collections évoquant la vie quotidienne à Glanum, des Grecs aux Gallo-Romains : outillage, objets en bronze et en os, urnes funéraires, céramiques, lampes à huile (parmi elles, rare lampadaire à deux rangées superposées de lampes), bijoux (remarquer la magnifique bague en cristal de roche ornée d'une tête féminine finement ciselée). Collection préhistorique (silex, os).

ⓥ **Musée des Alpilles Pierre de Brun (M).** — Il est installé dans l'hôtel Mistral de Mondragon, vaste demeure du 16e s. qui s'ordonne autour d'une belle cour avec tourelle d'escalier ronde et loggias.

Les collections ont trait aux arts et traditions populaires : meubles, folklore, costumes, santons etc... Documents relatifs à Nostradamus ; minéraux des Alpilles.

★★ STE-BAUME (Massif de la)

Carte Michelin n° 84 pli 14 ou 245 plis 45, 46.

L'appellation de Ste-Baume s'applique également à une grotte et à une forêt. La grotte, où se serait retirée sainte Marie-Madeleine, a donné son nom à l'ensemble (grotte se dit « baoumo » en provençal) ; c'est un but de pèlerinage célèbre dans tout le Midi. La forêt est magnifique, unique en France à certains titres.

Le massif forme à son sommet une longue crête dont l'un des points culminants, le Saint-Pilon (alt. 994 m), offre un panorama splendide.

UN PEU DE GÉOGRAPHIE

Le massif. — Le massif de la Ste-Baume, le plus étendu et le plus élevé des chaînons provençaux, atteint 1 147 m au Signal de la Ste-Baume ; il répond à l'orientation générale Est-Ouest du système montagneux d'origine pyrénéenne qui prédomine en Provence *(détails sur la formation du sol p. 12)*. La dissymétrie du relief, fréquente dans la région, y est très accentuée, comme à la Ste-Victoire, mais de sens contraire. Le versant Sud, aride et dénudé, monte en pente douce du bassin de Cuges à la ligne faîtière, longue de 12 km. Une falaise verticale, haute de 300 m environ, donne sa physionomie au versant Nord qui abrite la célèbre grotte ; en contrebas, s'étale la forêt domaniale, juxtaposée au plateau perméable du Plan d'Aups, qui évoque les Causses. Ce massif, typiquement provençal par ses terres décharnées et sa barre rocheuse éclatante de blancheur, ne manque pas de surprendre par la note septentrionale qu'y ajoute la forêt. Les amateurs d'escalade pourront affronter, du pic de Bertagne à l'extrémité Est de la chaîne, des parois de plus de 100 m (certaines atteignent 250 m).

★★La forêt. — D'une superficie d'environ 100 ha, à l'altitude de 680 à 1 000 m, la place qu'elle occupe parmi les forêts françaises est tout à fait spéciale. D'origine glaciaire, ce fut probablement un bois sacré chez les Gaulois et la tradition qui en faisait un lieu respecté a survécu. Depuis un temps immémorial, et aujourd'hui encore, la Ste-Baume est « hors de coupe » : on veille seulement à assurer une régénération suffisante.

Autre originalité : on y voit surtout des hêtres géants, d'énormes tilleuls entremêlés d'érables. Leurs hautes voûtes de feuillages légers se ferment sur l'épaisse et sombre ramure des ifs, des fusains, des lierres et des houx.

On s'étonne de rencontrer, en pleine Provence, les arbres des forêts de l'Ile-de-France. Cela s'explique du fait que l'ombre portée par la haute falaise qui, au Sud, domine la région boisée, y entretient une fraîcheur et une humidité toutes septentrionales. Dès que cette muraille cesse, les chênes méditerranéens réapparaissent.

STE-BAUME (Massif de la)★★

UN PEU DE LÉGENDE ET D'HISTOIRE

Sainte Marie-Madeleine. — Marie-Madeleine, princesse de sang royal, née la même année que le Christ, mène une vie de dérèglements jusqu'au moment où elle entend prêcher Jésus. La pécheresse repentie suit le Sauveur.

Après la mort du Christ, elle vit treize ans auprès de la Vierge puis, selon une tradition orale provençale, avec son frère Lazare, sa sœur Marthe et d'autres saints personnages dont saint Maximin, elle est abandonnée dans une barque qui aborde aux Stes-Maries *(p. 176)*. Madeleine prêche l'Évangile avec Saint-Maximin, premier évêque d'Aix. Ensuite, afin d'expier ses fautes passées, elle décide de se retirer du monde, gagne la Ste-Baume et s'installe dans la grotte pour y faire pénitence.

La sainte passe là trente-trois ans dans la prière et la contemplation, sa solitude est complète. Sa dernière heure venue, elle descend dans la plaine où saint Maximin lui donne la dernière communion et l'ensevelit. A l'endroit où, selon la tradition, eut lieu cette communion, à droite de la route descendant de la Ste-Baume, à quelques centaines de mètres avant l'entrée de St-Maximin, s'élève un monument, le Petit Pilon.

Le pèlerinage. — La grotte est en vénération dès les premiers siècles et, au 5e s., les moines de St-Cassien s'y installent en même temps qu'à St-Maximin. Sa renommée attire de nombreux pèlerins, parmi lesquels des personnages illustres.

Puis, au 11e s., se répand le bruit que les reliques de la Madeleine ont été dérobées et transportées à Vézelay qui devient un des principaux pèlerinages de la chrétienté. Mais, en 1279, Charles d'Anjou découvre les restes de la sainte à St-Maximin et le pèlerinage provençal double désormais celui de Vézelay.

De nombreux rois de France (dont Saint Louis), plusieurs papes, ceux d'Avignon en particulier, des milliers de grands seigneurs, des millions de fidèles feront le voyage de la Ste-Baume. Un des premiers actes publics du roi René en Provence sera de se rendre à la grotte en compagnie de son neveu, le futur Louis XI.

La tradition voulait que chaque couple de promis, sur le chemin de la grotte, élevât un tas de pierres. Autant de cailloux, autant d'enfants désirés dans le futur foyer : à côté d'orgueilleux amoncellements de pierres, on voyait se dresser de discrets menhirs.

A partir de 1295, les dominicains ont la garde de la grotte. Leur hôtellerie située tout près de la grotte est brûlée à la Révolution. Des traces de son emplacement sont encore visibles sur la paroi rocheuse.

En 1859, le père Lacordaire y ramène les dominicains ainsi qu'à St-Maximin. L'hôtellerie a été reconstruite sur ses indications, en bas sur le plateau. Elle fonctionne sous la direction spirituelle des dominicains, mais un directeur civil est chargé de tous les services techniques.

Pour la fête de sainte Marie-Madeleine, les 21 et 22 juillet, ainsi qu'à Pâques et Noël, des messes de nuit sont célébrées à la grotte.

CIRCUIT AU DÉPART DE GÉMENOS

69 km — environ 3 h, ascension du St-Pilon non comprise — schéma ci-dessous

Gémenos. — 4 548 h. (les Gémenosiens). Lieu de séjour. Au débouché du verdoyant vallon de St-Pons dans la vallée de l'Huveaune, Gémenos a conservé un château de la fin du 17e s. qui abrite la mairie.

Suivre pendant 3 km le D 2 qui remonte le vallon de St-Pons.

★**Parc de Saint-Pons.** — *Laisser ⊙ la voiture au parc de stationnement avant le pont et emprunter le sentier qui longe le ruisseau.*

On voit un vieux moulin abandonné, près d'une cascade formée par les eaux de la source vauclusienne de St-Pons ; les restes importants d'une abbaye cistercienne, fondée au 13e s. et abandonnée deux siècles plus tard.

Un des attraits essentiels du parc réside dans la fraîcheur créée par une abondante végétation : hêtres, charmes, frênes, érables et autres essences peu communes en Provence ; au printemps, on y admire la magnifique floraison des arbres de Judée.

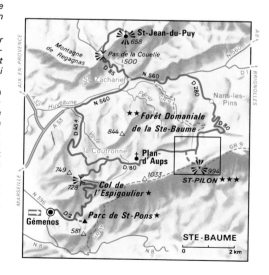

La route s'élève en lacet sur le versant Sud du massif creusé d'un profond amphithéâtre.

★**Col de l'Espigoulier.** — Alt. 728 m. Du col, la vue s'étend sur le massif de la Ste-Baume, la plaine d'Aubagne et la chaîne de St-Cyr, Marseille, la chaîne de l'Étoile.

La descente sur le versant Nord offre des vues sur la chaîne de l'Étoile et la montagne Ste-Victoire, séparées par le bassin de Fuveau.

A la Coutronne, suivre à droite le D 80.

Plan-d'Aups. — Cette petite station climatique possède une église romane.

L'hôtellerie. — Les bâtiments se trouvent à la lisière de la forêt, sur le plateau, à 675 m d'altitude.

Dans cette nouvelle hôtellerie reconstruite en 1863 et qui continue à héberger des pèlerins, s'est créé en 1968 un centre spirituel et culturel. Une chapelle a été aménagée en 1972 dans l'ancien abri des pèlerins ; belle salle voûtée.

Sur la gauche de l'hôtellerie, se tient le cimetière, pauvre et nu, des dominicains décédés lors de leur séjour au couvent.

Accès à la grotte. — *1 h à pied AR. Deux possibilités s'offrent : soit de l'hôtellerie en empruntant le chemin à gauche des bâtiments, qui passe par le Canapé, amoncellement d'énormes blocs moussus, soit du carrefour des D 80 et 95 ou carrefour des Chênes, en suivant le « chemin des Rois », plus aisé.* Ces deux itinéraires se rejoignent au carrefour de l'Oratoire après un agréable parcours qui permet d'admirer la magnifique futaie de la Ste-Baume. Du carrefour de l'Oratoire part, à droite, un large sentier par lequel on atteint un escalier taillé dans le roc et barré, à mi-côte, par une porte décorée de l'écu fleurdelisé de France ; à gauche, une niche sous roche protège un calvaire en bronze.

Terrasse. — L'escalier *(150 marches)* aboutit à une terrasse dont le parapet est surmonté d'une croix de pierre au pied de laquelle a été installée une Pietà en bronze qui constitue la treizième station du chemin de croix. De là, une belle **vue★** s'offre sur la montagne Ste-Victoire que semble prolonger, à droite, le mont Aurélien, en contrebas Plan-d'Aups, l'hôtellerie et la forêt touffue.

Grotte. — En forme d'hémicycle, elle s'ouvre au Nord de la terrasse, à 946 m d'altitude. Un reliquaire, placé à droite du maître-autel, contient les reliques de sainte Madeleine provenant de St-Maximin-la-Ste-Baume *(p. 167)*. Derrière le maître-autel, dans une anfractuosité surélevée de 3 m, seul lieu sec de la grotte, se trouve une statue de Marie-Madeleine allongée ; cet endroit serait le « Lieu de pénitence » de la sainte.

★★★Saint-Pilon. — *Promenade de 2 h à pied AR au départ du carrefour de l'Oratoire.*

Au carrefour, passer devant l'oratoire, puis prendre le sentier de droite (jalonnement rouge et blanc du GR 9). Ce sentier dépasse une chapelle abandonnée, dite des Parisiens, monte en zigzags et tourne à droite au col du St-Pilon. Au sommet se trouvait une colonne (d'où le nom de St-Pilon), remplacée par une petite chapelle. En ce lieu, dit la légende, sept fois par jour, les anges portaient sainte Madeleine qui écoutait avec ravissement les « concerts du Paradis ».

Du St-Pilon (alt. 994 m), magnifique **panorama★★★** *(table d'orientation)* : au Nord sur l'hôtellerie de la Sainte-Baume au premier plan, le Ventoux que l'on devine au loin, le Luberon, le mont Olympe et, plus près, le mont Aurélien ; au Sud-Est sur le massif des Maures ; au Sud-Ouest sur la chaîne de la Sainte-Baume et le golfe de la Ciotat ; au Nord-Ouest sur les Alpilles et la montagne Ste-Victoire.

Reprendre la voiture et gagner Nans-les-Pins par le D 80.

La route descend en lacet dans la forêt, puis de belles vues se révèlent sur la montagne de Regagnas.

Dans Nans-les-Pins, prendre à gauche le D 280 qui traverse une pinède. La N 560, à gauche, gagne St-Zacharie par la haute vallée de l'Huveaune.

Oratoire de St-Jean-du-Puy. — *9 km au départ de St-Zacharie, puis 1/4 h à pied AR.* Le D 85, que l'on prend à St-Zacharie, s'élève progressivement, en lacet, offrant de belles vues sur le bassin de St-Zacharie et, au loin, sur le massif de la Ste-Baume. Peu après le Pas de la Couelle, s'amorce à droite un chemin très étroit qui conduit, après une forte rampe, à un poste radar militaire ; y laisser la voiture. Par un sentier facile et jalonné, gagner l'oratoire d'où la **vue★** est très belle sur la montagne Ste-Victoire et la plaine St-Maximin au Nord, les massifs des Maures et de la Ste-Baume au Sud-Est, avec au premier plan, la montagne de Regagnas, la chaîne de l'Étoile et le pays d'Aix à l'Ouest.

Continuer sur la N 560 et au Pujol, prendre à gauche le D 45ᴬ.

La route remonte le vallon du ruisseau de Vede qui présente des cultures en terrasses et sur la fin du parcours, elle surplombe de profondes gorges aux parois arides.

À la Coutronne, tourner à droite pour regagner Gémenos (itinéraire décrit en sens inverse au début de ce circuit).

Carte Michelin n° 𝟾𝟹 pli 19 ou 𝟸𝟺𝟼 pli 41 ou 𝟸𝟺𝟼 pli 27 — Schéma p. 99 — Lieu de séjour.

Entre la Méditerranée et les étangs des Launes et de l'Impérial, au cœur de la Camargue, Stes-Maries-de-la-Mer se signale par son église-forteresse. A l'Ouest, s'étend le nouveau port de plaisance.

La barque des Saintes. — Selon la tradition provençale, vers 40 après J.-C., Marie Jacobé, sœur de la Vierge, Marie Salomé, mère des apôtres Jacques le Majeur et Jean, Lazare, le ressuscité, et ses deux sœurs, Marthe et Marie-Madeleine, Maximin, Sidoine, l'aveugle guéri, sont abandonnés en mer, par les Juifs de Jérusalem, sur une barque sans voile, sans rames et sans provisions. Sara, la servante noire des deux Maries, retenue à terre, se désespère, mais Marie Salomé jette à l'eau son manteau. Premier miracle : le manteau sert de radeau à Sara pour rejoindre la barque.

Grâce à la protection divine, l'esquif aborde sur la plage que domine aujourd'hui l'église de Stes-Maries. Après avoir construit un fruste oratoire dédié à la Vierge, les disciples du Christ se séparent : Marthe évangélisera Tarascon, Marie-Madeleine continuera sa pénitence à la Sainte-Baume *(p. 174),* Lazare sera l'apôtre de Marseille, Maximin et Sidoine répandront la parole divine à Aix. Les deux Maries et Sara restent en Camargue. Quand elles meurent, les fidèles placent leurs reliques dans l'oratoire.

Dix-neuf siècles de pèlerinage. — Le tombeau des Saintes devient rapidement l'objet d'un culte.

Au milieu du 9ᵉ s., une église aurait remplacé le vieil oratoire (attesté au 6ᵉ s.). En 869, un jour que l'archevêque d'Arles vient inspecter les travaux, il est enlevé par les Sarrasins, débarqués à l'improviste. La rançon est négociée : 150 livres d'argent, 150 manteaux, 150 épées, 150 esclaves. Mais, dans l'intervalle, le prélat meurt. Les pirates n'en soufflent mot, disposent le corps, revêtu de ses ornements sacerdotaux, sur un trône. A distance, Mgr d'Arles semble traité avec grand respect par le chef ennemi. Les Arlésiens, trompés, versent la rançon et ne s'aperçoivent de la supercherie qu'au départ des Sarrasins.

Au 11ᵉ s., les moines de Montmajour établissent un prieuré, puis, au 12ᵉ s., reconstruisent l'église, qui est incorporée aux fortifications de la ville. A la fin du 14ᵉ s., l'allure guerrière de l'édifice se renforce par l'adjonction de mâchicoulis.

Lors des invasions, les restes des saintes ont été enterrés dans le chœur. En 1448, le roi René ordonne de fouiller le sol. Les reliques des deux Maries sont retrouvées et placées dans des châsses au cours d'une cérémonie, à laquelle assistent le cardinal légat du pape, le roi René, la reine Isabelle, les évêques, abbés et grands seigneurs de Provence. Le culte des saintes est alors l'objet d'une nouvelle ferveur.

Saintes-Maries en fête. — Un premier pèlerinage ou **pèlerinage des gitans**★★ a lieu les 24 et 25 mai, pour la fête de Marie Jacobé ; un second, pour la fête de Marie Salomé, a lieu le dimanche d'octobre le plus proche du 22. Le premier jour, l'après-midi, les châsses sont descendues de la chapelle haute dans le chœur. Le lendemain, les statues des saintes, précédées d'un groupe d'Arlésiennes et entourées des gardians, sont promenées en procession dans les rues, sur la plage, dans la mer. Au retour de la procession, après les vêpres, les châsses sont remontées dans leur chapelle. L'affluence des Gitans, venus de tous les pays, ajoute au pittoresque des festivités du mois de mai. Dans l'église, ils occupent la crypte où règne leur patronne Sara, qu'ils vénèrent au moins autant que les saintes châsses. Ils la promènent également le premier jour en procession jusqu'à la mer, richement parée. Ils élisent ici leur reine tous les 3 ou 4 ans. Le 26 mai encore a lieu une fête dédiée à la mémoire du marquis de Baroncelli-Jaron, dont le nom est très populaire en Camargue. La présence des gardians de Camargue, les costumes d'Arlésiennes, les farandoles, les ferrades, les courses de chevaux et de taureaux donnent au spectacle beaucoup de couleur locale.

CURIOSITÉS

★**Église (B).** — Extérieurement, c'est une forteresse dont le chevet est orné de bandes lombardes. La chapelle haute est un véritable donjon, entouré, à la base, d'un chemin de ronde et surmonté d'une plate-forme crénelée. Un clocher à peigne, restauré au début de ce siècle, domine l'ensemble. Sur le flanc droit, remarquer deux beaux lions dévorant des animaux qui servirent, croit-on, de supports à un porche.

Intérieur. — *Petite porte d'entrée sur la place de l'Église.* La nef unique romane (rallongée de deux travées au 15e s.) est très sombre. Le chœur, surélevé au moment de la construction de la crypte, présente des arcatures aveugles que supportent huit colonnes de marbre, surmontées de beaux chapiteaux ; deux sont historiés, l'un illustre l'Incarnation, l'autre le sacrifice d'Abraham ; les six autres présentent un décor de feuillage avec masques ou bustes d'hommes.

A droite, au bord de l'allée centrale, s'ouvre le puits, entouré d'une grille, qui servait aux défenseurs en cas de siège. Dans la troisième travée, à gauche, au-dessus de l'autel, on voit la barque des saintes Maries que portent, dans les processions, les Gitans en mai, les paroissiens de Stes-Maries en octobre. A droite de cet autel, remarquer l'« oreiller des Saintes » qui est une pierre polie enchâssée dans une colonne, provenant des fouilles ayant abouti en 1448, à la découverte des reliques des Saintes. Dans la 4e travée, à gauche, s'élève un autel païen.

Crypte. — Creusée sous le sanctuaire ; l'autel est constitué en partie par un fragment de sarcophage ; il supporte la châsse contenant les ossements présumés de sainte Sara. A droite de l'autel se trouve la statue de Sara et des ex-voto offerts par les Gitans.

Chapelle haute. — Elle est ornée de boiseries Louis XV, vert clair et or. C'est là que se trouvent les châsses des deux saintes Maries. Elles sont exposées sur le rebord de la fenêtre donnant sur la nef en dehors des pèlerinages. Mistral a situé dans la chapelle haute la scène touchante où Mireille, venue implorer le secours des « reines du Paradis », et frappée à mort par le soleil brûlant de Camargue, rend le dernier soupir entre ses parents et Vincent (la statue de Mireille, par A. Mercié, s'élève sur la place principale).

Chemin de ronde. — *53 marches.* On peut monter sur le chemin de ronde qui entoure le toit en dalles de pierre de l'église : **vue** sur la ville, la mer, la vaste plaine camarguaise. Un coucher de soleil, vu de Stes-Maries, est un spectacle inoubliable.

Musée Baroncelli (M). — Il est installé dans l'ancienne mairie et rassemble de nombreux documents sur la Camargue, recueillis par le marquis Folco de Baroncelli (1869-1943), authentique manadier qui a remis en vigueur les traditions camarguaises. Des vitrines présentent la faune ; des tableaux, des meubles, des instruments utilisés par les gardians, rappellent la vie camarguaise.

Un petit escalier à vis *(44 marches),* assez étroit, mène à une terrasse d'où l'on jouit d'une belle **vue** sur l'église et le bourg, le Vaccarès, le petit Rhône et la Camargue.

★★ STE-VICTOIRE (Montagne)

Carte Michelin n° 84 plis 3, 4 ou 245 pli 32.

A l'Est d'Aix-en-Provence s'étend la montagne Ste-Victoire, massif calcaire qui culmine à 1 011 m au Pic des Mouches. Orientée d'Ouest en Est, cette chaîne présente, au Sud, une face abrupte dominant le bassin de l'Arc tandis qu'au Nord, elle s'abaisse doucement en une série de plateaux calcaires vers la plaine de la Durance. Un saisissant contraste oppose le rouge franc des argiles de la base au blanc des calcaires de la haute muraille, notamment entre Le Tholonet et Puyloubier.

Immortalisée par Cézanne *(p. 53)* dans ses tableaux, elle fut, en 102 avant J.-C., le témoin de la grande bataille que les légions de Marius livrèrent aux cohortes des Teutons se dirigeant vers Rome *(voir p. 46).*

CIRCUIT AU DÉPART D'AIX

74 km — compter une journée, non compris la visite d'Aix — schéma p. 178

★★**Aix-en-Provence.** — *Visite : 4 h. Description page 46.*

Quitter Aix-en-Provence par le D 10 à l'Est, puis prendre à droite une route en direction du barrage de Bimont.

Barrage de Bimont. — Ce barrage du type voûte est l'ouvrage principal du projet Rigaud d'extension du canal du Verdon *(p. 113).* Il a été construit sur l'Infernet dans un très beau site boisé, au pied de la montagne Ste-Victoire. En aval, de belles gorges mènent *(1 h à pied AR)* au barrage Zola (édifié par l'ingénieur François Zola, père du célèbre écrivain), deuxième ouvrage de ce projet conçu pour irriguer et distribuer l'eau à une soixantaine de communes de la région.

Revenir au D 10 où l'on tourne à droite.

Belles vues sur la retenue.

★★★**Croix de Provence.** — *3 h 1/2 à pied AR. Au lieu-dit la ferme des Cabassols, laisser la voiture sur un petit parc de stationnement à droite de la route.* Prendre le chemin des Venturiers, chemin muletier qui s'élève rapidement dans la pinède, puis cède la place à un sentier, plus aisé, serpentant en lacet à flanc de montagne. On atteint le prieuré de N.-D. de Ste-Victoire (alt. 900 m) édifié en 1656 et habité jusqu'en 1879. Il comprend la chapelle, un bâtiment conventuel et quelques vestiges du cloître. De la terrasse, aménagée dans une brèche, se dégage une jolie **vue** sur le bassin de l'Arc et la chaîne de l'Étoile.

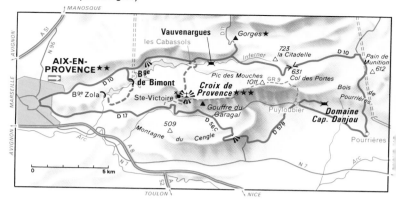

Passer à gauche du cloître et par une petite escalade, gagner la Croix de Provence (alt. 945 m), haute de 17 m reposant sur un soubassement de 11 m. La vue embrasse un magnifique **panorama**★★★ sur les montagnes provençales : au Sud, le massif de la Ste-Baume et la chaîne de l'Étoile ; puis en tournant vers la droite, la chaîne de Vitrolles, la Crau, la vallée de la Durance, le Luberon, les Alpes de Provence et, plus à l'Est, le Pic des Mouches.

À l'Est, sur la crête, se trouve le gouffre du **Garagaï** (150 m de profondeur), source de légendes et de superstitions *(voir p. 26)*.

Château de Vauvenargues. — Ce château du 17ᵉ s., bâti sur un éperon rocheux, domine la vallée de l'Infernet. Dans le parc, devant le château, repose la dépouille mortelle de Pablo Picasso.

> *Après Vauvenargues, prendre à gauche le D 11 en direction de Jouques que l'on suit pendant 1 km environ.*

La route s'enfonce dans de belles **gorges**★ très encaissées.

> *Revenir au D 10.*

Il remonte les gorges de l'Infernet très boisées, dominées à gauche par la Citadelle (723 m) et franchit le col des Portes. Au cours de la descente, les Préalpes se dessinent à l'horizon.

Prendre à droite le D 23 qui contourne la montagne Ste-Victoire par l'Est et traverse le bois de Pourrières. Sur la gauche se dresse le Pain de Munition (612 m).

> *Dans Pourrières, tourner à droite en direction de Puyloubier.*

On traverse une région où domine la vigne.

Domaine Capitaine Danjou. — Dans Puyloubier, à droite, un chemin conduit au château Le Général. Devenu domaine Capitaine Danjou, il abrite l'Institution des Invalides de la Légion Étrangère *(p. 71)*. On visite les ateliers (céramique, reliure, ferronnerie) et un petit musée.

> *Revenir à Puyloubier et emprunter le D 57ᴮ, puis le D 56ᶜ à droite.*

Ce parcours pittoresque offre de belles vues sur la montagne Ste-Victoire, le bassin de Trets et le massif de la Ste-Baume, puis franchit la montagne du Cengle. Le D 17, à gauche, s'avance en serpentant entre l'imposante masse de la montagne Ste-Victoire et le plateau de la montagne du Cengle et ramène à Aix-en-Provence.

★ SALON-DE-PROVENCE
35 845 h. (les Salonnais)

Carte Michelin n° **84** pli 2 ou **245** pli 30 ou **246** pli 12 — Lieu de séjour.

Cette ville est située au centre d'une campagne où domine l'olivier. L'industrie de l'huile d'olive s'est installée à Salon au 15ᵉ s. et a été développée par Colbert. Aujourd'hui, les huiles minérales tiennent une place importante.

Gros marché agricole, Salon est aussi le siège de l'École de l'Air, qui, depuis 1936, forme les officiers de l'Armée de l'Air.

La cité ancienne couvre une butte que couronne le château : les quartiers modernes s'étendent au pied, séparés par une large ceinture de cours ombragés.

Le **festival de jazz** de Salon a acquis désormais une solide réputation ; il est à l'origine, chaque été, d'une extraordinaire animation de la ville *(voir p. 204)*.

Le 11 juin 1909, la région de Salon à Aix fut secouée par un violent tremblement de terre qui détruisit les villages de Vernègues et de Rognes et causa de nombreuses ruines à Salon, Lambesc et St-Cannat. Il y eut une soixantaine de morts.

Adam de Craponne. — Salon est la patrie de l'ingénieur Adam de Craponne (1527-1576) qui rendit fertile la région en construisant un canal d'irrigation amenant les eaux de la Durance par son ancien passage naturel, le « pertuis de Lamanon » *(voir p. 110 : la Crau)*.

Michel Nostradamus. — C'est à Salon qu'a vécu le célèbre Michel Nostradamus. Né à St-Rémy en 1503, il étudie la médecine à Montpellier et voyage pendant douze ans en Europe et en Orient pour essayer et perfectionner des remèdes qu'il garde secrets et pour s'initier à l'ésotérisme.

Les succès qu'il obtient au cours d'épidémies à Aix et à Lyon lui attirent la jalousie de ses confrères. Lorsque l'épidémie cesse, il se retire à Salon (1547) et se livre à

*Pour lire les plans de villes
voir la légende page 42.*

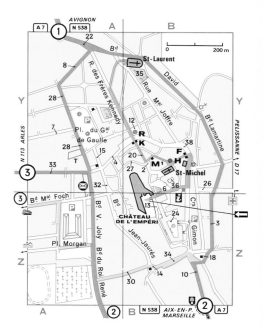

l'astrologie. Son recueil de prédictions — « les Centuries » —, versifié en quatrains, remporte un succès foudroyant. Catherine de Médicis vient le voir, lui fait tirer l'horoscope de Charles IX et le comble de présents. Nostradamus s'attaque aussi à la prédiction du temps et son Almanach devient populaire. Il meurt à Salon en 1566. Son fils César laissera un ouvrage remarquable intitulé « Histoires et Chroniques de Provence ».

LE CENTRE-VILLE *visite : 1 h 1/2*

Suivre à pied l'itinéraire indiqué sur le plan.

Ⓥ **Château de l'Empéri** (BYZ). — Bâti sur le rocher du Puech, le château de l'Empéri domine la vieille ville de son imposante masse. Cette ancienne résidence des archevêques d'Arles, seigneurs de Salon, commencée au 10ᵉ s., fut reconstruite au 12ᵉ et 13ᵉ s. puis remaniée au 16ᵉ s. ; transformée en caserne au 19ᵉ s., elle eut à souffrir du séisme de 1909. Un passage voûté mène à la cour d'honneur ornée d'une galerie Renaissance.

La chapelle Ste-Catherine (12ᵉ s.), la salle d'honneur à la cheminée finement sculptée, et une vingtaine de salles abritent le musée de l'Empéri.

★★**Musée de l'Empéri.** — Ce musée présente les anciennes collections Raoul et Jean Brunon, acquises en 1967 par le musée de l'Armée de Paris. Elles décrivent l'histoire des Armées françaises depuis le règne de Louis XIV jusqu'à 1918.

La belle architecture des salles met en valeur l'agréable présentation des 10 000 pièces de collections. Uniformes, drapeaux, décorations, armes blanches et à feu, canons, peintures, dessins, gravures, personnages à pied ou à cheval, illustrent ce passé militaire et en particulier la période napoléonienne.

Hôtel de ville (BY H). — Élégant hôtel du 17ᵉ s. avec deux tourelles d'angle et balcon sculpté.

Sur la place de l'Hôtel-de-Ville, s'élève la statue de l'ingénieur Adam de Craponne (fontaine).

Église St-Michel (BY). — Du 13ᵉ s., elle possède un beau clocher-arcade à cinq baies ; le second clocher a été ajouté au 15ᵉ s. Remarquer le tympan sculpté du portail (12ᵉ s.) : au centre, l'archange saint Michel entouré de deux serpents au-dessus de l'agneau pascal dans un décor floral stylisé.

Dans le chœur, imposant retable en bois doré (17ᵉ s.) et dans la 3ᵉ chapelle à droite, statue de la Vierge (17ᵉ s.).

Porte Bourg-Neuf (BY F). — Vestiges des anciens remparts (13ᵉ s.).

Ⓥ **Maison de Nostradamus** (BY M¹). — C'est dans cette demeure, au cœur du Vieux Salon, que Nostradamus passa les dix-neuf dernières années de sa vie. Le petit musée qu'elle abrite est consacré à sa vie et à son œuvre : arbre généalogique, reconstitution du cabinet de travail, éditions du 17ᵉ s. des Centuries et des Oracles, la ville de Salon au 16ᵉ s., des œuvres de César Nostradamus, fils du célèbre astrologue.

Porte de l'Horloge (BY K). — Vestiges (17ᵉ s.) des anciens remparts.

Fontaine moussue (BY R). — Place Crousillat, se dresse cette charmante fontaine du 18ᵉ s.

Collégiale St-Laurent (BY). — Des 14ᵉ et 15ᵉ s., c'est un bel exemple de gothique méridional. A l'intérieur, dans la 1ʳᵉ chapelle, à gauche du chœur, Descente de Croix polychrome, monolithe du 15ᵉ s. Dans la 3ᵉ chapelle à gauche, Vierge en albâtre du 16ᵉ s. et tombeau de Nostradamus. Dans la 5ᵉ chapelle, bas-relief du 15ᵉ s., en marbre.

EXCURSION

Circuit de 51 km. — *Environ 3 h. Sortir de Salon-de-Provence à l'Est par la route de Pélissanne (D 17). Prendre à gauche la route du Val de Cuech, et tout de suite à gauche, la rue du Pavillon (accès signalé).*

⊙ **Musée de Salon et de la Crau.** — Installé dans une vaste demeure du 19ᵉ s. appelée le Pavillon, il est d'abord consacré à la faune de la région. Des meubles provençaux et des tableaux de peintres locaux ayant pour thème le pays salonnais complètent la présentation.

Une salle est consacrée aux dévotions populaires ; deux autres, en préparation, évoqueront la Crau et la technique de fabrication du « savon de Marseille ».

Poursuivre dans le D 17. Dans Pélissanne, tourner à gauche dans le D 22ᴬ.

★ **Château de la Barben.** — *Page 86.*

Suivre le D 22ᴬ et prendre à gauche le D 572.

La route suit la riche vallée de la Touloubre, qui passe sous le canal de Marseille *(p. 113)* avant d'offrir une belle vue en avant sur la chaîne de la Trévaresse.

St-Cannat. — 2 384 h. Patrie du bailli de Suffren (1729-1788) ; la mairie est installée dans sa maison natale (petit **musée**). Dans l'église, une belle caisse à reliques antique, décorée de petits personnages sculptés en haut-relief, sert de bénitier.

Lambesc. — 5 353 h. Située un peu à l'écart de la N 7, cette petite ville possède une imposante église du 18ᵉ s. dont le clocher (14ᵉ s.), seul reste de l'ancien édifice, a perdu sa flèche au cours du tremblement de terre de 1909.
Un beffroi avec horloge à automates s'élève sur une porte du 16ᵉ s.

Suivre la N 7. Dans Cazan, prendre à gauche le D 22.

Château-Bas. — *Page 106.*

Continuer sur le D 22 et tourner à droite dans le D 22ᶜ.

La route s'élève offrant de très belles vues sur le Luberon, la vallée de la Durance, la chaîne des Côtes, le pays aixois.

Vernègues. — 377 h. Village construit après le tremblement de terre de 1909, la population ayant abandonné le village perché pour s'installer sur le plateau.

Vieux-Vernègue. — La route en montée contourne le village *(accès des ruines interdit)* et mène à une petite tour aménagée en belvédère. De la table d'orientation, on découvre un vaste **panorama**★ permettant de découvrir une grande partie de la Provence ; les Alpilles se détachent à l'Ouest.

Revenir à Vernègues, prendre à droite le D 22ᴮ, puis à gauche le D 68.

On atteint le vallon de Cuech aux belles gorges.

A l'entrée de Pélissanne suivre à droite le D 17.

★★ SÉNANQUE (Abbaye de)

Carte Michelin nº 🮲🮱 pli 13 ou 🮲🮴🮵 pli 17 ou 🮲🮴🮶 pli 11.

Au creux du petit canyon de la Senancole qui s'ouvre dans le plateau du Vaucluse, apparaissent, dans un **site**★ austère, les harmonieux bâtiments de l'abbaye de Sénanque (belle vue en venant de Gordes par le D 177). Lorsqu'on arrive, face au chevet de l'église abbatiale, posé en été sur un écrin de lavande et baigné de lumière, on ressent parfaitement l'atmosphère de sérénité qui se dégage de ce haut lieu du monachisme cistercien.

Naissance et développement. — La fondation, en 1148, de Sénanque par un groupe de moines venus de l'abbaye de Mazan (Haut-Vivarais) s'inscrit dans le cadre de la formidable expansion cistercienne du 12ᵉ s. Ce mouvement monastique, dirigé et inspiré par saint Bernard prône un idéal ascétique et prescrit une rigueur extrême dans l'application de la règle bénédictine primitive dans ses établissements : isolement, pauvreté, simplicité doivent conduire le moine à la pureté et à la béatitude. Les conditions de vie des cisterciens sont donc exigeantes, très dures même : les offices divins, la prière, les lectures pieuses alternent avec les travaux manuels pour remplir de grosses journées, où le temps de repos ne dépasse pas sept heures ; les repas, pris en silence, sont frugaux et les moines couchent tout habillés dans un dortoir commun dépourvu du moindre confort. L'austérité cistercienne se traduit dans les

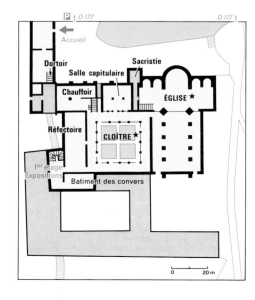

conceptions architecturales et artistiques de l'Ordre. Saint Bernard exige des bâtiments sobres et dépouillés de toute ornementation susceptible de détourner l'attention de ceux qui prient : point de vitraux colorés, de statues et de peintures, pas plus que des tympans sculptés et d'orgueilleux clochers. Ce dénuement se retrouve dans les deux autres abbayes provençales, sœurs de Sénanque : le Thoronet *(voir le guide Vert Michelin Côte d'Azur)* et Silvacane *(p. 182)*. Elles nous sont parvenues à peu près telles qu'elles étaient à l'apogée de Cîteaux.

Sénanque prospéra très rapidement au point que, dès 1152, sa communauté était assez nombreuse pour fonder une seconde abbaye dans le Vivarais. Elle bénéficia de nombreuses donations, à commencer par les terres de la famille de Simiane, puis par celles des seigneurs de Venasque. Le monastère ne tarda pas à installer, parfois très loin, des granges, sortes d'annexes à la tête des exploitations. Celles-ci étaient mises en valeur à l'aide des frères convers, moines « auxiliaires » recrutés parmi les paysans, qui se chargeaient des tâches agricoles. L'apogée de Sénanque se situe au début du 13e s. ; mais, comme ailleurs, le succès et la prospérité sont sources de déviation. Comme jadis Cluny, le mouvement cistercien cumule des richesses incompatibles avec les vœux de pauvreté : des désordres s'en suivent.

Décadence et renouveau. — Au 14e s., Sénanque entre en décadence. Le recrutement et la ferveur diminuent tandis que se relâche la discipline. Pourtant, grâce à l'action énergique d'un abbé, à la fin du 15e s., la situation s'améliore et, jusqu'au milieu du 16e s., le monastère mène une vie digne, s'efforçant de respecter l'esprit des fondateurs. Malheureusement, en 1544, Sénanque est victime de l'insurrection vaudoise *(voir p. 23)* : des moines sont pendus par les hérétiques et plusieurs bâtiments sont incendiés. De ce coup terrible, l'abbaye ne parviendra pas à se relever. A la fin du 17e s., malgré les efforts méritoires des abbés, la communauté ne compte plus que deux religieux. L'aile méridionale du monastère est cependant reconstruite au début du 18e s.

Vendue comme bien national en 1791, Sénanque tombe par chance entre les mains d'un acquéreur respectueux qui, non seulement la préserve de toute destruction mais la fait consolider. Achetée par un ecclésiastique en 1854, elle retrouve peu après sa vocation monastique : des bâtiments nouveaux viennent flanquer les bâtiments anciens et 72 moines s'y installent. La politique anticléricale de la Troisième République entraîne, à deux reprises, leur expulsion, mais une douzaine d'entre eux reviennent s'établir en 1927. Ils y restent jusqu'en 1969, date de leur regroupement à Lérins (île Saint-Honorat).

Aujourd'hui l'effort de conservation de l'abbaye se poursuit. Elle abrite un **Centre Culturel de Rencontre** qui organise de nombreuses manifestations artistiques et culturelles.

VISITE *environ 1 h*

Très belle illustration de l'art cistercien, le monastère primitif est presque complet, à l'exception de l'aile des convers reconstruite au 18e s. Les parties médiévales sont construites en bel appareil de pierres du pays aux joints finement taillés. L'église a gardé sa toiture d'origine en lauzes, que surmonte un petit clocher carré ; contrairement à la coutume, elle n'est pas orientée à l'Est, mais au Nord, les bâtisseurs ayant dû se plier aux exigences de la topographie locale.

La visite commence par le dortoir situé au Nord-Ouest du cloître, au 1er étage.

Dortoir. — C'est une vaste salle, voûtée en berceau brisé avec doubleaux, éclairée par un oculus à douze lobes et d'étroites fenêtres. Le sol est dallé de briques. Là dormaient les moines, chacun sur sa paillasse : le premier office (matines) avait lieu en pleine nuit, à 2 h du matin, il était suivi d'un second à l'aube (laudes). Le dortoir abrite une exposition sur la construction de l'abbaye.

Au 1er étage, on peut visiter également un intéressante exposition sur le thème « le Sahara des Nomades, les Déserts de l'Homme » : de la tente aux grands espaces, de la réalité quotidienne à l'imaginaire jusqu'à la mystique du désert.

★Église. — Commencée en 1160 avec le sanctuaire et le transept, elle fût achevée au début du 13e s. avec la nef. La pureté de ses lignes, sa grande et sobre beauté, rehaussée par l'absence de toute décoration crée une ambiance de recueillement. Se placer au fond de la nef pour apprécier l'équilibre des proportions et des volumes.

(Photo G. Gaud/Pix)

Abbaye de Sénanque.

SÉNANQUE (Abbaye de)★★

Le mur Sud ne comporte pas de portail central, l'accès depuis l'extérieur se faisant par deux petites portes ouvrant sur les collatéraux : cela signifie que l'église n'était pas destinée à accueillir les foules en ces lieux isolés. La nef, de cinq travées, est couverte en berceau brisé sans doubleaux, les collatéraux en berceau brisé rampant, ces derniers communiquant avec la première par de grandes arcades à double rouleau. La croisée du transept est couronnée par une ample coupole sur trompes très ouvragées (arcatures, dalle de pierre incurvée, pilastres cannelés rappelant le style des églises du Velay et du Vivarais).

Le sanctuaire se termine par une abside semi-circulaire, percée de trois fenêtres (symbolisant la Trinité) et flanquée de quatre absidioles qui, extérieurement, sont prises dans un massif rectangulaire. Les quatre autels latéraux et le maître-autel sont d'origine. Dans le croisillon droit, dont le mur est ajouré d'une « roue » à dix rayons, tombeau d'un seigneur de Venasque bienfaiteur de l'abbaye au début du 13e s. Nef, transept et collatéraux sont recouverts de pierres plates reposant à même la voûte. Noter l'extrême dépouillement de l'édifice qui laissait le moine face à Dieu.

En saillie sur la façade Nord, se trouve la sacristie.

★**Cloître.** — De la fin du 12e s. Ses galeries sont voûtées en berceau plein cintre avec doubleaux reposant sur des consoles sculptées. Sous de grands arcs de décharge, deux groupes de colonnettes géminées alternent avec des piliers carrés. La décoration fait son apparition sur les chapiteaux (feuillages, fleurs, torsades, palmettes et entrelacs) mais elle reste discrète.

Le cloître ouvre sur les différentes pièces des bâtiments conventuels qui ont chacune une fonction bien précise.

★**Bâtiments conventuels.** — Dans le prolongement du croisillon gauche de l'église, on rencontre : la salle capitulaire, le chauffoir, le dortoir *(p. 181)* à l'étage, à l'Ouest et au Sud, le réfectoire et le bâtiment des convers.

Salle capitulaire. — Elle est couverte de six voûtes d'ogives reposant au centre sur deux piliers cantonnés de quatre colonnettes engagées. Sous la direction de l'abbé, la communauté se réunissait ici pour lire et commenter les Écritures, recevoir les vœux des novices, veiller les défunts et prendre d'importantes décisions. Les moines s'asseyaient sur les gradins.

Chauffoir. — On y accède par un étroit passage (parloir ou salle des moines). Il possède des voûtes d'arêtes retombant sur un massif pilier central juché sur un socle. Une des deux cheminées d'origine subsiste dans un coin. La chaleur était en effet nécessaire aux copistes qui travaillaient dans la pièce sans bouger.

Réfectoire. — Il est parallèle à la galerie Ouest du cloître. Atteint par les destructions du 16e s., il a été reconstruit par la suite et récemment restauré dans son état primitif. On peut y voir une exposition consacrée à l'Ordre de Cîteaux.

Bâtiment des convers. — Au Sud du cloître, ce bâtiment, refait au 18e s., abritait ces moines « auxiliaires » qui vivaient séparés des autres moines et ne les rejoignaient qu'à l'occasion des travaux des champs et à certains offices.

Le rez-de-chaussée et le 1er étage abritent des expositions.

★★ SILVACANE (Abbaye de)

Carte Michelin n° 84 plis 2 et 3 ou 245 pli 31 ou 246 pli 12 — Schéma p. 115.

Profilant, dans un décor champêtre de la rive gauche de la Durance, ses toitures rosées et son petit clocher carré mutilé, l'abbaye de Silvacane, offre, à l'admiration, sa sobre beauté cistercienne.

Des origines à nos jours. — Au 11e s., des moines de St-Victor de Marseille s'étaient installés en ces lieux insalubres et avaient fondé un établissement au milieu de la forêt de roseaux (Sylva cana). Ce monastère s'affilia à Cîteaux et, en 1147, reçut une donation de Guillaume de la Roque et de Raymond de Baux, tandis qu'un groupe de cisterciens de Morimond (abbaye disparue située aux confins de la Champagne et de la Lorraine) le prenait en main.

Protégée par les grands seigneurs de Provence, l'abbaye prospéra : elle réalisa de grands travaux de bonification des terres environnantes et fonda à son tour l'abbaye de Valsainte près d'Apt. En 1289, un violent conflit l'opposa à la puissante abbaye de Montmajour *(p. 144)* ; des moines chassèrent d'autres moines et en prirent même quelques uns en otage. L'affaire se termina par un procès et Silvacane fut rendue à ses légitimes occupants, les cisterciens. Beaucoup plus graves furent d'une part le sac de 1358 par le seigneur d'Aubignan et d'autre part les grandes gelées de 1364 qui anéantirent les récoltes d'olives et de vin. Commence alors une période de déclin qui s'achève en 1443 par l'annexion de l'abbaye au chapitre de la cathédrale St-Sauveur d'Aix.

Devenue église paroissiale du village de la Roque-d'Anthéron au début du 16e s., elle subit des dégradations pendant les guerres de Religion. Lorsque la Révolution éclata, les bâtiments étaient à l'abandon : vendus comme bien national, ils furent transformés en ferme. Rachetés par l'État en 1949, ils sont progressivement restaurés.

VISITE *environ 1 h*

Église. — Construite entre 1175 et 1230 sur un terrain en pente, elle présente des décalages de niveau qui frappent lorsqu'on observe la façade occidentale. Celle-ci est percée de nombreuses ouvertures : un portail central (au tympan duquel les chanoines de St-Sauveur ont apposé leurs armes), deux portes latérales surmontées de petites fenêtres décentrées, trois fenêtres et un oculus orné de moulures à l'étage.

La nef de trois travées se termine par un chevet plat. Sur chaque bras du large transept se greffent deux chapelles orientées.

Le voûtement offre une étonnante diversité : berceau brisé sur doubleaux pour la nef, berceau rampant pour les collatéraux sauf à la troisième travée gauche en demi-berceau, berceau transversal pour les croisillons, voûtes d'ogives pour la croisée du transept et les absidioles.

Le chœur est éclairé par trois fenêtres en plein cintre surmontées d'un oculus, le collatéral Sud est également ajouré par une ouverture à chaque travée. Observer comment l'architecte a dû tenir compte de la pente très accusée du terrain en étageant les niveaux du collatéral Sud, de la nef, du collatéral Nord et du cloître.

Comme à Sénanque, toute décoration est bannie ; l'édifice dans sa simplicité évoque la rigide règle cistercienne.

Dans la chapelle Nord du croisillon gauche (1), fragments du tombeau de Bertrand de Baux, petit-fils du fondateur, qui commença la construction de l'église en 1175.

Cloître. — Placé à un niveau inférieur de 1 m 60 par rapport à celui de l'église, il date de la seconde moitié du 13ᵉ s. Cependant, les voûtes de ses galeries sont encore romanes, en berceau plein cintre sur doubleaux, sauf trois angles qui sont voûtés d'ogives. De puissantes arcades en plein cintre ouvrent sur le préau ; à l'origine, elles étaient ornées de baies géminées.

Bâtiments conventuels. — A part le réfectoire, ils ont été construits entre 1210 et 1230.

La **sacristie** (2) est une salle exiguë disposée en longueur qui jouxte l'**armarium** (3) (bibliothèque) situé sous le sol du croisillon Nord. La **salle capitulaire** rappelle celle de Sénanque : ses six voûtes d'ogives retombent sur deux piles centrales différentes, l'une cantonnée de quatre colonnettes, l'autre à cannelures torses. Après le **parloir** (4) servant de passage vers l'extérieur, vient le **chauffoir,** également voûté d'ogives et conservant sa cheminée. A l'étage se situe le **dortoir.** Le **réfectoire** vaste et magnifique, a été reconstruit vers 1420-1425. Les chapi-

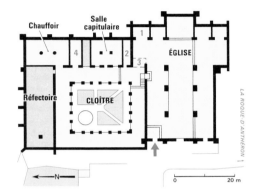

teaux sont plus ornés que ceux des autres salles ; de hautes fenêtres et une large rose dispensent abondamment la lumière ; on y voit encore la chaire du lecteur.

Le bâtiment des convers a complètement disparu. Des fouilles en cours ont permis de dégager, à l'extérieur, les vestiges de la porterie et du mur de clôture de l'abbaye.

SUZE-LA-ROUSSE

1 396 h. (les Suziens)

Carte Michelin nº 81 pli 2 ou 245 pli 16 ou 246 pli 23 — Lieu de séjour.

Suze-la-Rousse, pittoresquement étagée sur la rive gauche du Lez, était, au Moyen Age, la plus importante ville du Tricastin.

La colline de Suze est dominée par un imposant château féodal. L'un de ses seigneurs blessé au siège de Montélimar, en 1587, se fit hisser sur sa jument, elle aussi atteinte, et, avant de se mettre en route, lui adressa l'amical et stoïque encouragement « Allons, la grise, allons mourir à Suze ».

L'ancienne Maison de la Ville présente une jolie façade des 15ᵉ et 16ᵉ s.

Château. — Le chemin d'accès traverse une plantation de chênes truffiers, de près de 30 ha, et conduit à la seule entrée du château.

Il date, dans son ensemble, du 14ᵉ s. et ses tours sont de bons exemples de l'architecture militaire de cette époque. Il a été transformé intérieurement lors de la Renaissance. La cour d'honneur offre de belles façades Renaissance. Au rez-de-chaussée sont les communs avec les écuries et la cuisine du 12ᵉ s. Un escalier d'honneur monumental dessert les appartements. Remarquer la salle des 4 saisons, la salle d'armes avec plafond à la française et grande cheminée encadrée de deux fresques restaurées représentant le siège de Montélimar. Une salle octogonale occupe une des tours d'angle. Belle vue sur le mont Ventoux, la montagne de la Lance et les Préalpes du Dauphiné.

*Dans le **guide Michelin FRANCE** de l'année*
vous trouverez un choix d'hôtels agréables, tranquilles, bien situés
avec l'indication de leur équipement :
piscines, tennis, plages aménagées, aires de repos...
ainsi que les périodes d'ouverture et de fermeture des établissements.

Vous y touverez aussi un choix révisé de maisons qui se signalent
par la qualité de leur cuisine :
repas soignés à prix modérés, étoiles de bonne table.

Pour choisir un hôtel ou un restaurant,
pour trouver un mécanicien,
*consultez le **guide Michelin France** de l'année.*

Carte Michelin n° **83** pli 10 ou **245** pli 28 ou **246** pli 26.

Une tradition bi-millénaire fait de Tarascon la ville de la Tarasque ; au siècle dernier, Daudet l'a rendue célèbre par son Tartarin. Mais elle a d'autres titres pour retenir

l'attention et, en tout premier lieu, son magnifique château, dont les murailles surplombent les eaux rapides du Rhône.

Située à la limite d'une riche région de primeurs, Tarascon est devenue un centre expéditeur important de fruits et légumes.

Tarasque.

La Tarasque. — Comptoir commercial de Massalia (Marseille), Tarascon occupe une île du Rhône. Les Romains s'en emparent après la défaite des Massaliotes. Le château actuel se dresse à l'emplacement du castrum élevé par les légionnaires.

Un peu plus tard, raconte la tradition provençale, un monstre amphibie sort, par intervalles, du Rhône et dévore les enfants, le bétail et tue des gens qui traversent le fleuve. C'est alors que sainte Marthe, venant de Stes-Maries-de-la-Mer, marche à la rencontre du monstre, et l'apaise par un signe de croix. La bête devient docile et elle est alors capturée par le peuple. En souvenir de ce miracle, le bon roi René *(p. 47)*, poète et grand amateur de fêtes — qui résidait souvent en son palais de Tarascon — organisa en 1474 de grandes réjouissances.

Cette légende est évoquée de nos jours au cours d'une procession. A travers la ville on promène la Tarasque dont la gueule et la queue sont mises en mouvement par des jeunes gens cachés à l'intérieur du monstre. A grands coups de queue, le monstre renverse les personnes qu'il peut atteindre.

Tartarin. — En passant par Tarascon, on ne peut manquer d'évoquer le gros homme barbu, inventé par Daudet en 1872, partant pour la Montagnette, sous son harnachement de chasseur de casquettes, ou avec ses lunettes bleues, ses crampons, sa corde et son piolet, allant s'entraîner dans les Alpilles, au vertige des cimes.

★★ CHÂTEAU *visite : 1 h*

Par sa situation au bord du Rhône, par son allure massive, contrastant avec l'élégance de l'architecture intérieure, et par son état exceptionnel de conservation, cet édifice est l'un des plus beaux châteaux médiévaux de France.

Au 13e s., à l'emplacement du castrum romain, se dresse un château qui, face à Beaucaire, ville royale, garde la frontière occidentale de la Provence. Pris par Raymond de Turenne *(p. 87)* en 1399, il est restitué peu après à ses légitimes propriétaires, la famille d'Anjou : Louis II, père de René, décide alors de le faire entièrement reconstruire. Après l'enceinte et les tours, élevées de 1400 à 1406, les travaux se poursuivent sous Louis III, de 1430 à 1435, par la cour intérieure, les ailes Est et Sud-Est, le maître d'œuvre étant l'architecte provençal Jean Robert. De 1447 à 1449, le roi René parachève l'aménagement de ce qui sera une de ses résidences favorites, apportant tout son goût et son raffinement à la décoration intérieure. Il organise ici des fêtes fastueuses (notamment le fameux tournoi du Pas de la Bergère qui se prolonge trois jours durant en juin 1449), il écrit le « Traité des Tournois », compose de la musique, reçoit des hôtes de marque comme le dauphin Louis (futur Louis XI) et Charles d'Orléans, le célèbre troubadour.

Laissé plus ou moins à l'abandon, le château de Tarascon devient, au 17e s., une prison célèbre du royaume : Cinq-Mars et de Thou y sont enfermés. Il conservera

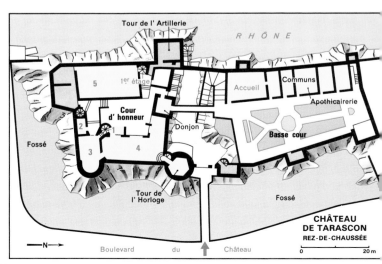

cette sinistre vocation jusqu'en 1926. Restauré depuis, il a été débarrassé de constructions parasitaires et ses fossés ont été dégagés, si bien qu'il a retrouvé son aspect d'il y a 500 ans. Il comprend deux parties indépendantes : le logis seigneurial au Sud, cantonné de tours rondes côté ville et de tours carrées, côté Rhône, qui offre la masse compacte de ses murs jaillissant jusqu'à 48 m de hauteur (tours et courtine à la même hauteur, terrasses prévues pour les mouvements de l'artillerie), et la basse cour au Nord, défendue par des tours rectangulaires moins hautes.

Intérieur. — Un large fossé, traversé par un pont (autrefois pont-levis), isole les deux ensembles. On entre dans le logis seigneurial par la porte en chicane de la tour du donjon. On découvre alors la cour d'honneur autour de laquelle s'ordonnent les appartements aux belles façades finement sculptées et ornées de fenêtres à meneaux. Une grâcieuse tourelle d'escalier polygonale (1) dessert les différents étages ; à côté, une niche abrite les bustes du roi René et de Jeanne de Laval sa seconde femme.

Toujours dans cette partie Sud de la cour, en gravissant le perron, on remarque la clôture flamboyante de la chapelle des chantres (2), puis s'ouvrant dans la tour d'angle, la chapelle basse (3) et, au-dessus, la chapelle haute.

A l'Est et au Nord, un corps de logis en équerre donnant en partie sur la ville comprend de nombreux appartements d'habitation qui s'étagent deux à deux au-dessus d'une belle galerie (4) aux voûtes surbaissées et communiquent avec la tour de l'Horloge à vocation militaire. A l'Ouest, s'élance la tour de « l'artillerie » en forte saillie sur la berge du Rhône.

La visite de l'aile occidentale, qui surplombe le fleuve, permet de découvrir les salles d'apparat : au rez-de-chaussée, salle des Festins (deux cheminées) (5) et, au premier étage, salle des Fêtes, deux vastes pièces aux plafonds de bois décorés de peintures. Viennent ensuite : la chambre du roi (dans la tour Sud-Ouest) avec cheminée et chauffe-plats puis, au deuxième étage, la salle des Audiences et la salle du Conseil, toutes deux voûtées pour supporter les terrasses. On admire au passage plusieurs belles tapisseries des Flandres du 17e s. sur le thème de la « Geste de Scipion l'Africain ».

Rejoignant l'aile Sud, on rencontre la chambre du chapelain (sacristie, four à hostie, recoin du trésor) puis, la chapelle royale qui a conservé les oratoires du roi et de la reine et d'où ces derniers pouvaient entendre les voix des chantres.

Terrasse. — Surnommée « mont haut retraict » par René, elle offre un **panorama**★★ immense sur Beaucaire, Tarascon, le Rhône et le barrage de Vallabrègues, la Montagnette, les Alpilles, Fontvieille, l'abbaye de Montmajour, Arles et la plaine de St-Gilles. C'est par les créneaux de cette plate-forme que furent précipités dans le fleuve, en 1794, les partisans locaux de Robespierre. Les terrasses du château étaient dominées par un châtelet qui couronnait le donjon situé au Nord-Ouest du logis seigneurial et dont il reste la base.

On redescend par la tour de l'Horloge au rez-de-chaussée de laquelle se trouve la salle dite des Galères, en souvenir des graffitis et des dessins de bateaux exécutés par les prisonniers de jadis.

Les communs. — Annexe du château qu'elle jouxte mais dont elle est indépendante, cette partie comprend la basse cour proprement dite et les bâtiments de service où s'affairait, sous René, un nombreux personnel.

Récemment aménagés, ces bâtiments abritent l'**apothicairerie** de l'hôpital St-Nicolas : plus de 200 pots en faïence de St-Jean-du-Désert et de Montpellier sont présentés dans une belle boiserie du 18e s.

AUTRES CURIOSITÉS

★**Église Ste-Marthe** (Y). — Fondée vers le 10e s., elle fut rebâtie au 12e s., lorsqu'on eut retrouvé le corps de la sainte, puis reconstruite en grande partie du 14e s. et remaniée aux siècles suivants. Elle a été restaurée après avoir subi des dégâts en 1944. Le portail Sud est un excellent exemple du style roman : malheureusement sa belle décoration sculptée a partiellement disparu.

TARASCON

Les numéros de sorties de ville ①-②... sont identiques sur les plans et les cartes Michelin.

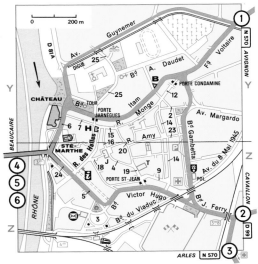

A l'intérieur, parmi les nombreux tableaux qui ornent les chapelles latérales, remarquer Saint Thomas d'Aquin et Sainte Catherine de Sienne de Pierre Parrocel *(3e chapelle à droite)* ; des toiles de Vien et de Nicolas Mignard retracent la vie de sainte Marthe.
Dans le bas-côté gauche : beau triptyque du 15e s. *(chapelle de la dernière travée)* ; saint François d'Assise de Carle Van Loo, buste reliquaire et gisant en marbre du mausolée du 17e s. *(chapelle Ste-Marthe, 2e travée).*
Dans l'escalier menant à la crypte, tombeau de Jean de Cossa (ancien sénéchal de Provence), belle œuvre de style Renaissance attribuée à l'école de Francesco Laurana. La crypte contient le sarcophage (3e-4e s.) de sainte Marthe, orné de sculptures.

Hôtel de ville (Y H). — C'est une construction du 17e s. présentant une élégante façade sculptée, ornée d'un balcon de pierre. Dans la rue des Halles attenante, pittoresques maisons à arcades (15e s.).

Ⓥ**Maison de Tartarin** (Y B). — Aménagée en hommage au plus célèbre des Tarasconnais, cette maison comporte trois pièces décorées dans le goût et l'esprit des années 1870. Au rez-de-chaussée : le cabinet de travail, le salon ; au 1er étage : la chambre. Mannequins costumés, meubles, documents restituent l'ambiance du roman de Daudet. A l'arrière de la maison, « jardin exotique ».

LE THOR
5 025 h. (les Thorois)

Carte Michelin n° 81 pli 12 ou 245 pli 17 ou 246 pli 11.

Autrefois capitale du raisin de table « Chasselas », le Thor a diversifié ses activités agricoles que se partagent les maraîchers, les arboriculteurs et les viticulteurs. Le pont sur la Sorgue, ses alentours et notamment l'église, composent un tableau pittoresque. Du Moyen Age, subsistent également des fragments de remparts et le beffroi.

★**Église.** — *Visite : 1/4 h.* Achevée au début du 13e s., elle est romane dans son Ⓥensemble, mais sa nef unique est couverte d'une voûte gothique qui compte parmi les plus anciennes de Provence. L'extérieur est imposant avec sa haute nef étayée de massifs contreforts, son abside ornée d'arcatures lombardes, son lourd clocher central resté inachevé. Les portails sont directement inspirés de l'art antique, surtout le portail Sud. L'intérieur est sobre et présente une nef unique et une belle coupole sur trompes. Remarquer la clef de voûte à l'entrée de l'abside à quatre pans : l'Agneau de Dieu entouré de cinq aigles.

Ⓥ**Grotte de Thouzon.** — *3 km au Nord. Le chemin de la grotte s'amorce sur le D 16.*
La grotte s'ouvre au pied de la colline couronnée par les ruines du château de Thouzon et un monastère (toute proche, intéressante chapelle romane). Elle fut découverte en 1902 par le hasard d'un coup de mine, sur le lieu d'une ancienne carrière. Le visiteur parcourt sur 230 m l'ancien lit de la rivière souterraine qui creusa jadis cette galerie, terminée par un gouffre peu profond. A la voûte s'élevant jusqu'à 22 m, se forment des stalactites fistuleuses d'une rare finesse. Par ailleurs, la grotte présente de nombreuses concrétions aux formes curieuses et d'un beau coloris.

La TOUR-D'AIGUES
2 479 h. (les Tourains)

Carte Michelin n° 84 pli 3 ou 245 pli 32 (6 km au Nord-Est de Pertuis).

Au pied du Luberon, le pays d'Aigues, ouvert sur Aix-en-Provence, apparaît comme une région favorisée : ses paysages riants, faits de riches terroirs bien exposés qui portent des vignobles, des vergers (cerises) et des cultures maraîchères, contrastent avec l'aridité sauvage de la montagne voisine. Fondé au 10e ou au 11e s., le bourg doit son nom à une tour ayant précédé le donjon de l'actuel château.

Château. — Reconstruit de 1555 à 1575 sur les assises d'un château médiéval dans le goût de la Renaissance par un architecte italien (Ercole Nigra), il occupe, sur une vaste terrasse dominant le Lèze, une superficie de 1 400 m². Catherine de Médicis et sa suite y séjournèrent en 1579. Incendié en 1782, il fut à nouveau ravagé par les flammes en 1792 et définitivement ruiné. Le département du Vaucluse le restaure progressivement.
Le monumental **portail d'entrée** affecte la forme d'un arc de triomphe abondamment décoré : colonnes et pilastres corinthiens, frise d'attributs guerriers, entablement surmonté d'un fronton triangulaire. De part et d'autre s'élèvent deux imposants pavillons carrés à trois étages de fenêtres (celui de gauche possède encore sa haute cheminée). Au cœur de l'enceinte se dresse le gros œuvre du donjon. Dans un angle subsiste la chapelle.

Ⓥ**Musée de l'Histoire du Pays d'Aigues et musée des faïences.** — *Accès par le pavillon du syndicat d'initiative (antenne du Parc naturel régional du Luberon, voir p. 125).* Ces deux musées ont été aménagés dans plusieurs des nombreuses caves en enfilade du château.
Le premier propose, dans une présentation moderne faisant appel aux techniques audiovisuelles, une histoire des hommes et du terroir, des origines à nos jours. Photographies en transparence, cartes lumineuses, objets (moulages antiques, outils, reconstitution d'une magnanerie etc.) et maquettes permettent de comprendre l'évolution de la vie rurale locale.
Le second présente une collection de faïences, illustrant la production de la faïencerie disparue du château.
La visite des caves et des couloirs souterrains complète celle des musées.

Église. — Ce curieux édifice possède une nef romane terminée par une abside désaffectée (actuelle façade) tandis qu'ont été rajoutés, au 17e s. le transept et le chœur.

★ **UZÈS**   7 826 h. (les Uzétiens)

Carte Michelin n° 🎱🎱 pli 19 ou 🎱🎱🎱 pli 14 ou 🎱🎱🎱 pli 25 — Lieu de séjour.

Dans le paysage au charme sévère des Garrigues *(p. 119)*, Uzès s'est installée à l'extrémité d'un plateau calcaire dont le bord abrupt domine la vallée de l'Alzon.

Ducale, épiscopale et consulaire, elle garde une configuration de place-forte médiévale qui s'est embellie aux 17e et 18e s. grâce à la prospérité économique : fabrication de draps et de serges, puis de soie.

La ville, débordant le cadre de son ancienne enceinte remplacée par des boulevards circulaires, se développe sur le plateau.

Le duché d'Uzès. — L'antique maison d'Uzès remonte à Charlemagne par les femmes.

En 1486, la dernière héritière des seigneurs d'Uzès épouse le comte de Crussol, gouverneur du Dauphiné ; un de leurs descendants, Antoine de Crussol, reçoit, en 1565, de Charles IX, le titre de duc d'Uzès. Après l'exécution, à Toulouse, du duc de Montmorency (1632), le duc d'Uzès devient le premier duc et pair du royaume.

Dès 1547, apparaît une forte église protestante à Uzès. Dès lors commence une longue période de guerres religieuses qui se terminera par la soumission et l'exil de nombreux réformés sous Louis XIII puis Louis XIV. Cependant, une sourde rivalité séparera jusqu'à une période récente, catholiques et protestants uzétiens.

Le poète en exil. — Uzès tient une place dans l'histoire littéraire par le séjour qu'y a fait **Jean Racine,** alors âgé de 22 ans (1661). Après avoir connu les disciplines de Port-Royal et du janséniste collège d'Harcourt à Paris, Racine s'est émancipé. Sa famille, qui le voit avec horreur songer au théâtre, l'envoie chez son oncle, vicaire général à Uzès. Pour l'arracher au monde, celui-ci lui promet un « bénéfice » dès qu'il sera entré dans les ordres. Racine passe un peu plus d'un an chez son oncle. Dans ses lettres, pétillantes d'esprit, il parle fort peu de théologie, mais de la campagne, des moissons, des cigales, de l'agréable climat, de la qualité de la chère, du patois local qu'il ne comprend pas, et aussi de ses essais poétiques. Un procès surgit à propos de son futur bénéfice ; il n'y comprend goutte et le perd : ces chicanes auraient été à l'origine des « Plaideurs ».

Mais le jeune poète ne sent décidément pas venir la vocation sacerdotale ; il retourne à Paris accomplir son destin.

(Photo Varga/Artephot)

Jean Racine (école de Mignard).

Les Gide. — A Uzès, est aussi lié le nom de la famille Gide.

Paul Gide (1832-1880), juriste éminent, et Charles Gide (1847-1932), professeur au Collège de France, économiste célèbre, apôtre ardent de l'idée coopérative, sont tous deux nés à Uzès et furent respectivement le père et l'oncle de l'écrivain **André Gide** (1869-1951). Celui-ci a raconté dans « Si le grain ne meurt » ses séjours de vacances chez sa grand-mère, affirmant l'influence de son milieu uzétien sur son esprit et sur son œuvre.

CURIOSITÉS

Partir de l'avenue de la Libération et prendre à droite le boulevard des Alliés.

Église St-Étienne (A). — Du 18e s. Elle présente une façade curviligne décorée de pots à feu. Sur le côté gauche, elle est flanquée d'une tour carrée du 13e s.

Sur la place de l'Église se dresse la maison natale (A **D**) de Charles Gide, économiste (1847-1932).

Rue St-Étienne (A 25). — Au n° 1. Imposante porte Louis XIII à pointes de diamant. Un peu plus loin à gauche, dans une impasse, belle façade Renaissance.

Place aux Herbes (A 15). — Elle est entourée de « couverts » et plantée de platanes ; parmi les maisons anciennes, remarquer dans le renfoncement, à l'Ouest, l'**hôtel d'Aigaliers** (A **E**), du 17e s.

Au fond de la place, à droite, emprunter une ruelle.

Elle mène à la curieuse et étroite rue Pélisserie.

S'avancer dans la rue Entre-les-Tours.

(D'après photo Ed. S. L., Villeurbanne)

Uzès. — Place aux Herbes.

UZÈS

Tour de l'Horloge (A). — Elle date du 12ᵉ s. C'est la tour de l'Évêque. Elle s'opposait à la tour ducale et à la tour du Roi au temps où ces trois pouvoirs se partageaient Uzès.

Hôtel Dampmartin (A K). — *Au nᵒ 1, rue Jacques-d'Uzès.* Il présente une façade Renaissance flanquée d'une tour ronde ; une frise sculptée encadre la fenêtre du 1ᵉʳ étage. Entrer dans la cour Renaissance et jeter un coup d'œil sur l'escalier.

Traverser la place Dampmartin.

Hôtel de Joubert et d'Avéjan (A L). — *Au nᵒ 12, rue de la République.* Belle façade d'époque Henri II, restaurée.

Regagner la rue Jacques-d'Uzès que l'on prend à gauche.

★ Duché (A). — A l'extérieur, le Duché apparaît comme une masse féodale ; les bâtiments de diverses époques rappellent l'ascension de la maison d'Uzès.

Cour. — On distingue, de gauche à droite : la tour de la Vicomté (14ᵉ s.) avec sa tourelle octogonale, le seigneur d'Uzès est en effet devenu vicomte en 1328 ; la tour Bermonde, donjon carré du 11ᵉ s., du nom du seigneur qui la fit élever ; son couronnement, endommagé à la Révolution, fut refait au 19ᵉ s.
A droite, en retour d'équerre, s'étend la **façade★** Renaissance construite vers 1550 par le premier duc sur les plans de Philibert Delorme. Les trois ordres dorique, ionique et corinthien s'y superposent et c'est un des premiers exemples de cette ordonnance. A l'extrémité de la façade, s'élève la chapelle gothique, restaurée au 19ᵉ s.

Tour Bermonde. — *148 marches.* Accès par un bel escalier d'honneur Renaissance, voûté en caissons et à pointes de diamant.
De sa terrasse, intéressante **vue★** sur les vieux toits d'Uzès brûlés de soleil et le paysage des Garrigues.

Appartements. — Dans le grand salon Louis XV, orné de gypseries, console Trianon, dorée à la feuille, portant un beau vase de Delft ; meubles Louis XV et Louis XVI et costumes de l'époque de Charles X.
Les meubles de la salle à manger sont d'époque Renaissance et Louis XIII. En sortant, à gauche, tour de la Vigie (12ᵉ s.).

Hôtel de ville (AB H). — Cour du 18ᵉ s. à la belle ordonnance.

Crypte (AB N). — Remarquer le baptistère et les deux bas-reliefs dont l'un possède des yeux de verre ; dans le sanctuaire chrétien primitif (4ᵉ s.), des niches recevaient les objets du culte.

Suivre la rue Boucairie.

A l'angle de la rue Rafin s'élève l'**hôtel des Monnaies** (B) ; une plaque rappelle qu'ici les évêques battaient monnaie au Moyen Age.

Hôtel du baron de Castille (B R). — Façade fin du 18ᵉ s. précédée d'une colonnade. Le baron fit également élever le château de Castille *(p. 120),* avec un pareil luxe de colonnes.

Ancien palais épiscopal (B S). — Demeure fastueuse construite à la fin du 17ᵉ s., l'édifice abrite, dans son aile droite, la bibliothèque municipale et le musée.

Musée municipal. — Il comprend des collections très variées : flore de la garrigue, fossiles, coquillages, préhistoire, archéologie *(1ʳᵉ salle)* ; documents anciens, arts et traditions populaires, art nègre, meubles *(2ᵉ salle)* ; poteries de St-Quentin, faïences *(3ᵉ salle)* ; peintures, lithographies, caricatures de Daumier *(4ᵉ salle)* ; souvenirs de la famille Gide *(5ᵉ salle).*

Cathédrale St-Théodorit (B V). — Élevée au 17e s., la cathédrale présente une façade refaite au 19e s. L'intérieur se signale par ses belles **orgues**★ Louis XIV, restaurées, qui ont gardé un grand nombre de jeux du 18e s. Anciennement, pendant le carême, elles étaient masquées par des volets peints encore visibles.
Remarquer aussi les balcons de circulation à rampe de fer forgé, à mi-hauteur des grandes arcades et, dans le chœur à gauche, un beau lutrin (17e s.).

★**Tour Fenestrelle** (B). — *Accès interdit*. Elle date du 12e s. Accolée au Sud du porche de la cathédrale, c'est le seul vestige de l'ancienne cathédrale romane détruite lors des guerres de Religion. Haute de 42 m au-dessus d'un soubassement carré, elle compte six étages circulaires en retrait l'un sur l'autre. Ce type de clocher rond est unique en France. La variété des ouvertures donne de l'élégance en évitant la monotonie.

Promenade Jean-Racine (B). — Prolongée par la promenade des Marronniers : la vue s'étend sur le parc du Duché, les Garrigues et la vallée de l'Alzon, où sourd l'Eure, captée par les Romains et dirigée sur Nîmes par le Pont du Gard. A gauche, en saillie, s'élève le **pavillon Racine** (B X), ancienne tour des fortifications, restaurée à la fin du 18e s.

Maison du Portalet (B). — *Au n° 19, le Portalet*. Joli hôtel Renaissance dont la façade est en partie masquée par un mur fermant la cour.

S'avancer dans la rue Paul-Foussat.

Au n° 3, belle porte Renaissance de l'hôtel (A Z) qu'habita Grimoard du Roure avant de devenir pape sous le nom d'Urbain V.

EXCURSION

Ⓥ **Château de Castelnau.** — *19 km par les D 982 et 186. Quitter Uzès par ③ du plan. Parking de stationnement dans le parc du château. Visite : environ 3/4 h.*
Ce château fort se dresse sur une éminence. En août 1704, il fut le théâtre de la fin tragique du chef camisard Pierre Laporte, dit Roland, surpris par les troupes royales et tué à quelques centaines de mètres de là. A la suite de cet épisode, Castelnau fut transformé en caserne et le sommet de ses tours ainsi que ses créneaux furent rasés. Des restaurations du 19e s. lui ont rendu son allure de forteresse.
En forme de quadrilatère flanqué de quatre tours (deux rondes et deux carrées), le château se compose de différents éléments architecturaux s'échelonnant des 11e-12e s. au 17e s. et au 19e s. L'accès au « donjon » permet de suivre une partie de l'ancien chemin de ronde ; de la terrasse, très belle vue sur Uzès, le Ventoux, le mont Bouquet, les Monts Lozère et le cours du Gardon.
A l'intérieur, on visite le salon, la galerie, la chambre, situés au premier étage : intéressant mobilier des 17e, 18e et 19e s. Au rez-de-chaussée, on pénètre dans la salle à manger et la cuisine. La cour intérieure, bordée d'une galerie, conserve, incrustées dans les murs, plusieurs stèles gallo-romaines ; remarquer également le puits de 25 m de profondeur. En sortant, on observe une petite chapelle ornée de peintures sur bois doré du 16e s. Après la visite, on se promène dans le parc ombragé par de grands arbres.

★★ **VAISON-LA-ROMAINE**   5 864 h. (les Vaisonnais)

Carte Michelin n° ⁸¹ pli 2 ou ²⁴⁵ pli 17 ou ²⁴⁶ pli 9 — Schémas p. 111 et 197 — Lieu de séjour.

Bâtie sur les rives de l'Ouvèze, au centre d'un cirque de collines boisées, Vaison, petite ville provençale pleine d'attraits, enchantera les amoureux du passé. Rarement tableau aussi complet et pittoresque ne s'offre à leurs yeux : immense champ de ruines antiques, cathédrale romane avec son cloître, vieux village dominé par son château...
Cité touristique animée en saison par un festival musical *(voir p. 203 et 204)*, Vaison vit également au centre d'une région agricole où le vin, les fruits et les produits de la montagne (miel, lavande, truffes etc.) donnent lieu à un commerce actif.

UN PEU D'HISTOIRE (1)

La cité des Voconces. — Capitale méridionale du peuple celtique des Voconces, Vaison (« Vasio Vocontiorum ») est intégrée à la Provincia romaine conquise à la fin du 2e s. avant J.-C. *(voir p. 22)* et couvrant tout le Sud-Est de la Gaule. Elle reçoit très tôt le statut de cité fédérée (et non de colonie) qui lui laisse une large autonomie. Fidèles à César pendant la guerre des Gaules (58 à 51 avant J.-C.), les Voconces se couleront aisément dans le moule romain et parmi eux s'illustreront des hommes comme l'historien Trogue-Pompée et Burrhus le précepteur de Néron.
Mentionnée comme une des villes les plus prospères de Narbonnaise sous l'Empire, Vaison s'étendait sur environ 70 hectares et avait une population d'au moins 10 000 habitants. Contrairement aux exemples coloniaux (Arles, Nîmes, Orange etc.), la ville n'a pas reçu de plan d'urbanisme « à la romaine ». Un habitat de caractère rustique préexistant empêcha de tracer un carroyage régulier et d'implanter des quartiers d'habitations et des monuments publics bien ordonnés : il en résulta un tissu urbain très lâche. De vastes maisons trouvèrent place au cœur même de la ville en succédant aux premières constructions. Ce n'est que sous les Flaviens (dernier tiers du 1er s. après J.-C.) que l'on se décida à percer des rues rectilignes qui forcèrent les

---

(1) Pour plus de détails : lire le « Guide Archéologique de Vaison-la-Romaine », par M. Goudineau et M. De Kisch et le « Musée Archéologique de Vaison-la-Romaine » par M. Dumoulin (Édités par l'office de tourisme de Vaison-la-Romaine).

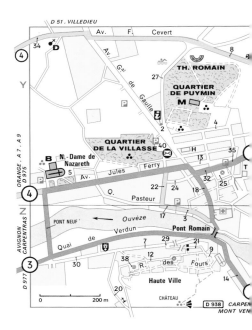

propriétés à se remodeler, les maisons à décaler leurs façades et à modifier leurs axes tandis que s'élevaient portiques et colonnades. Les grands monuments, hormis le théâtre et les thermes, ne sont pas connus.

Les archéologues constatent que les luxueuses « domus » étaient bien plus vastes que celles de Pompéi. Édifiées en plusieurs phases (s'étalant sur deux siècles et demi), elles formaient « un monde clos réservé à leurs habitants et à leurs visiteurs leur perfection architecturale » (C. Goudineau). Cependant, la ville ne se composait pas que de « domus » de ce type ; elle accumulait en fait un habitat très hétéroclite où voisinaient petits palais, logements modestes, bicoques ou arrière-boutiques minuscules.

Au cours des siècles. — Partiellement détruite à la fin du 3e s., Vaison se relève au 4e s. dans un cadre urbain réduit. Siège d'un évêché, elle occupe encore aux 5e et 6e s., malgré la domination barbare, un rang assez important : deux conciles s'y réunissent en 442 et 529.

Les siècles suivants sont marqués par un net déclin et par l'abandon de la ville basse au profit de l'ancien oppidum sur la rive gauche de l'Ouvèze, où le comte de Toulouse fait édifier un château. La haute ville médiévale met ses habitants à l'abri de l'insécurité. Elle ne sera abandonnée à son tour qu'aux 18e et 19e s., la ville moderne recouvrant alors la cité gallo-romaine. Les fouilles débutent dans les années 1840, Mérimée vient sur place.

Mais l'essentiel est accompli par le chanoine Sautel de 1907 à 1955, à qui l'on doit la découverte et le dégagement de deux quartiers et du théâtre. Son œuvre est actuellement poursuivie par une équipe scientifique d'archéologues de haut niveau.

Par ailleurs, la Haute Ville fait peau neuve grâce à de nombreuses restaurations privées qui lui redonnent son cachet ancien.

★★ LES RUINES ROMAINES (Y) *visite : environ 2 h*

Les vestiges antiques s'étendent sur 13 hectares. Le centre de la cité gallo-romaine (forum et abords) est recouvert par la ville moderne. N'ont donc pu être dégagés que les quartiers périphériques, riches d'enseignements sur la vie à Vaison aux premiers siècles de notre ère, notamment sur la vie privée.

Les fouilles progressent, d'une part en direction de la cathédrale dans le quartier de la Villasse et d'autre part autour de la colline de Puymin où ont été récemment mis au jour un quartier de boutiques et une somptueuse « domus » (la « villa du Paon ») avec son décor de mosaïques.

A la limite Nord de la ville antique, les fouilles des thermes (une vingtaine de salles) ont montré qu'ils avaient été utilisés jusqu'à la fin du 3e s. et détruits ensuite *(détails sur l'architecture romaine, voir p. 32 à 34).*

QUARTIER DE PUYMIN

Maison des Messii. — Grande demeure urbaine d'une riche famille vaisonnaise, cette « domus » (en partie enfouie sous la voirie moderne) offre l'exemple d'un agencement intérieur très élaboré qui constituait un cadre de vie somptueux et confortable. De l'entrée sur la rue romaine, un vestibule puis un couloir conduisent à l'atrium (**1**) autour duquel s'ordonnent différentes pièces, dont le tablinum (cabinet de travail, bibliothèque) réservé au père de famille. L'atrium est identifiable à son bassin carré central (« impluvium ») alimenté en eau de pluie par une ouverture ménagée dans le toit (« compluvium »).

Remarquer la pièce (**2**) où fut trouvée la tête de Vénus (au musée), la grande salle de réception ou œcus (**3**), le péristyle avec son bassin. Les annexes comprennent la cuisine (**4**) avec ses foyers jumelés et le bain privé (**5**) avec ses trois salles (chaude, tiède et froide).

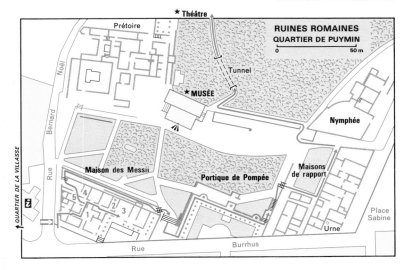

RUINES ROMAINES
QUARTIER DE PUYMIN
0   50 m

★ Théâtre
Prétoire
Noël
Tunnel
★ MUSÉE
Bernard
Nymphée
Rue
QUARTIER DE LA VILLASSE
Maison des Messii
Portique de Pompée
Maisons
de rapport
5 4
2 3
1
Place
Sabine
Urne
Rue   Burrhus

Portique de Pompée. — Cet ensemble était une promenade aménagée, une sorte de jardin public affectant la forme d'une enceinte carrée de 52 m de côté. Quatre galeries à exèdres, couvertes à l'origine d'une toiture en appentis, entouraient un jardin et un bassin au centre duquel s'élevait un édicule carré.
La galerie Nord, bien dégagée, présente trois exèdres dans lesquelles ont été placées les moulages des statues de Sabine, du Diadumène (réplique romaine de l'œuvre de Polyclète, conservée au British Museum) et d'Hadrien.
La galerie occidentale est également presque entièrement dégagée, tandis que les deux autres galeries s'enfoncent sous les constructions modernes.

Maisons de rapport. — Il s'agit d'un lotissement pour citoyens modestes. Remarquer la grande jarre à provisions (« dolium »).

Nymphée. — Structures diverses d'un château d'eau autour d'une source captée dans un bassin de forme allongée, appelé nymphée.
C'est un peu plus loin, à l'Est qu'ont été fouillés le quartier des boutiques et la **« villa du Paon »**.
Du nymphée, on gagne le théâtre par un tunnel romain que les habitants de ce versant de la colline empruntaient par commodité.

★**Théâtre romain.** — Il date du 1er s. après J.-C. ; réparé au 3e s., il a été démantelé au 5e s. Avec 95 m de diamètre et 25 m de hauteur, il est un peu plus petit que celui d'Orange (103 m pour 36 m). Comme lui, il s'adosse à la colline mais ses gradins ont été reconstitués par Jules Formigé. Sa capacité est de 6 000 spectateurs. La scène est tout entière creusée dans le roc ; de ce fait, les fosses qui contenaient les machineries, celles du rideau, sont bien conservées. On y a découvert, enfouies sous les décombres, les belles statues exposées au musée.
Autre particularité de l'édifice : la colonnade du portique du dernier étage subsiste en partie, alors qu'elle a disparu dans les autres théâtres antiques de Provence.

Après la visite du théâtre, revenir par le versant occidental de Puymin.

Là se trouve l'ensemble intitulé « prétoire » ; en fait, il s'agit d'une vaste « domus » avec fresques et latrines.

★**Musée** (M). — Cet intéressant musée, ouvert depuis 1974, présente, de manière agréable, le produit des fouilles de Vaison. Plusieurs aspects de la civilisation gallo-romaine sont évoqués au moyen de regroupements thématiques : religion (autels, inscriptions funéraires, dédicaces), habitation, céramique, verrerie, armes, outils, parure, toilette, monnaies impériales. La statuaire est remarquable. Toutes les statues sont en marbre blanc. Dans l'ordre chronologique : Claude (datée de 43) dont la tête est ceinte d'une épaisse couronne de chêne, Domitien cuirassé, Hadrien nu (datée de 121) qui donne une image de majesté à la manière hellénistique, Sabine sa femme, représentée plus conventionnellement sous l'aspect d'une grande dame en vêtement d'apparat. Les statues acéphales sont celles de personnages municipaux dont la tête était interchangeable.
Deux autres pièces retiennent l'attention : la tête de Vénus laurée, marbre du 2e s. *(illustration p. 20)*, et le buste en argent d'un patricien (3e s.).

(D'après photo Georges Gaud)
L'Impératrice Sabine.

191

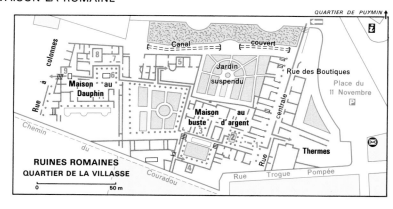

QUARTIER DE LA VILLASSE

Rue centrale et thermes. — En pénétrant dans le périmètre des fouilles, on marche dans une grande rue dallée, sous laquelle court un caniveau, qui descend vers les habitations modernes, en direction de l'Ouvèze.

Sur sa droite, cette rue est doublée par une allée bordée de colonnades, qui était réservée aux piétons et longeait des boutiques installées dans les dépendances des maisons d'habitation.

A gauche, apparaissent les restes des thermes du centre, ceinturés par de profondes canalisations, que l'on a longtemps confondus avec une basilique. La grande salle, large de 12,5 m, a conservé une arcade à pilastres.

Maison au buste d'argent. — En face des thermes, dans la rue des Boutiques, s'ouvre l'entrée (1) d'une vaste « domus » dans laquelle a été découvert le buste en argent (visible au musée) de son opulent propriétaire.

S'étalant sur environ 3 000 m² de surface, cette maison est complète et on y reconnaît le vestibule dallé, l'atrium (2), le tablinum (3), un premier péristyle avec jardin et bassin puis, plus grand, un second péristyle lui aussi avec jardin et bassin.

Jouxtant au Sud la maison au buste d'argent, une autre maison a livré plusieurs mosaïques (4) ainsi que des fresques autour d'un atrium. Au Nord du second péristyle se trouve le bain privé (5) précédé d'une cour. A côté, s'étend un grand jardin suspendu qui agrémentait l'ensemble.

Maison au Dauphin. — Dans son état primitif, vers 40 avant J.-C., cette maison occupait le Nord-Est d'un grand enclos, dans un cadre qui n'était pas encore urbain. Son logis principal s'organisait autour d'un péristyle tandis qu'un bâtiment séparé abritait les premiers thermes privés connus en Gaule.

Au Nord du grand péristyle, quelques marches donnent accès à un autre péristyle (6) avec son bassin. A droite sur 50 m², s'étend le bain privé (7), flanqué des latrines. On traverse le triclinium (8), grande salle à manger d'apparat, puis différentes pièces avant de rejoindre l'atrium (9).

Au Sud, se trouve un autre péristyle, lieu d'agrément orné d'un grand bassin à trois exèdres décoré de placages de marbre blanc : jeux d'eau, massifs et parterres conféraient à ce jardin un charme particulier.

Rue à colonnes. — Incomplètement dégagée, elle borde la maison au Dauphin sur une longueur de 43 m. Elle n'était pas dallée : son revêtement était fait de gravillons souvent rechargés, ce qui était le cas de nombreuses autres rues.

AUTRES CURIOSITÉS

Ancienne cathédrale N.-D.-de-Nazareth (Y). — Ce bel édifice de style roman provençal *(voir p. 35)* succède à plusieurs édifices antérieurs dont quelques traces subsistent. Les fondations du chevet reposent sur des fragments arrachés à un temple romain ; en contrebas, les restes d'une abside en petit appareil sont datables de la fin du 4e s.

A cette première église paléochrétienne succéda un édifice mérovingien au 6e ou au 7e s. dont témoignent l'abside et la base d'une colonne cannelée dégagée en 1951 dans la première travée du bas-côté gauche. On peut imaginer, avec prudence, son aspect : nef triple à charpente portée par douze colonnes. Reconstruite au 11e s. (se rattachent à cette époque une partie des murs extérieurs et la travée droite précédant l'abside), elle est à nouveau relevée au milieu du 12e s. et achevée au début du 13e s. : nef et bas-côtés appartiennent à cette phase de construction.

La décoration extérieure présente des corniches et des frises à rinceaux imitées de l'antique. Les absidioles sont de taille inégale et la tour carrée du clocher est décentrée. A l'intérieur, la nef à collatéraux comprend deux travées voûtées en berceau brisé et une travée surmontée d'une coupole sur trompes décorées des symboles des évangélistes.

L'abside centrale (6e s.) est ornée d'arcatures retombant sur des colonnes antiques remployées, elle conserve ses dispositions originales avec sa cathèdre épiscopale entourée par les trois degrés en pierre du banc presbytéral ; le sarcophage de saint Quenin et le **maître-autel★**, en marbre blanc reposant sur quatre colonnettes, datent sans doute aussi du 6e s. Dans l'absidiole à gauche du chœur, un autre autel de marbre est daté du 6e s. Les enfeus du 14e s. et la fenêtre centrale du 15e s. sont les seuls ajouts ultérieurs.

★ **Cloître** (Y B). — Construit au 11e s. et repris au 12e s., il a été fortement restauré au siècle dernier.

Dans ses galeries, un petit musée d'art chrétien présente divers éléments lapidaires : autel tabulaire, sarcophage, croix à double face du 15e s., pierres tombales, fragments d'entrelacs carolingiens, inscriptions funéraires, etc. Du préau, on pourra voir la grande inscription latine décorative qui court sous la corniche de la nef de la cathédrale et dont la traduction est très discutée par les épigraphistes.

★ **Chapelle de St-Quenin** (Y D). — La curieuse abside triangulaire et sa remarquable décoration ont suscité de nombreuses controverses parmi les archéologues. Certains y ont vu un temple de Diane, d'autres les placettes d'une chapelle mérovingienne. On croit, aujourd'hui, qu'il s'agit d'un édifice roman élevé, au 12e s., avec des éléments plus anciens. La nef a été refaite au 17e s. Remplois paléochrétiens ou mérovingiens au-dessus et à gauche de la porte.

Pont romain (Z). — Il n'a qu'une seule arche, de 17 m d'ouverture. Sauf le parapet, refait au 19e s., il est tel qu'il y a 2 000 ans.

Haute Ville (Z). — En partant de la place du Poids, les amateurs de vieilles maisons pourront parcourir les ruelles et les placettes de la ville haute qui se constitua aux 13e et 14e s., puis fut abandonnée *(p. 190)*. Les maisons à la pierre chaleureuse et aux toitures colorées de vieilles tuiles rondes ont repris vie dans un cadre historique typiquement provençal.

On pénètre dans le bourg par une porte fortifiée du 14e s., dominée par la tour du beffroi et son campanile de fer forgé (18e s.). En prenant le temps de flâner, on goûte au charme des rues pittoresques (rue de l'Église, rue de l'Évêché, rue des Fours) et des places ornées de jolies fontaines (place du Vieux-Marché). L'église — qui fut cathédrale jusqu'à la Révolution — date du 15e s., elle a été remaniée aux 17e et 18e s. (façade).

On atteint le château par un sentier assez pénible.

Élevé à la fin du 12e s., transformé au 15e s. pour faire face aux progrès de l'art militaire, et aujourd'hui abandonné, le château couronne le rocher de la Haute Ville. Au pied, belle **vue** sur la vallée de l'Ouvèze, les Baronnies et le Ventoux.

VALBONNE (Chartreuse de)

Carte Michelin nº 80 pli 9 ou 245 pli 15 ou 246 pli 23.

La Chartreuse de Valbonne enfouit ses toits de tuiles vernissées au cœur d'une épaisse forêt. Fondée en 1203, reconstruite aux 17e et 18e s., elle est occupée par un établissement médical.

La porte d'honneur s'inscrit au milieu d'un long bâtiment flanqué de deux tourelles de style provençal. Un portail du 17e s. donne accès à la cour d'honneur. Dans l'angle de celle-ci, à droite : porte à bossages d'époque Henri II menant au petit cloître. En face du portail d'entrée s'élève l'église, de style baroque.

VISITE *1/2 h*

La **décoration intérieure** ★ est très riche : au centre du chœur, revêtu de stucs, le maître-autel baroque est surmonté d'un petit baldaquin à colonnes torses. Remarquer la rare qualité d'exécution des voûtes, en pierres blanches, ajustées avec soin, et dont l'appareil dessine des rosaces.

Par un passage s'ouvrant à droite dans l'église, on gagne l'une des galeries de l'immense cloître vitré, ouvrant une perspective longue de plus de 100 m et sur laquelle donnaient autrefois les cellules. On peut voir une **cellule** reconstituée où sont rassemblés le mobilier et les objets évoquant la vie des anciens Pères Chartreux.

VALLON-PONT-D'ARC   1 907 h. (les Vallonais)

Carte Michelin nº 80 pli 9 ou 245 pli 1 ou 246 pli 23 — Schéma p. 61 — Lieu de séjour.

Vallon est le point de départ recommandé pour la visite et pour la descente en barque des gorges de l'Ardèche *(p. 60)*.

Au Sud-Est de la localité, sur le penchant d'un coteau, se dressent les ruines de Vieux Vallon, vestiges du village féodal.

Tapisseries de la mairie. — La mairie est installée dans un ancien hôtel Louis XIII. Au rez-de-chaussée, une salle abrite sept tapisseries d'Aubusson (17e s.), remarquables par la fraîcheur de leur coloris.

Six d'entre elles représentent des épisodes de Jérusalem délivrée, du Tasse, la dernière une scène de jardinage : la greffe d'un arbre fruitier.

Visite d'une magnanerie. — *3 km par le D 579, direction Ruoms.* On peut visiter au village des **Mazes** une des dernières magnaneries vivaroises encore en activité.

Accès par un chemin s'embranchant à gauche en venant de Vallon.

Par le couradou *(voir p. 39)*, on accède à la magnanerie, vaste salle occupée par des bâtis de bois où sont disposés les vers à soie sur des cannisses (claies de roseaux). La visite permet de suivre la croissance des vers, de la taille d'une tête d'épingle à l'éclosion, puis devenant progressivement de grosses chenilles jusqu'à la formation du cocon, enveloppé de fils de soie. Les cocons sont expédiés à l'Institut de sériciculture d'Alès.

VALRÉAS

8 796 h. (les Valréassiens)

Carte Michelin n° 81 pli 2 ou 245 plis 3, 4 ou 246 pli 9 — Lieu de séjour.

Valréas, bâtie dans la fertile vallée de la Coronne, manifeste une importante activité agricole et industrielle.

Usines de cartonnage, de façonnage de matières plastiques, imprimeries, fabriques de meubles métalliques s'y sont implantées.

L'enclave des papes. — La papauté, installée en Avignon *(voir p. 74)*, convoite Valréas, voisine du Comtat Venaissin.

En 1317, Jean XXII l'achète au dauphin Jean II, puis suivent Visan en 1318, Richerenches *(p. 195)* en 1320 et Grillon en 1451 ; cependant une bande de terrain sépare encore les deux états pontificaux.

Inquiet de l'expansion de la papauté dans cette région, le roi Charles VII s'oppose à de nouvelles acquisitions, créant ainsi l'enclave des papes. En 1791, après plébiscite, la France annexe ce territoire.

De nos jours, Valréas demeure toujours un canton du Vaucluse totalement cerné par le département de la Drôme.

Le Petit St-Jean. — C'est une charmante survivance d'une tradition vieille de cinq siècles. Chaque année, la nuit du 23 juin, un garçonnet de trois à cinq ans est couronné Petit St-Jean.

Symbolisant les reliques de saint Martin, protecteur de la cité, il parcourt les rues de la ville sur une litière, à la lueur des torches, et bénit la foule sur son parcours.

Un cortège de 300 personnages costumés le suit dans une ambiance colorée et enthousiaste.

Pendant un an, Valréas est placée sous sa sauvegarde.

VALRÉAS

Vous cherchez un parking les principaux sont indiqués sur les plans de ce guide.

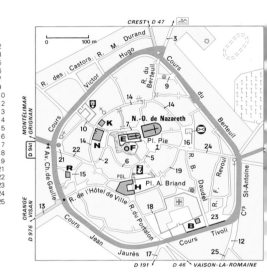

CURIOSITÉS

Une ceinture de platanes forme une voûte ombragée sur l'emplacement des anciens remparts, dont il reste la tour du Tivoli (**B**).

Hôtel de ville (H). — Cette ancienne demeure du 18e s. a appartenu au marquis de Simiane qui épousa Pauline de Grignan, petite-fille de Mme de Sévigné. La partie la plus ancienne remonte au 15e s. ; une façade majestueuse donne sur la place Aristide-Briand.

Au 1er étage, la **salle du conseil** présente un plafond à la française et des frises peintes. Dans la bibliothèque, panneaux de bois, du 17e s., provenant de l'ancien hôpital, bulles papales, parchemins, incunables.

Au 2e étage, une salle à la belle charpente, renferme des œuvres de Scharf, peintre autrichien (1876-1943), retiré à Valréas.

Église N.-D.-de-Nazareth. — Édifice roman provençal des 11e et 12e s. dont la partie la plus intéressante est le portail Sud à quatre voussures reposant sur des colonnettes, cette église a été remaniée aux 14e et 15e s. (croisée du transept et chapelles latérales notamment).

La tribune abrite les orgues du 16e s.

Chapelle des Pénitents Blancs (E). — Sur la place Pie, une belle grille en fer forgé s'ouvre sur l'allée menant à cette chapelle construite au 17e s. On pénètre dans la partie réservée aux fidèles. Le chœur est orné de stalles sculptées et d'un beau plafond à caissons fleuris.

Le jardin est dominé par la tour du Château Ripert ou tour de l'Horloge (**F**) ; de la terrasse, belle vue sur le vieux Valréas et les collines du Tricastin.

Maisons anciennes. — Grande-Rue : n° 36, hôtel d'Aultane (**K**) dont la porte est surmontée d'armoiries ; à l'angle de la rue de l'Échelle : hôtel d'Inguimbert (**N**) orné de modillons et de fenêtres à meneaux ; place Gutenberg : château Delphinal (**R**) à mâchicoulis.

EXCURSION

Circuit de 40 km. — *Environ 2 h. Quitter Valréas à l'Ouest par le D 941.*

★**Grignan.** — *Page 121.*

Emprunter le D 541 et tourner à gauche dans le D 71.

Chamaret. — 349 h. Un beau beffroi, reste d'un puissant château perché sur un rocher, domine toute la région environnante. Son sommet est aménagé en horloge. Des ruines, on découvre une vue étendue sur le Tricastin.

Suivre le D 71.

Cette route de plaine est bordée de champs de lavande entrecoupés de petits bois de chênes truffiers et de rideaux de cyprès.

Montségur-sur-Lauzon. — 925 h. Le village moderne est bâti à un carrefour de routes.

Devant l'hôtel de ville, emprunter la rue à gauche, tourner ensuite à droite, puis prendre un chemin en montée vers le sommet de la butte qui porte le village ancien.

Un lacis de sentiers permet de le parcourir et de découvrir l'église abandonnée à demi troglodyte.

Du chemin de ronde, on découvre un très beau **tour d'horizon** sur le Tricastin, les Baronnies et le Ventoux.

Prendre le D 71^B à l'Est.

De belles vues s'offrent sur la montagne de la Lance et le pays de Nyons.

Richerenches. — 590 h. Cette ancienne commanderie a été fondée au 12e s. par les Templiers ; c'était un lieu de prière et de travail. Ils y élevaient chevaux et moutons et vivaient de la vente de la laine et du blé. C'est de nos jours un important marché de la truffe *(voir p. 15).* Bâtie sur plan rectangulaire, elle présente encore son enceinte flanquée de quatre tours d'angle rondes ; on pénètre par le beffroi, tour rectangulaire à mâchicoulis et porte cloutée.

A gauche de l'église, imposants vestiges du Temple.

Le D 20, au Sud-Est, traverse Visan et conduit à N.-D.-des-Vignes.

⊙**Chapelle N.-D.-des-Vignes.** — Cette chapelle du 13e s. abrite dans le chœur une statue de la Vierge (13e s.) en bois polychrome, vénérée le 8 septembre lors d'un grand pèlerinage. Boiseries du 15e s. dans la nef.

Par Visan et le D 976 gagner Valréas.

VENASQUE
656 h. (les Vénasquais)

Carte Michelin n° 81 pli 13 ou 245 pli 17 ou 246 pli 11.

Venasque, bâti sur un contrefort du plateau de Vaucluse, domine la plaine de Carpentras. Ce village qui, avant Carpentras, fut le siège de l'évêché du Comtat, a donné son nom au Comtat Venaissin.

★**Baptistère.** — *Entrée à droite du presbytère.*

⊙Le baptistère, l'un des plus anciens édifices religieux de France, date vraisemblablement de l'époque mérovingienne (6e s.) et a été remanié au 11e s. Il est en forme de croix grecque à branches inégales et se compose, à l'intérieur, d'une salle carrée, voûtée d'arêtes ; sur chaque côté s'ouvre une absidiole voûtée en cul-de-four. Les arcatures des absidioles retombent sur des colonnettes de marbre, surmontées de chapiteaux antiques ou mérovingiens (absidiole du fond). Au centre de la salle, on voit, dans le sol, l'emplacement de la cuve baptismale.

⊙**Église Notre-Dame.** — Cet édifice des 12e et 13e s. a été maintes fois remanié du 15e s. au 18e s. Dans le chœur, beau retable du 17e s. en bois sculpté ; remarquer la porte du tabernacle représentant le Christ ressuscité entouré des disciples d'Emmaüs. La 2e chapelle, à gauche, renferme un tableau de la Crucifixion de l'école d'Avignon (15e s.)

EXCURSION

Forêt de Venasque ; col de Murs. — *10 km à l'Est par le D 4 en direction d'Apt.*
La route, sinueuse et pittoresque, parcourt la forêt de Venasque en remontant des **gorges★** souvent à sec mais fort agréables. Après une ascension de quelque 400 m, elle atteint le col de Murs (alt. 627 m).
Au-delà du col, les premiers tournants de la descente sur Murs révèlent des vues étendues sur le bassin d'Apt et sur Roussillon.

LES GUIDES VERTS MICHELIN

Paysages
Monuments
Routes touristiques
Géographie
Histoire, Art
Itinéraires de visite régionaux
Lieux de séjour
Plans de villes et de monuments

Une collection de guides régionaux sur la France

Carte Michelin n° 🔲 plis 3, 4, 13, 14 ou 🔲🔲🔲 plis 17, 18 ou 🔲🔲🔲 pli 10.

Le massif du Ventoux est l'accident de relief le plus marqué de la Provence rhodanienne. Il domine fièrement la vallée du Rhône à l'Ouest, le plateau de Vaucluse au Sud et le petit massif des Baronnies au Nord. La montée au mont Ventoux est une des plus belles excursions de Provence ; le panorama que l'on découvre du sommet est immense. Avec ses 1 909 m, le Ventoux ne peut rivaliser, pour l'altitude, avec les géants alpins ou pyrénéens. Mais sa situation en avant des Alpes, à l'écart de toute cime concurrente, la façon hardie dont il se dresse au-dessus de la plaine de Carpentras et du plateau de Vaucluse, lui donnent une étonnante majesté. Son orgueilleuse pyramide, soulignée en hiver par la neige, attire le regard de toute la Provence rhodanienne.

Le climat. — Le Ventoux, comme son nom l'indique, est particulièrement éventé. Le mistral y souffle avec une furie sans pareille. Au sommet, la température est, en moyenne, de 11° plus basse qu'au pied ; il y pleut deux fois plus. Les eaux pluviales s'infiltrent dans le calcaire fissuré du plateau de Vaucluse.
Durant la saison froide, le thermomètre descend, à l'observatoire, jusqu'à − 27°. De décembre à avril, la montagne est généralement encapuchonnée de neige au-dessus de 1 300 à 1 400 m d'altitude et fournit aux sports d'hiver d'excellents terrains. Les prés du mont Serein, situés sur le versant Nord, et ceux du Chalet-Reynard, sur le versant Sud, sont particulièrement propices à la pratique du ski.

La végétation. — Après avoir rencontré, sur les pentes, les fleurs et plantes habituelles de la campagne provençale, le curieux de botanique sera ravi de trouver, au sommet, des échantillons de la flore polaire, notamment le saxifrage du Spitzberg et le petit pavot velu du Groenland. C'est durant la première quinzaine de juillet que les fleurs du Ventoux sont dans tout leur éclat.
Les flancs de la montagne, que des coupes claires avaient dénudés, à partir du 16e s., pour alimenter les constructions navales de Toulon, sont en cours de reboisement depuis 1860. Pins d'Alep, chênes verts, chênes blancs, cèdres, hêtres, pins à crochets, sapins, mélèzes forment un manteau forestier qui, vers 1 600 m d'altitude, fait place à un immense champ de cailloux d'une blancheur étonnante. A l'automne, l'ascension, au travers des frondaisons de toutes couleurs, est un enchantement.

A la conquête du sommet. — Depuis 1902 et jusqu'en 1973, a eu lieu sur le parcours compris entre Bédoin et le sommet du Ventoux, une course de côte pour automobiles. Avant la guerre de 1914-1918, le record fut établi, en 1913, par Boillot, sur Peugeot, en 17'38'' (73 km à l'heure). Manzon sur Simca-Gordini, le porta en juillet 1952 à 13'17''7/10 à la moyenne de 97,480 km à l'heure. Le trophée fut enlevé en 1973 par Jimmy Mieusset, sur March, qui a porté le record à 9'03''6/10 à la moyenne de 142,278 km à l'heure.
De nos jours, le Tour de France cycliste comporte parfois une arrivée d'étape au sommet après une ascension brise-jarret pour les coureurs.
Ci-dessous est décrite la montée au mont Ventoux par le versant Nord ; l'accès est aussi possible par l'Est à partir de Sault (voir le guide Vert Michelin Alpes du Sud).

★★MONTÉE PAR LE VERSANT NORD
Circuit au départ de Vaison-la-Romaine
63 km — compter une journée — schéma p. 197

Ⓒ Ce circuit emprunte le D 974, route tracée en 1933, à l'intention des touristes, pour accéder au mont Ventoux.
Bien que la rampe soit du même ordre que celle du versant Sud, elle est moins dure que celle-ci pendant les mois de forte chaleur car elle est plus aérée. Par temps d'orage, elle peut être encombrée sur les trois derniers kilomètres par des éboulis qui n'empêchent généralement pas la circulation mais demandent un peu plus d'attention de la part du conducteur. Les automobilistes solliciteront beaucoup moins leur moteur en la prenant à la montée, réservant la route de Bédoin pour la descente.

★★Vaison-la-Romaine. — *Page 189.*

Quitter Vaison-la-Romaine par ② du plan, D 938.

La route remonte la riante vallée du Groseau, bordée sur la droite par les Dentelles de Montmirail *(p. 98)*.

Crestet. — *2,5 km par le D 76. Description p. 112.*

Malaucène. — *Page 112.*

Quitter Malaucène à l'Est par le D 974.

Ⓥ **Chapelle N.-D.-du-Groseau.** — Cette chapelle est le seul témoin d'une abbaye bénédictine qui dépendait de St-Victor de Marseille. L'édifice carré est l'ancien chœur de l'église abbatiale du 12e s., dont la nef a disparu. A l'intérieur, une belle coupole octogonale retombe sur des trompes décorées des symboles des quatre évangélistes. Le décor antiquisant montre l'influence de l'école rhodanienne. Au début du 14e s., le pape avignonnais Clément V aimait à séjourner dans ce lieu charmant, véritable nid de verdure et d'ombrages dans un cadre de falaises.

Source vauclusienne du Groseau. — Sur la gauche de la route, l'eau jaillit par plusieurs fissures au pied d'un escarpement de plus de 100 m et forme un petit lac aux eaux claires ombragé de beaux arbres. Les Romains avaient construit un aqueduc pour amener cette eau jusqu'à Vaison-la-Romaine.

La route, en lacet sur le versant Nord, procure une belle vue sur le plateau de Vaucluse, puis s'élève sur la face Nord, la plus abrupte et ravinée du mont Ventoux ; elle traverse pâturages et petits bois de sapins, près du chalet-refuge du mont Serein. Du belvédère aménagé après la maison forestière des Ramayettes, belle **vue★** sur les vallées de l'Ouvèze et du Groseau, le massif des Baronnies, le sommet de la Plate.

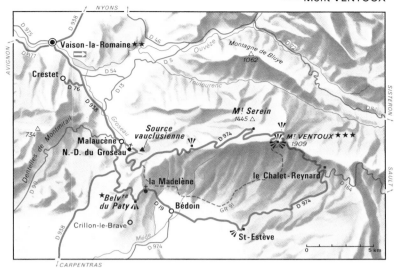

Mont Serein. — Lieu de ralliement des sportifs en hiver ; ses chalets sont admirablement situés au milieu des champs de neige. Nombreuses remontées mécaniques.

Le panorama, de plus en plus vaste, découvre les Dentelles de Montmirail et les hauteurs de la rive droite du Rhône. Après deux grands lacets, la route atteint le sommet.

★★★ **Sommet du mont Ventoux.** — Le sommet du Ventoux, altitude 1 909 m, est occupé par une station radar de l'armée de l'Air et, au Nord, une tour hertzienne, émetteur de télévision.

En été, aux heures chaudes, le Ventoux est souvent entouré de brumes. Les touristes auront avantage à faire l'excursion le matin de très bonne heure, ou à rester sur la montagne jusqu'au coucher du soleil.

En hiver, l'atmosphère est plus transparente, mais on ne peut gagner le sommet qu'en chaussant des skis.

Du parc de stationnement, la vue s'étend sur la chaîne des Alpes, et en particulier sur le massif du Vercors *(table d'orientation)*.

Mais c'est du terre-plein aménagé au Sud que l'on découvre le plus vaste **panorama**★★★ *(table d'orientation)* allant du massif du Pelvoux aux Cévennes en passant par le Luberon, la montagne Ste-Victoire, les collines de l'Estaque, Marseille et l'étang de Berre, les Alpilles et la vallée du Rhône.

Il arrive que le Canigou soit visible, par temps particulièrement clair. Un spectacle surprenant est celui que présente, la nuit, la plaine provençale. Villes et villages scintillent dans l'obscurité. Le spectacle s'étend jusqu'à l'étang de Berre et la Méditerranée sur laquelle passent sans arrêt les faisceaux lumineux des phares.

La descente s'amorce sur le versant Sud ; la route tracée en corniche traverse l'immense champ de cailloux d'une blancheur étonnante. C'est la route la plus ancienne, construite vers 1885, en même temps que l'observatoire qu'elle devait desservir ; elle passe de l'altitude 1 909 m (sommet) à l'altitude 310 m (Bédoin), soit une dénivellation de 1 600 m sur 22 km.

Le Chalet-Reynard. — C'est le lieu de rendez-vous des skieurs d'Avignon, de Carpentras et de la région. Les pentes voisines, magnifiques, sont particulièrement propices aux sports d'hiver.

La route pénètre dans la forêt, aux sapins succèdent les hêtres et les chênes, puis la belle série des cèdres. La végétation provençale fait ensuite son apparition : vigne, plantations de pêchers et de cerisiers, quelques olivettes. La vue se développe sur la plaine comtadine ; au-delà du plateau de Vaucluse apparaît la montagne du Luberon.

St-Estève. — Du virage fameux, maintenant redressé, qu'affrontaient les coureurs automobiles engagés dans la course du Ventoux se dégage une **vue**★ à droite, sur les Dentelles de Montmirail et le Comtat, à gauche sur le plateau de Vaucluse.

Bédoin. — 1 842 h. (les Bédoinais). Ce village, perché sur une colline conserve des rues pittoresques, montant à l'église, de style classique dit « jésuite », ornée de beaux autels.

Prendre le D 19.

ⓥ **Chapelle de la Madelène.** En contrebas de la route se dresse ce prieuré. De dimensions modestes, la chapelle du 11ᵉ s. est de pur style roman provençal. Le chevet composé de trois petites absidioles est couvert de lauzes. Un massif clocher carré à baies géminées s'élève sur le chœur.

★ **Belvédère du Paty.** — De ce belvédère, une **vue**★ panoramique s'offre en contrebas sur le pittoresque village étagé de Crillon-le-Brave et les carrières d'argile ocre ; à droite se profilent les Alpilles, en face le Comtat Venaissin que limite le plateau de Vaucluse, à gauche, le mont Ventoux.

Par le D 19 qui traverse une région boisée et le D 938 regagner Vaison-la-Romaine.

Quelques faits historiques :
le tableau p. 20 et 21 évoque les principaux événements de l'histoire de la région.

★ VILLENEUVE-LÈS-AVIGNON   9 535 h. (les Villeneuvois)

Carte Michelin nº 🆑 plis 11, 12 ou 🔲🔲🔲 pli 16 ou 🔲🔲🔲 pli 25 — Lieu de séjour.
Plan d'agglomération, à Avignon, dans le guide Michelin France.

Une promenade à Villeneuve est le complément naturel de la visite d'Avignon. La
« ville des cardinaux » offre sur la « ville des papes » une vue qui constitue un des
paysages les plus célèbres de la vallée du Rhône. C'est en fin d'après-midi qu'Avignon,
aux feux du couchant, apparaît dans toute sa splendeur.

Un peu d'histoire. — Après la croisade des albigeois, le roi de France Philippe III le
Hardi entre en possession, en 1271, du comté de Toulouse et son nouveau domaine
atteint le Rhône. Sur l'autre rive, c'est la Provence, terre d'Empire. Le fleuve appartient
à la couronne, ce qui soulève un épineux point de droit : quand, aux époques de crues,
les eaux pénètrent dans les quartiers bas d'Avignon, l'autorité royale les suit et
réclame l'impôt aux habitants inondés.
A la fin du 13e s., Philippe le Bel fonde, dans la plaine, une « ville neuve » qui se peuple
très rapidement. Saisissant la grande importance militaire du lieu, il élève, à l'entrée du
pont St-Bénézet, un ouvrage puissant. L'arrivée des papes à Avignon est, pour l'agglomération naissante, l'occasion d'un nouveau développement. Les cardinaux, ne pouvant
trouver dans la ville pontificale des demeures dignes de leur rang, passent le pont et
construisent ici quinze magnifiques résidences qu'on appelle des « livrées ». Ils com-
blent de bienfaits la ville et ses établissements religieux. De leur côté, les rois Jean le
Bon et Charles V construisent le fort St-André afin de mieux surveiller la papauté
voisine. La prospérité persiste encore longtemps après le départ des papes. Aux 17e
et 18e s., la Grande-Rue se garnit de riches hôtels. Les couvents gardent une vie active
et brillante ; ils deviennent de véritables musées. Mais la Révolution met un terme à
cette richesse aristocratique et ecclésiastique.

★CHARTREUSE DU VAL DE BÉNÉDICTION   *visite : 1 h*

En 1352, le conclave, réuni à Avignon, avait élu pape le général de l'ordre des
Chartreux qui, par humilité, refusa la tiare. Innocent VI, désigné à sa place, voulut
commémorer le geste et créa une chartreuse sur les lieux mêmes de sa « livrée », dans
le val de Bénédiction. Cette chartreuse, agrandie par les neveux du pape après sa
mort, devint la plus importante de France.
L'ordre des Chartreux fut fondé en 1084 par saint Bruno. Il comprend des Pères qui
portent le nom de Dom et des Frères qui vivent en commun comme les moines des
autres ordres. Les Pères vivent isolés dans des cellules et partagent leur temps entre
la prière, l'étude et le travail manuel. Trois fois par jour les moines se réunissent à la
chapelle pour les offices. Ils ne prennent leurs repas en commun que le dimanche et,
ce jour-là seulement, quelques instants de conversation sont autorisés.
La chartreuse abrite aujourd'hui un **Centre Culturel de Rencontre** : le C.I.R.C.A. (Centre
International de Recherche, de Création et d'Animation).

Passer sous la porte monumentale qui s'ouvre au nº 60, rue de la République.

A droite de cette porte, une inscription indique le plus haut niveau atteint par le Rhône
en crue, le 1er mai 1856.

Porte du cloître. — Elle sépare l'allée des Mûriers de la place des Chartreux. Une
fois franchie cette porte du 17e s., se retourner pour en admirer l'ordonnance et
l'ornementation : balcons soutenus par six consoles cannelées, têtes de lions, fronton
décoré de pommes de pins, couronnement central aux nobles draperies.

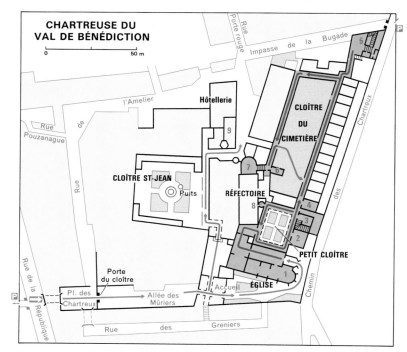

Traverser le bureau d'accueil et contourner l'église par le Sud.

Église. — Pénétrer dans la nef principale dont l'abside, béante, encadre une vue sur le fort St-André *(voir ci-dessous).* A gauche, l'abside de l'autre nef et une travée abritent le tombeau d'Innocent VI (1) : le gisant en marbre blanc repose sur un socle en pierre de Pernes décoré d'arcatures ; le dais gothique flamboyant a été restauré. Les deux chapelles suivantes, consacrées à saint Bruno et à saint Michel, ne se visitent qu'en cas d'exposition.

Petit cloître. — Sur sa galerie Est donnent la salle capitulaire (2) et la cour des Sacristains (3), avec son puits et son pittoresque escalier.

Cloître du Cimetière. — Large de 20 m et long de 80, ce grand cloître remanié aux 17e et 18e s., à la chaude coloration provençale, est bordé par les cellules des Pères, chacune étant composée de deux petites pièces, dont l'une s'ouvre sur la galerie par un guichet, et d'une courette. La première se visite (4).

A l'extrémité Nord-Est du cloître, un couloir mène à la « bugade » (5), buanderie sous voûte d'arêtes surbaissées qui a conservé son puits et la cheminée du séchoir.

De sa galerie Ouest, au niveau d'une petite chapelle des morts (6), on gagne la chapelle (7) qui faisait partie de la livrée d'Innocent VI. Aux murs, de belles fresques attribuées à Matteo Giovanetti (14e s.), l'un des décorateurs du Palais des Papes, ont pour sujet des scènes de la vie de saint Jean-Baptiste et de la vie du Christ ; remarquer la Présentation de Jésus au Temple et la Mise au tombeau.

Traverser le cloître du cimetière et gagner le lavabo en longeant le côté Nord du petit cloître.

Le lavabo (8) est un petit édifice circulaire couvert d'une jolie coupole du 18e s.

⊘ **Réfectoire.** — C'est l'ancien Tinel (18e s.), aménagé en salle de spectacles.

Gagner le cloître St-Jean en repassant par l'église et l'accueil.

Cloître St-Jean. — Ses galeries ont disparu ; mais autour subsistent encore des cellules de chartreux.

Au centre, la monumentale fontaine St-Jean, du 18e s., a conservé son puits et sa belle vasque ancienne.

Quittant le cloître St-Jean, contourner le chevet crénelé du Tinel ; remarquer la boulangerie (9) et sa tour hexagonale. Au Nord-Est, l'**hôtellerie,** remaniée au 18e s., présente au Nord, une belle façade.

AUTRES CURIOSITÉS

★**Fort St-André.** — Au début du Moyen Age, la colline de St-André, appelée le mont ⊘ Andaon, était encore une île et portait un ermitage puis un monastère. Le bras du Rhône, qui l'enserrait du côté des terres, se dessécha et fut récupéré par les riverains. Le fort, élevé dans la seconde moitié du 14e s. par Jean le Bon et Charles V, comprend une magnifique **porte fortifiée**★ aux deux tours jumelles (B) — c'est l'un des plus beaux spécimens de fortification du Moyen Age — et une enceinte qui englobait une abbaye ⊘ bénédictine, la **chapelle N.-D.-de-Belvézet** (D), romane du 12e s. et le bourg St-André dont il ne subsiste que quelques pans de murs.

L'accès à la tour Ouest de la puissante porte fortifiée permet de découvrir la salle de manœuvre des herses et la boulangerie (18e s.). De la terrasse *(85 marches)* très belle **vue**★★ sur le mont Ventoux, le Rhône, Avignon et le Palais des Papes, la plaine comtadine, le Luberon, les Alpilles et la tour de Philippe le Bel, en arrière sur le fort et les jardins de l'abbaye.

⊘ **Abbaye St-André.** — De l'abbaye bénédictine fondée au 10e s. sur le célèbre lieu de pèlerinage de Ste-Casarie (6e s.) et en partie détruite pendant la Révolution, il subsiste le portail d'entrée, l'aile gauche et la terrasse soutenue par des voûtes massives. Une agréable promenade permet de découvrir les magnifiques jardins à l'italienne. De la terrasse supérieure, se révèle une belle **vue**★ sur Avignon, la vallée du Rhône et le mont Ventoux.

⊘ **Église** (E). — Cette ancienne collégiale fut fondée en 1333 par le cardinal Arnaud de Via, neveu du pape Jean XXII.

La tour qui termine l'édifice à l'Est fut d'abord un beffroi dont le rez-de-chaussée, formé d'arcades, servait de passage public. Les chanoines obtinrent l'autorisation de boucher ce passage, dont ils firent le chœur de l'église, et de raccorder la tour à la nef par une travée supplémentaire.

Elle contient plusieurs œuvres d'art : en partant du fond de l'église, on remarque le tombeau du cardinal Arnaud de Via, reconstitué avec son gisant original du 14e s. (2e chapelle de gauche), la copie de la célèbre pietà conservée au Louvre depuis 1904 (3e chapelle de droite), Saint Bruno de Nicolas Mignard et un Calvaire de Reynaud Levieux (au-dessus de l'entrée du chœur).

Le maître-autel, du 18e s., est orné d'un bas-relief représentant le Christ au tombeau et provenant de la Chartreuse. A droite du maître-autel, ancien siège abbatial (18e s.) du monastère de St-André.

Remarquer aussi les culs-de-lampe de la nef, finement sculptés, en partie mutilés.

Cloître (F). — Il date de la fin du 14e s.

Rue de la République. — Elle est bordée de plusieurs livrées cardinalices (nos 1, 3, 45 et 53) dont celle du cardinal Pierre de Luxembourg, restaurée récemment, qui abrite le musée municipal.

⊘ **Musée municipal Pierre-de-Luxembourg** (M). — Installé dans l'hôtel Pierre de Luxembourg (jeune cardinal mort en odeur de sainteté à l'âge de 19 ans en 1387), il présente sur quatre niveaux de magnifiques œuvres d'art. Au rez-de-chaussée, a été rapportée la **Vierge**★★ du 14e s. en ivoire polychrome autrefois exposée dans la sacristie de l'église ; sculptée dans une défense d'éléphant dont elle épouse la courbure, c'est une des plus belles œuvres de ce genre. Remarquer aussi la Vierge à double face en marbre de l'école de Nuremberg (15ᵉ s.), le masque de Jeanne de Laval, seconde femme du roi René, par Laurana, la chasuble d'Innocent VI et le voile du Saint-Sacrement du 18ᵉ s. orné de perles fines.

Au 1ᵉʳ étage, on admire la plus belle pièce du musée, le **Couronnement de la Vierge**★★, peint en 1453 par Enguerrand Quarton. Originaire de Laon, ce peintre travaille à Aix puis à Avignon à partir de 1447 ; fasciné par les paysages et la lumière du Midi, il employa des couleurs éclatantes qui soulignent la grandeur de la scène. La Vierge au large manteau domine cette composition qui embrasse le ciel et la terre par les sujets traités ; le Saint-Esprit est symbolisé par une colombe dont les ailes déployées unissent Dieu le père et son Fils dans ce couronnement. Peintures de Nicolas Mignard (Jésus au Temple, 1649) et Philippe de Champagne (la Crucifixion, vers 1644).

Aux 2ᵉ et 3ᵉ étages, œuvres de Nicolas Mignard, Philippe de Champagne (la Visitation), Simon de Châlons, Parrocel (Saint Antoine et l'Enfant Jésus), Reynaud Levieux. Souvenirs de la Chartreuse : porte 17ᵉ s., armoire 17ᵉ s. et étains de l'hôtellerie.

Tour de Philippe le Bel. — Construite sur un rocher près du Rhône, c'était la pièce maîtresse d'un châtelet qui défendait, en terre royale, l'entrée du pont St-Bénézet. Élevée de 1293 à 1307, elle s'arrêtait au premier étage actuel. Le second étage et la tourelle de guet furent ajoutés au cours du 14ᵉ s.

De la terrasse supérieure *(176 marches)*, s'offre une très jolie **vue**★★ sur Villeneuve et le fort St-André, le Ventoux, le Rhône, Avignon, le pont St-Bénézet, le Palais des Papes, la Montagnette et les Alpilles.

VITROLLES
22 739 h. (les Vitrollais)

Carte Michelin nº 84 pli 2 ou 245 plis 31, 44 ou 246 pli P — Schéma p. 92.

Située à l'Est de l'étang de Berre et dominant l'autoroute A 7 reliant Lyon à Marseille, Vitrolles accueille sur une zone industrielle de 240 ha des industries légères : constructions métalliques, produits chimiques et alimentaires. A côté de cette zone est aménagé un centre de transports terrestres à l'échelle de l'aire métropolitaine marseillaise. Ces activités ont entraîné autour du vieux village la création d'une vaste zone résidentielle aux chaudes teintes ocrées.

Mais la ville doit aussi sa célébrité au curieux rocher ruiniforme qui la domine.

Promenade au rocher. — 1/4 h à pied AR. *Laisser la voiture devant la porte principale du cimetière après avoir emprunté le chemin qui entoure le rocher et gravir un escalier de 75 marches.* Il aboutit au sommet du rocher où se dressent, à l'extrémité Sud, une tour sarrasine du 11ᵉ s. et à l'extrémité Nord, une chapelle dédiée à N.-D. de Vie, protectrice des aviateurs.

★**Panorama.** — Immense, il s'étend, au Sud-Ouest, sur les étangs de Berre et de Bolmon, sur la chaîne de l'Estaque, séparée des hauteurs de St-Mitre par la dépression de Caronte, et sur le port et les installations pétrolières de Lavéra. Sur le pourtour des étangs, on distingue le débouché du canal d'Arles au port de Fos-sur-Mer, la Mède et sa raffinerie, Marignane et l'aéroport de Marseille-Provence, Berre et ses usines. Au Sud-Est, on découvre la chaîne de l'Étoile et le Pilon du Roi ; plus à gauche, se dresse l'éperon impressionnant de la montagne Ste-Victoire.

Renseignements pratiques

LOISIRS

Randonnées pédestres. — Des topo-guides sont édités par la Fédération française de la Randonnée pédestre — Comité national des sentiers de Grandes Randonnées ; en vente, 64 rue de Gergovie, 75014 Paris, ✆ 45 45 31 02. Ils donnent le tracé détaillé des sentiers et procurent d'indispensables conseils aux randonneurs.

Pour les sentiers de petite randonnée, se renseigner dans les syndicats d'initiative et offices de tourisme.

On peut aussi explorer à fond le Colorado provençal, le Luberon, le mont Ventoux et les Dentelles de Montmirail à l'aide des brochures « Circuits de Découverte » de F. et C. Morenas (Saignon, Auberge de jeunesse).

Randonnées équestres. — L'Association Nationale pour le Tourisme Équestre (A.N.T.E., 15 rue de Bruxelles, 75009 Paris, ✆ 42 81 42 82) édite une brochure où figurent les adresses des associations régionales et des comités départementaux :
— ATEP (Bouches-du-Rhône, Vaucluse), 28 place Roger Salengro, 84300 Cavaillon, ✆ 90 78 04 49.
— ATECREL (Gard), 14 rue des Logis, Loupian, 34140 Mèze, ✆ 67 43 82 50.
L'Association des Loueurs de Chevaux de Camargue organise des promenades accompagnées dans les manades, les marais ou sur la plage : 55 à 60 F l'heure, 100 à 110 F les deux heures, 140 F la 1/2 journée, 200 à 220 F la journée. ✆ 90 97 86 27.

Promenades en bateaux. — Pour la visite du château d'If et des calanques de Sormiou, Sugiton, En-Vau, Port-Pin et Port-Miou, consulter le chapitre « Conditions de visite » p. 206 à 220, où l'accès à ces curiosités figure sous leur nom propre. Pour les autres excursions en mer, s'adresser aux syndicats d'initiative et aux offices de tourisme. Par ailleurs, la Compagnie Navginter propose tous les jours de début juillet à mi-septembre des croisières entre le Grau-du-Roi et Aigues-Mortes (durée : 1 h 30), à bord du « Cigalou ». Embarquement : le Grau-du-Roi, quai en face de l'avenue de la gare. Renseignements et réservation : ✆ 66 53 06 09/01 01.

De mai à octobre, la même compagnie organise des croisières sur le Rhône (Lyon-Valence-Avignon-Arles et dans le sens inverse). Parcours partiels possibles. Renseignements et réservation : Navginter, 3 rue de l'Arbre-Sec, 69001 Lyon, ✆ 78 27 78 02.

Promenade sur le Petit Rhône. — Voir p. 216.

Sports nautiques. — Pour tous renseignements, s'adresser aux fédérations nationales ou départementales des sports concernés.

Voile. — Fédération Française de Voile, 55 avenue Kléber, 75084 Paris Cedex 16, ✆ 45 53 68 00.

Canoë-kayak. — Fédération Française de Canoë-Kayak, 17 route de Vienne, 69007 Lyon, ✆ 78 61 32 74. Pour les gorges de l'Ardèche, voir sous cette rubrique dans le chapitre « Conditions de visite », p. 207.

Plongée sous-marine. — La Fédération Française d'Études et de Sports Sous-Marins (24 quai de Rive-Neuve, 13007 Marseille, ✆ 91 33 99 31) regroupe près de 1000 clubs et publie un annuaire très complet sur les activités subaquatiques en France.
Comités régionaux de la FFESSM :
— Comité régional de Provence, 38 avenue des Roches, 13007 Marseille, ✆ 91 52 55 20 ;
— Comité Régional Languedoc-Roussillon, 29 rue de Bouleaux, 31200 Toulouse, ✆ 61 47 43 63.

Pêche. — La pêche en mer se pratique sans autorisation à condition que ses produits soient réservés à la consommation personnelle. Pour la pêche dans les lacs et les rivières, il convient d'observer la réglementation nationale et locale, de s'affilier pour l'année en cours dans le département de son choix à une association de pêche et de pisciculture agréée, d'acquitter les taxes afférentes au mode de pêche pratiqué, ou éventuellement, d'acheter une carte journalière.

La carte-dépliant commentée « Pêche en France » est publiée et diffusée par le Conseil Supérieur de la pêche, 10 rue Péclet, 75015 Paris, ✆ 48 42 10 00 *(en cours de réédition)*.

Chasse. — Pour toute information concernant la chasse, se renseigner auprès du « St-Hubert Club de France », 10 rue de Lisbonne, 75008 Paris, ✆ 45 22 38 90 ou auprès des secrétariats des fédérations de chasse départementales.

Escalade. — Des sorties accompagnées par des moniteurs qualifiés sont organisées par la section du Club Alpin Français, 12 rue Fort Notre-Dame, 13007 Marseille, ✆ 91 54 36 94.

Spéléologie. — Section Spéléologie du Club Alpin Français de Provence *(voir coordonnées ci-dessus)*.

Fouilles archéologiques. — S'adresser aux Directions des Antiquités Préhistoriques et Historiques des départements concernés :
Ardèche, Drôme : 23 rue Roger Radisson, 69322 Lyon cedex, ☎ 78 25 79 16, 78 25 87 62,
Bouches-du-Rhône, Var, Vaucluse : 21-23 boulevard du Roy René, 13617 Aix-en-Provence, ☎ 42 27 98 40,
Gard : 5 bis rue de la Salle l'Évêque, 34000 Montpellier, ☎ 67 52 85 85.
En outre, la revue « Archeologia » publie à chaque printemps, les listes des chantiers ayant besoin de recrues.

Cyclotourisme. — Les listes des loueurs de cycles sont généralement fournies par les syndicats d'initiative et les offices de tourisme.
Certaines gares S.N.C.F. : Aix-en-Provence, Avignon, le Grau-du-Roi, l'Isle-sur-la-Sorgue, Fontaine-de-Vaucluse proposent trois types de bicyclettes. En fonction de la durée de location, des tarifs dégressifs sont appliqués.
Fédération Française de Cyclotourisme, 8 rue Jean-Marie Jégo, 75013 Paris, ☎ 45 80 30 21.
Ligue Provence de la FFCT (Bouches-du-Rhône, Vaucluse) : M. Jacques Maillet, 15 lotissement de la Trévaresse, 13540 Puyricard, ☎ 42 92 13 41.
Le Comité départemental du Tourisme du Gard (3 place des Arènes, 30000 Nîmes) propose une pochette « cyclotourisme » gratuite.

Ski. — On peut pratiquer le ski alpin et le ski de fond à la station de Mont-Serein (sommet secondaire du Ventoux — 1 445 m). Renseignements à la mairie de Beaumont-du-Ventoux 84350, ☎ 90 65 21 13, ou au chalet d'accueil ☎ 90 63 49 44.

Artisanat. — De nombreux ateliers sont installés sur la côte et dans l'arrière-pays. Des tisserands, ferronniers, santonniers, potiers... ouvrent leurs portes aux visiteurs en été. Pour les stages, s'adresser aux syndicats d'initiative ou aux offices de tourisme.

Visite des caves coopératives. — La visite des caves coopératives est partout possible dans les régions de vignobles : rives droite et gauche du Rhône, régions d'Aix, de Cassis, de Beaumes-de-Venise.

QUELQUES ADRESSES UTILES

Hébergement. — **Guide Michelin France** (hôtels et restaurants) et **guide Michelin Camping Caravaning France** : voir p. 8.
Pour les **randonneurs** (pédestres et équestres) : consulter le guide « Gîtes et refuges en France » par A. et S. Mouraret, Éditions CRÉER, 63340 Nonette, ☎ 73 96 14 07.

Hébergement rural. — S'adresser à la Maison des Gîtes de France, 35 rue Godot-de-Mauroy, 75009 Paris, ☎ 47 42 25 43, qui donne les adresses des comités locaux.

Comité Régional du Tourisme Provence - Alpes - Côte d'Azur (Bouches-du-Rhône, Var, Vaucluse). — 22A rue Louis Maurel, 13006 Marseille, ☎ 91 37 91 22.

Loisirs Accueil Bouches-du-Rhône. — Cet organisme propose des hébergements, des vacances et des forfaits de loisirs en assurant des réservations rapides :
— Domaine du Vergon, 13770 Mallemort, ☎ 90 59 18 05.

Comités départementaux du Tourisme :
— Ardèche : 8 cours Palais, 07000 Privas, ☎ 75 64 04 66 ;
— Bouches-du-Rhône : 6 rue Jeune Anacharsis, 13001 Marseille, ☎ 91 54 92 66 ;
— Drôme : 1 avenue de Romans, 26000 Valence, ☎ 75 43 27 12 ;
— Gard : 3 place des Arènes, 30000 Nîmes, ☎ 66 21 02 51 ;
— Var : 1 boulevard Foch, 83300 Draguignan, ☎ 94 68 58 33.

Chambre départementale de Tourisme du Vaucluse. — La Balance, Place Campana, 84008 Avignon Cedex, ☎ 90 86 43 42.

Tourisme et handicapés. — Un certain nombre de curiosités décrites dans ce guide sont accessibles aux personnes handicapées. Pour les connaître, consulter l'ouvrage « Touristes quand même ! Promenades en France pour les voyageurs handicapés », édité par le Comité National Français de Liaison pour la Réadaptation des Handicapés (38 bd Raspail, 75007 Paris). Ce recueil fournit, par ailleurs, pour près de 90 villes en France de très nombreux renseignements d'ordre pratique, facilitant le séjour aux personnes à mobilité réduite, déficients visuels et mal-entendants.
Les **guides Michelin France** et **Camping Caravaning France** indiquent respectivement les chambres accessibles aux handicapés physiques et les installations sanitaires aménagées.

PRINCIPALES MANIFESTATIONS

2 février

Marseille . . Fête des Chandelles *(p. 138)*.

Dimanche précédant le Mardi gras

Graveson . . . . Corso carnavalesque.

Du Vendredi saint au lundi de Pâques

Arles . . . . Feria pascale.
Course de taureaux avec mise à mort.

Week-end de Pâques

Barjac . . . . Foire aux Antiquités.

Lundi de Pâques

le Beaucet 🔢 pli 13 . . . . . . Pèlerinage
au sanctuaire de St-Gens

Fin avril

Villeneuve-lès-Avignon . . . . Fête
de la St-Marc (patron des vignerons).
Une souche (cep de vigne) enrubannée
est promenée dans la ville.

Fin avril - début mai

Arles . . . . Fête des gardians.

Mi-mai

le Beaucet 🔢 pli 13 . . . . . . Pèlerinage
au sanctuaire de St-Gens.

Dimanche et lundi qui suivent le 15 mai

Monteux . . . . Fête de St-Gens.
Costumes ; cérémonie ponctuée de
coups de feu, sermon en provençal
(p. 103).

Week-end de l'Ascension

Roussillon . . . . Festival de l'ocre
et de la couleur.

24 et 25 mai

Stes-Maries-de-la-Mer . . . . . . Pèlerinage
des Gitans *(p. 176)*.

Pentecôte

Apt . . . Cavalcade. Festival de musique.

Nîmes . . . . Feria de la Pentecôte.
Courses de taureaux et jeux.

De juin à septembre

Nîmes . . . . Jeux tauromachiques.

1er juin

Boulbon . . . . Procession des bouteilles.
Chant du cantique à St-Marcellin et
bénédiction du vin.

1er ou 2e dimanche de juin

Courthézon 🔢 pli 12 . Fête de la souche.
Sermon en provençal. Danse et chant
de l'hymne des grâces de 1493.

23 juin

Valréas . . Fête du Petit St-Jean *(p. 194)*.

Dimanche suivant le 24 juin

Allauch . . . . Fête provençale de la
St-Jean ; bénédiction des animaux.

Mi-juin à mi-septembre

Fontaine-de-Vaucluse . . . . Spectacle
« Son et Lumière » sur le site de la
fontaine.

Dernier week-end de juin

Tarascon . . . . Fêtes de la Tarasque
Défilé folklorique, réception de Tartarin,
courses de taureaux *(p. 184)*.

Fin juin à fin juillet

Arles . . . . Festival d'Arles
(danse, musique, opéra, théâtre).

Juillet

Fontaine-de-Vaucluse,
l'Isle-sur-la-Sorgue, Festival de la Sorgue
Lagnes, Saumane, (musique, théâtre,
Le Thor . . . . danse).

Juillet-Août

Villeneuve-lès-Avignon . . . . . . Rencontres
internationales d'Été à la Chartreuse
(concerts, théâtre, spectacles de danse).

1er samedi de juillet

Martigues . . . . Fête vénitienne.
Défilé nocturne d'embarcations
décorées.

1er dimanche de juillet

Châteaurenard . . Charrette de St-Éloi, décorée, attelée de 40 chevaux harnachés
à la mode sarrasine ; course de taureaux.

1er lundi de juillet

Arles . . . . . . Course de la cocarde d'or.

Début juillet à début août

Aix-en-Provence . . . . . . Festival international d'Art lyrique et de Musique *(p. 46)*.

Vaison-la-Romaine . . . . Festival
de Vaison (musique, théâtre, danse).

Début juillet à fin août

Cassis, St-Martin-de-Crau,
Salon de Provence . Festival méditerranéen.

De juillet à septembre

Arles . . . . Spectacles taurins, avec
mise à mort et courses à la cocarde.

1re quinzaine de juillet

Marseille . . . . Festival international
de Folklore de Château-Gombert.

2e week-end de juillet

Nyons . . . . Olivades, fêtes folkloriques.

2e semaine de juillet

Arles . . . . . . Rencontres internationales
de la Photographie *(p. 64)*.

Une semaine mi-juillet

Marseille . . . . Les soirées de Borély.
Art lyrique et théâtral.

Mi-juillet

Carpentras . . . . Corso de nuit.
Fête de N.-D. de Santé.

St-Maximin-la-Ste-Baume . . . . Soirées
musicales de St-Maximin.

Mi-juillet à début août

Orange . . . . Chorégies :
opéras, concerts symphoniques *(p. 153)*.

2e quinzaine de juillet

Martigues, Port-de-Bouc
St-Mitre . . . . Festival populaire,
(théâtre, danse, musique, expositions).

Uzès . . . . Nuits musicales.

Mi-juillet à mi-août

Avignon . Festival d'Art dramatique *(p. 73)*.

Carpentras . . . . . . Festival international
« Offenbach et son temps »
(art lyrique, danse, théâtre).

Mi-juillet à mi-septembre

St-Rémy-de-Provence. Festival « Organa » :
concerts d'orgue.

---

*(1) Pour les localités non décrites dans ce guide, nous indiquons le n° de la carte Michelin et le n°
du pli.*

3e semaine de juillet

Nîmes . . . . . International Jazz Festival (dans les arènes).

Salon-de-Provence . . . . . . Festival de jazz et des musiques métissées *(p. 178)*.

21 et 22 juillet

Ste-Baume . . Fêtes de la Madeleine avec messe de minuit dans la grotte *(p. 174)*.

Dernière semaine de juillet et deux premières semaines d'août

Aigues-Mortes . . . . Festival d'Art dramatique.

Dernier dimanche de juillet

Graveson . . . . Fête de St-Éloi, rappelant celle de Châteaurenard.

Fin juillet - début août

Aigues-Mortes . . . . Festival d'Art dramatique.

Marseille . . . . Concours de boules organisés par le « Provençal » dans le parc Borély.

Fin juillet-fin août

Valréas . . . Nuits de l'Enclave des Papes (Art dramatique).

Août

La Roque d'Anthéron . . . . Festival international de Piano.

1ers samedi et lundi d'août

Valréas . . Corso nocturne de la lavande.

1er dimanche d'août

Châteaurenard . . . . Fête de la Madeleine. Charrettes ramées (fleuries).

1re quinzaine d'août, tous les 3 ans (la prochaine fois en 1989)

Vaison-la-Romaine . . . . Choralies internationales.

Semaine du 15 août

Barjac . . . . Foire aux Antiquités.

3e semaine d'août

Séguret . . . . Festival provençal et fête vigneronne.

Mardi qui suit le 4e dimanche d'août

Monteux . . . Feu d'artifice de la St-Jean (Monteux est réputé pour ses artificiers) *(p. 103)*.

Fin août

Aigues-Mortes . . . . . Fête de Saint Louis.

Tous les dimanches de septembre

Le Beaucet 🄱🄸 pli 13 . . . . Pèlerinage au sanctuaire de St-Gens.

2 semaines en septembre

Arles . . . . . . Fête des Prémices du Riz.

Dernier week-end de septembre

Nîmes . . . . Feria des vendanges.

Dimanche le plus proche du 22 octobre

Stes-Maries-de-la-Mer . . . . . Procession à la plage et bénédiction de la mer, *(p. 176)*.

Dernier dimanche de novembre à l'Épiphanie

Marseille . . . Foire aux santons *(p. 137)*.

Début décembre à début janvier

Arles . . . . Salon international des Santonniers.

24 décembre

Allauch . . Messe de minuit provençale ; descente des bergers de la colline de N.-D.-du-Château.

Les Baux . . . . Fête des bergers. Messe de minuit *(p. 88)*.

Fontvieille . . . . Veillée calendale. Messe provençale *(p. 56)*.

St-Michel-de-Frigolet . . . Messe de minuit avec offrande de l'agneau par les bergers.

Ste-Baume . . . . Messe de minuit provençale dans la grotte *(p. 174)*.

Séguret . . . . Pegoulado (retraite aux flambeaux) et veillée provençale.

(Photo A.-M. Bérenger/Pix)

Mas provençal.

QUELQUES LIVRES

Les monographies relatives à une ville ou à une curiosité sont citées à l'article intéressé.

Ouvrages généraux - Tourisme

La Provence, par J.-P. et P. COSTE *(P.U.F., coll. « Nous partons pour »).*

Provence - Côte d'Azur, par J.-P. CLÉBERT *(Paris, Vilo, coll. « Rêver de »).*

Pays et gens de Provence *(Paris, Larousse, Sélection du Reader's Digest).*

La Provence touristique *(Paris, Larousse, coll. « Beautés de la France »).*

La Provence *(Paris, Solar).*

La Provence de Bosco par G. RAILLARD, de **Giono,** par J. CHABOT, de **Mistral,** par J.-P. CLÉBERT, de **Pagnol,** par J.-P. CLÉBERT *(Aix-en-Provence, Édisud).*

Guide de la Provence mystérieuse, par J.-P. CLÉBERT *(Paris, Sand).*

Histoire - Civilisation - Art

Histoire de la Provence, par F.-X. EMMANUELLI *(Paris, Hachette).*

Histoire de la Provence, par R. BUSQUET *(Paris, P.U.F., coll. « Que sais-je ? »).*

Les grandes heures de Provence, par M. MAURON *(Paris, Librairie Académique Perrin).*

Le roi René ou les hasards du destin, par Dr. R.-L. Mouliérac-Lamoureux *(Avignon, Aubanel, coll. « Destins du Sud »).*

Clefs pour l'Occitanie, par R. LAFONT *(Paris, Seghers).*

Provence romane - tome 1 *(Paris, coll. « Zodiaque », exclusivité Weber).*

L'art cistercien - France *(Paris, coll. « Zodiaque », exclusivité Weber).*

La Provence de Cézanne, par J. ARROUYE, de **van Gogh,** par J.-P. CLÉBERT et P. RICHARD *(Aix-en-Provence, Édisud).*

Gastronomie - Traditions

La cuisinière provençale, par REBOUL *(Marseille, Tacussel).*

Santons et traditions de Noël en Provence, par A. BOUYALA d'ARNAUD *(Marseille, Tacussel).*

La Provence et le Comtat Venaissin, par F. BENOÎT *(Avignon, Aubanel).*

Les fêtes en Provence, par J.-P. CLÉBERT *(Avignon, Aubanel, coll. « Gens du Sud »).*

Littérature

Le Mas Théotime, l'Enfant et la rivière, Malicroix, par H. BOSCO *(Paris, Gallimard, coll. Folio).*

Lettres de mon Moulin, Contes du lundi, Tartarin (Tartarin de Tarascon, Tarascon sur les Alpes, Port Tarascon), par A. DAUDET *(Paris, Presses Pocket).*

Le Grand Troupeau, le Chant du Monde, le Hussard sur le toit, Colline, Un de Baumugnes, Regain, par J. GIONO *(Paris, Gallimard, coll. Folio ou la Pléiade).*

Marius, Fanny, César, la Femme du Boulanger, Jean de Florette, Manon des Sources, Angèle, Topaze, la Gloire de mon père, le Château de ma mère, le Temps des Secrets, par M. Pagnol *(Paris, Presses Pocket).*

Conditions de visite

En raison des variations du coût de la vie et de l'évolution incessante des horaires d'ouverture de la plupart des curiosités, nous ne pouvons donner les informations ci-dessous qu'à titre indicatif.

Ces renseignements s'appliquent à des touristes voyageant isolément et ne bénéficiant pas de réduction. Pour les groupes constitués, il est généralement possible d'obtenir des conditions particulières concernant les horaires ou les tarifs, avec un accord préalable.

Les églises ne se visitent pas pendant les offices ; elles sont ordinairement fermées de 12 h à 14 h. Les conditions de visite en sont données si l'intérieur présente un intérêt particulier. La visite de la plupart des chapelles ne peut se faire qu'accompagnée par la personne qui détient la clé. Une rétribution ou une offrande est toujours à prévoir.

Des visites-conférences sont organisées de façon régulière, en saison touristique, à Aix-en-Provence, Arles, Avignon, Beaucaire, Carpentras, Marseille, Nîmes, Nyons, Orange, St-Gilles, Uzès, Vaison-la-Romaine et Villeneuve-lès-Avignon. S'adresser à l'office de tourisme ou au syndicat d'initiative.

Dans la partie descriptive du guide, p. 43 à 200, les curiosités soumises à des conditions de visite sont signalées au visiteur par le signe ⓥ.

a

AIGUES-MORTES

Tour de Constance et remparts. — Bureau d'accueil : en bas de la tour. Visite de début juillet à mi-septembre, toute la journée sans interruption ; le reste de l'année, le matin et l'après-midi. Fermé les 1ᵉʳ janvier, 1ᵉʳ mai, 1ᵉʳ et 11 novembre, 25 décembre. 15 F. Les billets ne sont plus délivrés une demi-heure avant l'heure de fermeture indiquée sur place. Visites accompagnées : ☎ 66 53 61 55.

Église N.-D. des Sablons. — Visite le matin et l'après-midi.

Chapelles des Pénitents Blancs et des Pénitents Gris. — Visite accompagnée en juillet et août sur demande auprès de l'office de tourisme : ☎ 66 53 73 00.

Salins du Midi. — Visites organisées en juillet et août : les mercredis et vendredis après-midi par l'office de tourisme d'Aigues-Mortes (☎ 66 53 73 00), les mardis et jeudis après-midi par l'office de tourisme du Grau-du-Roi (☎ 66 51 67 70).

AIX-EN-PROVENCE

Muséum d'histoire naturelle. — Visite le matin et l'après-midi. Fermé les dimanches et jours fériés de septembre à mai. 4 F. ☎ 42 26 23 67.

Fondation Saint-John Perse. — Visite le matin et l'après-midi. Fermée les samedis, dimanches et jours fériés ainsi qu'une grande partie du mois d'avril. ☎ 42 23 41 81, poste 525.
Visites guidées par cassettes lors des expositions.

Musée du Vieil Aix. — Visite le matin et l'après-midi. Fermé le lundi, en octobre et les jours fériés. 10 F. ☎ 42 21 43 55.

Hôtel de Châteaurenard. — Visite toute la journée sans interruption. Fermé les samedis, dimanches et jours fériés.

Musée des Tapisseries. — Visite le matin et l'après-midi. Fermé le mardi, de fin décembre à fin janvier, le 11 novembre. 8 F (13 F lors des expositions). ☎ 42 21 05 78.

Cathédrale St-Sauveur. — Visite le matin et l'après-midi. Fermée les mardis et dimanches. Pour voir le triptyque du Buisson Ardent et les vantaux du portail, s'adresser au gardien, sauf pendant les offices.

Musée bibliographique et archéologique Paul-Arbaud. — Visite l'après-midi. Fermé les dimanches, jours fériés et en octobre. 10 F.

Église St-Jean-de-Malte. — Visite le matin et l'après-midi (en fin d'après-midi le dimanche). Fermée le mercredi matin.

Musée Granet. — Visite le matin et l'après-midi. Fermé le mardi, sauf en juillet et août, la plupart des jours fériés et de fin décembre à fin janvier. 11 F (15 F lors des expositions). ☎ 42 38 14 70.

Église Ste-Marie-Madeleine. — Visite le matin et l'après-midi. Fermée le dimanche et l'après-midi des jours de semaine en juillet et août.

Pavillon de Vendôme. — Visite le matin et l'après-midi. Fermé le mardi et les jours fériés. 7 F. ℘ 42 21 05 78.

Fondation Vasarely. — Visite le matin et l'après-midi. Fermée le mardi, les 1er janvier, 1er mai, 25 décembre. 18 F. ℘ 42 20 01 09.

Atelier Paul Cézanne. — Visite accompagnée (1/2 h) le matin et l'après-midi. Fermé le mardi et les jours fériés. 6 F. ℘ 42 21 06 53.

Fouilles du plateau d'Entremont. — Visite le matin et l'après-midi. Fermé le mardi et les jours fériés.

ALLAUCH

Musée du Vieil Allauch. — Visite les mercredis et samedis, l'après-midi ; le dimanche, le matin et l'après-midi. Fermé en dehors de ces jours. 4 F.

ANSOUIS

Château. — Visite accompagnée (3/4 h) l'après-midi. Fermé le mardi, les 1er janvier, 1er mai, 25 décembre. 15 F. ℘ 90 79 20 99.

Musée Extraordinaire. — Visite accompagnée (1/2 h) toute l'année, l'après-midi. Fermé le mardi. 12 F. ℘ 90 79 20 88.

APT

Ancienne cathédrale Ste-Anne. — Visite libre, le matin et en fin d'après-midi. Visite accompagnée, de début juillet à début septembre, à 11 h et 17 h. Fermée le lundi et le dimanche après-midi.

Trésor. — Visite accompagnée (1/4 h) de début juillet à début septembre, le matin et l'après-midi. Fermé les lundis, dimanches et jours fériés.

Musée archéologique. — Visite le matin et l'après-midi. Fermé les mardis, dimanches et jours fériés. 3,40 F. ℘ 90 74 00 34.

ARDÈCHE (Gorges de l')

Selon la saison et la hauteur des eaux, prévoir de 6 h à 9 h pour la descente. Quelques passages difficiles en raison des rapides sont réservés aux personnes expérimentées. Il est indispensable de savoir nager.

Par ailleurs, il peut être utile de se procurer la plaquette « Plan de descente des Gorges de l'Ardèche », éditée par l'Association pour la Protection des Gorges de l'Ardèche.

L'arrêt pour le pique-nique peut avoir lieu tout au long de la rivière mais le bivouac n'est autorisé que sur les aires de Gaud et de Gournier (5 F par personne et par nuit).

Descente en barque. — L'Association des Bateliers de l'Ardèche organise la descente de l'Ardèche en barque de 4 à 6 personnes, conduite par deux bateliers expérimentés. Départ à 8 h, retour vers 18 h. Renseignements et réservation à l'office de tourisme de Vallon-Pont-d'Arc, ℘ 75 88 04 01.

M. J.-L. Tourre, ferme de la Vallée du Tiourre après le Pont-d'Arc, route des Gorges, 07150 Vallon Pont d'Arc, ℘ 75 88 02 95, organise de début mars à fin novembre la descente de l'Ardèche jusqu'à Sauze en barques de 4 personnes. Retour en taxi de Sauze jusqu'à la ferme de la Vallée. 200 F par personne (retour compris).

Descente en canoë. — S'adresser à Locacano-Sports, Salavas, 07150 Vallon Pont d'Arc, ℘ 75 88 04 36 qui propose des locations (canoës ou kayaks) d'une ou de plusieurs journées d'avril à septembre. Retour assuré.

ARLES

Monuments et musées (arènes, théâtre antique, cloître St-Trophime, musée d'Art païen, musée d'Art chrétien, musée Réattu, Palais Constantin, les Alyscamps). — Visite de début mai à fin septembre, toute la journée sans interruption ; le reste de l'année, le matin et l'après-midi. Fermés les 1er janvier, 1er mai et 25 décembre. En hiver, pour visiter le Palais Constantin, s'adresser à l'accueil du musée Réattu. 10 F pour chaque monument ou musée. Billet forfaitaire pour l'ensemble des monuments et musées (y compris le musée Arlaten) : 33 F. ℘ 90 96 29 35.

Portail de l'église St-Trophime. — En cours de restauration.

Museon Arlaten. — Visite le matin et l'après-midi. Fermé le lundi de début octobre à fin juin ainsi que les 1er mai et 25 décembre. 8 F. ℘ 90 96 08 23.

Espace Van-Gogh. — Ouverture prévue de la médiathèque au cours de l'été 1988.

AUBAGNE

Ateliers de santonniers. — Exposition de mi-juillet à début septembre.

Crèche panoramique de Noël. — Exposition de début décembre à début février.

« Petit monde de Marcel Pagnol ». — Exposition de mi-février à mi-novembre.

Musée de la Légion Étrangère. — Visite de début juin à fin septembre, le matin et l'après-midi ; le reste de l'année, les mercredis, samedis et dimanches, le matin et l'après-midi. Fermé le lundi toute l'année, en outre les mardis, jeudis, vendredis hors saison. ℘ 42 03 03 20.

Conditions de visite

AURIOLLES

Mas de la Vignasse. — Visite accompagnée (1 h 1/2) de début mai à fin septembre, le matin et l'après-midi. 20 F. ☎ 75 39 65 07.

AVIGNON

Palais des Papes. — Visite libre ou accompagnée (3/4 h) de début juillet à fin septembre toute la journée sans interruption ; des vacances de Printemps à fin juin, visite libre ou accompagnée, le matin et l'après-midi ; le reste de l'année, visite accompagnée uniquement, le matin et l'après-midi. Fermé les 1er janvier, 1er mai et 25 décembre. 19 F. ☎ 90 86 03 32.
Sont fermés aux visiteurs : la Trésorerie, au-dessous de la salle de Jésus, la bibliothèque au 4e étage de la tour des Anges, les deux étages de la Garde-Robe, le cabinet particulier de Benoît XII au 1er étage de la tour de l'Étude et l'oratoire St-Michel au-dessus de la Chambre du Cerf.
Pour visiter la chapelle de Benoît XII, actuellement occupée par les Archives départementales, demander l'autorisation à l'avance au Directeur, Palais des Papes, ☎ 90 86 16 18.

Petit Palais. — Visite le matin et l'après-midi. Fermé le mardi et les jours fériés. 13 F. ☎ 90 46 44 58.

Pont St-Bénézet et chapelle St-Nicolas. — Visite le matin et l'après-midi. Fermés le mardi, sauf de début juin à fin août, ainsi que les mois de janvier et de février.

Église St-Agricol. — Visites suspendues ; travaux de restauration en cours.

Palais du Roure. — Visite accompagnée des appartements, le mardi matin et l'après-midi. ☎ 90 82 57 51.

Musée Calvet. — Visite le matin et l'après-midi. Fermé le mardi, les 1er mai, 14 juillet, 1er novembre et 25 décembre. 14 F. ☎ 90 86 33 84.

Muséum Requien. — Accès à la bibliothèque et aux salles de travail, le matin et l'après-midi. Fermé les dimanches et lundis ainsi que les jours fériés. ☎ 90 82 43 51.

Musée lapidaire. — Mêmes conditions de visite que pour le musée Calvet.

Chapelle des Pénitents Gris. — Fermée l'après-midi des dimanches et jours fériés ainsi que le mardi.

Maison du roi René. — En cours de restauration.

Église St-Didier. — Visite en fin d'après-midi, en semaine, et le dimanche matin.

Église St-Pierre. — Visite le dimanche matin uniquement.

Musée Théodore Aubanel. — Visite le matin. Fermé les dimanches et jours fériés ainsi qu'en août.

Chapelle des Pénitents Noirs. — Visites suspendues ; travaux de restauration en cours.

Musée Louis Vouland. — Visite de début juillet à fin septembre, le matin et l'après-midi ; le reste de l'année, l'après-midi seulement. Fermé les lundis, samedis, dimanches et jours fériés. ☎ 90 86 03 79.

Église St-Symphorien. — Visite accompagnée en semaine, en début de matinée et en fin d'après-midi ; le dimanche, le matin et en fin d'après-midi. ☎ 90 82 10 56.

BAGNOLS-SUR-CÈZE

Musée d'Art moderne. — Visite le matin et l'après-midi. Fermé le mardi, les 1er et 2 janvier, 1er mai, 25 et 26 décembre et en février. 5,50 F. Billet groupé avec le musée d'Archéologie : 8 F. ☎ 66 89 60 02.

Musée d'Archéologie. — Visite les jeudis, vendredis et samedis uniquement, le matin et l'après-midi. Fermé les 1er et 2 janvier, 1er mai, 25 et 26 décembre et en février. 5,50 F. Billet groupé avec le musée d'Art moderne : 8 F. ☎ 66 89 74 00.

La BARBEN

Château. — Visite le matin et l'après-midi. Fermé le mardi et le 25 décembre. 20 F. ☎ 90 55 19 12.

Vivarium. — Visite le matin et l'après-midi. Fermé le 25 décembre. 20 F. ☎ 90 55 19 12.

Parc zoologique. — Visite, en semaine, le matin et l'après-midi ; le dimanche, toute la journée sans interruption. Fermé le 25 décembre. 30 F. ☎ 90 55 19 12.

BARBENTANE

Château. — Visite accompagnée (1/2 h), le matin et l'après-midi. Fermé du lundi au samedi de la Toussaint à Pâques, le mercredi, sauf en juillet, août et septembre, les 1er janvier et 25 décembre. 18 F. ✆ 90 95 51 07.

Maison des Chevaliers. — On ne visite pas.

Le BARROUX

Château. — Visite accompagnée en juillet et août, le matin et l'après-midi. 15 F.

Terrasse. — Accès libre toute l'année.

Les BAUX-DE-PROVENCE

Parking. — 7 F sans limitation de durée de stationnement.

Ancien hôtel de ville, musée d'Art contemporain, hôtel de Manville. — Visite de Pâques à fin octobre, le matin et l'après-midi. Billet unique de 12 F donnant droit à la visite du musée lapidaire et de la ville morte.

Musée lapidaire. — Visite de Pâques à fin octobre, toute la journée sans interruption. 12 F donnant droit à la visite des trois curiosités mentionnées ci-dessus et de la ville morte.

Cathédrale d'Images. — Visite toute la journée sans interruption. Fermée le mardi en octobre et novembre et de mi-novembre à fin mars. 28 F. ✆ 90 54 38 65.

BEAUCAIRE

Centrale. — La visite peut être autorisée sauf les samedis, dimanches et jours fériés. L'accord est à demander, au moins 15 jours à l'avance, aux services de la Compagnie Nationale du Rhône, 2 rue André, 69316 Lyon Cedex 04, ✆ 72 00 69 69, ou, 28 boulevard Raspail, 75007 Paris, ✆ 45 48 76 26.

Château. — Visite le matin et l'après-midi. Fermé le mardi. 10 F.

Musée de la Vignasse. — Visite l'après-midi. Fermé les lundis, mardis et jours fériés. 5 F. ✆ 66 59 47 61.

Église N.-D.-des-Pommiers. — Fermée l'après-midi et les jours fériés.

BOLLÈNE

Musée. — Visite de début avril à fin septembre, le matin et l'après-midi. Fermé les lundis et mardis. ✆ 90 30 14 43.

Collégiale St-Martin. — S'adresser à l'office de tourisme, ✆ 90 30 14 43.

BONNIEUX

Église vieille. — S'adresser à M. Bernard Gils, rue Pasteur.

Église neuve. — S'adresser à M. Bernard Gils, rue Pasteur.

Musée de la Boulangerie. — Visite pendant les vacances de Printemps, de début juin à fin septembre, le matin et l'après-midi. Fermé le mardi, du lundi au samedi de début octobre à fin mai, les mois de janvier et février, les 1er janvier et 25 décembre. 5 F. ✆ 90 75 90 28.

BONPAS (Chartreuse de)

Visite des cours, de la chapelle romane et des jardins, toute l'année, tous les jours, sans interruption. 5 F.

BORIES (Village des)

Visite tous les jours sans interruption. 15 F. ✆ 90 72 03 48.

BOULBON

Chapelle St-Marcellin. — S'adresser à M. Betton, 10 rue de l'Enclos, ✆ 90 91 13 79.

BOUMIAN (Musée du)

Visite de début avril à fin octobre, le matin et l'après-midi ; en février, mars et novembre, ouvert seulement les dimanches et jours fériés, le matin et l'après-midi. Fermé en janvier et en décembre. 15 F. ✆ 90 97 87 42.

BUOUX (Fort de)

Visite toute l'année. 7 F.

Participez à notre effort permanent de mise à jour.
Adressez-nous vos remarques et vos suggestions.

Cartes et Guides Michelin
46 avenue de Breteuil
75341 Paris Cedex 07

Conditions de visite

CADARACHE (Centre d'Études Nucléaires de)

Visite collective sur demande écrite adressée trois semaines à l'avance au bureau des Relations Publiques du centre, B.P. n° 1, 13115 St-Paul-lez-Durance.

CADEROUSSE

Église St-Michel. — Un sas vitré permet d'apercevoir l'intérieur de l'église. Pour une visite accompagnée, on peut s'adresser à Mlle Léone Roche, 1 place de l'Église.

CAMARGUE (Parc naturel régional de)

Renseignements sur les aménagements et les activités du Parc au Centre d'information et d'animation de Ginès, (voir sous ce nom), ou dans les offices de tourisme d'Arles (𝒫 90 96 29 35), de Stes-Maries-de-la-Mer (𝒫 90 47 82 55) et de Salin-de-Giraud (𝒫 42 86 82 11).

CAMARGUE (Réserve nationale de)

Pour tous renseignements sur les visites, s'adresser au Centre d'Information de la Capelière, sur le D 36 B, à l'Est de l'étang de Vaccarès, 13200 Arles, 𝒫 90 97 00 97, ouvert du lundi au vendredi, le matin et l'après-midi.

CAPITAINE DANJOU (Domaine)

Visite accompagnée des ateliers, le matin et l'après-midi. Fermé les samedis, dimanches et jours fériés. Visite du musée, le matin et l'après-midi ; fermé le lundi. 𝒫 42 29 24 01.

CARPENTRAS

Ancienne cathédrale St-Siffrein. — Visite le matin et l'après-midi.

Trésor d'Art sacré. — Visite le matin et l'après-midi. Fermé le mardi, le dimanche matin et les jours fériés. 𝒫 90 63 04 92.

Palais de Justice. — Visite accompagnée en semaine. S'adresser à l'office de tourisme, 𝒫 90 63 00 78.

Musées de Carpentras. — Visite accompagnée le matin et l'après-midi. Fermés les mardis et jours fériés. 2 F. 𝒫 90 63 04 92.

Hôtel-Dieu. — Visite les lundis, mercredis et jeudis, le matin. 5,50 F. 𝒫 90 63 00 78.

Synagogue. — Visite accompagnée (3/4 h), le matin et l'après-midi. Fermée les samedis, dimanches et lors des fêtes juives.

CASSIS

Musée municipal. — Visite toute l'année, l'après-midi. Fermé les lundis, mardis, jeudis et certains jours fériés. 𝒫 42 01 88 66.

Château des Baux. — On ne visite pas.

Calanques. — Voir au nom propre de chaque calanque.

CASTELNAU (Château de)

Visite accompagnée (1 h) en saison tous les jours, hors saison uniquement le dimanche. 17 F. 𝒫 66 83 21 04.

CASTILLE (Château de)

On ne visite pas.

CAVAILLON

Chapelle St-Jacques. — Visite le matin et l'après-midi. Fermée le mardi. 𝒫 90 71 32 01.

Ancienne cathédrale Notre-Dame-et-St-Véran. — Visite le matin et l'après-midi. Fermée le dimanche et le lundi matin. 𝒫 90 71 32 01.

Synagogue. — Visite le matin et l'après-midi. Fermée le samedi, les 1er janvier, 1er mai, 25 décembre. 4 F.

Musée. — Visite le matin et l'après-midi. Fermé le mardi, les 1er janvier, 1er mai et 25 décembre. 4 F.

CHÂTEAU-BAS

Temple romain. — Visite le dimanche. Pour visiter en semaine, s'adresser au préalable au numéro suivant : 𝒫 90 59 13 16.

Chapelle St-Cézaire. — Mêmes conditions de visite que pour le temple romain.

CHÂTEAU-GOMBERT

Église. — Visite le dimanche matin uniquement.

Musée des Arts et Traditions populaires du Terroir marseillais. — Visite l'après-midi des lundis, mercredis (sauf pendant les vacances scolaires), samedis et dimanches. Visite commentée le mercredi à 15 h. 10 F. ✆ 91 68 14 38.

CHÂTEAUNEUF-DU-PAPE

Musée des outils de vignerons. — Visite toute l'année, le matin et l'après-midi. ✆ 90 83 70 07.

CHÂTEAURENARD

Château féodal (Tour du Griffon). — Visite accompagnée (3/4 h), le matin et l'après-midi. Fermé le matin des mardis, jeudis et samedis de début juin à fin septembre ; l'après-midi des mardis et vendredis ainsi que le samedi matin de début octobre à fin mai ; les 1er janvier et 25 décembre. 3 F. ✆ 90 94 07 27.

La CIOTAT

Église N.-D.-de-l'Assomption. — Visite le matin et l'après-midi. Fermée le samedi après-midi. ✆ 42 71 43 82.

Musée ciotaden. — Visite l'après-midi. Fermé le dimanche après-midi et les jours fériés de début juin à fin septembre, les mardis, jeudis et dimanches, le reste de l'année. 5 F. ✆ 42 71 40 99.

Parc du Mugel. — Visite toute l'année. Les belvédères ne sont pas accessibles entre 12 h et 14 h. Centre d'initiation à l'environnement marin (Atelier bleu) : ✆ 42 08 07 67.

Ile Verte. — S'adresser aux patrons de bateaux à l'embarcadère. 16 F AR par personne en saison.

COCALIÈRE (Grotte de la)

Visite accompagnée (1 h 1/4) de début avril à début novembre, le matin et l'après-midi. 26 F. ✆ 66 24 01 57.

CRESTET

Château. — En cours de restauration.

CUCURON

Église. — Visite l'après-midi.

Musée du Luberon. — Fermé momentanément. En cours de réaménagement.

DIGUE A LA MER

Un circuit pédestre de 20 km est aménagé sur la Digue et le littoral. Il est interdit aux véhicules à moteur.

EN-VAU (Calanque d')

Promenade en bateau (3/4 h AR), au départ de Cassis, quai St-Pierre. La promenade inclut la visite des calanques de Port-Miou et de Port-Pin. 25 F.

FONTAINE-DE-VAUCLUSE

Parking. — 7 F.

Le Monde souterrain de Norbert Casteret. — Visite accompagnée (1/2 h), le matin et l'après-midi. Fermé les lundis et mardis sauf en juin, juillet et août ; fermé également de début novembre à fin janvier. 15 F. ✆ 90 20 34 13.

Musée. — Visite le matin et l'après-midi ; les week-ends seulement de début mars à mi-avril et de mi-octobre à fin décembre. Fermé le mardi de mi-avril à mi-octobre ainsi que les mois de janvier et février. 5 F.

Église St-Véran. — Visite de Pâques à fin octobre, toute la journée sans interruption.

Conditions de visite

FORESTIÈRE (Aven de la)

Visite accompagnée (1 h) de début juin à fin août toute la journée sans interruption ; en avril, mai et septembre le matin et l'après-midi. 22 F. ✆ 75 38 63 08.

FOS-SUR-MER

Visite du port. — Pour les visites accompagnées du port, s'adresser au Service des Relations Publiques du Port Autonome, 23 place de la Joliette, 13002 Marseille. ✆ 91 91 90 66.

Le Centre de vie. — Visite et projections de films, le matin et l'après-midi. Fermé les mercredis, samedis, dimanches et jours fériés. ✆ 42 05 03 10.

GINÈS

Centre d'information et d'animation. — Visite toute l'année, le matin et l'après-midi. Fermé le vendredi de début octobre à fin février, les 1er janvier, 1er mai, 25 décembre. ✆ 90 97 86 32.

GORDES

Château. — Visite le matin et l'après-midi. Fermé le mardi, sauf en juillet et août, les 1er janvier, 1er mai et 25 décembre. 10 F. ✆ 90 72 02 89.

GRIGNAN

Château. — Ouverture prévue de nouvelles salles. Visite accompagnée (1 h 30 pour la visite-conférence, 1 h pour la grande visite, 1/2 h pour la petite visite), le matin et l'après-midi. Fermé le mardi toute la journée et le mercredi matin sauf en juillet et août, les 1er janvier, 25 décembre, ainsi que la majeure partie du mois de novembre. Visite-conférence : 25 F ; grande visite : 15 F ; petite visite : 7 F. Parcours audiovisuel : 15 F (été) ; 10 F (hiver). Spectacle « Son et Lumière » de mi-juillet à mi-septembre. ✆ 75 46 51 56.

Église St-Sauveur. — Chaque été y sont donnés plusieurs concerts d'orgues.

HARMAS J.-H. FABRE

Visite accompagnée (1 h), le matin et l'après-midi. Fermé le mardi, en octobre, le 1er janvier, à Pâques, les 1er mai, 1er novembre et 25 décembre. 9 F. ✆ 90 70 00 44.

IF (Château d')

Promenade en bateau (1 h 1/2, y compris la visite du château) : embarcadère, quai des Belges, dans le Vieux Port de Marseille. Départs toutes les heures, en été ; horaires variables en hiver. 30 F. ✆ 91 55 50 09. La visite du château est en concordance avec les horaires des bateaux.

L'ISLE-SUR-LA-SORGUE

Église. — Visite le matin et l'après-midi. Fermée en fin d'après-midi, le dimanche.

Hôpital. — Visite accompagnée de début juin à fin septembre. Pas de visite les dimanches et jours fériés. S'adresser au concierge, porte principale.

ISTRES

Musée du Vieil-Istres. — Visites suspendues. Travaux de restauration en cours. ✆ 42 55 04 97.

LABASTIDE-DE-VIRAC

Château. — Visite accompagnée (1 h), de Pâques à mi-octobre, le matin et l'après-midi. 15 F. 📞 75 38 61 13.

LOUBIÈRE (Grottes)

Visite accompagnée (1/2 h) toute l'année, l'après-midi. Fermées le mardi et le 25 décembre. 15 F. 📞 91 68 15 02.

LOURMARIN

Château. — Visite accompagnée 3/4 h, le matin et l'après-midi. Fermé le mardi de début décembre à fin février. 15 F. 📞 90 68 15 23.

LUBERON (Parc naturel régional du)

Centres d'information. — Maison des Pays du Luberon, 1 place Jean Jaurès, 84400 Apt, 📞 90 74 08 55. Documentation, expositions temporaires, centre de géologie et paléontologie régionales (ouvert le matin et l'après-midi sauf le dimanche). Château de la Tour d'Aigues, 84240 La Tour-d'Aigues, 📞 90 77 50 33 ou 90 77 48 80 ; pour les conditions de visite du musée de l'Histoire du Pays d'Aigues, voir p. 219.

m

MADELEINE (Grotte de la)

Visite accompagnée (1 h), en juillet et août, toute la journée sans interruption ; de début avril à fin juin et en septembre, le matin et l'après-midi ; en octobre le dimanche seulement. 21 F. 📞 75 04 22 20.

MADELÈNE (Chapelle de la)

S'adresser au syndicat d'initiative de Bédoin, 📞 90 65 63 95, de Pâques à septembre ou à la mairie, 📞 90 65 60 08, les jours ouvrables.

MAILLANE

Mas du Juge. — On ne visite pas.

Museon Mistral. — Visite accompagnée (1/2 h) toute l'année, le matin et l'après-midi. Fermé le lundi et la plupart des jours fériés. 4 F. 📞 90 95 74 06.

MARCOULE

Exposition. — Les salles sont ouvertes, en juillet et août, tous les jours, le matin et l'après-midi ; d'avril à juin, en septembre et en octobre, l'après-midi, en dehors des mardis et jeudis ; pendant les vacances scolaires autres que celles d'été, tous les jours, l'après-midi ; le reste de l'année, les mercredis, samedis et dimanches, l'après-midi.

MARIGNANE

Mairie. — La façade côté cour intérieure est en cours de restauration. Visite sur autorisation pendant l'ouverture des bureaux. 📞 42 88 13 41.

MARSEILLE

Musée d'Histoire de Marseille. — Visite toute la journée sans interruption. Fermé les dimanches et lundis ainsi que les 1er janvier, 1er mai, 11 novembre et 25 décembre. 3 F. 📞 91 90 42 22.

Musée du Vieux Marseille. — Visite le matin et l'après-midi. Fermé le mardi, toute la journée, le mercredi matin ainsi que les jours fériés et le 26 décembre. 3 F. 📞 91 55 10 19.

Musée des Docks romains. — Visite de midi à la fin de l'après-midi. Fermé le mardi toute la journée, le mercredi matin et les jours fériés. 5 F.

Centre de la Vieille Charité. — Visite de midi à la fin de l'après-midi. Nocturne le jeudi. Transfert prévu au Centre des collections du château Borély (musée d'archéologie méditerranéenne et musée lapidaire). 📞 91 73 21 60.

Cathédrale de la Major. — Visite toute l'année, le matin et l'après-midi. Fermée le lundi. 📞 91 90 53 57.

Ancienne cathédrale de la Major. — Visite accompagnée (1 h) toute l'année, le matin et l'après-midi. Fermée le lundi. S'adresser à M. Christian Lamothe, 1 avenue Robert Schuman. 📞 91 90 53 57.

Église St-Ferréol. — Fermée entre 12 h et 15 h, les samedis et dimanches et tous les jours de début juillet à début octobre.

Conditions de visite

Musée de la Marine de Marseille. — Visite toute l'année, le matin et l'après-midi. Fermé le mardi, les jours fériés ainsi que le jour de la fête du Sacré-Cœur. ℘ 91 91 91 51.

Musée Cantini. — Visite toute l'année de midi à la fin de l'après-midi. Fermé certains jours fériés. 3 F. ℘ 91 54 77 75. Transfert prévu des collections de faïences au château Borély.

Basilique N.-D.-de-la-Garde. — Visite libre ou accompagnée sur demande. ℘ 91 37 42 82.

Basilique St-Victor. — Visite le matin et l'après-midi. 5 F. ℘ 91 33 25 86.

Jardin botanique. — Visite libre toute la journée sans interruption. Fermé les mardis et dimanches. Gratuit sauf pour la visite de la serre du 19e s. : 7 F. Pour une visite accompagnée, s'adresser au numéro suivant : ℘ 91 55 25 51.

Château Borély. — Visite le matin et l'après-midi. Fermé le mardi et le mercredi matin. 10 F (12 F en période d'exposition). Après le transfert des collections au Centre de la Vieille Charité, un musée d'Arts décoratifs sera aménagé dans le château. Pour tous renseignements, s'adresser les lundis, mardis et jeudis dans la matinée au : ℘ 91 73 21 60 ou à l'office municipal de tourisme, 4 la Canebière, ℘ 91 54 91 11.

Musée Grobet-Labadié. — Visite libre ou accompagnée (1 h) sur demande, le matin et l'après-midi. Fermé le mardi toute la journée, le mercredi matin et les jours fériés. 3 F. Visites commentées à thèmes l'après-midi des mercredis et dimanches. ℘ 91 62 21 82.

Musée des Beaux-Arts. — Visite le matin et l'après-midi. Fermé le mardi toute la journée, le mercredi matin et certains jours fériés. 3 F. ℘ 91 62 21 17.

Muséum d'histoire naturelle. — Visite le matin et l'après-midi. Fermé le mardi et le mercredi matin. 3 F. ℘ 91 62 30 78.

Jardin zoologique. — Visite toute l'année, toute la journée sans interruption. 5 F.

Visite du port. — Les dimanches et jours fériés seulement, l'accès de la Digue du Large est accordé aux promeneurs de 7 h à 21 h (18 h de début octobre à fin mars) par la porte nº 2 (Arenc). Les jours ouvrables, des visites accompagnées du port sont organisées. S'adresser une semaine au minimum avant la date souhaitée à la Direction du Port Autonome, Service des Relations Publiques, 23 place de la Joliette 13002 Marseille, ℘ 91 91 90 66.

MARTIGUES

Église Ste-Madeleine-de-l'Ile. — En cours de restauration. La visite est toutefois possible. ℘ 42 42 10 65.

Musée Ziem. — Visite toute l'année, l'après-midi. Fermé les lundis, mardis, 1er janvier, 1er mai, 14 juillet, 1er novembre, 25 décembre. 5 F. ℘ 42 80 66 06.

MARZAL (Aven de)

Musée du monde souterrain, aven et grotte. — Visite accompagnée (1 h) de début mai à fin août, le matin et l'après-midi ; en avril, septembre et octobre : l'après-midi, en semaine, le matin et l'après-midi, les dimanches et jours fériés ; en mars et novembre, l'après-midi des dimanches et jours fériés. Fermé de début décembre à fin février. 26 F. ℘ 75 04 12 45.

Zoo préhistorique. — Visite de début mai à fin août, le matin et l'après-midi ; en avril, septembre et octobre, l'après-midi seulement ; en mars et novembre l'après-midi des dimanches et jours fériés seulement. Fermé de début décembre à fin février. 20 F. ℘ 75 04 12 45.

MAZAN

Musée. — Visite en juillet et août tous les après-midi ; en juin et septembre le dimanche après-midi seulement. ℘ 90 69 71 69.

MÉJANES

Promenades à cheval organisées par le mas : 50 F l'heure ; promenades dans le petit train : 10 F.

MÉNERBES

Église. — S'adresser au secrétariat de la mairie, du mardi au samedi, le matin et l'après-midi. ℘ 90 72 22 05.

MONTFAVET

Église. — Visite pour groupes uniquement. S'adresser au presbytère.

MONTMAJOUR (Abbaye de)

Visite le matin et l'après-midi. Visite de la chapelle St-Pierre uniquement dans le cadre de visites accompagnées. Fermée le mardi, les 1er janvier, 1er mai, 1er et 11 novembre, 25 décembre ainsi que l'après-midi des dimanches et jours fériés de début octobre à fin mars. 16 F. ℘ 90 54 64 17.

Chapelle Ste-Croix. — On ne visite pas.

MOULINS A HUILE (Musée des)

Visite de début février à fin novembre, le matin et l'après-midi ; le reste de l'année, les dimanches et jours fériés seulement, le matin et l'après-midi. 14 F, donnant droit à la visite du musée du Vitrail *(voir p. 220)*. ℘ 90 72 22 11.

MOULIN DE DAUDET

Visite. — Le matin et l'après-midi. Fermé en semaine en janvier. 5 F. ℘ 90 97 60 78.

NAGES

Oppidum et musée archéologique. — Visite libre ou accompagnée (2 h) de l'oppidum et du musée sur demande écrite au préalable auprès de Mme Py-Tendille, rue Basse, 30980 Langlade : 200 F (visite accompagnée de l'oppidum et du musée). S'adresser au secrétariat de la mairie, ℰ 66 35 05 26.

NÎMES

Monuments romains. — Visite des arènes, de la Maison Carrée et de la tour Magne, toute la journée sans interruption de mi-juin à mi-septembre ; le reste de l'année, le matin et l'après-midi. Fermés les 1er janvier, 1er mai, 1er et 11 novembre, 24, 25 et 31 décembre. Visites suspendues des arènes les jours de spectacles et de corridas. 23 F pour l'ensemble des monuments romains et des musées ; 12 F pour la visite d'un seul monument (arènes exceptées). Musées fermés le dimanche matin. Visites accompagnées en bus de début juillet à mi-septembre, les mardis, jeudis et samedis ; départ : 9 h 30, Place des Arènes. Renseignements auprès de l'office de tourisme : ℰ 66 67 29 11.

Musée d'Archéologie. — Visite de mi-juin à mi-septembre, toute la journée sans interruption ; le reste de l'année, le matin et l'après-midi. Fermé le dimanche matin, les 1er janvier, 1er mai, 1er et 11 novembre, 24 et 25 décembre. Billet forfaitaire pour l'ensemble des musées : 15 F. ℰ 66 67 25 57.

Muséum d'histoire naturelle. — Mêmes conditions de visite et tarifs que pour le musée d'Archéologie. ℰ 66 67 39 14.

Musée des Beaux-Arts. — Travaux d'aménagement en cours. Seules sont ouvertes à la visite, les salles du rez-de-chaussée (mêmes conditions de visite que pour le musée d'Archéologie). Ouverture prévue des salles du 1er étage : 1er trimestre 1988. ℰ 66 67 38 21.

Cathédrale Notre-Dame-et-St-Castor. — Visite le matin et l'après-midi.

Musée du Vieux Nîmes. — Mêmes conditions de visite et tarifs que pour le musée d'Archéologie. Il est prévu d'affecter la totalité du bâtiment de l'ancien palais épiscopal au musée. ℰ 66 36 00 64.

NOTRE-DAME-DE-GRÂCE (Sanctuaire de)

Chapelle et annexes. — S'adresser sous le porche à droite. ℰ 90 31 72 01.

NOTRE-DAME-DE-LUMIÈRES (Sanctuaire)

Visite le matin et l'après-midi.

NOTRE-DAME-DES-VIGNES (Chapelle de)

Visite accompagnée de début avril à fin novembre, l'après-midi, tous les jours, sauf le mardi ; le reste de l'année uniquement l'après-midi des samedis, dimanches et jours fériés. Sonner chez la gardienne.

NOTRE-DAME-DU-GROSEAU (Chapelle)

S'adresser au presbytère de Malaucène. ℰ 90 65 20 19.

NOVES

Église. — Visite toute l'année, le matin et l'après-midi.

NYONS

Moulin Ramade. — Visite le matin et l'après-midi. S'annoncer au préalable : ℰ 75 26 08 18. Fermé les dimanches et jours fériés.

Moulin Autrand. — Visite le matin et l'après-midi. Fermé le dimanche et la 2e quinzaine d'octobre. ℰ 75 26 02 52.

Coopérative oléicole et viticole. — Visite toute la journée sans interruption en été ; le matin et l'après-midi le reste de l'année.

Musée de l'olivier. — Visite de Pâques à fin septembre : l'après-midi des jeudis, vendredis et samedis en juillet et août ; le samedi après-midi seulement, le reste du temps. 5 F. ℰ 75 26 12 12.

Pour organiser vous-même vos itinéraires :
- *Tout d'abord consultez la carte des p. 4 à 7. Elle indique les parcours décrits, les régions touristiques, les principales villes et curiosités.*
- *Reportez-vous ensuite aux descriptions, à partir de la p. 43.*
  Au départ des principaux centres,
  des buts de promenades sont proposés sous le titre Excursion.
- *En outre les **cartes Michelin***
  signalent les routes pittoresques, les sites et les monuments intéressants, les points de vue, les rivières, les forêts...

OK CORRAL (Parc d'attractions)

Visite toute la journée sans interruption (les manèges ne fonctionnent pas à l'heure du déjeuner) : en mars, du 1er au 8 du mois et le dimanche ; en avril et mai, les mercredis, samedis, dimanches, jours fériés et jours de vacances scolaires (toutes zones) ; de début juin à fin août, tous les jours ; en septembre, les mercredis, samedis et dimanches ; en octobre, les dimanches et jours de vacances scolaires. 50 F (adultes) ; 40 F (enfants jusqu'à 10 ans). ℘ 42 73 80 05 ou 42 73 82 75.

ORANGE

Théâtre antique. — Visite de début avril à début octobre, toute la journée sans interruption en semaine ; le matin et l'après-midi, les dimanches et jours fériés ; le reste de l'année, du lundi au dimanche, le matin et l'après-midi. Fermé les 1er janvier, 1er mai et 25 décembre. 10 F donnant droit à la visite du musée de la ville. Possibilité de visites accompagnées pendant les vacances de Printemps et de début juin à mi-septembre ; renseignements auprès de l'office de tourisme : ℘ 90 34 70 88.

Musée de la ville. — Visite le matin et l'après-midi. Fermé les 1er janvier, 1er mai, 25 décembre. 10 F donnant droit à la visite du théâtre antique.

ORGNAC (Aven d')

Visite le matin et l'après-midi. Fermé de mi-novembre à fin février. 26 F. ℘ 75 38 62 51.

ORGON

Église. — Ouverte uniquement pendant les offices.

PERNES-LES-FONTAINES

Tour Ferrande. — Visite accompagnée sur demande auprès du syndicat d'initiative, le jeudi matin en juillet et août. 5 F. ℘ 90 61 31 04.

PERRIER (Source)

Visite accompagnée (50 mn), le matin et l'après-midi. Fermé les samedis, dimanches, jours fériés et durant les fêtes de fin d'année. ℘ 66 87 62 00.

PETIT RHÔNE (Promenades en bateau)

Service assuré de fin mars à début novembre : 4 départs en juillet et août ; de 1 à 2 départs suivant les périodes, le reste de l'année. Durée : 1 h 1/4. 44 F. Renseignements et réservation auprès du Capitaine E. Aupy, Bateau Tiki III, 13460 Stes-Maries-de-la-Mer. ℘ 90 97 81 68.

PEYROLLES-EN-PROVENCE

Église St-Pierre. — S'adresser au presbytère, 15 rue de l'Église.

Chapelle du St-Sépulcre. — S'adresser à la mairie.

PIOLINE (Château de la)

Visite accompagnée (3/4 h), sur demande écrite au préalable (vingt personnes minimum) adressée à M. J.-L. Vian, Château de la Pioline, 13290 Les Milles.
Visite possible également pendant le festival d'Aix-en-Provence (juillet) dans le cadre des visites des demeures historiques de la région : ℘ 42 26 02 93. Forfait : 85 F.

PONT DE GAU

Parc ornithologique. — Visite de début mars à mi-novembre. 16 F. ℘ 90 47 82 62.

PONT DE ROUSTY (Mas du)

Musée camarguais. — Visite de début avril à fin septembre, toute la journée sans interruption ; le reste de l'année, le matin et l'après-midi. Fermé le mardi de début octobre à fin mars, les 1er janvier, 1er mai, 25 décembre. 12 F. ℘ 90 97 10 82.

PONT DU GARD

Parking. — 7,50 F pour 24 h.

PONT-ST-ESPRIT

Musée Paul-Raymond. — Visite le matin et l'après-midi. Fermé en février, les mardis de début juin à fin septembre ; les lundis, mardis, vendredis et samedis le reste de l'année ainsi que les 1er et 2 janvier, à Pâques, les 1er mai, 1er et 11 novembre, 25 décembre. 5 F. ℘ 66 39 09 98.

PORT-MIOU (Calanque de)

Promenade en bateau (3/4 h AR), au départ de Cassis, quai St-Pierre. La promenade inclut la visite des calanques de Port-Pin et d'En-Vau. 25 F.

PORT-PIN (Calanque de)

Promenade en bateau (3/4 h AR), au départ de Cassis, quai St-Pierre. La promenade inclut la visite des calanques de Port-Miou et d'En-Vau. 25 F.

ROGNES

Église. — S'adresser au préalable à M. Bonnaud, 10 avenue de la Libération, 13840 Rognes.

s

ST-BLAISE (Site archéologique de)

Fouilles. — Visite de juillet à fin septembre le matin et l'après-midi ; le reste de l'année, les lundis, mercredis et vendredis, l'après-midi seulement, les autres jours le matin et l'après-midi. Fermé le mardi, les 1er mai, 1er et 11 novembre, 25 décembre. 5 F.

Musée. — Provisoirement fermé.

ST-CHAMAS

Église. — Fermée le dimanche après-midi.

ST-CHRISTOPHE (Bassin de)

Pour visiter les installations hydrauliques, demander l'autorisation à la Société des Eaux de Marseille, Service Adduction, 25 rue Édouard Delanglade, 13254 Marseille Cedex 6. Muni de cette autorisation, s'adresser à l'éclusier de garde du bassin qui habite dans les bâtiments de l'Administration en bordure du D 543 et du bassin.

ST-GABRIEL (Chapelle)

Pour visiter, s'adresser au terrain de camping « St-Gabriel » : ✆ 90 91 19 83.

ST-GILLES

Crypte. — Visite le matin et l'après-midi. Fermée en janvier et février, le dimanche sauf de début juillet à fin septembre, les 1er janvier, 1er et 11 novembre, 25 décembre. 8 F donnant accès à la vis. ✆ 66 87 33 75.

Vis de St-Gilles. — Mêmes conditions de visite que pour la crypte.

Cellier des moines. — Visible seulement à l'occasion de visites-conférences. ✆ 66 87 33 75.

Maison romane. — Visite de début mars à fin décembre, les lundis, mercredis et vendredis, le matin et l'après-midi. ✆ 66 87 40 42.

ST-JEAN-DE-GARGUIER

Chapelle. — Visite les samedis et dimanches, l'après-midi.

ST-LAURENT-DES-ARBRES

Église. — Fermée le dimanche. Pour une visite accompagnée, s'adresser à Mme Vian, près de la mairie. ✆ 66 79 44 73.

ST-MARCEL (Grottes de)

Non ouverte aux visiteurs actuellement. Renseignements auprès de la mairie de St-Marcel-d'Ardèche. ✆ 75 04 66 11.

ST-MAXIMIN-LA-STE-BAUME

Centre Culturel de Rencontre. — Pour tous renseignements sur les activités du Centre, s'adresser au : 94 78 01 93.

Basilique. — Visite le matin et l'après-midi. Les grandes orgues sont actuellement en restauration.

Ancien couvent royal. — Visite de début avril à fin octobre, le matin et l'après-midi. Fermé le 1er mai. 7 F. ✆ 94 78 01 93.

Conditions de visite

ST-MICHEL-DE-FRIGOLET (Abbaye de)

Visite libre pour l'église et accompagnée pour le cloître, tous les jours, sans interruption. S'adresser au magasin près de l'entrée, à droite, après l'arceau.
Messe en semaine à 11 h, vêpres à 20 h 10, le dimanche, grand-messe à 10 h 30. Principales fêtes : Semaine Sainte, lundi de Pâques (fête folklorique), le dimanche qui suit le 15 mai (fête de N.-D.-du-Bon-Remède), le dernier dimanche de juin (fête des malades), le dernier dimanche de septembre (fête de St-Michel, procession) ; à Noël, messe de minuit avec offrande de l'agneau par les bergers. ℰ 90 95 70 07.

ST-PANTALÉON

Église. — Visites suspendues ; travaux de restauration en cours.

ST-PONS (Parc de)

Visite toute l'année, toute la journée. Fermé le lundi.

ST-RÉMY-DE-PROVENCE

Ruines de Glanum. — Visite le matin et l'après-midi. Fermées les 1er janvier, 1er et 11 novembre, 25 décembre. 22 F de début avril à fin septembre ; 10 F le reste de l'année.

Ancien monastère de St-Paul-de-Mausole. — Visite de l'église et du cloître, tous les jours, sans interruption.

Hôtel de Sade. — Visite accompagnée (1 h) de début avril à fin septembre, tous les jours, le matin et l'après-midi ; en mars et octobre, les samedis, dimanches et jours fériés seulement, le matin et l'après-midi. Fermé le mardi en saison, de début novembre à fin février. 8 F. ℰ 90 92 08 10.

Musée des Alpilles Pierre de Brun. — Visite de début avril à fin octobre, le matin et l'après-midi ; en mars et novembre, les samedis et dimanches seulement, le matin et l'après-midi. Fermé le mardi en saison, de début décembre à fin février. 8 F. ℰ 90 92 05 22.

ST-ROMAN (Abbaye de)

Visite de début juillet à mi-octobre toute la journée sans interruption ; le reste de l'année, l'après-midi des samedis, dimanches, jours fériés et des jours de vacances scolaires. Fermé le jeudi en saison. 5 F.

ST-SIXTE (Chapelle)

S'adresser au presbytère d'Eygalières.

STES-MARIES-DE-LA-MER

Église. — Visite de début mai à mi-septembre, le matin et l'après-midi ; le reste de l'année, toute la journée sans interruption. Une minuterie permet d'éclairer le chœur (1 F), la nef (1 F), la voûte (1 F).

Chapelle haute. — En cours de restauration.

Chemin de ronde. — Visite de début avril à mi-novembre, le matin et l'après-midi. Fermé le jeudi de début avril à mi-mai et de début octobre à mi-novembre. 9 F.

Musée Baroncelli. — Visite le matin et l'après-midi. Fermé le mardi de début octobre à fin mai. 7 F.

SALON-DE-PROVENCE

Château de l'Empéri. — Visite le matin et l'après-midi. Fermé le mardi, les 1er janvier, 1er mai, 25 décembre. 6 F. ℰ 90 56 22 36.

Maison de Nostradamus. — Visite en juillet et août, le matin et l'après-midi ; en mai et juin, l'après-midi des mercredis, samedis et dimanches ; le reste de l'année, s'adresser au musée de Salon et de la Crau *(voir ci-dessous)*. Fermé le mardi en saison. 5 F.

Musée de Salon et de la Crau. — Visite le matin et l'après-midi. Fermé le mardi, le matin des samedis, dimanches et jours fériés, les 1er janvier, 1er mai, 25 décembre. 3 F. ℰ 90 56 28 37.

SÉNANQUE (Abbaye de)

Centre Culturel de Rencontre. — Pour tous renseignements sur les activités du Centre, s'adresser au 90 72 02 05.

Église, dortoir, cloître et bâtiments conventuels (à l'exclusion du bâtiment des convers). — Visite en juillet et août, toute la journée sans interruption ; le reste de l'année, le matin et l'après-midi. Fermé du lundi au vendredi en janvier. 20 F. Visites accompagnées (3/4 h) en juillet et août sur demande : ℰ 90 72 02 05.

Bâtiment des convers. — Réservé aux activités du Centre Culturel de Rencontre (voir ci-dessus). On ne visite pas.

SILVACANE (Abbaye de)

Église, cloître, bâtiments conventuels (à l'exclusion du dortoir et du réfectoire). — Visite le matin et l'après-midi. Fermé le mardi, les 1er janvier, 1er mai, 1er et 11 novembre, 25 décembre. 16 F d'avril à septembre ; 9 F d'octobre à mars. Visite accompagnée (3/4 h) sur demande. ℰ 42 50 41 69.

Dortoir. — On ne visite pas.

Réfectoire. — Momentanément fermé.

SORMIOU (Calanque de)

Promenade en bateau (4 h), en juillet et août, l'après-midi, au départ de Marseille, quai des Belges. La promenade inclut également la visite des calanques de Sugiton, d'En-Vau, de Port-Pin et de Port-Miou. 70 F. ℰ 91 55 50 09.

SUGITON (Calanque de)

Promenade en bateau (4 h), en juillet et août, l'après-midi, au départ de Marseille, quai des Belges. La promenade inclut également la visite des calanques de Sormiou, d'En-Vau, de Port-Pin et de Port-Miou. 70 F. ℰ 91 55 50 09.

SUZE-LA-ROUSSE

Château. — Visite accompagnée l'après-midi. Fermé le mardi, les 1er janvier et 25 décembre ainsi qu'en novembre. 8,50 F.

TARASCON

Château. — Visite accompagnée (3/4 h), de début juin à fin septembre toute la journée sans interruption ; le reste de l'année, le matin et l'après-midi. Fermé le mardi, les 1er janvier, 1er mai, 14 juillet, 1er novembre, 25 décembre. 16 F en saison ; 9 F hors saison. ℰ 90 91 03 52.

Maison de Tartarin. — Visite libre ou accompagnée (3/4 h) toute l'année, le matin et l'après-midi. Fermé les jours fériés. 7 F. ℰ 90 91 05 08.

TEILLAN (Château de)

Visite accompagnée de l'intérieur (1 h), de mi-juin à mi-septembre, l'après-midi. Visite sur demande au préalable de Pâques à mi-juin et de mi-septembre à la Toussaint. Fermé le lundi, sauf s'il est férié ; fermé le mardi si le lundi est férié. 15 F. ℰ 66 88 02 38.

Le THOR

Église. — Visite le matin et l'après-midi. Fermée le lundi après-midi.

Grotte de Thouzon. — Visite accompagnée (35 mn), de début avril à fin octobre, le matin et l'après-midi. 18 F. ℰ 90 33 93 65.

La TOUR D'AIGUES

Musée de l'Histoire du Pays d'Aigues et musée des faïences. — Visite le matin et l'après-midi. Fermé le lundi de mi-septembre à mi-juin, les 1er janvier et 25 décembre. 12 F. ℰ 90 77 50 33 ou 90 77 48 80.

u

UZÈS

Église St-Étienne. — Visite dans le cadre des visites-conférences seulement. ℰ 66 22 68 88.

Duché. — Visite accompagnée (3/4 h) toute l'année, le matin et l'après-midi. 20 F. ℰ 66 22 18 96.

Crypte. — Visite accompagnée (20 mn) de mi-juin à fin octobre, le matin et l'après-midi. Fermée le lundi. 5 F ; 6 F les dimanches et jours fériés. ℰ 66 22 68 88.

Musée municipal. — Visite de mi-juin à mi-septembre, l'après-midi. Fermé le lundi. 3,50 F. ℰ 66 22 68 88.

Conditions de visite

VAISON-LA-ROMAINE

Ruines romaines. — Visite toute l'année, le matin et l'après-midi. Prix forfaitaire pour tous les monuments : 17 F. Les tickets pour la visite complète sont délivrés à l'entrée de tous les monuments. ℘ 90 36 02 11.

Villa du Paon. — On ne visite pas.

Ancienne cathédrale N.-D. de Nazareth. — Visites-conférences en été. S'adresser à l'office de tourisme, ℘ 90 36 02 11.

Cloître. — Visite le matin et l'après-midi. Fermé les 1er janvier, 25 décembre. 4,80 F. Visites-conférences à Pâques et en été : s'adresser à l'office de tourisme (voir ci-dessus).

VALBONNE (Chartreuse de)

Visite de mi-mars à mi-novembre, le matin et l'après-midi. Fermé le dimanche matin ainsi que le matin des jours fériés. 10 F. ℘ 66 82 79 32, poste 30.

Cellule. — Visite possible uniquement dans le cadre des visites accompagnées pour groupes.

VALLON PONT D'ARC

Tapisseries de la mairie. — Visite accompagnée (1/4 h) le matin et l'après-midi. Fermé les dimanches et jours fériés. 3 F. ℘ 75 88 02 06.

Visite d'une magnanerie. — Visite de mi-mai à fin septembre, le matin et l'après-midi. Fermée le dimanche. 17 F. ℘ 75 88 01 27.

VALRÉAS

Hôtel de ville. — Visite accompagnée (20 mn) l'après-midi. Fermé les dimanches et jours fériés. 5 F durant le Salon de l'Enclave des Papes, en juillet et août. ℘ 90 35 00 45.

Église N.-D. de Nazareth. — Visite toute l'année, le matin et l'après-midi.

Chapelle des Pénitents Blancs. — Visite accompagnée en juillet, août et septembre, en semaine seulement, l'après-midi.

VAUVENARGUES

Château. — On ne visite pas.

VENASQUE

Baptistère. — Visite toute l'année, le matin et l'après-midi.

Église Notre-Dame. — Visite toute l'année, le matin et l'après-midi.

VENTOUX (Mont)

Accès. — Pour toutes précisions sur l'enneigement des routes du massif du Ventoux (risques d'obstruction entre novembre et mai), téléphoner au 90 36 03 20 au Mont-Serein ou au 90 67 20 88 à Carpentras. Voir aussi la rubrique « ski », p. 202.
Le D 974 est interdit à la circulation du 15 novembre au 15 avril entre le Chalet-Reynard et le Mont-Serein.

VILLENEUVE-LÈS-AVIGNON

Chartreuse du Val de Bénédiction. — Visite en juillet toute la journée sans interruption ; le reste de l'année, le matin et l'après-midi. Fermé les 1er janvier, 1er mai, 1er et 11 novembre, 25 décembre. 16 F. Possibilité de visites accompagnées : ℘ 90 25 05 46, ou de visites-conférences, ℘ 90 25 61 33.

Centre Culturel de Rencontre. — Pour tous renseignements sur les activités du Centre (notamment les Rencontres internationales d'Été), s'adresser au 90 25 05 46.

Réfectoire. — On ne visite pas.

Fort St-André. — De mi-mai à fin octobre, s'adresser le matin et l'après-midi au numéro suivant : ℘ 90 88 18 71.

Chapelle N.-D. de Belvézet. — On ne visite pas.

Abbaye St-André. — Visite des jardins et des terrasses, le matin et l'après-midi. 5 F. ℘ 90 88 18 71.

Église. — Visite le matin et l'après-midi. Fermée le mardi, en février, les 1er et 2 janvier, 1er mai, 25 et 26 décembre.

Musée municipal Pierre de Luxembourg. — Visite le matin et l'après-midi. Fermé le mardi, en février et le 1er mai. 10 F. ℘ 90 25 42 03 (mairie) ou 90 25 61 33 (office de tourisme).

Tour de Philippe le Bel. — Mêmes conditions de visite que pour le musée municipal *(voir ci-dessus)* à l'exception du tarif : 5,60 F.

VITRAIL (Musée du)

Visite de début février à fin novembre, le matin et l'après-midi ; le reste de l'année, les dimanches et jours fériés seulement, le matin et l'après-midi. 14 F, donnant droit à la visite du musée des Moulins à huile *(voir p. 212)*. ℘ 90 72 22 11.

Index

les cartes et les guides Michelin
sont complémentaires:
utilisez-les ensemble!

Notes

MANUFACTURE FRANÇAISE DES PNEUMATIQUES MICHELIN

Société en commandite par actions au capital de 700 000 000 de francs

Place des Carmes-Déchaux — 63 Clermont-Ferrand (France)

R.C.S. Clermont-Fd B 855 200 507

© **Michelin et Cie, Propriétaires-Éditeurs 1987**

Dépôt légal 1er trim. 88 - ISBN 2 06 003 621-6 - ISSN 0293-9436

Printed in France - 9-87-95

Photocomposition : S.C.I.A., La Chapelle d'Armentières - Impression : AUBIN Imprimeur, LIGUGÉ, POITIERS n° 24872